日活ロマン・ポルノ入門

千葉慶

目次

第二章　ロマン・ポルノの青春：一九七二〜一九七八　91

第三章　にっかつの光と影：一九七八〜一九八八　191

はじめに

日活ロマン・ポルノは、一九七一年十一月にスタートしました。そして、終了する一九八八年六月までの間に生み出された作品数は一一三〇本以上にも上ります。二〇二一年は、日活ロマン・ポルノが始まってちょうど五〇年になります。一九七一年当時、若手だったスタッフもすでに七十代半ば、ご存命のメインスタッフは八十代後半が主になりました。この十年で当時のことをご存知の方々が次々と亡くなっている状況です。今を逃せば、貴重な証言を記録する機会を永遠に逸してしまうのではないかと思われます。

こういう状況に抗して、わたしは二〇一四年頃から独自に日活のＯＢ・ＯＧの方々の聞き取り取材を行ってきました。そして、二〇一七年にワイズ出版から刊行された『日活 1971 - 1988 撮影所が育んだ才能たち』の取材・編集の一部に携わらせていただきました。完成した本は、幸いなことに読者の方々から高い評価を賜りました。しかし、作り手として悔やまれるのは、このインタビュー集と資料集を合わせた大冊の本当の面白さは、ロマン・ポルノの歴史に詳しくないとわかっていただけないのではないかということでした。また紙面の制約上、取材したテープの全てを使うことができませんでした。本にまとめたことで新たに生まれた疑問を当事者に追加取材する機会も生まれました。わたしはこれらの成果を眠らせることなく、『日活 1971 - 1988』をさらに多くの方に読んでいただくために何ができるだろうかと二〇一七年以来ずっと考えておりました。

そこで、今回「日活ロマン・ポルノ入門」と題しまして、あまり堅苦しい話は少なめに、わたしが直接取材してうかがった未公開秘話や、すでに本などで公表されているエピソードのいくつかを紹介しながら、日活ロマン・ポルノに直接携わった当事者が語る言葉と同時代資料によって、内と外の視点から「ロマン・ポルノとは何だったのか」をまとめさせていただきました。もし、読者の方がこの本を読んで、ロマン・ポルノに興味を持ち、さらに『日活1971－1988』をお手に取っていただけるようになるととても嬉しく存じます。

ロマン・ポルノに関する優れた本は、すでに当事者やリアルタイム世代によってたくさん書かれています。これ以上、書く必要などあるのかという葛藤は確かにありますが、日活の監督だった山口清一郎さんは「映画は出逢い」であると語っています。その言い回しを借りるならば、取材もまた人と人の縁が繋ぐ「出逢い」ではないでしょうか。もちろん、全ての人間に取材することは不可能ですし、わたしはリアルタイムでこれらの映画を見た世代ではありません。この本を読んで若造に何がわかると思われる方もいるかもしれません。

それでも、リアルタイム世代ではない若造だからこそ取材対象と微妙な距離感が取れるということもあるのではないでしょうか。ならば、今までのロマン・ポルノ本とは少し毛色が違うものが書けるかもしれない。この本はわたしのような非リアルタイム世代が、ロマン・ポルノを作った当事者に出逢い、ロマン・ポルノに入門した記録です。当事者の証言の羅列では資料集になりますので、同時代資料や他の証言との照らし合わせによる事実確認を徹底し、ロマン・ポルノの作品群が作られた時代状況を調べ、ロマン・ポルノの始まりから終わりまでを辿る歴史として読めるように工夫しました。

ただ、どうしても直に取材できた方々の証言が記述の軸になってしまうことは否めません（引用出典のないものは、わたしが直接取材した記録の未公表分になります）。もっとも、五〇人以上の関係者に直接会って取材していますので、立場によってロマン・ポルノへの想いがおのおの異なることがわかってきました。なので、本書の記述には多面的な視点がおのずと取り入れられたと思います。

なお、本書に登場する関係者の皆様に対しては本来敬称を用いるべきですが、煩瑣になってしまうため、以下敬称を略します。また、本文についても煩瑣にならないように敬語を排した記述になりますが、どうかご了承ください。

第一章　運命の序曲：一九一二〜一九七二

ロマン・ポルノって何だろう？

わたしがロマン・ポルノを初めて見たのは二十歳を過ぎてからだった。二〇〇〇年前後のことだ。ロマン・ポルノの終了からすでに約十年が経過していた。最初に何を見たかは忘れたが、日活ニューアクションが好きだったので長谷部安春の『暴行切り裂きジャック』（一九七六）のようなアクション・ポルノのビデオかDVDから入門したのではと思う。当時はAVとロマン・ポルノが比較されるようなことはもはやなく、特にソフト化されたロマン・ポルノ作品はだいたい「名画」として語られていたので、それらを見ることに対するタブー意識は全くなかった。

ロマン・ポルノとの出逢いから十五年ほどを経た二〇一三年、わたしは大学のゼミの後輩の紹介で、元日活取締役の松本平、元撮影所長の土屋伊豆夫と何度か話す機会を得た。

「そんなに日活のことを知りたければ、監督やプロデューサー、スタッフを紹介してあげるよ。会ってみればいいじゃないか」

会話の流れで出たこんな松本平の一言で、わたしの日活映画人巡りの旅が始まった。二〇一四年のことである。わからないことがあれば、当事者に聞くのが一番だ。当事者はまだ生きているじゃないか。簡単なことに今まで気づいていなかった。

ロマン・ポルノについて知っていることは、DVDやビデオで見た印象と、かつて警察の摘発に遭い裁判になったということくらいで、あとは何も知らなかった。取材対象者から次の取材対象者を紹介してもらう形式で取材を始めた。ニューアクションの代表的監督の澤田幸弘や小澤啓一には二〇一四年中に会い、ロマン・ポルノ開始時のリーダーだった黒澤満にたどり着いたのは二〇一五年。警察に作品を摘発された監督の藤井克彦に会えたのは二〇一六年のことだった。取材中、何人かの方に「ロマン・ポルノ裁判って何だったんですかね」と水を向けてみた。しかし、次のような答えが返ってくるばかりだった。

「今の若い人って、ロマン・ポルノ裁判どころか、ロマン・ポルノそのものを知らないんじゃないの？　いまさら調べて何か意味なんかあるの？」

その度に「いや、それは…」と冷や汗を流しながら、「ロマン・ポルノ裁判に限らず、日活に限らず、日本の映画人に関する記録は、一部の『巨匠』を除けば諸外国と比べると本当に残されていないし、当事者のみなさんの証言はどんなものであっても後世の人間には残すだけの価値があるんです」と熱弁して、長時間の取材、人によっては複数回の取材に付き合っていただいた。二〇一七年には証言集と資料集を合わせて出版する事業にも携わることができた。でも、何か根本的な疑問が解決していない。

ところで、ロマン・ポルノとは一体何だったんだろうか？　もちろん、この答えは立場によって異なるので、いくら考えても「正解」は出ない。そんなことはわかっている。ただ、自分なりの答えが出せていないのだ。

取材の過程でわかったことは、ロマン・ポルノの始まりの時点では、はっきりとした「正解」があったということだ。そこには、ロマン・ポルノが倒産寸前の苦境に立たされた日活という会社の生き残りをかけた「大バクチ」だったという事情が関わっている。

ロマン・ポルノ始動時の実質的リーダーだった黒澤満（元企画製作部長）に「当初、ロマン・ポルノとはどのようなものだったんですか」と尋ねてみた。黒澤はロマン・ポルノを初めて撮ることになった監督やスタッフに向かってこのように言ったという（ワイズ出版編集部編『日活1971 - 1988　撮影所が育んだ才能たち』ワイズ出版）。

「十分に一回、エロティックなシーンがあれば、何をやってもいい、ジャンルは問わない」

この宣言がロマン・ポルノとは何かの最初の「答え」だった。

ロマン・ポルノのスタート

一九七一年十月八日、夏の製作中止以来閑散としていた日活撮影所第二スタジオに「用意、スタート！」の声が久々に響いた。林功監督・小川節子主演『色暦　大奥秘話』のリハーサルがマスコミ向けの宣伝を兼ねて公開されたのである。

「日活が経営ピンチ打開に始めた〝ポルノ路線〟が、八日宣伝をかねたリハーサルから就航した。〝日活ロマン・ポルノ〟と銘打った第一作は林功監督、小川節子主演『色暦大奥秘話』。大奥に材を取った色模様だが、なにせピンクものは監督も主演者、スタッフも初めてとあって、全員ややテレ気味、とはいえ『単なるピンクものでは社の名折れ…』と気合の入ったふん囲気だった」（『スポーツニッポン』一九七一年十月九日）

なお、同作の脚本家・新関次郎（大工原正泰と松本孝二の合作ペンネーム）がこの公開リハの様子を『シナリオ』（一九七二年十一月号）に寄稿している。少し引用しておこう。ただし、林功にこの文章の内容を確認してもらったところ、「少し誇張しているんじゃないの」という感想が返ってきた。そのあたりを念頭に置いて読むべき文章のようだ（ちなみに林が「こんなこと言ってないよ」とした言葉はここでは割愛した）。

「日活撮影所では大っぴらに裸のための裸をみせるのはこの日が初めてとあって、第二ステージは早々に五十人以上の人を集めて、その時を待っていた。集まった人の中には、ポルノに出演する決心のつかない、女優さんたちも、被害度？をさぐりに来ていた。

ステージには、緋毛せんを敷き、将軍（神山勝）と御中臈（小川節子）の枕をおいて、大奥の一室が作られていた。一目みただけでそこは、なにをする所か分る感じになっていて、始まる前から、集まった人々は喉がカラカラに乾いて、馬でいうなら、かなりのイレコミぎみであった。

林監督はステージの暗がりで、ジーッと宙をみつめて待っていた。自分に決心をつけさせているような様子であった。〔…〕見物人も誰も一言も言わず、かたずをのんで見守っていた。それは儀式にも似た厳粛な雰囲気であった。私は小川節子の裸体をみているうち、いけにえの行事をしているような気分にさえなった。

やっと撮影が終わって第二ステージを出ると、みんな一様に、大きく息をはいた。

誰も何もいわず、やっと解放された感じで食堂へ向った。

『あんなもんか』

と、林監督がぽつんといった」(新関次郎「〝あの日、あの頃〟――ロマンポルノ・一周年――」『シナリオ』一九七二年十一月号)

十月十二日には、『色暦　大奥秘話』に続いて、西村昭五郎監督・白川和子主演『団地妻　昼下りの情事』がクランクインした(井戸幸一『裸・はんなり　ロマンポルノ』京都書院)。一九五〇年代半ばから日活で活躍するベテラン男優の高橋明が白川和子を相手に初濡れ場に挑んだが、こちらもマスコミを入れてPRを兼ねた撮影となったため、さすがの高橋でも足が震えた。スクリプターの白鳥あかねが十年後の高橋の回想を記録している。

「最初に(『団地妻　昼下りの情事』で)白川和子と絡むときは足が震えた。裸になるシーンは初めてではなかったけれど、裸の女優を抱いてセックスする演技が、自分にできる自信はなかった。撮影現場には報道陣がいっぱい詰めかけている。シャッターの音が気になって、演技どころではない。そんな俺を、和子が手取り足取り、リードしてくれた。

『もっと手を動かして。そう、腰を使って。もっと激しくやって！』

さすがの俺も、白川和子の前では、手も足も出なかったよ。撮影が終ったときは、正直いってクラクラッとめまいがした」(白鳥あかね『恋びとたち6　感度アップ・フィルム』二見書房)

この二作の製作と並行して十月十日前後には早くも第二弾番組の近藤幸彦監督『女高生レポート　夕子の白い胸』がクランクインした(『平凡パンチ』一九七一年十一月八日号)。

そして、一九七一年十一月二十日、日活ロマン・ポルノの初番組が封切られた。と言っても諸事情あって最初はたった十三の映画館だけだったのだが…。第一回の興行は、日活製作作品『団地妻　昼下りの情事』(西村昭五郎監督、白川和子主演)、『色暦大奥秘話』(林功監督、小川節子主演)に、日活が買い取った『河内女とエロ事師』(小早川崇〔向井寛〕監督、一星ケミ主演、プリマ企画製作)を合わせた三本立てだった。

あとで見るように、ロマン・ポルノ始動に至る道のりは苦難の連続。まず作り手がいなかった。当時は「ポルノ」への偏見が強く、簡単には受け入れられなかったのである。

当時、映画本部の実質的な責任者だった黒澤満は、この壁を打ち破る一手として、先に挙げた「何をやってもいい」宣言を出さざるを得なかった。「実は」と『映画芸術』(二〇〇一年秋号)の座談会で黒澤が裏事情を告白しているが、この宣言は単なる思い付きではなく、前もって土屋幸雄配給担当重役と綿密な作戦会議をした上で出したのだという。

ちなみに、元企画部の山田耕大の『日活ロマンポルノ外伝　昼下りの青春』（シナリオ作家協会）によれば、「十分に一回見せ場を作る」というのはかつての日活無国籍アクションの約束事だった。映画のフィルム一巻が約十分だったので、一巻に一回は見せ場を設けたわけだ。わたしがある日活関係者から聞いた話では、これは西部劇のパターンから編み出された手法だったという。敗戦直後の日活はアメリカの西部劇映画などの輸入・配給で莫大な財を築いた。そのことを考えると、説得力がある。また、戦後の日活が自社で製作した映画がロマン・ポルノも含めて、いい意味で「邦画らしくない」作品が多い理由もこのあたりに関わりがあるのだろう。

黒澤の宣言はまるで「革命宣言」みたいだが、黒澤はわたしの取材に対して、当時を回想して「〝何でもやっていい〟はピンク映画との差別化の戦略」だったんだけど、「そこまで言わないとやってくれないと思って」と照れくさそうに述べた。

ロマン・ポルノの制約

もっとも、実際に製作するとなると経済的・物理的制約は避けられなかった。まず、直接費（＝監督・俳優のギャラやフィルム代、現像代など）は一本につき七五〇万円（現在の価値で約二二〇〇万）に制約された。山田耕大によれば、八〇年代末のロマン・ポルノの予算は二八〇〇万程度だったというから、物価上昇に合わせて数字の上では増えているが緊縮財政の状況は最初から最後まで一貫していた。ただ、どんな作品でも間接費（＝社員スタッフの人件費、撮影所の維持費・使用費など）はかかるわけで、そちらはリストラや経費節減で削るしかなかった。

松本平によれば、間接費は一年にかかる撮影所の総費用を製作本数で割ると出せるが、ロマン・ポルノ直前は製作本数の減少のため一本あたり最大値で五〇〇〇万円（現在の約一億五〇〇〇万）ほどになっていた（『日活昭和青春記』WAVE出版）。

岡田裕の話では、直接費は一九七一年頃には全盛期よりは少なくなったとはいえ一本二五〇〇万円程度（現在の約七五〇〇万）だったので、現場の人間にとってはかなりの制約になったことがうかがえる（「日活ロマンポルノ30年の興亡総括　プロデューサー座談会　第一回」『映画芸術』二〇〇一年秋号）。

次に物理的制約を板持隆『日活映画　興亡の80年』（日本映画テレビプロデューサー協会）を元にまとめておくと以下のようになる。

第一に、作品の完成尺は六五分から七五分に収めること。撮影は小型キャメラ（アリフレックスかエクレール社のカメフレックスが主だった）を使用すること。ちなみに日本映画撮影監督協会では映画撮影用カメラを「キャメラ」、スチール撮影用を「カメラ」と呼ぶそうだが煩瑣になるので、本書では引用以外は原則的に「カメラ」に統一する。その他、オールロケ、オールアフレコを原則とすること。ただし、撮影所内に使用済みのセットがあった場合は使用可能。大幅な飾り替えは経費・時間節約のために不可。

第二に、フィルム使用量は完成尺から二〇パーセントまでのオーバーしか認めない。照明はポータブルなアイランプを原則的に使用し、ジェネレーター（発電機）を持ち出した大光量照明の使用は不可。なお、現代の映画はほとんどデジタルデータ収録でフィルムでの撮影はあまり行われない。それは経費の問題や後処理の簡便さによる。参考までに、二〇二〇年時点の米コダック社三五ミリ映画用フィルム一〇〇〇フィート（約十一分三〇秒の撮影が可能）は定価十万七七〇〇円もする。現像代がさらにかかるのでなかなかの高額である。一九七一年当時はさらに高価だったと推測される。

第三に、撮影日数は七〜八日程度（『日活100年史』は七〜十日としているが、初期は二週間程度かけていたようだ）。

第四に、音楽はすべて既成の日活映画に使われた劇伴（BGM）の再利用とする。これは原則であって、七〇年代後半以降にはダウンタウンブギウギバンドやコスモスファクトリー、ハルヲフォンなどの新人バンドがほぼノーギャラで劇伴をつけるケースも出てきた。

第五に、基本スタッフ編成は監督一人、助監督二人、撮影技師一人、撮影助手二人、照明技師一人、照明助手三人、美術一人、美術助手は原則的になし、装飾一人、記録一人、製作一人、製作進行係はなしの最少人数で行い、スタッフ移動はマイクロバス一台で賄う。

第六に、賃金は作品担当料のみとし、時間外手当はなしとする。

こう見てもわかるように、ギリギリの線まで抑えられた製作条件ありきの「何をやってもいい。ジャンルは問わない」だった。しかも、「ジャンルは問わない」はほぼ空手形。映画本部から「団地妻」「大奥」「女高生」（後に「ＯＬ」「女教師」「ＳＭ」「秘本」「四畳半」「女子大生」「修道女」「看護婦」「暴行」「海女」などが増える）といった売れそうなジャンルに基づいたタイトル・企画・主演女優の組み合わせが監督に割り当てられ、プロデューサーと監督、脚本家がホン作りをした上で「何をやってもいい」ということになった。

ただし、ジャンルに拘束されると撮りづらいと思われる監督に対しては監督の個性に合わせた企画を立てるケースがやがて少しずつ増えていった（例えば、藏原惟二『セックス・ライダー　濡れたハイウェイ』や田中登『花弁のしずく』、山口清一郎『恋の狩人　ラブ・ハンター』、村川透『白い指の戯れ』、神代辰巳『濡れた唇』、澤田幸弘『セックス・ハンター　濡れた標的』、長谷部安春『戦国ロック　疾風《はやて》の女たち』などはジャンル外企画）。

スタッフは原則的に映画本部がローテーションで割り当てており、特別な場合を除いて監督が自由にスタッフを指定できるわけではなかった。それでも「何をやってもいい」の一言は大きく、初期ロマン・ポルノの監督・スタッフにやる気と活気を与えた。

それぞれのロマン・ポルノ

ここで、ロマン・ポルノの初期を担った当事者たちがロマン・ポルノをどう捉えていたかを見ておこう。ロマン・ポルノをそれ以前の日活映画や自身の経験との連続性で捉えていたのは監督の遠藤三郎、プロデューサーの岡田裕、監督の小沼勝である。遠藤三郎によれば、ロマン・ポルノのルーツは『にっぽん昆虫記』(今村昌平、一九六三)が大当たりしたことにあるという(『日活1971 - 1988』)。

確かに、この映画の大ヒット(配収三億五〇〇〇万円)は日活を始めとする各社に「性」を扱った作品は当たるという認識を植え付けた。一九六四年には東映、松竹、東宝までもが性的主題の映画を製作あるいは配給するようになった。日活でも一九六四年以降、性的テーマを持つ作品が毎年のように製作・配給されるようになった。そして、一九六五年六月には日活が配給した武智鉄二の『黒い雪』(第三プロ製作)がわいせつ図画陳列罪容疑をかけられ裁判沙汰になった。

神代辰巳のデビュー作『かぶりつき人生』(一九六八年、磯見忠彦の『ネオン太平記』との二本立て)はストリッパーものだった。ただ、空前の不入りになったため、彼は七二年まで干される羽目に遭う。同じく六八年には、「渡り鳥シリーズ」をヒットさせた児井英生のプロデュースで、ピンク映画女優を総動員した七月公開の井田探『女浮世風呂』(ピンク大手の大蔵映画のスタジオで撮影され、濡れ場の演出は大蔵映画の小川欽也が担当)、八月公開の江崎実生『ある色魔の告白』、十月公開の井田探『秘帳女浮世草紙』を青山プロ(児井プロの所在地が青山だった)への外注という形で製作している。

もっとも、六〇年代末の日活では、どんなジャンルの作品であっても、女性をハダカにするシーンやベッドシーンなどの性的表現を唐突に挿入することが当たり前になっていた。

また、二階堂卓也『ピンク映画史 欲望のむきだし』(彩流社)によれば、一九六八年二月の石原裕次郎・三船敏郎主演『黒部の太陽』が異例のロングラン(二九日間の興行)となり、大都市ではともかく過疎化が進む地方では客足がもたないとの)考えから、日活はピンク映画を買い取って『黒部の太陽』の代わりに下番線の劇場へ配給した。これが好評だったため、一九六九年までにおよそ四〇本のピンク映画が日活上映館に配給されたという。二階堂はこれらのピンク映画の配給がロマン・ポルノへの伏線になったと推測している。

プロデューサーの岡田裕の場合は、助監督時代に若松孝二の依頼でピンク映画の脚本を執筆していた。第六期助監督の榛谷泰明と第八期助監督の曽根義忠(中生)、岡田、大和屋竺、山口清一郎が集まり、「大谷義明」のペンネーム(榛谷泰明と曽根義忠、大和屋竺の名を合成したもの)で何作か執筆した。例えば、若松の代表作『情事の履歴書』(一九六五)の脚本が大谷義明によるものである。そうした経験があったため、岡田はロマン・ポルノには抵抗はなかったという(松島利行『日活ロマンポルノ全史』講談社)。

監督の小沼勝は自著で、一九六五年に西原儀一の『チコという女 可愛い肌』(葵映画)というピンク映画でアルバイト助監督をしていたので、ポルノ転向には抵抗感はなかったと述べている(小沼勝『わが人生 わが日活ロマンポルノ』国書刊行会)。

さらに、日活はビデオ事業部を通して一九七一年三月からポルノビデオを外注していた。詳しくは後述するが、ビデオ事業部長だった鈴木平三郎は映画本部の幹部たちがビデオ製作の現場に見学に来ていたと証言しているので、最も直接的なロマン・ポルノのルーツといえる。日活に出入りする前の白川和子や宮下順子も出演していたそうだ（奥出哲雄「ロマンポルノ裁判からビデ倫誕生まで」『ビデオ・ザ・ワールド』一九八六年三月号）。

映画本部の設立に関わった企画部の佐々木志郎に「ロマン・ポルノとは？」と聞いたら「反体制だ」と一言で定義してくれた。

「僕はロマン・ポルノの本質は反体制だと思っているんだ。当時は七〇年安保の頃で若者の間に反体制のムードが高まっていたよね。当時は東大にも東北大にも、役者と一緒に学園祭を回ったものだよ。東北大では、観客が並びすぎて、講堂を一周していたくらいだもの。田中真理（主演二作が警察に摘発された女優で警視庁のアイドルと呼ばれた）とかと一緒に行ったんだ。実に反体制の時代だったね。最初のロマン・ポルノは、『団地妻　昼下りの情事』（一九七一）。『団地妻』というタイトルをつけたのは僕だよ。初期のロマン・ポルノの大概のタイトルは、僕がつけていたんだ。団地はみんなの憧れだった。なんたって、風呂がついているしね。当時のわれわれは銭湯に行っていたんだから。つまり、『団地妻』という物語は庶民の憧れの場所に住んでいる女を転落させる話なんだ。そういえば、試写の時に映倫の人が途中で出て行った。『こんなもの、作りやがって！』って怒っていたね」（佐々木志郎「日活ロマン・ポルノは本質的に反体制映画なんだ」『日活 1971 - 1988』）

佐々木のいうティーチインについては、村井実『前ばり文化は健在なり　ロマン・ポルノ10年史』（近代映画社）が一部発言を採録している。詳しくは後述するが、ロマン・ポルノは開始直後の一九七二年一月に「わいせつ図画公然陳列罪」の容疑で警察による摘発を受けた。それが反体制を気取る大学生たちに大いにアピールしたというわけだ。『団地妻　昼下りの情事』の主演・白川和子は東北大のティーチインで学生たちを前にこう言った。

「わたしはワイセツと考えること自体ナンセンスだと思う。見て楽しけりゃないの。ワイセツだのコーフンだのっていうけど、人間が生まれたときから興奮するようにできているのよ。私は人に喜びを与えているわけだから、それで満足しています」

白川はあっけらかんとロマン・ポルノを肯定した。同席した田中真理は自身の主演作『恋の狩人』『愛のぬくもり』が摘発対象となったために、学生たちの前では「ワイセツであろうとなかろうと、ただそれを法律や権力にきめてもらうのはまっぴら」と気炎を吐いたが、その舞台裏では弱音を垣間見せていた。

「ときどき恥ずかしくなる。私は聞きかじりや、生半可な知識でしゃべりすぎたなあって反省するんです。もっと勉強しなくちゃいけないなあって」

当事者たちの高揚や当惑をよそに東北大でのティーチインは会場に人が入り切れないほどの大盛況に終わった。

では、新人監督たちは「ロマン・ポルノ」をどう捉えていたか。まずは『シナリオ』（一九七二年五月号）に掲載された曽根中生、加藤彰の発言を引用してみよう。

佐々木志郎同様に「セックスを撮るのは反体制です」と明快に述べたのは曽根中生（第八期助監督）だった。彼はあからさまに権力・体制を挑発していた。

「僕は要するにセックスというのは今日本で禁止されているからとり上げるんで、あくまでも映画というのは反体制の側にあるもんだと思うし、セックスを撮るというのは反体制ですね。もう一つはセックスを起爆剤にして新しい映画表現ができる。〔…〕人間のセックス、男と女がやるということはとにもかくにも実在性の証明ですから〔…〕今までの芝居はセックスをどのようにセックスじゃなく見せるということが芝居の基本だったわけですが、今度はそういうものを取っちゃう、セックスそのものを写す、俳優の芝居も変ってくる、その辺に僕は可能性を持っているんです」

曽根とは対照的に「ロマン・ポルノではとにかく女を描きたい」と語り、ロマン・ポルノを作品表現として捉えていたのは加藤彰（第六期助監督）である。

「僕は反体制とかいう形として考えてなくて、本篇やる時も女ものをやりたかったし、僕は中平（康）監督に〔助監督で〕ついてましたから、中平監督のように女を中心に考えていきたいと思っていた。今、日活で女ものをやるにはこれしかない。しちめんどくさいことをヌキにして、とに角女を書く、セックスを描くんでなくて。〔…〕従来ずっとあった映画は心情を通して捉えていますね、ロマン・ポルノの一つの方向として心情は切り捨てる、全くなくする、で、情緒、言葉を変えればストーリーではなくて映像ですね、そういう情緒みたいなものは切り捨てない。情緒だけのもの、画としては映像に煮詰めたものをね、いずれやりたいと思っています」

加藤は確かに『恋狂い』（一九七一年十二月）を皮切りに女性の心情に迫る作品性にこだわったロマン・ポルノを大体年に四本のペースで次々と撮っていった。ところが一九八一年を境に創作ペースが急激に落ちてしまう。この頃には「何をやってもいい」がもはや許されない環境になってしまったのだろう。

加藤彰の先輩であり親友でもあった藤井克彦（第五期助監督）は「ロマン・ポルノとは映画である」と語ってくれた。『OL日記　牝猫の匂い』（一九七二年一月）はデビュー作だった。しかし、これが警察に「わいせつ図画」として摘発されてしまった。このこともあって、「ポルノ」という偏見抜きで「映画」としてロマン・ポルノは見られるべきであるという考えを持ち続けている。

「デビュー作の『OL日記　牝猫の匂い』ではワーグナーの『神々の黄昏』を劇伴として流したんですよ。『世界がひっくり返る』というか価値観の転換という意味を込めてね。この作品が警察に摘発されて、裁判になったわけです。でも、裁判の証人で新藤兼人さんが出てきてくれて、僕の映画を見て、『見終わった後、爽快なカタルシスを覚えた』と『映画芸術』に長文の批評を書いてくれたんですよ。うれしかったですね。アバンタイトルでは、モノクロのドキュメント調で中川と叔父との不毛の性を描き、タイトルバックに移ると画面に色がついて、彼女が自分の不毛の性をイメージの中で解放するという、ラストシーンに通底する場面に切り替わるんです」（藤井克彦「日活って面白い会社だったんでしょうね」『日活1971 - 1988』）

一方、日活から注文を受け日活監督よりも遥かに厳しい予算（二六〇〇万円程度）で「買い取り」作品を撮っていた山本晋也からロマン・ポルノはどう見えていたのか。山本は日大芸術学部在籍中から邦画大手五社やテレビ局のバイト助監督をし、その流れでピンク映画の世界に出逢った。初めてのピンクの現場で見た全裸の女優さんの美しさに感動し、それを可能にした照明技師のきめ細やかな工夫にさらなる感動を覚えたという。これで山本は「ウン、この仕事に決めた」となったそうだ。監督デビューは一九六五年。まだ若干二五歳だった（山本晋也『カントク記』双葉社）。

「不思議なことに、ピンク系の劇場にかかるとピンク映画とよばれ、日活系にかかるとロマンポルノ、その末席を汚す。生活のため、今や、ピンクとロマンの二足のワラジ〔…〕そして一方からは、今までの恩も知らず、敵方に走った裏切者の監督とよばれ、ある会社からなどは出入り禁止で塩をまかれそう。二足のワラジも楽じゃねえ」（山本晋也「猥褻の殉教者として」『シナリオ』一九七六年八月号）

やっていることはピンク映画と同じなのに、日活からは蔑まれ、ピンク映画界からは「裏切者」と呼ばれた。よく言われたところで「ワイセツの殉教者」だが、悪く言われれば「この世を汚すダニ、ウジ虫」。ビリー・ワイルダーに憧れ映画監督を志した昔からだいぶ遠くまで来てしまったという。日活専属監督のように「ロマン・ポルノとは何か」などと考えること自体が彼にとって贅沢な話で、それはあくまでも「生活のため」の手段と割り切るしかなかった。

女優たちにとってはどうだったか。田中真理は『シナリオ』（一九七二年五月号）の取材に対し、ロマン・ポルノ転換で監督との距離が圧倒的に近くなったと述べた。

「過去にいろんな作品やりましたけど、まず監督さんと突込んだ話し合いをやる機会がなかったし、自分が持っている演技プランと監督さんの持ってる演技プランとぶつかることもまずなかったし、監督という存在が私にとって非常に怖い存在であり高嶺の花のような存在であり、全然手の届かないような所にいて、先生先生と〔崇めて、自分は〕陰で小さくなっているような感じがあったんです」

田中真理にとって、ロマン・ポルノは旧い映画界の階級制度を打ち壊し、監督と自分とを対等の立場にしてくれた革命的体験だったようだ。

「〔今は〕多くの監督さんが〔わたしの意見を〕受入れて話し合ってぶつかって、それで一本作っていく作業を繰返してます。そういう意味で自分の成長を感じたし、女優にとってこんな倖せなことはないと思います」

東宝出身の中川梨絵にとってはどうだったか。「自分に合うと思って」自らロマン・ポルノに飛び込んできた中川は専属契約を拒否したようだ。そのため、作品や監督を自ら選んでいた。神代辰巳を前にしてこんな発言をしている。

「作品を選ぶ段階においてですね。まず第一に好きな監督のもの。つまりセックスアピールのある監督のものを。（笑）次がシナリオです」（『えろちか』一九七三年十一月号）

東宝では「成瀬巳喜男先生」に選ばれてスター候補生になった（が成瀬の急死でスターになれなかった）中川だったが、日活では女優が作品や監督を選ぶ立場になれる。ポスターには監督の名よりも主演である自分の名やヴィジュアルが大きく載るわけで、自分の存在が作品の売り上げの成否の鍵を握っている。そのことを中川は確実に理解していた。とはいえ、ここまではっきり言うのは中川くらいである。それが許されていた中川梨絵は特殊な存在だった。

伊藤亮爾（第九期助監督）は、ロマン・ポルノを至ってシンプルに「それは恋狂いだよ」と定義してくれた。伊藤は加藤彰への追悼文で加藤の監督作『恋狂い』（一九七一）についてこう書いている。

「〔黒澤満さんに〕こっちが『狂恋』とか他に何かを〔タイトルとして〕提案したら、即座に引っくり返されたことを思い出す。何よりロマンがあり動きがあり、実にいい題名だ。そうか、恋狂いか。僕らが作ろうとする映画、この作品に限らず、これからの全ては、このテーマ、この線でいいんだな。……ロマンポルノ初監督の加藤さんと、〔プロデューサー〕駆けだし二本目の僕が、少しふっ切れ納得しあったのだった」（伊藤亮爾「半生を尽くした、その仕事」『映画芸術』二〇一一年夏号）

ところが、日活はあくまでも営利企業。ロマン・ポルノが当たらなければ社員が食べていけない。だから当たらない監督には営業的に発注しにくくなるし、たまたま当たった企画を研究し、売れるロマン・ポルノのパターン（「定食」と呼ばれた）を作らなければいけない。映画本部に集った黒澤満も伊藤亮爾・岡田裕らプロデューサーも佐々木志郎ら企画部員もやがて「何でもやっていい」だけではやっていけないことに気づき、昼夜を問わず寝食も忘れ、「やりたくはないが当たりそうな」企画を模索せざるを得なくなった。ところが、当たればいいが外せば彼らからすれば映画製作に貢献していないように見える経営陣や労組幹部に腐される。しかも、薄利多売のロマン・ポルノの利益は、日活が堀久作体制（一九四五～一九七一）で抱えた莫大な借金の利子の支払いに使われほとんど残らない。そんな状況に彼らのメンタルはすり減っていった。

日活の窮状は現場のスタッフたちが考えるよりも遥かに厳しいものだった。一九七二年七月時点の賃借対照表によれば、長期借入金一四〇〇万円に対して、高利の短期借入金が五六億円に上った(松本平『日活昭和青春記』)。わかりやすく言えば、大企業がサラ金からの借金で経営を維持しているような状態である。堀久作が六〇年代半ばから優良不動産を次々売り払ったのは、少しでも経営的ダメージを減らすために止むを得ず行った策だった。映画配収だけではこの借金はどうにもならなかった。したがって、不動産の切り売りは、その政策に反対していた労組が経営側に協力した後も、最後の大型物件・梅田日活を日本信販に売却する一九七三年十月まで続いた。

板持隆によれば、そもそも土屋幸雄のロマン・ポルノ構想は月ごとの配収目標を固くて一億三〇〇〇万、売り上げが多い月で一億五〇〇〇万と想定していた(『日活映画　興亡の80年』)。だから、ロマン・ポルノだけでは毎月二億の赤字解消の目途が立つわけがない。「ロマン・ポルノじゃ食っていけない」のは自明なのに「ロマン・ポルノ以外では食っていく方法がない」。それでも初期は比較的自由に映画が作れることの喜びがあった。それすらなくなってしまったら、最低限に抑えられた給料すらまともに払われず、報われもしない毎日に耐えられなくなってしまう。

伊藤亮爾によれば、一九七七年当時の社員プロデューサーの仕事は悲惨そのものだった。

「毎日朝早く、終電ぎりぎりまで仕事して、電車の中でも脚本を読んだりしてひどい生活だった〔…〕常時三、四本の脚本をかかえて、給料は見事に安い」(山本俊輔・佐藤洋笑・映画秘宝編集部編『セントラル・アーツ読本』洋泉社)

仕事が苦痛でいつ辞めようかと思っていたところ、畏敬していた撮影所長の黒澤満が同年三月に辞めた。それで「(日活を)見限ったというか、これ以上ここにいてもロクなことはできないと思った」という(同上)。ロマン・ポルノの歴史は綺麗ごとだけで作られているわけではない。

一九七四年には中川梨絵がロマン・ポルノに飽きたのか日活から離脱。やがて女優業は開店休業状態になった。一九七七年には黒澤満、伊藤亮爾、田中真理が日活を辞した。岡田裕は一九八一年に独立させられ日活以外での映画製作・企画をメインとするようになり、加藤彰は一九八二年以降ロマン・ポルノよりも二時間ドラマがメインになる。加藤は一九八三年の『悪魔の人質』を最後にロマン・ポルノはおろか映画本篇を撮る機会を失った。辛抱を続けた佐々木志郎も一九八五年に当時の映像本部長・武田靖に肩を叩かれ、日活を去ることになった。ほぼ同じ頃、山本晋也も日活の下請け仕事を辞めた。

そんな中で、小沼勝は一九七一年のロマン・ポルノ開始から終焉の一九八八年まで撮り続けた唯一の監督となった(ただ、八七年は二時間テレビドラマ「冷たいのがお好き」を撮ったのみ)。藤井克彦は一九七二年のデビューから一九八八年までの間、八一年に専属契約を解かれながらも、時折二時間ドラマや児童映画の仕事を挟みつつ、年々ひどくなる製作状況の悪化に耐えながら、四八本ものロマン・ポルノを撮り続けた。

堀王朝の栄華と没落：ロマン・ポルノ前史その一

本題に入る前にまずは日活ロマン・ポルノが誕生するまでの歴史をキーマンである堀久作（十代目社長：一九四五～七一在任）、根本悌二（十三代目社長：一九七九～八九在任）という二人の社長の動きを中心にざっくり振り返ってみよう。

日活（当初は日本活動写真株式会社。一九四五年に日活株式会社と改名）は一九一二年に設立された日本最古の映画会社である。一九四二年には製作部門を失い、一九九三年には倒産の憂き目にあっているが、あまたの試練を乗り越え、今もなお健在である。二〇二二年には創業一一〇年を迎える。

日活の社長は現在十七代目になるが、十代目社長の堀久作は、現在の日活の基礎を築いた人物で日活史には絶対に欠かせない存在である。

一九〇〇年、東京向島に生まれた堀は貧しさの中で育った。しかし、風呂釜販売、株屋の店員、貸金業の番頭の経験を通して経営のノウハウを実践的に身につけ、政財界に人脈を築いたところから彼の出世街道が始まった（『私の履歴書　経済人2』日本経済新聞社、三鬼陽之助『億万長者』日本出版合同株式会社）。日活入社は一九三四年十二月。七代目社長・松方乙彦の補佐役（顧問待遇）としての入社だった。

堀は資金を集める能力にたけており、まず前重役たちの退陣を円滑に進めるために十二万円（現在の約二億四〇〇〇万円）もの退職金を揃え、新社長として就任する松方乙彦の地位を安定させるべく大株主に掛け合い三万株の日活株をタダ同然で入手することに成功した。翌年三月に専務取締役に就いた後は、借金まみれで火の車だった日活に二五〇万円（現在の五〇億以上）もの融資を取り付け、その金で映画のオールトーキー化を推し進め、興行会社を買収し、配給網を整備した（『日活五十年史』日活株式会社）。

ところで、どこから巨額資金が出たのだろうか。ここで堀に救いの手を差し伸べたのが古荘四郎彦（千葉合同銀行頭取）という人物だった。複数の金融機関を掌握し、その資金力で献金や投資を各所に行い政財界に強い影響力を持っていた。

しかし、喜びもつかの間。一九三六年九月、松竹の城戸四郎を出し抜いて東宝と業務提携を結び我が世の春を謳歌していた堀は、日活の大株主の密告によって不正配当を疑われ緊急逮捕されてしまった。升本喜年によれば、この逮捕劇の裏には松竹創業者・大谷竹次郎の策動があったようだ（『松竹映画の栄光と崩壊　大船の時代』平凡社）。

堀が翌年十月に釈放された時には日活はすっかり松竹の支配下になっていた。堀は阪急東宝グループの小林一三の力を借りて日活株を買い占め松竹に対抗するが、仕手戦は泥仕合となり和解が成立した頃には日活は東宝と松竹の支配下に置かれてしまった。

さらに、一九四二年には戦時統制で日活の製作部門が大映に吸収合併されてしまう。堀は日活を映画配給会社として再始動させたが、一九四五年三月には社内の紛争で日活を追放された。

ところが、同年八月に日本が敗戦するや状況は一転、松竹や東宝の重役が戦犯として業界追放される中で、幸いなことに日活は戦中期に製作部門を持っていなかったため、堀は戦犯指定されず、十二月には十代目社長として日活に復帰することになった（『日活五十年史』）。

一九四六年九月には、GHQの指令で東宝・松竹が独占的に握っていた日活株が解放され、翌年一月には東宝・松竹系重役の退職が実現しおよそ十年ぶりに日活は独立した。堀の独裁体制となった日活の勢いはさらに加速する。

一九四六年五月には、アメリカ映画をほぼ独占的に配給する「セントラル・モーション・ピクチャー・エージェンシー」（CMPE）と契約。日活とは違い東宝や松竹がこの契約を渋ったことで、日活はアメリカ映画ブームに乗って約五年にわたって莫大な利益を得続けた。戦時中に娯楽を奪われていた観客は入場料が邦画よりも高いアメリカ映画に殺到した。

その中には八王子の自宅から立川日活劇場に毎週足しげく通い、むさぼるようにアメリカ映画を見ていた十五歳の高校生がいた。彼の名は黒澤満。彼はジュールス・ダッシンの『裸の町』（一九四八）を見て、冒頭シーンに流れるプロデューサーのマーク・ヘリンジャーのナレーションにさっそく心奪われていた。この瞬間、「なるとしたら監督よりプロデューサーの方が面白そうだな」という想いが黒澤の中に芽生えたという（『日活 1971 - 1988』）。

黒澤はこの七年後の一九五五年日活に入社し、さらに十六年後には日活の起死回生策「ロマン・ポルノ」の陣頭指揮を執る立場となる。

一九五一年、それまでに得た莫大な利益を利用して堀は本格的な日活再興に動き出した。まず、堀が行ったことは映画事業の充実ではなく、港区に「日活スポーツセンター」を開設することだった。同じ年には「天城日活ホテル」を建設しホテル業に進出。金主の古荘四郎彦と協力して日活を映画会社に止まらない総合レジャー会社へ改造するのが堀の狙いだった。その象徴として、一九五二年には日比谷の一等地に「日活国際会館」（現：ペニンシュラ東京）が建設された（『日活五十年史』）。なお、建設当時からこの土地購入の裏には古荘四郎彦の関与が噂されていた（森川哲郎『疑獄と謀殺』祥伝社文庫）。

日活国際会館が建てられた土地は、元々日本航空の所有だったがGHQに接収され駐車場として使用されていた。堀自身の説明では必死の交渉でアメリカのノースウェスト航空会社と組み、マッカーサーのお墨付きを得て、アメリカ輸出入銀行からの外貨導入に成功し、一九五〇年一月にはこの土地を奇跡的に驚異的な安価の四五〇万円（現在の三七〇〇万相当）で購入できたという（『日活五十年史』『私の履歴書　経済人２』）。これはどうも話ができすぎている。やはり、古荘の関与があったと見るべきだろう。

戦後の古荘は時代の混沌状況に乗じて、旧川崎財閥の資産を乗っ取り、千葉銀行を核にGHQと裏で繋がり、戦前よりも事業規模を遥かに広げた。非合法な闇ドルにも手を出していたし、合法的な投資先だけで五〇以上あったようだ。その事業規模は一九五二年頃で二〇〇億（現在の約一三二〇億）とも五〇〇億（現在の約三三〇〇億）とも噂されていた（「古荘資金の秘庫をあばく　白木屋・日平事件の黒幕」『真相』一九五四年六月号）。

堀が念願した日活国際会館は一九五二年に完成した。堀が頼りにしていた古荘は株式会社日活国際会館（五三年に日活本社に併合）の監査役の座につき、秘密の商談に用いる事務所を会館内に置いた（同上）。堀は会館の四階・五階に日活本社を置き、六階から八階を日活ホテルとして運用した。地下一階・二階はホテルのレストランやランドリーとして利用し、一階から三階はテナントにして賃貸事業も行った。

一九五三年九月には、日活製作再開を担う新撮影所の地鎮祭が行われた。実は、堀は配給会社で成功したことに満足しており、リスクの高い自社製作の再開には消極的だった。しかし、同年一月に新興会社の東映が『ひめゆりの塔』を大ヒットさせたことを例に、常務の江守清樹郎が堀を説得し、ようやくゴーサインが出たという経緯があった。

江守清樹郎は二九年に日活入社。その後、日活の社内抗争の影響で退社と再入社を繰り返したが、多摩川撮影所長の根岸寛一や企画部長の牧野満男（のちに東映の礎を築く）とともに戦前日活の黄金期を支え、戦後日活全盛期の立役者にもなった人物である。日活は一九五四年三月には資本金を二三億五〇〇〇万円にまで増資し、同月には日活撮影所の一次工事が完成。同年六月、日活は戦後第一回作品『国定忠治』（滝沢英輔）、『かくて夢あり』（千葉泰樹）を発表し映画製作会社としての再スタートを切った。その後の日活映画の栄光と没落は多くの本が語っている通りなのでごく簡単に説明する。

ニュースター石原裕次郎の発掘によって日活の映画製作事業は軌道に乗り始めた。一九五八年の正月興行の石原裕次郎主演『嵐を呼ぶ男』で約五九四万人の観客を動員し、三億四八八〇万円（現在の約二〇億円）の配収を上げた。裕次郎の主演作の配収は五八年だけでも『陽のあたる坂道』（約四億）、『紅の翼』（約三億六五〇〇万）、『明日は明日の風が吹く』（約三億二一五〇万）、『風速四十米』（約三億一八〇〇万）と大ヒットを連発。設備投資に費やした資金に見合うヒット作をコンスタントに出せず、製作再開三年で三〇億の赤字を抱えていた日活の経営を一気に立て直すほどの利益を生み出した。裕次郎人気の凄さはこの数字を見れば明らかだろう。

日活株は一九五八年には無配状態から一割三分の復配となり、裕次郎に次ぐ小林旭、赤木圭一郎、宍戸錠らのアクション路線も成功、吉永小百合、浜田光夫らの青春路線も好調。一九五八年からの数年間、日活の映画事業は東映に次ぐ業界二位の配収（配給収入の略。配給会社の利益分。興行収入は主に劇場でのチケット収入）を上げるまでに成長した。日活の配収のピークは一九六二年で、六四億六六〇〇万円（現在の三一五億円以上！）に及んだ。

ところが、絶頂であったはずの堀王朝にはすでに陰りが出ていた。困ったときに頼りになるはずの古荘が一九五八年に不正融資事件で摘発されてしまい、千葉銀行頭取の座を追われたのである。一九五三年に就任した日活監査役の座も五八年に元千葉銀行副頭取の笹田登に譲り（『日活五十年史』）、一九六七年に死去した。

こうして堀は最大の資金源を失い、多角化で膨れ上がった多額の借金を自社の優良資産の売却や映画収入で補うしかなくなった。しかし、赤字経営はすぐに限界となり、六二年七月の中間決算では主に不動産投資の失敗による三六億円の銀行債務があることを公表し、株主に配当金ゼロを願い出る詫び状を発送するというところまで追い込まれた（同上）。

日活の大赤字が発覚した一九六二年七月には、堀にとって「やっかいな敵」となる契約社員労働組合が第四期助監督の根本悌二・武田靖を中心に結成された。堀はテレビ対策や不動産投資の失敗の方に気を取られており、日活の従来の労組はすでに御用組合化していたため、労組対策に関しては完全に油断していた。契約社員の間で秘密裏に新労組結成の動きが進行していたことに気づいていなかった。

ただ、この新労組がなければ日活は今ごろ跡形もなく消滅していたことだろう。一九七〇年頃の堀は日活撮影所・日活本社まで売り払い、日活という会社自体をたたもうと考えていたのだから。

労組委員長から社長になった根本悌二
ロマン・ポルノ前史その二

一九七九年四月の株主総会において村上覚社長（在任一九七五～七九）が会長に退き、元日活労組委員長の根本悌二が十三代目社長に就任した。この根本体制において、ロマン・ポルノは全盛期と崩壊を迎える。

根本悌二は一九三二年東京に生まれた。東京大学文学部を卒業後、一九五六年に日活入社。その頃の根本は第四期助監督十三人のうちの一人にすぎなかった（同期には小澤啓一、澤田幸弘、武田靖、林功、磯見忠彦、三浦朗らがいた）。

根本は後輩助監督が入社するたびにひそかに労働組合へのオルグ（勧誘）を繰り返していた（松島利行『日活ロマンポルノ全史』）。わたしも岡田裕（一九六二年入社）から根本にオルグされかかった体験を直に聞いた。岡田は労組に深入りしなかったが、根本の方は岡田を気に入っていたようだ。荒井晴彦によれば、根本と武田靖は組合結成に向け同期の三浦朗の家に集まり謀議をしていた（黒澤満＋伊藤亮爾＋荒井晴彦「三浦朗追悼特集鼎談　日活ロマンポルノとともに生きて、死んだ」『映画芸術』一九九一年春号）。

ちなみに、根本は現場に出ずに助監督室で寝ていたわけではない。その間、助監督室のメンバーによる雑誌『麦』の編集に勤しんでいたようだ。わたしの手元には数冊しかないので何号まで刊行が続いたかは不明だが、血気盛んな新人助監督のシナリオや評論の数々が掲載されていて興味深い。意外なところでは、『麦』十二号（一九六二年七月発行）に「ファンキー」こと小原宏裕が米軍基地問題をテーマにした意欲的なシナリオ「ふざけんじゃねェョ」を寄稿している。

この十二号の編集人は藤浦敦、木下喜源、熊井啓、根本悌二。根本の趣味なのか、表紙デザインが共産党の絵画やポスターでおなじみの「ロシア構成主義」をまねたものになっている。藤浦と根本の連名による編集後記には勇ましい言葉が並んでいて今見ると微笑ましい。

「『麦』の夢は日活映画に新風を吹き込む理論的前衛としての役目を持つことか。売れない商品のセコハン（セカンドハンド＝中古の意）市場ではない」

「批評的な文章、『カッコイイ』随筆、我々編集部はこのマンネリズムを打破するためなら何でもしよう。例え他人の盗作だろうと貞操なんかくそ喰らえだ」

みんなまだ助監督の身分で、血気盛んな若者だった。

根本がにわかに動き出したのは、一九六二年七月。社運を賭けた裕次郎映画『零戦黒雲一家』（一九六二）の大撮影隊が種子島にロケに出た時だった。照明部の藤林甲（東宝争議で反共産党派だった）など障害になりそうな有力スタッフがほとんどこのロケで出払っていた。当時の映画界は、雇用契約や残業料、労働時間の管理などが曖昧なままで、エリートである助監督ですら労働時間・拘束時間に見合わない給料の少なさを嘆いていた。労組結成は必然だった。根本は東大時代には政治運動歴はないようだが、松島利行によれば、根本には秘密共産党員だったという噂があった（『日活ロマンポルノ全史』）。

武田靖は早大時代から兄の武田敦と共に活動家として名が知られていた。会社側の警戒を交わすためだろうか、運動の表には根本が立ち、武田は六三年に執行委員、六四年に書記長となった以外に表立った活動をしなかった。六六年にはテレビ部で監督になり、六九年にいったん休職して大塚和（えるふプロ）の下でプロデューサー修業をし、七〇年の『戦争と人間』で日活に復帰してプロデューサーになり、七三年には撮影所製作部長の座についた。労組関係者の中で経営側にいち早く乗り込んだかたちである。

根本はオルグのターゲットを人数の多い美術部や照明部に定め、契約社員に止められている助手以下のスタッフの多くを労働組合員として短期間に結集させることに成功し、初代の委員長にも選出された。堀久作社長は労組との対立を鎮める一手として、契約社員を採用時まで遡って正社員にする奇策に出た（松本『日活昭和青春記』）。

しかし、それは後々堀にとって最悪の結果を招くことになる。御用組合までもが根本らの労組に飲み込まれ、その勢力が全社に拡大してしまったのだから。

労組および根本悌二については、立場によってさまざまな意見があるだろうが、少なくとも根本によって契約者労組が作られなければ、日活撮影所どころか日活自体が存続できなかったし、ロマン・ポルノが生まれることもなかっただろう。

労組は、堀が事業の失敗で生じた損失や借金の穴を埋めるために、日活所有の不動産を売るとともにそこで雇用されていた従業員の首が次々切られる状況に強く抗議した。一九六四年には日活の顔というべき丸の内日活劇場まで売却され、映画会社としての面目はつぶれ、この劇場で働く多くの社員が路頭に迷うことになった。

一九六四年の日活の配収は前年から減って五四億五一〇〇万円になったが、業界二位の地位を維持していたし、一位の東映の配収が五八億六八〇〇万と大きく下落しており、ようやく一位の背中が見えてきた（田中純一郎『日本映画発達史Ⅴ』中公文庫）。それにも関わらず、丸の内日活が売られる。このような不条理を前に、労組と経営側の対立は年々高まらざるを得なかった。リストラの嵐が吹き荒れたのは日活だけではない。テレビの普及によって邦画大手四社はいずれも収益を大きく落としていた。

一方、当時の日活の動向はどうだったか。一九六〇年代半ば頃には堀久作社長が「江守に騙された」と周りにこぼしだす有様だった（松本平『日活昭和青春記』）。この発言は堀がそもそも映画事業に愛着を持っていなかったことを示しているかのようだ。

『俺は最期の活動屋　江守清樹郎遺稿集』（江守画廊）に寄せられた三鬼陽之助による堀久作評は「堀氏は一種の虚業家で、朝から晩まで株式の売買に興味を持ち、増資、増配に格別関心が深かったが、肝心の映画製作、配給といったことは、素人も同然だった」と手厳しい。堀は映画事業から手を引くことを考えていたようだ。

　映画事業を蔑ろにする堀への不満は、経営陣の間でも高まり始めていた。特に江守は反堀体制の急先鋒になりかねない存在だった。それを察した堀は、一九六五年三月の株式総会で製作再開以来の撮影所長・山崎辰夫を更迭し、山根啓司製作部長を次の撮影所長に据え（青木藤吉が新たに製作部長になった）、江守派の分裂工作を始めた。同時に堀雅彦（堀の長男、ホテル部長）、田代勇（関西支社長）、大谷竹雄（堀の娘婿、総務部長）、渡辺治吉（経理部長）、島田明（人事部長）、壺田十三（関東支社長）、村上覚（配給部長）を新たな取締役に選任した（『俺は最期の活動屋』）。

　一九六七年一月、堀久作は「マンネリの打破」を建前にして堀雅彦を映画担当責任者に据え、山根撮影所長を解任し、村上覚配給部長を後任の撮影所長に据え、壺田十三関東支社長をテレビ部兼配給担当重役にした。同時に和田良一弁護士を顧問とし遅まきながら組合対策人事を行った。具体的には旧本社労組幹部を職場の要所に中間管理職として配するというものである。元本社労組の板持隆はこの時に美術課長に昇進したが、この昇進は実質的には労組対策の楯にされるようなものだった（板持『日活映画　興亡の80年』）。

　ちなみに、江守清樹郎は奇しくも敵対関係となった村上覚のことを憎からず思っていたようだ。村上は撮影所長に昇格するのを不安がり、江守に自身の親戚の大塚昇を企画部長として付けることを懇願してきた。江守はこれをしぶしぶ承知したが、その理由を一九六七年一月五日付の日記に「〔村上と大塚は〕共に根岸〔寛一〕さんの親戚なので〔…〕根岸さんにも恩があるし、〔根岸寛一の〕未亡人が大塚ビイキなので報恩の意味もある」としたためている（『俺は最期の活動屋』）。

　村上覚は戦前の日活黄金期を築いた多摩川撮影所所長・根岸寛一の娘婿だった（『キネマ旬報　一九七六年十二月増刊　日本映画監督全集』）。大塚は根岸の下で江守とともに働いていた。大塚は一九三八年の根岸の日活追放後も日活に残り、四二年に日活の製作部門が大映に吸収されたため、大映東京撮影所（元日活多摩川撮影所）の製作部長になった。一九五七年には大映専務・曽我正史（日活京都撮影所出身）による新会社「日映」の設立に加わった（田中純一郎『日本映画発達史Ⅳ』）が、この会社がすぐに潰されたため、日活企画部に拾われた。根岸寛一か江守清樹郎の口利きがあったのだろう。

　堀雅彦の補佐役となった村上覚は独断専行型ではなく、配給畑である自分の専門外の企画・製作については周囲の意見を集めて調整を取るタイプだった（猪股勝人・田山力哉『日本映画作家全史〈下〉』教養文庫）。その性質と根岸寛一の娘婿という毛並みの良さゆえに彼はこれから幾度も襲い掛かる荒波を乗り越え、最終的には日活会長にまでなった。

　一方、一九六七年三月までに製作再開以来の日活を支えた旧重役陣・江守清樹郎（専務取締役）、山根啓司（元撮影所長）、石神清（宣伝部長）、落合正雄（経理担当常務）、仲村武（総務担当重役）、下村重雄（経理担当取締役）の六名が社を去ることが決まった。堀久作は記者会見で「今日、撮影所の大掃除を断行した」と吠えた（板持『日活映画　興亡の80年』）。系列会社の日活芸能にとり残された山崎辰夫は、元製作部長の青木藤吉が一九六九年に設立した近代放映に相談役として移籍した。

堀雅彦らの新体制（実質は村上覚が中心）が押し進めようとした策は、村上覚・壺田十三の当時の談話によれば、減産に傾く他社の裏を突く増産体制だった。他社の作品が地方の下番線で不足したところを日活で頂こうという計算である。ただ、大バクチを避けた堅実路線をとった（『キネマ旬報』一九六七年十一月上旬号）。

六九年頃には早くも新体制の企画力の限界が露わとなり、東映の売れ線の安易なモノマネに向かうほかなくなった。ヤクザ映画や性的テーマを持つ風俗モノのシリーズである（田中純一郎『日本映画発達史Ｖ』）。これらは結果的にニューアクションやロマン・ポルノの前身的な作品群となった。

ところが、起死回生に向けて変化の種は確実に蒔かれていた。六九年には長年にわたりロマン・ポルノを支えることになる佐々木志郎が支社の営業部から本社企画部に異動してきた。七〇年にはのちにロマン・ポルノの総指揮を担うことになる黒澤満が梅田日活支配人から俳優部次長に転じ撮影所にやってきた。さらに増産政策のために、一九六七年から七一年までに映画事業部だけで新人監督が十四人も生まれたことで現場が若返り、近い将来ロマン・ポルノを担うことになる助監督たちの経験値を急速に高めた。

一九七〇年四月、村上覚は本社に映画事業部を置き、企画や俳優行政などを一括管理するシステムに切り替えた。映画事業部長は村上覚自身が務めたが、ほどなくして俳優部の黒澤満や宣伝部の田中鐵男が主導権をとるようになり、若手の意見が積極的に採用されるようになった。関西支社で名をはせた黒澤や田中の映画事業部での台頭は、伊藤亮爾や伊地智啓などの実力派助監督たちに「ひょっとしたら、クーデターが起こるんじゃないか」という期待を抱かせた（「日活ロマンポルノ30年の興亡総括　プロデューサー座談会　第一回」『映画芸術』二〇〇一年秋号）。

事実、急速に撮影現場の自由度が上がり、若手監督・助監督が様々な実験ができるようになった。これが七〇年以降のニューアクション路線などの作品として結実し、やがてロマン・ポルノの企画力に繋がっていくのである。

一九七一年六月二日、堀久作は会長に退き社長の座を息子の雅彦に禅譲した。「毎月一億円の赤字でやっていける訳がない。いまは映画という言葉に嫌悪さえ感じる」と辞任の弁で述べた（鈴木晰也『ラッパと呼ばれた男』キネマ旬報社）。

ところで、この退陣劇には裏があった。根本悌二によれば、堀久作は自ら退陣したのではなく「退陣させられた」という（「映画産業論」『映画論講座1　映画の理論』合同出版）。同年四月から五月には、堀雅彦の岳父である藤井丙午の紹介で平和相互銀行（小宮山英蔵社長）が日活に九億円の融資をもちかけ、それを条件に経営に介入した（『日活労働組合　二〇年の闘争　どのような時代、どんな闘いだったのか！』日活労働組合中央執行委員会）。

しかも、堀久作が辞任する日に、堀久作が持つ日活株のうち二五〇万株ずつを堀雅彦と小宮山の経営する総武都市開発とに売却させ、小宮山に新社長の堀雅彦と同等の発言権を持たせた。小宮山の真の狙いは堀久作が望む日活の計画倒産に協力するふりをして、日活の優良資産を安く買い叩くことにあった。そこで手始めに計画の邪魔になる堀久作を排除したのである。なお、小宮山と親戚だった藤井も騙されていたらしい（根本「映画産業論」）。

六月末、堀雅彦社長（在任一九七一〜七五）は初めての大衆団交に及んだ。堀雅彦と根本悌二は当初対決姿勢だったが、七月二十三日の団交で根本が態度をコロリと変え「どうやれば日活が立ち直れるか、お互いにじっくり話し合いませんか。組合も全面協力しますよ」と握手を求めた。すると魔が差したのか、堀雅彦は「では、そうしますか」と重役との相談もせずに瞬発的にこれに応じてしまった。そして、労資協調路線で日活の新体制がスタートすることになった（『日活映画　興亡の80年』）。

労組が七月三十一日から始まる「経営委員会」「映像委員会」に経営側と同等の資格で参画することになったのである。

経営委員会には会社側から堀雅彦社長、渡辺治吉経理担当ら取締役が、労組側から稲垣光晴（副委員長）、古賀邑美（書記長）らが出席。映像委員会には会社側から村上覚（撮影所長、のちの十二代目社長）、土屋幸雄（配給担当重役）、黒澤満（俳優部次長、のちの撮影所長）、田中鐵男（宣伝部長）、那波直司（製作部長）らが、労組側から根本悌二（労組委員長、のちの十三代目社長）、結城良熙（助監督部。のちの取締役）、若松正雄（美術部。のちの十四代目社長）、松本平（美術部。のちの取締役）、村山司郎（美術部。のちの労組副委員長）らが出席した。

ロマン・ポルノへの助走

ここでロマン・ポルノが始まった一九七一年秋から時間を二年ほど遡り、この路線が立ち上がる経緯を改めて詳しく見ていこう。

一九六九年三月四日付の『報知新聞』が、日活が撮影所を約十六億円（土地相場の半分ほどの値段）で電電公社の関連会社に売却したことをスクープし、日活が想像以上に危ない状況であることが世間に一気に知れわたった。日活の裕次郎ブームはとうの昔に過ぎ去り、それでも吉永小百合作品などの配収、不動産の切り売りで運転資金をどうにか繋いできたが、撮影所の売却はついに売れるものも限界に近づいてきたことを如実に示していた。

ちなみに、撮影所の売却（労組が後に調査したところではそもそも売買契約ではなく、借金の担保に取られただけだった）は経営上層部しか知らない秘密事項であり、多くの社員には知らされていなかった。

これ以後、日活は坂を転げるようにどんどん経営状態の悪化が進み、一九七〇年一月一日には同じく『報知新聞』が資本金と同額の五〇億円の負債を抱えた日活の映画製作中止、堀王朝の栄華の象徴である日活国際会館の売却をスクープした。七〇億円で三菱地所に売却された国際会館の利益の約半分は借金の担保と相殺され、日活が手にしたのは残りの三六億のみ。これは同年十二月まで三億円ずつ支払われることとなった。この資金で一九七〇年いっぱい、見せかけ上は日活の倒産を食い止める目途がついた。一九七〇年には会社資産の切り売りでどうにかやりくりする堀久作の方針にもはや限界が見えていた。その先を乗り切るためにはもはや抜本改革が不可避となった。一九六九年の配収は二八億五〇〇〇万円まで下落していた。

窮地に陥った日活の採った策は、同じように窮地に陥っていた大映との提携だった。両社の製作映画を一九七〇年四月に設立したダイニチ映画配給会社（大映の松山英夫が社長、日活の壺田十三が副社長となった）で流すことで互いに製作本数を減らし、両社の顧客を互いに共有し、月産四億五〇〇〇万円の収入を得、配給経費一億五〇〇〇万円を抜いた利益を両社で山分けする計画だった。

ちなみに、この提携話は元々松竹に打診されていた。松竹は、一九五四年には配収約四七億円（現在の約二七五億八九〇〇万）で当時の邦画大手六社（東映・松竹・日活・東宝・新東宝・大映）の頂点に君臨していたが、翌年東映に一位の座を空け渡してから業績悪化の一途をたどった。六九年の配収は邦画五社（一九六一年に新東宝倒産）最下位の二二億七二〇〇万円にまで下落しており（田中純一郎『日本映画発達史V』）、打開策を模索していた。しかし、城戸四郎社長が外国出張中だったため、松竹は返事を留保した。日活には城戸の帰国を待つ猶予すらなかった。それで大映と提携することになったのである（鈴木晰也『ラッパと呼ばれた男』）。歴史に「もし」はないが、もし『男はつらいよ』シリーズのドル箱化を起爆剤に少しずつ経営が復調していった松竹（七二年に黒字回復）と組んでいたら、日活は七一年八月の製作中止を免れたかもしれないが、一発逆転をかけたロマン・ポルノが生まれることはなかっただろう。

ところで、ダイニチ映配設立の裏で日活では未来を見据えた新事業が立ちあげられた。一九七〇年三月に音響部内にビデオ室（鈴木平三郎室長）が設立されたのである。最初は鈴木一人のみの部署だった。中村朗『検証　日本ビデオソフト史』（映像新聞社）によれば、ビデオ室の業務は「日活のアクション映画や大蔵映画、新東宝などの成人映画をビデオ化して、ホテルや船舶にレンタルする」ことが中心だった。この期待外の一人部署が十年後に日活の危機を救うことになるとは誰も想像していなかった。

鈴木はいち早くビデオ部を設けていた東宝に出向いてビジネスのノウハウを学んだという。東宝は快くビジネスのヒントを教えてくれた。例えば、船舶への売り込みが有効なのは、当時長期航行する船舶には応急処置法などを示した教材ビデオを設置する義務があったからだった。せっかくビデオデッキがあるならば、何か娯楽モノも欲しいというニーズがあった（奥出哲雄「ロマンポルノ裁判からビデ倫誕生まで」『ビデオ・ザ・ワールド』一九八六年三月号）。また、東宝ではポルノのニーズもやがて出てくるのではないかとピンク映画のフィルムもストックしていたが、この時点ではリリースしなかった（同上）。一九七〇年の時点ではビデオデッキおよびビデオソフト（オープンリール式）はまだまだ高価で庶民には全く手が出なかった。とはいえ、業務用・教育用・富裕層向けには商売が成り立った。特に高いニーズが期待されたのはポルノビデオだった。

中村が『検証　日本ビデオソフト史』で引用した東映ビデオ常務・小林秀次の調査（『映像新聞』一九七一年九月十日号）によれば、市販ビデオソフトの九八％が業務用で一般用は二％。しかも、業務用の六〇％は成人用、五％の娯楽関係（船舶）も遠洋漁業向けのリースを指しているので成人用を多く含んでいる。つまり、ポルノはビデオソフト売り上げ全体の過半数を優に超えるシェアを占めていた。

一九七一年三月には日活ビデオ室（恐らくこの頃にテレビ本部ビデオ事業部に改組されている）が、オリジナルポルノビデオ製作を開始した。ただし日活本体では製作せず、最初は近代放映に製作を委託し（『週刊新潮』一九七二年二月五日号によれば、近代放映は自社のスタッフで作りたくないとして「仕事がない連中」に孫請けさせていた）、九月以降は委託先にプリマ企画を加えて二社で毎月四作品をリリースする体制を整えた。

鈴木平三郎は、ポルノビデオを外注した理由を俳優組合の反対で撮影所での製作が難しくなったためだったと回想している。また、日活ではすでにピンク映画のビデオ化をしていたが、当時のピンク映画の多くはパートカラー（ほとんど白黒で一部カラー）でジャパン・ビコッテが発売していた洋ピン（オールカラーの海外ポルノ映画）のビデオに対して見栄えが悪かったため、オールカラー撮影のオリジナルを作る方が売れると判断された。なお、映画を元にビデオ化するとシネスコサイズ（横縦比＝2.35：1）の画面をテレビ用にスタンダードサイズ（横縦比＝1.33：1）にトリミングする必要があり、これも見映えの悪さに繋がっていた。ならば、スタンダードサイズでイチから撮ってしまった方がいいし、手っ取り早いわけである。ポルノビデオの売り上げは上々だったようだが、まだ百本の売り上げでヒットとされる程度の小さな市場でしかなかった（奥出哲雄「ビデ倫設立前夜」『ビデオ・ザ・ワールド』一九八六年四月号）。この時期のポルノビデオがロマン・ポルノとその仇敵であるアダルトビデオの共通の祖先になった。

先述したように、ビデオ事業部のオリジナルポルノはロマン・ポルノの開始前に白川和子や宮下順子を起用して撮影されていたらしく、映画本部のプロデューサーや俳優部の人間が撮影現場を見に来たというから（奥出「ロマンポルノ裁判からビデ倫誕生まで」『ビデオ・ザ・ワールド』一九八六年三月号）、最小限の人員で小型のフィルムカメラを用いて撮影するというスタイルも含めてロマン・ポルノの直接的な雛型になったと考えていい。白川和子がプリマ企画製作の『日本ポルノオリンピック　乳首山の性宴』（梅沢薫、一九七一年十二月公開だが撮影は白川の日活入り以前の可能性もある）に出演しているのは、プリマ企画のポルノビデオに出演していた名残なのだろう。プリマ企画（ピンク映画会社）を藤村政治らと興した渡辺輝男（代々木忠）は、その前にはワールド映画（ピンク映画会社）におり、映画上映の幕間やピンク女優による実演ショーを演出していた。白川和子（六七年デビュー）とはこの頃からの仕事仲間だった（東良美季『代々木忠　虚実皮膜　AVドキュメンタリーの映像世界』キネマ旬報社）。

話題を元に戻そう。松本平によれば、ダイニチの配収は月一億四〇〇〇万円から五〇〇〇万円しか上がらなかった（『日活昭和青春記』）。つまり、配収は必要経費ですべて消え、利益はゼロどころか赤字になる月も珍しくなかった。しかも一九七一年一月には大映が一度目の不渡りを出し、ダイニチは日活の連鎖倒産を招きかねない危険なカセとなってしまった。その結果、日活は一九七一年九月末でダイニチ映配を離脱することを決めた。一方、大映は一八〇〇万円の不渡りを出して一九七一年十二月に倒産してしまった。

日活の死と再生：ロマン・ポルノ前夜

ところで、日活倒産の危機が目に見えて明らかになってきた一九七一年の日活ニューアクション作品には、「日活の死」を露骨に連想させる作品がいくつか存在する。例えば、澤田幸弘の『関東幹部会』（一九七一年四月公開）である。話の筋としては、かつての親友同士（渡哲也・長門勇）がヤクザ組織の権謀術数によって互いに敵対する関係に追い込まれるという悲劇である。長門は組の未来のため、渡のため、自分が死を選ぶ覚悟を持って幼馴染の渡に挑む。ドスでの真剣勝負はなかなか勝負がつかず、荒い呼吸のまま、二人はしばし対峙。互いに目が合う。そして、呼吸を整え一気にぶつかり合う。すると、渡のドスが長門の腹に突き刺さり、一方の長門はドスの刃先を握りしめていた…。

この作品のラストシーンでは、組織への復讐を果たした渡が「日没」のなか、富士山が赤く映える海辺の突堤を親友の死体をかついで延々と歩いていく。豆粒のような大きさになるまで延々と。澤田はこのシーンを極めてあっけらかんと回想してくれた。

「これは（助監督の）伊地智啓の案でね、モハメド・アリがジョー・フレイジャーに初めて敗北した（一九七一年三月八日）ところからヒントを得て、最後誰かを担ごうとなったんだ」

だが、明らかにそのシーンは「日活の日没」「日活の敗北＝死」を予兆するように見える。

また、澤田の盟友の小澤啓一の『関東破門状』（一九七一年七月公開）ではより直接的な「日活の死」が描かれた。この映画は、主人公（渡哲也）が大組織に追い詰められ、仲間を皆殺しにされ孤立し、最後は仇敵（山本麟一）を惨殺するという筋だったが、ラストシーンは、翌七二年には丸井に売却される旗艦館「新宿日活」を舞台に展開された。もはや誰もいない新宿日活の大スクリーンを前にした客席で、バックヤードの看板置き場で、入り口ロビーで、逃げる山本を渡哲也が執拗に追いかけじわじわと斬りつけていく。そして、最後に新宿の街頭に飛び出した山本にとどめを刺すのである。野次馬が集まる街なかで大量に血を流し斃れる山本、それを虚無的に見下す渡の姿。その光景はまさに「死した日活」の葬送を鮮やかに描き出していた。小澤はこの映画を次のように回想してくれた。

「結局、渡さんはこれが日活最後の作品なんだよね。〔…〕俺たちの牙城だった新宿日活はもう売りに出ていてね。〔…〕で、最後にドスでぶった切ってやりたい。そんな思いだった」（小澤啓一著、千葉慶編『リアルの追求　映画監督小澤啓一』ワイズ出版）

その一か月後、八月二十五日公開の藤田敏八『八月の濡れた砂』、蔵原惟二『不良少女　魔子』の二本立てをもって、日活はひとまず新作の製作を一時停止することとなる。藤田敏八によれば、ダイニチ映配の関係で新宿大映での公開となった封切日は最悪の入りだったという。たったの六人しか客がいない上に、そのうち一人は主演の村野武範、もう一人は藤田自身だった（「座談会　大塚和を語る」『大塚和・映画と人生』えいけいあい企画）。

『不良少女　魔子』は蔵原惟二の監督デビュー作で、『ウエストサイドストーリー』を意識した青春モノだった。

思いがけない運命のいたずらで恋人たちが悲劇に引き裂かれるこの一瞬に、ヒロイン（夏純子）がどんな決断をするのかというのがテーマだったという。脚本を担当したのは、蔵原と同期の長谷部安春（藤井鷹史名義）。長谷部の脚本のテーマは、ヤクザと主人公たち若者の対立を軸に「大人になること」への葛藤を描いたものだったが、蔵原はこのテーマを「少し古臭い」と感じていたそうだ。それでも、小野寺昭演じる若者グループの一員が暴力によってヤクザに恭順させられる姿や、子供であることにこだわる夏純子が常にクマのぬいぐるみを持ち続けるという描写に元のテーマが生かされている。ラストシーンが鮮烈だった。恋人（清宮達夫）を裏切り者の小野寺に殺された夏がプールサイドで復讐の刃を彼に向けるのである。もんどりうって倒れ、プールに浮かぶ小野寺の死体。騒ぎ出す周りの客たち。それをよそにフラフラと夏純子は去っていこうとする。

「『不良少女　魔子』は、青春が一番はじけた瞬間に、段差というか落とし穴があるというのがモチーフでした。待ち受けている落差に翻弄される若者たち。自分たちが思っても見ないことに青春が崩されて、悲劇になっていくというのがあるじゃないですか。それを引き起こすのは神なのか、運命なのかはわからないけども。観念的にはこれがやりたかった。夏純子が最後に、プールのところで裏切り者を殺して大騒ぎになるのですが、『みんなうるさいなあ、どいてよ』とつぶやくんです。あれは『ほっといてくれ、自分でやったことは自分で責任を持つから、触らないで』という意味を言わせたんだよね。人からごちゃごちゃ言われないで、自分は自分だけの力でステップアップをするという瞬間を捉えたセリフだったんです」（蔵原惟二「ロマン・ポルノで紡いだ物語」『日活1971 - 1988』）

以上のように説明した後、「うまく伝わったのかな」と蔵原は照れくさそうに舌を出した。

日活の経営状況がよければ、『不良少女　魔子』は蔵原の鮮烈なデビュー作として大いに話題になるはずだったし、夏純子はこれで一躍次代の日活を担うスターになるはずだった。しかし、この映画への評価は封切時にはほとんどされなかったようだ。今この映画はＤＶＤなどで簡単に見ることができるので、映画ファンには改めてその優れた価値を見出してもらいたい。また、今この映画を見ると、旧日活最後の作品にふさわしく、小野寺昭に象徴される旧日活の「死」と夏純子に象徴される次のステップに向かう新日活の「再生」とが描かれているようにも感じる。

この二作の製作が終わった同年七月末には、一九五四年の製作再開以来、昼夜を問わず駆動してきた撮影所の灯は消え、人はいなくなり、美術倉庫には木材などの資材が一切なくなり、撮影所はがらんどう状態になった。

経営陣と労組は、共に七月三十一日から連日のように「経営委員会」「映像委員会」を行っており、激論の結果、八月末に一つの起死回生案に絞りつくことを決めた。それは八月半ばに土屋幸雄配給担当重役が提案した「ポルノ映画」中心の製作体制への切り替えである（「日活ロマンポルノ30年の興亡総括　プロデューサー座談会　第一回」『映画芸術』二〇〇一年秋号）。

労組側は年に一度『戦争と人間』のような良心的大作映画を撮ること、児童映画を定期的に製作することを条件に了承した。それでも、経営陣も労組側も「ポルノ」を製作する覚悟が定まっていなかったのか、それはしばらくの間「小型映画」という符牒で呼ばれていた。これがいつの間にか「ロマン・ポルノ」となった。

「ロマン・ポルノ」という呼称は「ポルノ」に「ロマン」をつけただけの単純な発明だったが効果は絶大だったらしく、「ロマン」の一語だけで監督やスタッフの抵抗が薄らいでいった。松本平によれば、土屋幸雄はロマン・ポルノの名称がつく前から「芸術的なポルノ」としきりに言っていた（『日活昭和青春記』）。

それにしても誰が「ロマン・ポルノ」という呼称をつけたのか。

一九七六年十一月二十五日、ロマン・ポルノ裁判における検察官尋問での村上覚（当時日活社長）の発言が、傍聴席を大笑いさせた（斎藤正治『権力はワイセツを嫉妬する　日活ポルノ裁判を裁く』風媒社）。

検事「日活ロマン・ポルノの名称の意味は？」

村上「独立プロで出入りの業者がポルノ・ロマンという名称で映画を作ると聞いて、逆にひっくり返して名前にした」

タチの悪い冗談のようだが、これが真相のようだ。先ほど挙げた『映画芸術』のロマン・ポルノ総括座談会で黒澤満が同様の証言をしている。ただ、ポルノとロマンをひっくり返したのが村上覚なのか、黒澤満なのか、土屋幸雄なのか、武田靖なのか、他の誰かなのかは、永遠の謎である。

ロマン・ポルノの司令塔：映画本部の設立

経営陣・労組上層部の方針は定まった。しかし、実際にロマン・ポルノを作るのは撮影所の監督・スタッフ・俳優たちである。一九七一年当時、「ポルノ」といえばマチバ（中小の製作会社やフリーのスタッフに対する蔑称）の人間がやる「ピンク映画」であり、大手映画会社に所属する彼ら・彼女らにとっては、「裸になること」「裸を撮ること」「裸を売る」ことは体を売るに等しい恥ずべき行為だった。したがって、スターやメインスタッフの多くは日活を去ってしまった。石原裕次郎、渡哲也、吉永小百合、浅丘ルリ子ら日活を支えたスターはロマン・ポルノに出るはずもなく日活を離れていった。プロデューサー、監督、照明、撮影、美術、録音、編集、スクリプターなど、スターを支えるメインスタッフの多くがロマン・ポルノを拒否して活躍の場を他社の映画やテレビへと移し、あるいは映画界を引退して別の職に就く者もいた。

短期間でどれだけ社員が減ったか。具体的な数字を調べてみた。日活の社員数は一九七〇年上半期時点で一三五一人だったが、一年後の七一年上半期には一二七一人、製作停止後の七一年下半期には八〇六人にまで減った。しかも、この減少傾向はロマン・ポルノ体制になっても止まらなかった。財政ひっ迫のためにリストラが何度も行われたからである。一九七五年上半期の社員数は五七三人にまで減ってしまった（根本悌二「映画産業論」。根本の言う社員は「正社員」を指すと思われる）。

カメラマンの萩原憲治によれば、残ることを決めたスタッフの間には、「ポルノを撮るとテレビの仕事が出来なくなる」というう不吉なデマが回っていたという（『日活1971 - 1988』）。それが一九七一年～七二年頃の初期ロマン・ポルノに変名をクレジットさせるスタッフや俳優が続出した理由である。

ちなみに、変名の例は、松原芳男・松原憲治（＝萩原憲治）、小柳深志・里村延夫（＝安藤庄平）、川野詠志（＝山崎善弘）、石田久夫（＝結城良熙）、萩冬彦（＝小澤啓一）、桜戯苛（＝若松正雄）、笠野伸之（＝橋本文雄）、相川恒・榊八郎（＝神保小四郎）などである。作曲家名が後々に至るまで月見里太一や多摩零、奥沢散策などの変名なのは、過去の日活作品に使用されたライブラリー音源を再使用しているためで、本人希望で変えたものではない。

カメラマンの姫田真左久は自著で、本名のままロマン・ポルノを撮ることを自ら決断したかのように語っている。

「『俺が撮れば俺の作品になるんだよなあ』と思うわけですよ。〔…〕誰のものか分からない匿名なんて困るよね」（『姫田真左久のパン棒人生』ダゲレオ出版）

しかし、長谷川和彦（当時助監督）は、姫田が製作部で「なんで俺だけ名前出さにゃイカンのや」と怒っていたのを目撃している。

結局、姫田は製作部長の那波直司の説得に折れた（長谷川和彦「死に顔を見ていないから、パキさんも孟さんもオヒゲもまだ、生きてるんだ」『映画芸術』一九九八年春号）。

「でもね、姫田さん、これからわしらコレでやっていくんじゃないですか。なのに、皆がペンネーム使って、恥ずかしい事みたいにやってたら、やっぱり駄目ですよ。ここはひとつオトウサンが本名でやって下さい。そしたら皆、自信持ってやりますから」

以後、徐々に他のスタッフも本名を使うようになった。

監督だけは名前を変えることが許されなかった。なぜならば、ロマン・ポルノの中身がはっきりしないうちは、日活というだけで作品を買ってくれる興行主はいなかったし、ダイニチ映配時代の不入りの連続で日活マークの信用は地に墜ちていた。すでに監督デビューし、ある程度の実績を積んでいた監督の名前で信頼を勝ち得るしか手がなかった（例外的に、曽根中生は交通事故を起こしたあと本名の「義忠」から改名している。中原俊も本名は「俊弘」である。彼らの改名が許されたのは本名での監督実績がなく、本名にこだわる必要がなかったためだろう。逆に藤田敏八は本名の「繁夫」ではなく「敏八」の名で売れたため、ロマン・ポルノ以降もこの名を用いた）。

それゆえにロマン・ポルノ第一弾の二作には、すでに数本撮っていて名が知られていた西村昭五郎と林功が監督として選ばれた。それでも当初はこの番組を買う映画館は十三館しかなかったのである。

製作を開始する前にやるべきことは山積みだった。中でも急務は企画・製作体制の司令塔作りである。当時企画部にいた佐々木志郎によれば、ロマン・ポルノ転換が決まった時点で、すでに企画部には佐々木ら若手の三名（映倫担当の安井幹雄［のちの作家・南原幹雄］を除けば、課長の栗林茂、佐々木、奥村幸士）しか残っておらず、有力スターとともに有力監督・プロデューサーはほとんどいなくなっていた。そこで、村上覚を長として、企画部・製作部・俳優部を一体化した映画事業部（一九七〇年四月設立）を映画本部に再編し、ロマン・ポルノの司令塔とした。なお、「映画本部」は時期や資料によって「映画事業部」「映像本部」と呼ばれることもあるが内実はほぼ同じである。

映画本部の陣容は、伊地智啓によれば次のようなものだった。映画本部企画製作部長・黒澤満を中心にまずはプロデューサーが五人。武田靖・三浦朗・岡田裕・伊藤亮爾・伊地智啓（ここに後ほど松岡明・結城良熙・樋口弘美が加わる）。会議は課長の佐々木志郎が議事進行、企画担当が栗林茂・奥村幸士の二人。俳優担当は飯塚滋・仲川幸夫、経理面は小石次彦と、合わせて十一名だけで構成されていたという（伊地智啓著、上野昂志・木村達哉編『映画の荒野を走れ　プロデューサー始末半世紀』インスクリプト）。

この十一名で週一度の会議を行い、タイトル・企画・脚本と監督・スタッフ・主演女優のマッチング（番組）を一気に計画し現場に下ろすトップダウン式のプロデューサーシステムが採られ、番組は十日ごとの切り替えを原則に組まれた。会議では自分が担当していない作品も互いに共有する慣例がとられた。そこには互いに批評し合い、作品の質を高めていく意味があった（「日活ロマンポルノ30年の興亡総括　プロデューサー座談会　第一回」『映画芸術』二〇〇一年秋号）。

プロデューサーシステムの構築は、一九五五年に入社以来、映画プロデューサーを志しながら、新宿日活から梅田日活へと日活の有力直営館の経営にもっぱら従事してきた黒澤満の念願でもあった（戦後の日活は松竹をモデルにしたディレクターシステムを採っていた）。しかし、ロマン・ポルノ路線が立ち上がるここまでの経緯ですら平坦な道のりではなかった。以下、当事者の証言で移行期の混乱具合を見ていくことにしよう。

映画本部の中核を担うプロデューサー候補は助監督たちから選ばれた。助監督で組合委員をしていた小原宏裕によると助監督部での話し合いは紛糾したものになったようだ。

「反対、賛成の二派に分かれて議論になったが、積極的に賛成論をブッた人たちが、実際に企画、撮影に入る段階で去っていった。辞めた人もいるが、ほとんどテレビに走った。〝やろう〟といって企画まで出したのは神代（辰巳）さんだけ。その討論ではむしろ反対だった若手が、新路線で助監督、監督、あるいはプロデューサーになった」（松島利行『日活ロマンポルノ全史』）

助監督の中で先陣を切ってプロデューサーに転身したのが、武田靖と三浦朗（いずれも第四期）である。武田は先にみたように一九七〇年にプロデューサー転身している。

三浦朗は一九七一年四月公開の武田一成『三人の女　夜の蝶』でプロデューサーになった。

ロマン・ポルノ路線が本決まりする直前にプロデューサー転身を打診されたのが、先にも触れた第九期助監督の伊藤亮爾である。フランクに話をしてくれた。

「一九七一年の夏…日活も我々の仕事も終わりかという喪失感も漂い、撮影所には人影も少なくなっていた。撮影所長の吉川昭さん、黒澤さんからプロデューサーをやれという話が来たのはそんな頃だ。これから日活は大作中心の体制で進む道しかない、そのためにプロデューサーが必要というわけ。そう、これまでに適当に要領よく、無難に、監督・スタッフに作品を作らせてきた助監督が、ターゲットにされたのか。ま、そうした一人として、プロデューサーにということだったんじゃないのかな。でも、こっちはこれを機に辞めようかと思ってたんだが、結局引き受けざるを得なくなった。そしてこの時は一般映画のプロデューサーとして、五木寛之原作『青年は荒野を目指す』を、藤田（敏八）さんと海外ロケでやろうとし始めたんだ。そういうところに、当時の配給部や劇場部から『ピンク映画』を作っていけばある程度いけるという話が出てきた。前後して助監督から遠藤三郎、武田靖、三浦朗さんたち三人も、大作のプロデューサーならと企画会議に加わった。遠藤さんはカルチャードキュメントなどの大型企画、武田さんは日活大作シリーズ『戦争と人間』を続けたい、三浦さんも神代（辰巳）さんの一般映画の企画を持っていた。それがにわかにロマンポルノになってしまったんだ。とりあえず三本作れってことになった。武田さんは『団地妻　昼下りの情事』（一九七一）。あの人は当時たまたま団地に住んでいたし。なるほど愉快な企画じゃないかとみな思ったね。監督は西村昭五郎さん。それから撮影所内にテレビの時代劇セットが残っていたし、それで時代劇一本作ろうって。『色暦大奥秘話』（一九七一）で、それを林功さんが監督だ。そして、近藤幸彦監督の女高生もの。セーラー服ものも絶対いいってなってね。『女高生レポート　夕子の白い胸』（一九七一）。これは僕が担当プロデューサー。この三本を作ろうということになったんだ」（伊藤亮爾「ロマン・ポルノ創始の頃」『日活1971 - 1988』）

一方、選択肢を与えられた上でプロデューサーを選んだのが、伊地智啓と岡田裕である。しかし、その選択はいずれも迷いの中で半ばヤケクソ気味の選択であった。わたしの取材に岡田は次のように語ってくれた。

「僕はロマン・ポルノになった時、監督ではなくプロデューサーになったんです。〔…〕会社側は『監督になるんだったらなってもいいよ』と言ったんです。〔…〕でも、そこでちょっと考えましたね。〔…〕その頃、僕は神代辰巳さんとかパキさん（藤田敏八）とかと飲んだくれていて、僕はあんな風に狂える感じになれないと思ってしまったんです。で、プロデューサーをやりますってことになったら、師匠のクラさん（蔵原惟繕）やパキさんや〔脚本家の〕山田信夫に『十年間も助監督やって、もったいない』って言われたんですね。そういう彼らに反発する気もあってプロデューサーになったんです。ポルノをやることにはポジティヴでした。〔…〕若松プロの脚本を助監督時代にやっていたから、ピンク映画に抵抗はなかったし」（岡田裕「もっと自由でいいじゃないか――僕のプロデューサー奮闘時代」『日活1971 - 1988』）

いわば、岡田はリスクを取らない師匠らへの反発から、火中の栗を拾う選択を意地で行ったというわけである。では、伊地智啓はどうだったか。

「ロマンポルノを始めるときに、私自身が二者択一を会社に迫られて、監督を捨てプロデューサーという道を選択するんだけど……。言ってみればこっちも〔ポルノを嫌悪しながら主力番組とせざるを得ない経営陣や労組と同じく〕矛盾を抱えていたわけですよ。二本か三本撮ったらもうネタがなくなるから監督はやらねえよってプロデューサーを選んだものの、その瞬間、本音のところでは蔑視しているのかな。ロマンポルノの限界を自分はどこかで感じちゃっているものだから、デスペレート〔自暴自棄〕な気分で選んでしまったのかもしれない。ところが、始めちゃったら、やっぱり映画って面白い」（伊地智啓『映画の荒野を走れ』）

やはり、伊地智も海のものとも山のものとも知れないロマン・ポルノに飛び込むにはヤケ気味の覚悟を必要としたようだ。ともあれ、プロデューサーたちの心の準備はできた。

次はいよいよ第一弾作品の監督選びである。すんなりと監督が決まったわけではなかった。伊藤亮爾の証言によれば、会議では武田靖が西村昭五郎を推薦したのに対して、三浦朗が神代辰巳と磯見忠彦（三浦と同期）を推薦した。会議の中心にいた黒澤満によれば、三浦はまだロマン・ポルノを撮ってもいないのに「絶対に上手い」と特に神代を猛プッシュしたという（前掲「三浦朗追悼特集鼎談　日活ロマンポルノとともに生きて、死んだ」）。

その後、どういう議論が交わされたかは不明だが、結果的には武田の推した西村昭五郎が一人目に決まり、三浦が神代・磯見の代わりに同期の林功を挙げたようだ。恐らく、神代・磯見のデビュー作（一九六八）がともに日活始まって以来最悪の配収だったことが営業的理由でネックになり、逆に林はヒットした『ハレンチ学園』シリーズを二本担当していたことが営業受けがよいと判断されたのだろう。

第一回作品の製作裏事情

西村昭五郎が桂千穂（脚本家）を相手に語った貴重なロング・インタビューによれば、一九六三年に今村昌平の脚本を得て『競輪上人行状記』で華々しくデビューし、六八年には裕次郎映画『波止場の鷹』まで担当した西村だったが、七一年頃は助監督の木下喜源に任せっぱなしで訳も分からず撮った『残酷おんな情死』

（一九七〇）がひどい不入りで会社に干され、無為な日々を過ごしていたという。そこに、製作部長だった那波直司（西村より一年後輩）からの電話があり、以下のようなやり取りがあった。

那波「もう日活は駄目だ、撮影もやっていないけど、潰れる前に裸はどうだろう」

西村「うーん、主婦売春はどうだ」

西村はやけになっていたのか、たまたまついていたテレビで、青島幸男の「お昼のワイドショー」の摺りガラスの向こうで人妻が告白するコーナーをやっていたというだけの理由で何の気なしにこう返事をした。そうしたら、那波からＯＫが出たという。それをピンクのホンばかり書いていた西田一夫に脚本にしてもらって、『団地妻　昼下りの情事』という企画が生まれたらしい（「西村昭五郎ロング・インタビュー　なんで十六年も続いたのか不思議でしょうがないよ」『映画芸術』二〇〇一年夏号）。

ただ、この話はどこまでがウソかマコトか定かではない。わたしが佐々木志郎から聞いた話によれば、「団地妻」というタイトルは彼が考えたものだというし、伊藤亮爾は「団地妻」というテーマは「担当プロデューサーの武田靖が団地に住んでいたので思いついたのではないか」と話してくれた。西村、佐々木、伊藤と三者三様の証言が出たということは、誰もはっきりと覚えていないということだろう。ちなみに、『団地妻』の台本段階の仮題は『女ざかり　夜を待つ肌』なので「団地妻」は後で付けられたようだ（『日活 1971 - 1988』）。

『団地妻　昼下りの情事』は団地に住む主婦（白川和子）が主人公で、夫とのセックスに満足できず悩んでいる。そんなある日、かつての恋人と再会し、酔った勢いでホテルに入るところを隣人の女性に見られたことから悲劇が始まる。この女性が実は主婦売春グループのボスで不倫のネタで脅して白川を売春の世界に引き込む。やがて、白川は売春生活に順応し出すが、ある日顧客として夫がやってきてしまった…と展開していく。

余談だが、二〇一九年のとある上映会で、わたしが見た一九七〇年十二月公開のピンク映画『赤線団地夫人』（佐々木元監督、池田正一脚本、日本シネマ製作）に、団地妻ならぬ「団地夫人」が騙されて売春組織に入れられてしまう筋が描かれていた。まさに『団地妻　昼下りの情事』と同じ設定である。その他にも『団地妻』と激似のイメージカットがあるなど、共に見た全員が「ひょっとすると参考にしたのか?」と思ってしまうほどの内容だった。黒澤満はピンク映画をちょくちょく見ていたそうだし、ロマン・ポルノを作る前にはプロデューサーを中心にピンク映画を研究する機会があったはずなので、特定のピンク映画から直にインスピレーションを受けた企画が出てきてもおかしくはない。

脚本を担当した西田一夫によれば、彼に声がかかるよりも先に監督は西村、テーマは団地妻ということが決まっていたという。その後でチーフ助監督に小原宏裕が決まり、西村・西田・小原の三人が千歳烏山駅前のワールドという喫茶店で数回打ち合わせをして脚本を完成させた（「作家たちのにっかつ十年」『シナリオ』一九八一年十一月号）。

一方、西村よりも一歩先に撮り始めることになった林功へは、西村昭五郎から声がかかったという。林によれば、以下のような状況だった。

「この時、『ポルノなんて冗談じゃない』という声が監督会の中であったんだ。でも、『ロマン』という一字がつくことでだいぶ変わってくるんだな。この頃、僕はたまたま杉良太郎の「大江戸捜査網」というテレビ映画を三本くらい撮っていた。そしたら、ロマン・ポルノをやるという話があった。この時、西村昭五郎さんが『イサ公、やってやろうじゃねえか』って誘ってきたから、僕は『会社のお偉いさんに話を聞いてみようよ』と応じて本社に行ってみた。『冗談じゃねえけど、そっちはどういうつもりでそんなことを言うんだ』と僕が聞くと、『五〇〇〇人の日活社員を食わせるにはもうこれしかないんです』と返すんだよ〔注：五〇〇〇人は多すぎのような気がするが、林の記憶ではこの数字だったようだ。説得する側も必死だったのだろう〕。で、こっちは『ああ、そうかい』となった。『やってやろうじゃねえか』と昭五郎さんが先に折れちゃったから、僕もやることになった。製作部長だった那波（直司）ちゃんとは気心が知れていた。『時代劇をやるんだけど、お前は「大江戸捜査網」で時代劇を知っているから、やってくれよ』と言うんだ。で、『ああいいよ』と答えた。『でも、時代劇ポルノってどうやってやるのかな』と聞くと、『企画部では大奥ものと言っているんだけどな』と言う。この映画では、三浦朗がプロデューサーだね。三浦は元々助監督で僕の同期なんだ。あいつが企画者だったのかな」（林功「結局、映画っていうのはサービスだぜ」『日活1971 - 1988』）

流れに身を任せる心境さえ見える西村の態度に対して、まだ監督経験の浅かった林がロマン・ポルノに挑む姿勢はプロデューサーを選んだ人々同様にやけっぱち気味なものであった。ただ、新人・小川節子の気概に触れて林も決心を固めた。

「西さんの方は白川和子でやったんだけど、俺の方は新人でやることになった。『色暦　大奥秘話』のチーフ助監督には八巻（晶彦）がついたでしょ。俺が監督室に（小川）節子を呼んで、そしたら八巻が『小川さん、ハダカになってくれ』と言ったんだ。で、彼女はすらっとハダカになっちゃったんだよ。そしたら、やっぱり、十九歳の女の子のハダカってきれいだよね。あんまりスパッと脱いでくれたんで、俺は感動しちゃってさ、『じゃあ、この子にしよう』といって決めちゃった。後でわかったけど、本当にヅラが映える時代劇向きの顔なんだよな。それに改めて見れば美人ですよ」（同上）

以後、林と小川のコンビは時代劇ポルノを数多く生み出し、小川は白川と並ぶ「ロマン・ポルノの顔」として重宝されることになる。

『色暦　大奥秘話』は、小川節子演じる少女がひょんなことから将軍の側室に選ばれてしまう話。彼女には若侍の恋人がいた。若侍も彼女を愛しているが、二人の愛はひき裂かれ、彼女は大奥のセックス三昧の世界に飲み込まれていく。しかし、若侍は諦めない。ある日、小川と偶然再会した彼は思い切った計画を立てる…という筋で、悲劇のヒロインにピッタリな小川の可憐さがウケたのか、以後彼女主演で「大奥」シリーズが量産された。

ただ、林はその時気づいていなかった。小川が「本心は、嫌で嫌でたまらなかった」ということに。それでも、昼夜を問わず「大事」にケアしてくれる周囲のスタッフの恩情や、白鳥あかねをはじめとするスタッフの立派な女優に育てようとしてくれる心意気に触れたことで、小川の気持ちは徐々に「感謝」へと変わっていったようだ(『日活1971‐1988』)。

『大奥』の脚本を担当したのは「新関次郎」。これは変名で大工原正泰と松本孝二による合作だった。ギャラは安かった。当時のシナリオ作家協会が定めた最低脚本料は二十万円だったが、掟破りの十五万(それでも今の四四万円以上)を提示された。しかも二人で書いても一人分だという。それで二人合作で変名にしたそうだ(「座談会　作家たちの〝にっかつ〟10年」『シナリオ』一九八一年十一月号)。

清水の舞台から飛び降りる覚悟だった者がいる一方で、ロマン・ポルノに対して楽観的だったのが企画部の佐々木志郎だった。

「企画部員も三十人いたのが最終的に三人になってしまったけど、僕は企画で一番若かったし、青春の頃だったから前向きだった。こんな状況だからこそ、若いライターとか監督とかと忌憚なく話せる環境になったし、むしろこの頃は楽しかった。風通しが良くなったかもしれない。自分たちのやりたいことができるようになった」(佐々木志郎「日活ロマン・ポルノは本質的に反体制映画なんだ」『日活1971‐1988』)

これが佐々木の正直な気持ちだったそうだ。

女優探しの苦労

一九七一年の時点で日活は戦後製作再開してわずか十七年。若い会社であり撮影所スタッフの多くがまだ若く体力があった。このことが先の見えない冒険的路線への航海に乗り出すことを可能にしていた。守るものが何もない若さゆえに、何が起こるかわからないが、失敗しようが死にはしないし、何もしないよりはマシだろうという気分になれた。現場の最高責任者である黒澤満ですらまだ三八歳の若さだった。

ただ、リーダーの黒澤は無責任ではいられなかったようだ。十月十二日にクランクインする『団地妻　昼下りの情事』には、恥を忍んでピンク映画から白川和子というスターを引き抜かなければ間に合わなかった。白川に決まるまでに何人かのピンク女優にアプローチをしていたようだが(鈴木義昭『昭和桃色映画館』[社会評論社]によれば、主役候補の中には白川の師に当たる元日活の香取環もいたという)、伊藤亮爾によれば、白川に決めたのは偶然だった。監督室で伊藤と三浦朗・武田靖・結城良熙がキャスティングを話し合っている際に、たまたまそこの本棚にあった『近代映画』などのピンク映画特集号をめくっていて目に入ったのだという(前掲「日活ロマンポルノ30年の興亡総括　プロデューサー座談会　第一回」)。

併映の『色暦　大奥秘話』には意地でも新スターを採用しなくてはならない。黒澤は焦っていた。そこで九月二十八日、東京日比谷の日活本社にてひそかに新人女優募集オーディションを行った。しかし、集まった女優候補はたった十五人。十一月八日の最終審査には九人となり、逃げだした者、中学生だったため会社に拒否された者を除き、六名が全員合格となった。ただ、ここから出演できたのは山口明美というモデル活動をかじった程度の新人タレントだけだった。しかも四～五本で引退してしまった。スターは簡単に探し出せなかったのである（『前ばり文化は健在なり』）。

黒澤満は前出の座談会で『色暦　大奥秘話』の主役である小川節子のスカウト話を披露している。

「あれはね、丹波哲郎さんが所属していたさむらいプロの三上社長がたまたま撮影所に来てたんですよ。それで、今度、こんな映画が始まるんだけど、なかなか女優が見つからないと話をしている時に、『どういう子がいいの』って話になった。その時、たまたま小川節子が前を通ったんだよ。『あの子だったら絶対いけるんだけどなあ』と言ったんだ。そうしたら、ああ、彼女は丹波さんの付き人だ、彼女ならいいよって即、決まった」（前掲「日活ロマンポルノ30年の興亡総括　プロデューサー座談会　第一回」）

こうして、最初の番組の主人公は決まった。でも、まだまだ足りないということで日活の大部屋から女優探しをすることになった。黒澤がロマン・ポルノ第二弾『女高生レポート　夕子の白い胸』のヒロインに片桐夕子を抜擢した経緯は次のようなものだった。

「片桐夕子に関してはね、要するに日活の中から一人か二人、抜擢してもいいんじゃないかっていうことがあったんですよ。それで事実だけ言うとね、要するに彼女は『新・ハレンチ学園』のオーディションで日活に入ってきたわけだけど、その時、『あなたの一番自慢できるものは何ですか？』と聞いたのに対して、『胸です』と言ったんだよ（笑）〔…〕それを覚えていたわけ。それで『じゃあ、片桐夕子だ』って口説いたんだよ」（同上）

ウソのようなマコトの話が続いたが、ともあれ、これで団地妻モノの白川、時代劇モノの小川、女高生モノの片桐の三本柱ができた。初期のロマン・ポルノはここを土台に企画のヴァリエーションを拡げ、俳優や監督を増やしていったのである。当時は、映画で脱いでくれる俳優はなかなか見つからなかったので、俳優担当の飯塚滋や仲川幸夫が中心になって駆けずり回ってくれたと黒澤は述懐している（同上）。

『夕子の白い胸』の併映作となったのが、蔵原惟二の『セックス・ライダー　濡れたハイウェイ』だった。ここでも新スターが抜擢された。田中真理である。

田中の回想によれば、彼女と日活との関係は古く、十六か十七歳の頃には日活でエキストラをしていた。舛田利雄の『あゝひめゆりの塔』（一九六八）や丹野雄二『涙の季節』（一九六九）などに出演していたという（『日活1971 - 1988』）。彼女はまだ高校生だったので、一時は学業を優先したものの、一九六九年にはテレビドラマ「サインはV」に出演し一躍注目女優となる。ダイニチ映配時代だったこともあって、その後の出演作には大映映画が目立つ。一九七一年、大映京都最後の映画となった『蜘蛛の湯女』（太田昭和）を撮り終わり、ロマン・ポルノの出演打診を受けた。なお、この映画の封切日は大映倒産直前の一九七一年十一月二十日。奇しくも、ロマン・ポルノ第一弾の封切日と全く同じ日だった。ロマン・ポルノへの誘いは突然だったようだ。

「〔日活からは〕イエスかノーかすぐに返事が欲しいと。イエスと答えたらすぐに撮影が始まりました。あんまり手際がよかったので、予定されていた女優さんがドタキャンになったとあとで聞きました（笑）」（田中真理「ロマン・ポルノはすべて女性が生きている」『日活1971－1988』）

わたしも黒澤満から直接同じ話を聞いたので間違いない。ただ、黒澤はドタキャンした女優の名を決して明かさなかった。業界の仁義として、そこは守らなければいけないと考えたのだろう。

中川梨絵は東宝で成瀬巳喜男監督に抜擢されたエリート候補だったが、成瀬監督の急逝によって伸び悩んでいた。そこに日活のスカウトが来たようだ。当時、彼女は杉良太郎の金剛プロ所属だった。杉はかつて日活の専属俳優であり、日活制作のテレビ時代劇「大江戸捜査網」に出演していたのでツテがあったのだろう。

さらに彼女はロマン・ポルノデビューから一か月を経ずして田中登のデビュー作『花弁のしずく』に出演している。その後、一年も経たないうちに、原英美、絵沢萌子、真湖道代、谷ナオミ、宮下順子、山科ゆりなど、個性的な女優たちが次々出演するようになり、企画も女優の個性に合わせて多様化していった。

ここで、七〇年代のロマン・ポルノの主なスター女優の出自を以下に簡単にまとめておこう。

第一は、日活の出演経験者である。田中真理（一九六九年の『涙の季節』などに脇役として出演）、片桐夕子（五月由美名義で『新ハレンチ学園』などに出演）、中島葵（『新宿アウトロー』に出演）ほかと意外に少ない。脇役では大部屋出身の森みどりや高山千草が数多く出演しており、若い頃はスターだった南寿美子も絡みのない脇役限定ではあるが一九八一年まで断続的に出演している。中でも森みどりは、キャリアが長かった（一九五六年入社）ため、スタッフたちと気心が知れていたし、芝居のできないロマン・ポルノ女優のアフレコで重宝された。彼女はまるで声優のように声色を使い分け、一作の中で複数の女優の演技に声をあてていたらしい（「森みどりインタビュー」『映画論叢』三四号）。他にも、武智豊子は日活専属ではないがロマン・ポルノ前からの日活常連で林功の作品に絡みのない役で何度か出演している。

第二は、ピンク映画出身である。白川和子を筆頭にすでに実績のある女優が多く引き抜かれた。宮下順子、山科ゆり（ピンクの頃は津村冴子、日活移籍当初は嵯峨正子名義）、谷ナオミ、二條朱実、真湖道代、林美樹、珠瑠美、原悦子…書ききれないほど存在する。

第三は、メジャー他社で芽が出なかった女優の引き抜きである。中川梨絵（東宝、当時の芸名は中川さかゆ）を筆頭に、原英美（東映）、田口久美（東映）、八城夏子（東映）、芹明香（東映）、川村真樹（宝塚・東宝）、鹿沼えり（東映）、水原ゆう紀（宝塚音楽学校）、桂たまき（東映）、丘奈保美（東映）、竹田かほり（東映）ほか、こう見るとポルノ路線を六〇年代末から展開していた東映出身の女優の比率が高い。

第四は、直接スカウトしたケースである。偶然の引き合わせでスカウトされた小川節子を筆頭に、エキストラ会社出身の牧恵子、前歴不詳の桂知子、伊佐山ひろ子（俳優小劇場）、絵沢萠子（俳優小劇場）、山口美也子（自由劇場など）、宮井えりな（劇団NLT）、梢ひとみ、ひろみ麻耶、小川亜佐美、泉じゅん、日向明子（東映芸能）、志麻いづみ（他社での出演経験あり）、岡本麗（つかこうへい劇団）、亜湖（天井桟敷）ほか。黒澤・仲川らの苦労が実って、いずれも時代を彩るスターとして活躍した女優ばかりである。

第五は、その他のルートである。山口明美（第一回オーディション一位受賞者）、東てる美（谷ナオミの弟子）、永島暎子（日活テレビ映画芸術学院）、カルーセル麻紀、花柳幻舟、波乃ひろみ（ミス日本）、麻吹淳子（第三回オーディション三位受賞者）ほか。書き漏らしている女優も多いと思うがおおよそ以上のルートで七〇年代のロマン・ポルノの女優が確保されていった。

日活中興の祖たち：スター女優エピソード集

これ以降はロマン・ポルノの摘発など暗い話題が続くので、ここで閑話休題として本文に収まりきらなかったスター女優たちのエピソード集を挿入しておきたい。

まずは、日活初期を支えたスターの一人・片桐夕子である。ダイニチ時代の『新ハレンチ学園』（林功）のオーディションに参加した彼女（当時は五月由美名義）はいつまでも連絡がないので撮影所を訪ねたところ、本当は不合格だったのに帰すのもかわいそうなので合格にしてもらったという妙な経緯で日活入りした女優だった（小沼勝『わが人生　わが日活ロマンポルノ』国書刊行会）。

大部屋でもほとんど注目されていなかった彼女だが、片桐がオーディションで「おっぱいが大きいです」と自己アピールしたことを黒澤満が偶然覚えていたという単純な理由で、第二弾番組『女高生レポート　夕子の白い胸』（近藤幸彦）の主役に抜擢された。片桐はポルノのことは何も知らず、スタッフに「どういうことをやればいいんですか」と聞いたら「貞操帯があるから大丈夫」と返された。片桐はてっきり洋画で見たことのある鉄製の「まわし」のようなものかと思っていたが、現場に入って「貞操帯」とは「前張り」の体のいい言い換えでしかなかったことが判明した（鈴木義昭『昭和桃色映画館』）。

それでも、後述するように片桐は初めての濡れ場の試練をスクリプターの白鳥あかねの叱咤激励で乗り越えた。しかし、近藤幸彦によれば「エレベーター内暴行場面では、撮影途中で現場から消えてしまった」という。結局、助監督たちが必死に探して見つけたが、彼女は女子トイレの個室に立てこもり、「本当に強姦されると思って、怖かった」と泣いていたらしい（「作家たちのにっかつ十年」『シナリオ』一九八一年十一月号）。スタッフ・男性キャストの誰もがレイプシーンなど撮ったことも見たこともなかった。そのため、必死になりすぎて彼女を怖がらせたようだ。

なお、片桐夕子は初現場の助監督だった小沼勝と一九七三年に結婚している。人気商売ゆえにその結婚は隠されていたが一年半後に発覚した。二人が結婚するきっかけになったのは小沼の監督した『隠し妻』（一九七二）の現場だったという。今考えると意味深に見えるタイトルだが偶然の一致のようだ。片桐曰く「小沼は素直で安らぎがある」というのが結婚の決め手だった。婚姻届は小沼にも知らせず、片桐が出したという（村井『前ばり文化は健在なり』）。小沼とはのちに離婚・再婚・離婚し、アメリカ人男性と結婚・離婚している。

エキセントリックな性格で知られていたのが中川梨絵である。文学少女だった彼女は非常に頭がよく、神代辰巳や田中登にも現場で対等に渡り合って自分の芝居を貫き通した。ただ、彼女には日常の行動に芝居じみたところがあったようだ。例えば、田中登の『㊙色情めす市場』（一九七四）のオールラッシュ（カットされる前の二時間三分版）を見たときの彼女の反応である。彼女はこの作品には出演していないが、話題になっていたのでたまたま見ていたのだろう。村井実によれば、彼女は奇声を上げ卒倒までしたそうだ（『前ばり文化は健在なり』）。

それだけショックを受けた、あるいは自分が主演をやりたかったということなのだろうが、さすがにやり過ぎの感がある。ただ、彼女は演技には真面目に取り組む性質だったようで、製作の古川石也によれば、二作目の主演になる『ＯＬ日記　牝猫の情事』（藤井克彦）で撮影中に下着のクローズアップがあり、監督が「ギリギリまで迫りたい」と言ったところ、下の毛を半分剃り落としてきた。監督が「いや、そこまでしなくても」とびっくりするような意気込みだったという（『日活1971 - 1988』）。

中島葵はいたずら好きだった。川崎善広によれば、加藤彰の『㊙本　袖と袖』（一九七四）に彼女が主演していて、まだぺーぺーの助監督だった川崎をからかうように、撮影を終えたところでいきなり衣裳の前をパッとはだけて見せたという。前張りはしていなかったということなので丸見えだったようだ。中島は藤田敏八・加藤彰の『炎の肖像』（一九七四）でもいたずらをしていたらしく、トラックの荷台で地井武男と彼女がセックスしているのを主演の沢田研二が見てしまってびっくりする場面では、「本当にやってるとこ見せちゃおうか」と川崎と地井を交えて画策したという。ただ、真相はこの三人のみの秘密だそうだ。他にも「生理になると万引きしたくなるわ」なんてウソかマコトかわからない冗談を言うなど、相手を煙に巻くようなところがあったという（同上）。

小川亜佐美には、デビュー作『ＯＬ官能日記　あァ！私の中で』（一九七七）からいきなり小沼勝監督の洗礼が襲いかかった。ヒヨコ売りの男とともにラーメンを食べるシーンを撮っていたときのことである。小川が割り箸を割ると、小沼からカットがかかった。割る音がよくないという。小川は現場を離れて何本も割り箸を割る練習をして撮影が再スタート。でも、何百本割っても小沼はなかなか満足しなかったという（PAUSE編集部編『愛の寓話　日活ロマン、映画と時代を拓いた恋人たち Vol.2』東京学参）。

小沼が後に回想したところでは、「あの音がなかなか出なくてね」という音の正体はマンガの擬音だった。「『同棲時代』（作・上村一夫）というマンガにヒントを得たんです。〔…〕屋台かなんかでラーメンを食べるんだけど、そこで〝パキン〟って、吹き出しで入るんですよ。〝何ていい音なんだろう〟って思った」

（PAUSE編集部編『愛の寓話　日活ロマン、映画と時代を拓いた恋人たち Vol.1』東京学参）。そんな音が現実に出るはずないのである。「マンガはいいな、ってことですよ」と小沼は平然と語ったが、不可能な音のナマ再現に付き合わされた小川やスタッフはたまったものではない。

ひろみ麻耶は、一九七七年に大麻不法所持で逮捕された話ばかりが知れ渡っているが、実際の彼女は頭がよく努力家だったようだ。村井実によれば、西村昭五郎が「ひろみは不思議な女でね。アフレコなんか一発できめるアタマのいい子で、おそろしいくらいだった」と彼女を絶賛していたらしい。村井は彼女が日活撮影所の食堂で懸命に濡れ場での腰の動きを自主練していた姿を目撃している（『前ばり文化は健在なり』）。

日向明子は、「日活の百恵ちゃん」というキャッチフレーズがよく知られているが、相当なプロ根性のある女優だったという。伊藤秀裕の『若妻官能クラブ　絶頂遊戯』（一九八〇）では、宇南山宏相手に雨に打たれながら、屋外テニス場で長回しの濡れ場シーンを演じた。伊藤は粘るタイプだったので、夜から始まった撮影が終わった頃にはいつの間にか夜が明けていた。日向は一晩中冷たい雨に打たれ続け、それでも演技を続けた。そして、ＯＫが出たとたんにぐったりしてしまったという。さすがに悪いと思ったのか伊藤は彼女を抱え上げて、お湯のところまでつれていった。そこで伊藤は日向に「監督は最初鬼だったのが、あの時は王子様のように見えた」と言われたそうだ（『日活 1971 - 1988』）。

一九八〇年代のロマン・ポルノを代表するスターの一人である美保純は、稀に見る強運の持ち主だった。例えば、彼女の日活デビューは偶然に偶然が重なった結果だった。日活宣伝部の井戸幸一によれば、ロマン・ポルノ十周年記念「にっかつ洋上撮影会」に参加する女優がたまたま台風による延期のせいで足りなくなり、宣伝部長の仁木秀雄らが代役を探したところ、たまたま買い取り作品の渡辺護『制服処女のいたみ』（一九八一年九月公開）でデビューしたばかりの美保純を呼べばいいという話になった。そして、いざ撮影会が始まると報道陣が「これは見慣れない顔だ」ということで、彼女の前に集中し黒山の人だかりができる事態になったという（『裸・はんなり　ロマンポルノ』）。これが功を奏したのか、映画出演二作目となる翌年一月八日公開の『宇能鴻一郎の濡れて騎る』（鈴木潤一　現・すずきじゅんいち）で助演ながら美保は早々に日活デビューを果たすことになる。もし、あの時台風がこなければ、美保の女優としてのブレイクはだいぶ遅れたか、なかったかもしれない。

美保をブレイクさせた『ピンクのカーテン』（一九八二）の監督・上垣保朗にとって、彼女との出逢いは鮮烈だったそうだ。

上垣はこの映画のヒロイン・野理子を原作とは全く違うイメージに構想してリハーサルに臨んだという。「原作の漫画では豊満なヒロインなんですよ。わたしのイメージでは、お兄ちゃんの頭の中では妹に対してピンクの靄がかかっていて、どこかハッとする瞬間がある。最初からグラマーだというよりユニセックスの色気なんだ」。そして、いざリハーサル初日を迎えた。そこで美保純は原作とは全く違う上垣の野理子に「この野理子はわたしにぴったりです」と言い放ったという。新人監督ながらすでに十年選手の上垣（三四歳）を前に堂々と振る舞う姿はさすがというべきか、美保の大器ぶりを感じさせるエピソードである。上垣はそんな美保の態度を前にして「生意気だ」と怒るどころか、「これはうまくいくな」と感じたという（『日活1971 - 1988』）。

名前は変えられても顔は変えられない：男優たちの決断

女優はロマン・ポルノの顔であり看板だった。だからこそ、黒澤満や俳優部の仲川幸夫は必死に各所でスカウトや引き抜きを行った。他方、脇を固める男優については日活が日活芸能の社員として抱えていた大部屋俳優から主に調達された。その代表格が二〇〇本以上の出演作があるという高橋明や影山英俊、清水国雄らである。他にも五條博、浜口竜哉、前野霜一郎、小泉郁之助、雪丘恵介、島村謙次、織田俊彦、中平哲仟、長弘、木島一郎、庄司三郎、榎木兵衛、志賀圭二郎、近江大介など書ききれないほどである。なお、五條・影山・志賀らはロマン・ポルノの主役クラスを経験する恩恵を受けた。

まずは、高橋明のケースを見てみよう。高橋が晩年にロマン・ポルノ移行期について語ったインタビューもあるが、松島利行の取材が高橋の葛藤ぶりを生々しくまとめているので、ここに採録しておきたい。俳優は、名前は変えられても顔は変えられない。小さな子供のいた高橋はロマン・ポルノを引き受けるかどうか相当に悩んだようだ。日活の製作再開後まもなく大部屋に入り、一九七〇年前後には敵役ではあったが、大幹部の役がもらえるようになってきた矢先のことである。

「『映画をつくり続けることで窮状を打破したい。制作予算を半分以下にして観客を集めることができるのは、この路線しかない。それを理解していただきたい』と、俳優課長はいった。さらに『本名、芸名を変えても構わない』ともいった。高橋は思わず声を上げた。『監督や技術スタッフは名前を変えれば別人になれるだろうが、役者は名前をいくら変えても、顔を変えるわけにはいかない』といいながら、目の前が真っ暗になった。〔…〕俳優仲間の多くは腰が引けがちだったが、誰かがやらねば日活の再生はない。その路線に成功すれば、また一般映画に戻ることもあるだろう。深刻に悩んだのは三、四日だった。出演を依頼されて断る理由はなかった」（松島利行『日活ロマンポルノ全史』）

ちなみに、高橋は本名のまま主演していたが、大部屋俳優では市村博が五條博と名を変え、榎木兵衛が短期間であるが木夏衛と名を変えていた。

新人で映画出演経験もほぼなかった影山英俊のケースはどうだったろうか。わたしの取材に忌憚なく答えてくれた。

「僕は裕次郎さんの自宅で粘って日活入りしました。裕次郎さんの紹介で一九七一年四月に入社と決まったわけです。一九七二年の二月か三月に、日活から呼ばれて会社に行ったら、田中登さんの面接でした。とにかく『牝猫たちの夜』（一九七二）のホンを渡されて、後日、『誠というブルーボーイの役になりました』と連絡が来ました。僕としては、原英美さんに付きまとうチンピラ役の方がよかったんで、『ちぇっ、何だよ』と思いました。でも、ほとんど主役だしやることに決めましたね。それを田中監督が気に入ってくれました。打ち上げを何人かだけでわざわざやってくれたんです。『影山くんがいないとこの作品ができなかった。キラキラしていた』とべた褒めしていただきました」(清水国雄・影山英俊「日活時代はとにかく楽しかったね」『日活1971 - 1988』より要約)

ロマン・ポルノ出演数は本人曰く二三〇本にも及ぶ。その数は俳優の中でもかなり上位の部類だろう。影山はそのスタートから恵まれていた。本人は憶えていないというが、ロマン・ポルノ最後の新作の一本である『ラブ・ゲームは終わらない』(金澤克次、一九八八)に特別出演を依頼されるほど、ロマン・ポルノを象徴する存在になったのである。

影山の一年先輩の清水国雄は、年齢を感じさせないリーゼント姿で三十歳になっても不良学生役を演じて、往年のロマン・ポルノファンにはおなじみの存在である。清水は影山とは違い、ロマン・ポルノの直前にデビューしていたため、出演には少し悩んだという。

「デビュー作は『不良少女　魔子』(一九七一)。いい役だった。ロマン・ポルノは若干迷いました。照れますしね。当時、ポルノに出るとテレビに出れなくなるという噂があった。デマだったんだけど。小原宏裕監督の『白い牝猫　真昼のエクスタシー』(一九七五)が一番印象的だったね。本チャンの暴走族を使ったんだ。ロケは江の島。ゾクのアタマを演じた俺が『お前ら、ここの国道走って、ここで集合』と号令をかけるんだけど、あとの奴らは全員ホンモノだからね。バイクは俺が実際に運転しているよ。俺はモトクロスやっていたんで、全然平気だった。昔のジェームス・ディーンのような危険なレースシーンもあったね。アクションがやりたかったから、嬉しかった」(同上)

と自らのハイライトシーンを思い浮かべながら、にこやかに話してくれた。

ここで、ロマン・ポルノに出た男優の出自をまとめておこう。先にも言及したように日活の大部屋出身が最も多い。次に目立つのは俳優小劇場の出身者である。谷本一や粟津號を筆頭に、風間杜夫、江角英明、鶴岡修などが該当する。女優のなかでも絵沢萠子や伊佐山ひろ子などがここの出身である。脇を固める男優に新劇の人間を使うのは、一九五四年の製作再開時に新国劇と提携し俳優不足を乗り切ったのと同様、日活のお家芸ともいえる。益富信孝(青年座)、山田克朗(青年座の児玉謙次の変名)、高橋長英(俳優座)、中丸信(劇団四季、現・新将)、坂本長利(一人芝居)、宇南山宏(青年座)、石山雄大(俳優座)などが比較的目立った活躍をした新劇人たちである。キャスティング予算に余裕の作品や大作、話題を狙った作品には、一般映画ですでに活躍していた既成の俳優が登用されることもあった。その筆頭は『白い指の戯れ』(一九七二)に主演級で出演した荒木一郎(東映、松竹、大映など)であり、『哀愁のサーキット』(一九七二)にほぼ主演として参加した元大映の峰岸隆之介(峰岸徹)、他にも吉沢健(ピンク映画出身)、石橋蓮司、砂塚秀夫、戸浦六宏、地井武男、殿山泰司、小松方正、谷村昌彦などが日活ロマン・ポルノのスクリーンを彩った。また、アングラ芝居やフォークの世界から、丹古母鬼馬二、外波山文明、沢田情児(当初ジョージ・ハリソンという芸名だった。本名は平間勝)、大江徹、三上寛なども出演している。

助監督たちの決断:監督かプロデューサーか

日活は社内募集した一九六三年の第九期以降、社員助監督の募集を停止していた。したがって、一九七一年の日活には、アルバイトの助監督を除けば、最低でも八年もの下積みを経験したベテラン助監督たちがぞろりと並んでいた。黒澤満らは退社せず残った助監督たちに「監督かプロデューサーか」の選択を迫った。

田中登によれば、彼が入社した一九六一年の日活は撮影所の従業員だけで一五〇〇名以上おり、専属監督は二一人、助監督は五八名も所属していた(田中「無明の闇の白い道を歩みはじめて」『キネマ旬報 一九七六年十二月増刊 日本映画監督全集』)。こんな状況では、田中たち第七期の監督昇進は一体いつになるか、全く見当がつかなかった。ところが、ロマン・ポルノ転換で先輩助監督がほとんどいなくなった。突然、奴隷(下っ端助監督)たちが王様(監督やプロデューサー)になるチャンスが訪れたのである。

迷わず監督になることを選んだのは、加藤彰や曽根中生、村川透、小沼勝、田中登ら第六~八期入社の若手たちだった。ロマン・ポルノ前にデビューしていた監督たちは、会社の指名を受けて第一回作品を担当することになった西村、林の両名以外はいったん様子見の状況だったが、デビュー作のリベンジの機会を待望していた新人監督の蔵原惟二(第五期)はすぐにロマン・ポルノを受け入れた。ベテランの中で積極的に手を挙げたのはただ一人。デビュー作『かぶりつき人生』(一九六八)の不入りで干されたまま、それでも脚本を次々と書いては撮らせてくれと会社に懇願し、再起の時を狙っていた神代辰巳だけである。他には澤田幸弘が内々に伊地智啓からロマン・ポルノ登板を打診されていたようだ。

そもそも、神代は一九五五年の日活入社の段階から不遇だった。松竹京都からすんなり日活に移籍した同輩の松尾昭典や蔵原惟繕と違い、彼は頼られる助監督だったために引き止められ移籍が一年遅れてしまった。そのわずかなタイミングの差だけで、蔵原が三年目に石原裕次郎主演『俺は待ってるぜ』(一九五七)で松尾が四年目に二谷英明主演『未練の波止場』(一九五八)で早々と監督になっていくのを横目に見ながら、神代は日活入社から十三年もの助監督生活をおくる羽目に遭ってしまう。『かぶりつき人生』(一九六八)で監督デビューした時にはすでに四一歳になっていたが、そのチャンスも記録的不入りでモノにできなかった。そんな神代に二度目のチャンスが巡ってきたのである。ロマン・ポルノ以前から性的主題に興味を持ち、山口清一郎とともに『痴漢ブルース』(自身の第二作『濡れた唇』の元)や『スリ』(村川透の『白い指の戯れ』の元)という脚本を書き上げたものの当然のように会社に却下された。それが撮れる時代がやってきたのである。神代にとって、ロマン・ポルノ転換への抵抗はさほどなかった。「逆に、ああこれでやっと撮れるんだ、という感激のほうが強かった」という（『世界の映画作家27　斉藤耕一・神代辰巳』キネマ旬報社）。

迷いを残したまま、監督としての初現場を踏んだ者もいる。ロマン・ポルノ第二弾となった『女高生レポート　夕子の白い胸』（一九七一）を監督した近藤幸彦（第六期）である。近藤が『映画芸術』（一九七二年十月号）のアンケートで興味深い回答をしている。第六期の彼が先輩助監督を差し置いてロマン・ポルノの監督にいち早く選ばれたのは、テレビの現場で早撮りをしていたことが上に見込まれたという。同じアンケートで小沼勝も同様の解答をしている。会社には、ロマン・ポルノの省力・時短・低予算体制はテレビドラマの経験者ならば適応できるという認識があったようだ。

近藤にとって斎藤武市組の姉弟子にあたるスクリプターの白鳥あかね（大映出身のスクリプター・秋山みよの薫陶を受けた白鳥にとって、記録係は助監督と同じ演出部に所属するという認識だった）に話を聞いたところ、これが初濡れ場になった片桐夕子が涙するたびに現場は止まり、近藤も純情だからお手上げ状態になってしまった。そこで白鳥は大胆な行動に出た。

「スタッフを外に全部出して、夕子と二人きりになって『お互いこれを仕事にすることにしたんでしょ』と説得したの。夕子曰く『あの時のアカネさんは怖かった』だって。それで撮影再開。音声はアフレコだから、わたしは濡れ場のシーンで『あやれ』『こうやれ』と夕子に声をかけて。そんなことは好きじゃないけど、近藤のためにも夕子のためにもその場をなんとかしないという一心でね」（白鳥あかね「私に映画を教えてくれたロマン・ポルノ」『日活 1971 - 1988』）

ところが、良かれと思ってやった行動がきっかけで、白鳥は口の悪い日活スタッフに殺陣師ならぬ「ヨコ師」なる不名誉な異名をつけられてしまう。今ならば完全なセクハラだが、白鳥はどこ吹く風だったという。「わたしはそんなことを言われたくらいで気にするような育てられ方をしていない。ゴーイングマイウェイよ」（同上）。白鳥の実父はアナーキズムの研究で知られる神崎清である。たくましい独立心を持つように育てられた。そのくらいの気概がなければ、二九歳の女性が中年男ばかりのロマン・ポルノの現場を仕切ることはできなかったのである。

油断していたところに突然依頼が飛び込んできた者もいる。ロマン・ポルノ第二弾の『恋狂い』（一九七一）を撮った加藤彰（第六期）である。藤田敏八（当時二度目の結婚をしていたがなかなか自宅に帰ろうとしなかった）に自宅アパートに入り浸られていた加藤は、七月の製作中止以来、藤田らとマージャン三昧の無為な日々を過ごしていた。そこに突然会社から「お前、撮れ」と電話がかかってきた。しかし、撮影開始まで間がない。加藤の頭に浮かんだのは、以前読んだことのあった『情愛』という小説だった。加藤曰く「船員の夫が外国に行っている間に妻が性の飢えゆえにさまよう」という筋で温めていた企画ではないものの頭のどこかに残っていた。その本を勝手に藤田が持ち出していたことを持ち出していたことを思い出し、「パキ、あの本どうした？」と藤田に問いただした。

そして、本を奪い返すと一気に読み返し、自作の脚本を書きおろした（小早川純名義）。『恋狂い』はセリフや濡れ場よりも映像の力で客の眼を引きつけた。加藤は女優を美しく撮ることに定評のあった萩原憲治に撮影を依頼し、萩原は期待以上の成果を上げた（『愛の寓話 Vol.1』）。

なかなか帰らない夫を待ちわびてさまようヒロイン（白川和子）がさまざまな男と性の遍歴をした上に、騙されて香港に売り飛ばされるという残酷な筋であったにもかかわらず、画の美しさが際立った。もっとも、わたしが萩原に聞いたところ、本人は謙遜して「ポルノという感じがしない映画です。普通の日活映画になってしまっている画。これじゃダメなんですよね。客が見たら、がっかりしちゃうかもしれません。画がムードアクションみたいじゃないですか」と述べていたがそれこそが加藤の望んだ画だった（『日活 1971 - 1988』）。

さらに、加藤はヒロインが立ち寄る映画館にかかる作品を、澤田幸弘の『反逆のメロディー』（一九七〇）にしたり、映画館の痴漢役に後輩の小原宏裕を配したりして、ロマン・ポルノとそれ以前の日活映画の連続性を強調している。「わいせつ」を強調するよりも「これは映画なんだ」という想いが前面に出た作品だったが、のちに東宝の重役に「一つの作品の中にセックスのあらゆるヴァリエーションが網羅されている」と言われ、加藤本人が思わぬ反響に驚いたという（『愛の寓話 Vol.1』）。

「ロマン・ポルノをやるかどうか」という問いすら投げかけられなかった助監督もいる。のちに四八本ものロマン・ポルノを撮ることになる藤井克彦（第五期）である。藤井に直接聞いたところによると、先輩の西村昭五郎（第一期）や林功（第四期）が監督をするのはまだしも、自分より後輩の近藤（幸彦）がなぜか監督になると聞き、次々に後輩の曽根中生（第八期）や小沼勝（第七期）、田中登（第七期）が監督をやることを耳にし、自分も態度を決めなければならない、このまま助監督で終わりたくないという焦りもあって、声がかかるのを待ちながら、ロマン・ポルノで自分がやれるものは何かと考えていた。

ところが一向に話が来ない。ついにしびれを切らした藤井は「俺にもやらせろ」と製作部に自ら乗り込んだという。製作の人間には「お前はやると思わなかったから、声をかけなかった」と言われてしまった。そして、一回の直談判であっという間に監督昇進が決まった。しかし、藤井に与えられた時間はクランクインまでのわずか五日間。それでも自他ともに認めるシネフィルである藤井は、かつて見たオットー・プレミンジャーの『野望の系列』（一九六二）の中に政敵を追い落とすために過去の同性愛経歴をばらすという策略が描かれていたことを思い出し、わずか一晩で「性」を使って自分を凌辱した上司に復讐をする女性の話を書き上げた。主人公は中川梨絵。東宝のニューフェイス出身でロマン・ポルノはこれが二作目だった。中川が憎き上司の娘（山科ゆり）を誘惑し、上司とこの娘とを近親相姦させることで復讐を果たす。ギリシャ悲劇を意識したこのラストシーンではワーグナーの「神々の黄昏」を流す。この非凡な美学に貫かれた話がデビュー作『OL日記　牝猫の匂い』（一九七二）の元になった。

ただ、藤井によれば、製作は「これじゃつまらないから風俗的スケッチを入れてくれ」と言ってきたという。つまり、「ポルノ度」が足りなかったのだろう。そこは落ち着いて、筆が早いという脚本家の西田一夫に任せ、結局二日くらいでホンができて撮影に入った（『日活1971 - 1988』）。ところが、この作品が警察に摘発されることとなり、藤井の監督人生は波乱のスタートを切ることになってしまったのである。

ロマン・ポルノの初興行：西村昭五郎の反骨精神

西村昭五郎が『団地妻　昼下りの情事』を撮っている時点で、黒澤満をはじめとするスタッフは「ガチャン」（逮捕）を覚悟していた。同時進行の林功の『色暦　大奥秘話』の現場では、西村組の進捗を見ながら、「ポルノとは何か」の答えを探すように慎重に撮影が行われていた。『大奥秘話』の撮影を担当したカメラマンは萩原憲治である。『団地妻』で安藤庄平が撮ったラッシュを初めて見たときの驚きを昨日のことのように語ってくれた。

「最初は、手探りでやっていました。僕らは街場のピンク映画を見たことがなかったんです。林さんもポルノを撮影した経験がないわけです。ただ、同時上映の西村昭五郎監督の『団地妻　昼下りの情事』は少し先行して撮影していたんですね。で、僕は安藤庄平さんが撮影したラッシュを見て腰を抜かしちゃったんです。『こんなことをやらないといけないのか』と。それで気合を入れなおしてやることになった」（萩原憲治「私にとっての日活一九七〇年代の仕事」『日活1971 - 1988』）

西村組の撮影がいつ終了したか、はっきりした証言は残っていない（ちなみに『大奥秘話』の方が先にクランクアップしたようだ）。西村によれば、初期のロマン・ポルノは二週間ほど時間をかけていたというから、十月二十六日前後に完成試写が行われたと考えられる。試写に居合わせた白鳥あかねによれば、これはスタッフに「乗るか降りるか」を決めさせる踏み絵の儀式を兼ねていたようだ。「これから試写をしますから、所員は全員試写室に集まってください」と社内放送がかかる異例の事態に試写室はすし詰め状態となった。男性スタッフですら、ほとんどピンク映画を見たことがなかった当時にあって、西村の『団地妻』はまさに衝撃をもって迎えられた。白鳥は言う。

「人々の隙間から背伸びして見た覚えがあります。ショックでしたよ。ポルノ映画を見たのは初めてですからね。とにかく大胆でした。それでも画には格調がありましたね。一流のスタッフが支えていますから、街場の映画のようにレベルが低いはずがないわけです。これを初めて見た時の不思議な感覚は言葉にできないけども忘れられませんね。とにかく、これしかないと覚悟させられました。女性スクリプターの中には吐き気をもよおした人も逃げ出した人もいました。そういう人は辞めてしまいましたね」（白鳥あかね「私に映画を教えてくれたロマン・ポルノ」『日活1971 - 1988』）

ちなみに、白鳥の師匠であるスクリプターの秋山みよは、同時進行で撮影が行われていた曽根中生の『色暦女浮世絵師』

（一九七一）の現場で吐き気をもよおしたという。

「岡田裕がプロデューサーで、松岡明さんが助監督だったんです。島村謙次さんのラブシーンがすごくどぎつかったんですよ。私、ゲーッと本当に吐いちゃって、とてもやってられなくなって、それで松岡が〔スクリプターを〕やったんですよ。『済んだか』『済んだ』『じゃ帰るわ』って（笑）」（秋山みよ「戦後映画の黄金時代を歩んで」、桂千穂編『スクリプター　女たちの映画史』日本テレビ放送網）

笑いながら回想した秋山は当時すでに四七歳、本当は辛い体験だったに違いない。しかし、彼女はここで日活を辞めることなく、プロとして仕事を全うし、八〇年代にはプロデューサーに転身し鈴木潤一や中原俊のデビュー作などを手掛けるまでに至る。

そもそも、不吉な予感は、『団地妻』のオールラッシュのプレ試写の時点から始まっていた。この作品でエディター（編集技師）デビューした鍋島惇によれば、「映倫の審査の前にオールラッシュの段階で会社の検閲がありました。会社の幹部が『昭五郎さん、とんでもないものを作ったね』と言うんです。社員全員、試写を見てものすごく刺激されていましたね」（『日活1971 - 1988』）。この時点では、経営陣は暢気に構えていた。

時をほぼ同じくして本社の一室でも試写が行われていた。経営に深く関わり始めていた労組の幹部向けの試写である。その場に居合わせた松本平は次のように語ってくれた。

「ロマン・ポルノの一本目は、僕ら労組幹部は撮影所では見ていない。本社の試写室で、他社の組合関係の人（東宝争議の委員長だった伊藤武郎など）や山田和夫（日本共産党所属、映画批評家）もいたな。僕ははっきり言ってこれを見て『こんなことをやらないといけないのか』と思った。でも、案外山田和夫の反応は違うんだな。『こんなものか』というんだ。彼らはもっとひどいものを想像していたみたい。根本（悌二）はロマン・ポルノがずっと嫌いだったみたいだな。武田靖は『どうすればロマン・ポルノが売れるか』という独特の持論があったみたいだね」

一気に危機感が高まったのは、映倫審査員を迎えて行ったオールラッシュの試写の際である。黒澤満によれば、映倫審査員は激怒し「これはやりすぎだ、映倫がカットする前に日活でカットしてくれ、それで持ってきてくれ」と捨て台詞を吐いて帰っていった。山口清一郎（当時、デビュー作『恋の狩人』準備中）によれば、黒澤が念のために試写に参加させていた大和屋竺（第八期助監督。この頃には退社し、すでにピンク映画を三本監督していた）が「オーッ！」と叫び声をあげて客席から三〇センチも飛び上がったという話が当時語り草になった（鈴木義昭『日活ロマンポルノ異聞　国家を嫉妬させた映画監督・山口清一郎』社会評論社）。

黒澤によれば、大和屋は上映後「これじゃ黒澤さん絶対に警察に捕まりますよ。捕まるから大丈夫っすか？」と真剣な顔で迫ってきたという。黒澤はこの二カ月後に大和屋の見解が正しかったと痛感させられることになるが、「だけど、このまま上映してみたら何も問題がなかったんでね。こりゃいいや、これくらいならばいいのかと思った」とこの時点ではあくまでも楽観的だった。

西村によれば、顔を青くしたのは担当プロデューサーの武田靖だった。すぐに映倫審査員を呼び戻し、「駄目なところは切りますから」と懇願して事なきを得た。しかし、その代償として、映倫に言われるままにバンバン切っていった結果、当初の完成尺から八〇〇フィート（約六分四〇秒）も削られてしまった。七〇分の作品が六四分にされたのである。西村によれば、黒澤満は「ネガはすべて取ってあるから、話がついたら復刻版を作るから」と説得してきたというがおそらくウソだったのだろう。未だに完全版は復刻されていない。この時の映倫と西村監督の鬼気迫るやり取りを先にあげた鍋島惇が教えてくれた。

「映倫審査員が『この程度になるととても受け付けられません。警察も黙っていませんよ』と脅してくるんです。で、西村監督の返事が振るっていました。『人殺しがＯＫなのに、ラブシーンがなぜ問題になるんや。警察が文句言ってきて捕まえに来たとしても、こっちは一向にかめへんで』とね」（鍋島惇「思わずセットから飛び出した『団地妻』の現場」『日活 1971 - 1988』）

西村昭五郎はひょうひょうと『団地妻』を撮ったようでありながら、心の中には反骨の炎を秘めていた。

日活は、映倫の危機感がここまで高まっていた理由を察知していなかった。警視庁によるポルノ映画摘発の兆しはすでに二度現われていたのである。

一度目は一九七〇年九月、映倫の阪田英一事務局長が警視庁から「最近のピンク映画について懇談したい」と呼び出され、「最近は『黒い雪』（一九六五）以上にエスカレートしたわいせつ表現が成人映画に目立つ。このままだと取り締まりの対象になりかねない」という警告を受けた件である。

二度目は一九七一年、警視庁の防犯部長が秋山進になったとたんにわいせつ図画の取り締まりがにわかに強化された件である。同年中に警察庁が押収した春画は七五五〇枚、エロ写真は五万二七〇枚、ブルーフィルムは四二〇〇巻に及んだ。この押収数は史上最高の数字だった（遠藤龍雄『映倫　歴史と事件』ぺりかん社）。

十一月二十日、『団地妻　昼下りの情事』『色暦　大奥秘話』『河内女とエロ事師』の三本立てがついに公開された。しかし、これを見ることができた観客はかなり限られていた。日活が堀体制の末期に直営館をほぼ手放してしまったため、都心部では上映館を確保できなかったのである。千葉京成、川崎スカイ劇場、大井ミリオン、江東文化など、わずか十三館のみの封切りだった。かつての日活映画の盛況ぶりから考えれば、何とも淋しい初日であった（村井『前ばり文化は健在なり』）。

しかしながら、あの日活が手掛ける初のポルノということで話題性は十分だった。当時のインタビューによれば、大井ミリオンの支配人は「この調子ならこれまでより倍はいい、ピンクは一週二十五万円はあがっていたが、日活ポルノは初日の出足から一週四十万円は期待できる」と嬉しい悲鳴を上げていたそうだ（同上）。

斎藤正治が一九七一年十二月二十日発売の『キネマ旬報』（一九七二年一月上旬号）に寄稿した「日活ロマン・ポルノ第一弾を見て」は大手映画誌でロマン・ポルノを批評したほぼ最初の文章と思われる。斎藤はこの文中で「若い作家たちよ。日活を一大ポルノ工場と化せ。ポルノの拠点として、そのなかから映像の可能性に挑もうではないか」と檄を飛ばしている。そして、この檄の責任を取るかのように、その後日活経営陣にとってはありがた迷惑な私設応援団を自らかって出ることになる（後述）。

　村井実によれば、最初の記者向けの試写会には彼含めて五人ほどしか参加者がいなかったという（『前ばり文化は健在なり』）。ロマン・ポルノは当初マスコミに無視されていた。

　しかし、先にも述べたように『団地妻』は各館の好評ぶりを受けて上映館が増えていった。日活傍系の太陽企業の配給で地方の二番館・三番館に回され、新宿・上野などの都心でも遅ればせながら上映館が見つかったのである。西村曰く『団地妻』の直接費はわずか七五〇万円、西村の監督料は値切られ二〇万円、白川のギャラが十二万円、期間は十四日程度で作ったという（前掲「西村昭五郎ロング・インタビュー　なんで十六年も続いたのか不思議でしょうがないよ」）。西村によれば、日活は『団地妻』で二億円（現在の六億弱）も儲けたというが、これを興収と考えると単純計算で五二万人以上を動員したことになる。配収は興収のおよそ五〇％なのでロマン・ポルノを立ち上げた当初の一か月の目標配収額だった一億三〇〇〇万～五〇〇〇万のうち、最初の番組だけでその半分以上をクリアしてしまった。西村は感謝状と十万円の特別ボーナスをもらったという。林にはついに聞きそびれてしまったが、『団地妻』と併映されたことを考えると同程度の報酬を得たのだろう。

　小川徹によれば、川崎（地方の配収予想を占う場だった）では『団地妻　昼下りの情事』『色暦　大奥秘話』の二本が一九七三年時点でもまだ配収記録一位の座にあった。それほどのインパクトがあったのである。逆に受けが悪かったのは若者向けポルノだった。初期は中年客が中心だったため、一九七三年の正月番組の二本立て・村川透『哀愁のサーキット』と長谷部安春『戦国ロック疾風《はやて》の女たち』が配収記録のワーストワンとなった。今や名作とされている村川透のデビュー作『白い指の戯れ』（一九七二）も封切り時には客入りが悪かった（「禁欲が性の個性を育てた　原ポルノ映画論」『えろちか』一九七三年十一月号）。

　ただし、若者向けの田中真理主演『セックス・ライダー　濡れたハイウェイ』（蔵原惟二）、片桐夕子主演『女高生レポート　花ひらく夕子』（近藤幸彦）にプリマ企画製作の大月麗子主演『吸いつく白い肌』（秋山駿［津崎公平］）を加えて組まれた一九七二年の正月興行三本立てが超満員の入りだったという証言もある（遠藤龍雄『映倫　歴史と事件』）。恐らく、若者客中心の都市部の映画館と地方の映画館とでは客層が違うので求められる映画のタイプが違ったのだろう。

　ところで、日活がロマン・ポルノ第一弾の予想外の好評ぶりに全社で快哉をあげている頃、警察がひそかに摘発への準備を始めていた。『週刊文春』（一九七一年十一月二十二日号）の特集記事「ここまで安全　バンソウコウ一枚で守る日活ポルノの〝良識〟」に目をつけ、その記事に使用されたグラビア写真のわいせつ度に関する「捜査上の参考意見」を尋ねる「捜査関係事項照会書」を映倫に突き付けたのである（『映倫50年のあゆみ』映画倫理委員会）。それでもまだ日活社内に危機感を覚える者はいなかった。

ロマン・ポルノとポルノビデオの摘発

ロマン・ポルノはスタートダッシュで始まった。しかし、日活の歴史は好事魔多し、歓喜の直後に奈落に突き落とされる、そんなことの繰り返しだった。今回のケースでもそれは例外ではなかった。一九七二年一月末の第八弾配給の三本、日活製作の『OL日記　牝猫の匂い』（藤井克彦監督）、『恋の狩人　ラブ・ハンター』（山口清一郎監督）、プリマ企画製作の『女高生芸者』（梅沢薫監督）が「刑法一七五条（わいせつ図画陳列罪）に抵触の疑いあり」として、ご丁寧なことに興行最終日の一月二十八日早朝を狙って摘発を受け、日活本社ほか六か所の一斉捜査が行われる事態が発生した。

「『目にあまるポルノだ』と警視庁保安一課は日活で上映している三種類の映画を刑法第百七十五条（わいせつ文書配布）違反容疑で内偵していたが、二十八日これらの映画はいずれもわいせつ映画であると断定、同日朝、東京千代田区有楽町一の一、日活本社（堀雅彦社長）調布市染地二の八の一二、日活撮影所など計六ヵ所を一斉手入れし、フィルムなど多数の証拠品を押収した。〔…〕摘発された映画はいずれも映倫を通過しており、警視庁は映倫が〝トンネル審査〟していた疑いもあるとして、近く審査委員から事情を聞き、容疑が固まれば堀社長ら関係者を書類送検する方針。〔…〕映画は三本とも全裸のセックスシーンが露骨に描写されており、警視庁は『ブルーフィルムと同じ程度』だとしている」（『毎日新聞』一九七二年一月二十八日夕刊）

一応、当時の刑法一七五条の条文を以下に示しておこう。なお、現状の条文はネット動画時代に合わせて、二〇一一年に改定されている。

「わいせつな文書、図画その他の物を頒布し、販売し、又は公然と陳列した者は、二年以下の懲役又は二五〇万円以下の罰金若しくは科料に処する。販売の目的でこれらの物を所持した者も、同様とする」

黒澤満は田中登のオールラッシュ（二月九日公開の『花弁のしずく』）を見ていたところ、電話で連絡を受け摘発を知り、急いで本社に向かった（「日活ロマンポルノ30年の興亡総括　プロデューサー座談会　第二回」『映画芸術』二〇〇二年冬号）。

しかも、この摘発は先立つ一月十九日に行われた徳島県警による日活ビデオ摘発と連動していた。

この事件を初めて報じた『毎日新聞（東京版）』（一九七二年一月二十日朝刊）の記事を以下に引用しておこう（逮捕者名は匿名にした）。

「徳島県警防犯課と大阪府〔引用者注：徳島県警の誤り〕池

田署は十九日、大阪市北区梅田町、新阪神ビル内の日活関西支社をわいせつ物図画はん布の疑いで捜索、わいせつなテープ数十本を押収した。今月十日、同容疑で香川県大川郡長尾町造田ビデオテープ貸付業、Y（38）を逮捕、調べたところ、同支社からわいせつテープを買い、高松市瓦町のビルに営業所を置いてビデオテープの貸付業をしていた。日活本社の話では、昨年秋から毎月四本ずつ成人向けビデオテープを下請け業者に製作させ、日活のマークをつけて販売している。映倫の審査基準にしたがって、どぎつい表現はカットしているという」

その後、徳島県警は警視庁保安課の応援を得て、二月九日午前十時過ぎに日活本社ビデオ事業部を捜索し、証拠品多数を押収。同日には日活関西支社社員一名（実名報道されたがここでは伏せる）をわいせつ図画販売容疑で逮捕した。日活が昨年から関西一帯のビデオ業者にわいせつビデオテープを売りさばいていたと疑いをかけたのである。ほどなくして、日活テレビ本部ビデオ事業部長・鈴木平三郎、課長・横田行雄、係長・尾崎徹の三人が東京から四国へ飛び、徳島県警徳島東署で取り調べを受けた。横田と尾崎は一週間ほどで帰京したが、部長の鈴木だけは二月十六日から二十四日にかけて事情聴取を受け供述調書を取られた（中村朗『検証　日本ビデオソフト史』）。

鈴木の記憶によれば、徳島東署での取り調べは連続十一日間（中村の調べと日数が合わないがそのまま載せておく）に及び、日曜日も休まず早朝から遅い時には夜の九時まで行われた。しかし、その内容は「わいせつだろう」「わいせつではない」という問答の応酬に終始しただけの空疎なものだった。旅館で朝飯を食べながらテレビを見ると、あさま山荘事件の中継をやっていて、取り調べを終えヘトヘトになって旅館に戻り、朝起きてテレビを見るとまだあさま山荘の中継をやっている。そんな日々が繰り返された。結局、鈴木は会社からの「おまえのところで喰い止めろ」という命令通り、「全ては俺が部長としてやったこと」と認めてしまい、単独犯として起訴された。鈴木は「今考えるとキザなこと言っちゃった」と、後年この言動を大いに後悔することになった（前掲、奥出「ビデ倫設立前夜」）。

さらなる調べの結果、捜査対象は次の四本に限定された。『火曜日の狂楽・赤坂の女』『ワイルド・パーティー』（これらはプリマ企画製作、監督は渡辺輝男［代々木忠］）、『ポルノ・コンサルタント』『ブルーマンション』（これらは日活の元製作部長の青木藤吉が設立した近代放映の製作、監督は日活助監督の榛谷泰明に委託された。榛谷には若松プロの脚本を書いた経験があったので、ポルノの撮り方がある程度わかっていたのだろう）である。

この四本は「十二月のリリース分で関西支社には暮の二十三日に届き、近畿、中国、四国の代理店約二十店に売られ、そこからモーテル［ラブホテル］などにリースされていた」もので、摘発までに合計一一〇本出荷されたことがわかっている（中村朗『検証　日本ビデオソフト史』）。

摘発されたビデオ作品の中身

摘発された四本のビデオは二度と日の目を見る機会がないだ

ろうから、あらすじを判決文（『判例タイムズ』一九八〇年三月十五日号）から抜粋しておこう。文章が堅苦しいのは裁判官の職業柄なのでご了承されたい。明らかな誤字・誤植はこちらで修正した。

榛谷泰明の『ポルノ・コンサルサント』は「ポルノ・コンサルタントの男が性行為を通じて冷感症〔注：不感症の意だろう〕の女や『レズ』をする女の治療をするというもの」で、女優同士が天狗の面をつけて「レズ」シーンを演じる場面があったという。天狗の鼻をアレに見立てているという説明をするのも恥ずかしいほど、古臭い内容が想像される。今見ると「わいせつ」と思うより前にこうした違和感が気になってしまいそうである。試しに、第一審で問題になった箇所を挙げてみよう。

（1）男が女のパンティーを脱がせ、手指を女性陰部にそう入することを想像させる場面、
（2）女性の乳房を男および女が口唇、舌先で愛撫する、
（3）女性同士が重なって、互に陰部付近を密着させて腰を動かす全景、
（4）仰臥している男の腰部に女性がまたがって腰を動かし、女上位の性交を想像させるところ（全景で数秒）。

性器をはっきり映せないので苦心していることは伝わるが、これが摘発に値するほど「わいせつ」なのだろうか、理解できない。それほど当時と現代の性意識の格差は大きい。

渡辺輝男の『ワイルド・パーティー』は「二人の男が新宿の真や喫茶店の特別会員となり、男女の性交、女性の『レズ』、自慰、複数の男女による乱交などをつぎつぎに見たり体験したりする」内容だった。タイトルのままのストレートな内容である。それ以上でも以下でもない。

渡辺の『火曜日の狂楽・赤坂の女』は「バーのホステス二人と男客との間およびホステス同士の性交渉を描いたもの。ホステスのナオミとミキは、実際にはマンションの同じ部屋を借りているのだが、ナオミが客の宮内にマンションの部屋を借りて貰う約束をし、ホテルの客室、ついで浴室で性交する、ミキが別の客の立花に同じくマンションの部屋を借りて貰う約束をし、ホテルで性交する、次にナオミがマンションの部屋で宮内と成功する、そして、宮内のくる日を月、水、金曜日とする、ミキが立花と同じ部屋で性交する、そして立花のくる日を火、木、土曜日とする、最後にナオミとミキとの間でガラス筒にゴムのついたスポンジ式の吸引機や擬似陰茎を使ったりしてのレズシーンがある」という内容。これだけが後に裁判で「わいせつ」判定されるのだが、そのためなのか、他の作品よりもあらすじが詳しく記録されている。あらすじからは、マンションの一室を舞台として製作されたワンセットドラマだったことはわかるが、どこがどう「わいせつ」だったかはよくわからない。

ちなみに、どこを検察が裁判で問題にしたのか、第一審の資料から例を挙げておこう。

（1）パンティー姿の女性が股を広げ、男の指がパンティーの上から女性陰部付近を愛撫する。そのあと男女が全裸で重なり、男が腰を動かす（全景）、
（2）男の上に女が重なり、女性が腰を動かす（数秒）。女性の上に男が重なり、女性の腰に手をあててこれを動かし、

　また女性の片足をもちあげて腰を動かす（いずれも数秒）。うつぶせの女性の上に男性が重なり腰を動かす（数秒）、
（3）女性同士で、仰臥している女性の股の奥の方にマッサージ器具を押しあてる、
（4）女性同士が互角となって陰部と陰部を互に密着させて腰を動かしあうという部分

　セックスシーンを描く上で避けられない表現を並べているという印象でしかなく、しかも数秒しかないものが多いので、どこが特に「わいせつ」となるのかは現在の視点からは理解できない（それに東映の異常性愛路線ではこれ以上の性表現を六〇年代末からやっていた）。現代日本社会の性意識はいつの間にか、七〇年代の初めには想像もつかないほど遠くに来てしまった。

　榛谷の『ブルーマンション』は「若夫婦、女子高校生、大学生間の性関係を題材としたもの。若夫婦が成功し、外出する。妻の妹の女子高校生Aが擬似陰茎を使って自慰し、つづいて友人Bとの『レズ』シーンがある。大学生XがきてAと性交し、Bはそれをみながら自慰する。浴室でシャワーを浴びているAの臀部にXが下腹部を密着させ、立ったまま性交する。帰宅した夫がAをベッドに連れ込み、全裸で性交する。帰宅した妻とX、また夫とBのほかにAも加わり、乱交となる」という内容だった。

　すでに述べたように、ビデオ裁判では鈴木が全ての罪を被ったため、監督である渡辺・榛谷は罪に問われなかった。それが容認されたのは、警察・検察がロマン・ポルノの摘発を先決事項とし、ビデオ裁判をあくまでロマン・ポルノ摘発のためのジャンピングボードとして捉えていたためだろう。なお、この二人は対照的な後半生を送ることになった。渡辺はロマン・ポルノ裁判で被告となり、のちに代々木忠と改名しAV監督として大成功する（二〇二一年現在も現役）。榛谷は近代放映で脚本などを手掛けたのちに、映像業界から辞書編纂者・口承文芸の記録作家へと転身するという意外な後半生を歩んだ（二〇一四年に逝去。享年七八歳）。

なぜ日活だけが摘発されたのか

　警察・検察は日活ビデオとロマン・ポルノとを連動したものとして結び付け、日活が全国規模で計画的にビデオと映画の両面による風紀紊乱を引き起こしているというストーリーを作り出そうとしていた。確かに当時の日活の支社は関西（大阪）、中部（名古屋）、九州（福岡）、北海道（札幌）と一応全国にあったので、つじつまだけは合う。

　鈴木平三郎の証言によれば、警察がにわかに色めきだったのはビデオ販売代理店の捜査で、ブルーテープが発見された時だった。ブルーテープはブルーフィルム（無修正ポルノ）のビデオ版。もぐりの業者が素人を俳優代わりに使って民生用カメラで性行為をそのまま映した完全なる違法商品である。これを日活が製作していたとすれば、摘発の意味が大きく変わってくる。

　鈴木はこう証言している。

「徳島県の池田という町のはずれにあるモーテルで、何かおもしろいビデオをやっているという噂が広まりまして、その噂

が当地の池田警察に聞えてきたわけです。投書なのか、警察への直接の電話なのか、一種の口コミだったか、わかりませんが、それで池田警察がモーテルへ出向くわけです」（奥出哲雄「ロマンポルノ裁判からビデ倫誕生まで」『ビデオ・ザ・ワールド』一九八六年三月号）

どうやら一連の摘発の発端はこの誰かのタレコミらしい。

代々木忠が近年明かしたのは、この摘発の裏にピンク映画関係者の密告があったという説である。彼は取り調べ中に「お前らの世界でも裏でチンコロ〈密告〉する奴いるんだな」と知り合いのマル暴（暴力団対策課）の刑事に言われたという（東良美季『代々木忠　虚実皮膜』）。

鈴木説・代々木説を裏付けるように、徳島県警池田署の係官は当時の週刊誌で「直接の〈摘発の〉キッカケは、昨年の暮れごろから管内のモテル〈注：モーテルのこと。ラブホテルと同義〉で〝いかがわしいビデオテープを客に見せている〟との風評を得たからです」と語っていた（「『社員逮捕』で見直される日活ビデオテープのワイセツ度」『週刊新潮』一九七二年二月五日号）。

二人の説が正しいとすれば、映画ではなくビデオが摘発の発端になった理由に説明がつく。つまり、〝いかがわしいビデオテープ〟の情報を嗅ぎつけた何者かが池田署に風評を流したことが、ビデオからロマン・ポルノの摘発への流れを作った真の要因だったということである。だから、ビデオの摘発がロマン・ポルノの摘発に先行し、しかも徳島から捜査が始まるという奇妙な事態になったわけだ。

もっとも、鈴木平三郎によれば、このビデオはある電機メーカーの社員がビデオ機材の売り込みのためにお得意様の医者が「遊んでいる」（セックスしている？）ところをカメラで撮ってあげたものでブルーテープではなくプライベートビデオだった。しかし、これを無断にダビングしたテープが関西にいくつか出回り、これを入手した日活の営業マンがサービスのつもりで業者に見せていたのである。しかも、これを業者が勝手にモーテルの有線放送に流していた（奥出「ロマンポルノ裁判からビデ倫誕生まで」）。

つまり、日活の製作したビデオではなかった。日活の営業マンはかなり熱心で時には代理店を通さずに直接モーテルに売り込みに行き、ビデオデッキの貸し出しまでしていたという（奥出哲雄「ビデ倫設立前夜」『ビデオ・ザ・ワールド』一九八六年四月号）。それゆえ、他社よりも目立ちやすかった。密告した人間がいるとすれば、おせっかいな近所の「正義漢」か、日活のライバル他社か、縄張りを荒らされたと誤解した「エロ事師」（ブルーフィルムやブルーテープ、エロ写真業者）やその手の流通に携わる暴力団関係者だと思われる。

警察・検察の壮大なストーリーは無理筋で、押収された「ブルーテープもどき」は日活と無関係。なおかつビデオ製品は外注作品で日活製作のロマン・ポルノではなかった（ただし、買い取り契約だったため、形式的には日活の著作物となる）。ロクな裏取りもせずにこのブルーテープもどきを日活が作ったものと勝手に思い込んで動いてしまったフライング捜査のために、警視庁の作ったストーリーは初手からつまずくことになった。しかも、警察はこの重大な認識ミスに全く気づいていなかった。

警視庁は七二年一月二十八日夕方には映倫にも捜査の手を伸ばし、映倫をも日活の共犯者と位置付けた（外山朗「緊急報告『日活ポルノ事件』の経緯」『シナリオ』一九七二年四月号）。映倫は同三十一日にこれらの映画が刑法に触れないことを発表したが警察はそれを無視した。それどころか、三月十四日には映倫審査員の三名がわいせつ図画公然陳列罪容疑で取り調べを受けることになった（『映倫50年のあゆみ』）。

二月二日には、警視庁保安一課が映画館オデヲン座の岩崎貞一映写技師長に事情聴取を行い、翌日にはオデヲン座の大槻満支配人、加園修亮映写技師とプリマ企画の渡辺輝男常務、日活映画本部室長の黒澤満にも事情聴取を行った（外山朗「緊急報告『日活ポルノ事件』の経緯」）。

警視庁は四月二十九日には近藤幸彦の『愛のぬくもり』を追加で摘発し、五月二十五日までに三七〇人に及ぶ関係者の証人取り調べを行い、堀雅彦社長ほか一三七人を起訴した。前例のない大規模な取り締まりは、警察による明らかな見せしめ行為であり、大手の東映から中小ピンク映画会社までに至る映画業界全体への牽制の意味が見て取れた。

日活の対応は素早かった。摘発された当日二十八日は品川照二（元東宝プロデューサーの本木荘二郎）の『女子学生　処女遊び』（一九六八、ユニフィルム製作）などの旧作ピンク映画を買い取って急遽穴埋めをし、次に予定されていた番組のうち自社製作の『性盗ねずみ小僧』（曽根中生）と『濡れた唇』（神代辰巳）の映倫再審査をその日のうちに受け、スケジュール通り一月二十九日の公開に間に合わせた（桑原稲敏『切られた猥褻　映倫カット史』読売新聞社）。

ただ、なぜ日活だけがスケープゴート（生贄）の対象になったのかは未だにはっきりとしない。邦画大手四社中でポルノを製作の中軸としているのが日活だけだったからと推測はつくが決定的な証拠はない。摘発された『恋の狩人　ラブ・ハンター』の編集を担当した鍋島惇は「日活は労働組合（共産党系）が盛んだったから警察に狙い撃ちされたんじゃないか」という自らの見解を語ってくれた（『日活 1971 - 1988』）。

労組委員長・根本悌二は、警戒心が強い上に思い込みが激しいのか、『朝日新聞』（一九七六年五月七日）のインタビューでは「あの摘発、真のねらいは、ぼくの逮捕なんです。労組がそそのかしてポルノ製作、と警察は発表したかったらしい」と発言している（斎藤正治『権力はワイセツを嫉妬する』）。

映画本部長（摘発当時）の村上覚は根本とは全く別の見方をしていた。彼は配給部長の時代に『黒い雪』（一九六五）のわいせつ裁判で無罪を勝ち取ったことがあったため、多少のゆとりがあったようだ。彼はこの摘発の目的を司法が「『猥褻とは何か』の基準」を定めることにあると冷静に捉えていた（村上「ロマン・ポルノを続けます」『えろちか』一九七三年十一月号）。こちらの説の方が日活だけ摘発された理由の真相に近そうだ。

話を元に戻そう。ロマン・ポルノ関連の取り調べは、対象人数の多さゆえに難航し送検に至るまで七カ月以上の時間を要した。しかも、一三七人に及んだ起訴対象者中、九月九日に被告として送検されたのは、村上覚取締役兼映画本部長、黒澤満映画本部企画製作部長、山口清一郎監督、藤井克彦監督、近藤幸彦監督、渡辺輝男プリマ企画常務、荒田正男映倫審査員、武井韶平映倫審査員、八名正映倫審査員の九人のみに止まった。検察による求刑は、村上・黒澤は懲役一年六か月、プリマ企画の渡辺は懲役一年二か月、日活監督の藤井・山口・近藤は懲役一年、映倫審査員の荒田・武井・八名は懲役十か月で、ピンク映画差別なのか、製作進行係でしかない渡辺への求刑が日活監督に比して不自然に重くされた。ビデオ裁判でも日活の榛谷泰明が監督した二本のビデオはわいせつ物ではないとされたが、なぜか渡辺輝男の『火曜日の狂楽・赤坂の女』だけがわいせつ物認定された。

ある映画を見て「わいせつ」と感じるか否か。それは主観的判断でしかない。誰が見るか、いつ見るか、どこで見るかなどの条件で大きく印象が変わってしまう。どんな映画にも「正しい見方」などないのである。だからこそ、「わいせつ」という警察・検察の見方だけが「正しい」と証明することはそもそも不可能であり、この裁判が出口なしの水掛け論になることは必然だった。

異端審問：無惨な取り調べ

取り調べの無惨さ、滑稽さについては、同時代資料がいろいろ残っている。興味深いものをいくつか紹介してみよう。まずは、『恋の狩人　ラブ・ハンター』で脚本を山口清一郎と共同執筆した神代辰巳の手記「異端」（『群像』一九七三年一月号）である。神代を取り調べた刑事は彼よりも四～五歳若い三〇代の男だった。取り調べにおけるやりとりを会話調に起こしてみよう。

刑事「あなたは街の中でセックスをしますか？」
神代「街の中と云いますと？」
刑事「街の中の人の見ている前で、貴方はセックスをしますか」
神代「しませんよ。わけもなくそんなことをするわけがありません」
刑事「あんたらしてるじゃないか?!」
神代「何を?!」
刑事「あんたら公衆の面前で、役者を使ってセックスをやらせているじゃないか？」
神代「あれは撮影所で撮影したものです」
刑事「それを映画館でまっぴるま公開しているじゃないか?!」

刑事の頭にはすでに警察・検察のストーリーが入っていて、関係者からどうにか言質を取ろうと必死である。そのため、刑事の質問は不自然極まりないものとなり、正直に神代が答えるとまるで禅問答のようになってしまう。神代が述懐するように「密室の中でこの種のりくつにならないりくつに張り合うことはまさに無惨であった」（神代辰巳『映画監督　神代辰巳』国書刊行会）。

摘発作品に出演した女優への取り調べは、まるでロマン・ポルノのワンシーンのようであった。麻生千晶のルポ「日活ポルノ女優三人　警視庁お取り調べ聞き書き」（『週刊新潮』一九七二年七月八日号）から中川梨絵、原英美、田中真理の取り調べ風景を会話調で起こしてみよう。まずは中川梨絵である。

刑事「君ィ。こんなシーンが世の中に害を流すと思わないか！

（彼女をハッタと指さして）社会的影響を考えたことないのか！」
中川「あらぁ、そうですかあ」
刑事「日活のような大きな映画会社がこんなもん作っていいとなったら〔…〕街中、ポルノの氾濫じゃないか。街中、セックスになる」
中川「そうかしら」
刑事「君は路上でセックスするのか」
中川「いいえ、しませんわ」
刑事「やっちゃいけないでしょ」
中川「もちろんするものじゃありませんわ。なぜならセックスってご飯食べるのと同じことですもの。刑事さん、あなた道路で、車がジャンジャン通ってる所でご飯食べます？　おかわり、だなんて」
刑事「うーむ」

といった具合の取り調べだったようだ。麻生の取材に対して、中川は「刑事さんたらよっぽどセックスがお嫌いなのね。いやらしいもの、けがらわしいものという観念で凝り固まっちゃってるみたいよ」と警察を小馬鹿にした感想を述べていた。

刑事の質問に対する中川の受け流し具合は、まさにロマン・ポルノにおける中川の演技そのものであり、取調室は彼女にとってスタジオセットのように、刑事は刑事役のエキストラのように見えていたのではないかと思わせるほどである。刑事の取り調べを終えて、中川は「権力そのもので、まるで憲兵みたいだったわ」と嫌悪感を表し、検事に対しても「検事さんたら単細胞で低次元で、セックスのことばかり考えてるもんだから、こんなトンチンカンなことというのよ。よっぽど彼らの権力がワイセツだわ」と不満げな様子だった。

次は原英美の取り調べの様子を見てみよう。原は『恋の狩人』で彼女が田中真理の局部に棒を突き刺すシーンについて執拗に聞かれたようだ。

刑事「あの棒はほんとうに入れたんだろう」
原「ほんとに入れたように見えたでしょ。エヘヘ、あれが映画というものなのよ。あんな太いのはいるわけないでしょ」

原は肝が据わっているのか、笑いながら刑事の質問をかわし続けた。映画の作り方も知らず、作り物と本物の違いもわからない幼稚さをあざ笑っている。原によれば、二度目の取り調べの際に刑事の方からご機嫌取りで「原さんの映画いつも見てます。おもしろいですね」とお世辞を言われたので、「また映画見てください」と笑いかけると向こうは「はい、見させていただきます」となったらしい。手練れの原の前では刑事も形なしである。

最後に田中真理の取り調べの様子を見てみよう。

刑事「実際にやってる感じがはっきり出てるじゃないか」
田中「やっちゃいませんよ」
刑事「君は恥ずかしくないのか。やってることはやってるじゃないか。演技らしいけども、事実やってるんじゃないか」

田中「やっちゃいませんたら！」〔…〕
刑事「実にうまいね。声もうまい。どうやってこういうことができるのかね」
田中「年ごろになったら自然と覚えました」
刑事「どうやって覚えるのかね」
田中「芸術映画を見るとそんなシーンはたくさんあるから自然とわかります」

ロマン・ポルノを撮影すること自体が「わいせつ」であると証明するような言質を取ろうと（「演技らしいけど」とうっかり言いながら）刑事は必死である。しかし、しなやかにその猛弁を受け流せた中川や原と違って、生真面目な田中は真正面から反論してしまい、今でいう「セクハラ」の餌食にされてしまった。田中は取り調べを終えた感想を麻生に語りながら「なにしろ彼らは表現が乏しいのよね。普通伏字にするような言葉を平気で使うのよ。実際にお〇〇〇しているみたいじゃないかなんていうの。イヤだ」と露骨な嫌悪感を表したという。なお、麻生はロマン・ポルノにはむしろ否定的な立場だったようで、田中の語り口を「三派に分裂する前の全共闘の闘士みたいな調子」「組合の代表みたい」と揶揄している（日活労働組合は反ポルノの立場だったので、麻生の見立ては全くの的外れなのだが）。

当時の田中は、マスコミの前では常に強気の発言を繰り返し、警察・検察・会社への対決姿勢を一切隠すことなく振る舞った。一九七二年、取り調べを終えたばかりの田中は、村井実のインタビューに対してにこやかに微笑を浮かべながら以下のように答えている。

「この間ね、警視庁に参考人として調書をとられました。映画は作りごとであっても生々しくリアルな演技をみせるのが、私たち俳優の使命だし、仕事でしょ。もうここまでポルノにかかわってきたからには、あとに引けないわよ。行きつくところまでやりたいし、いい作品で勝負したい。ええ〝警視庁のアイドル〟大いに結構よ」（村井実『前ばり文化は健在なり』）

彼女は、その堂々とした態度と発言で時代の寵児となった。先に挙げた東北大学のティーチインの盛り上がりぶりが示すように、熱狂的なファンが大量に増えたのである。ところが、日活はこのチャンスに田中真理を有効利用することができなかった。警察・検察の心象を害しかねない田中の言動がある限り、ロマン・ポルノに彼女を起用すれば作品は当たるだろうが、裁判の行方には悪影響しか与えないに違いない。一九七二年には十三本も出演作があった彼女は、一九七三年には出演作が四本に激減する。そして、一九七四年以降の彼女は、日活の専属でありながら、日活での仕事はロマン・ポルノカレンダーのセミヌード撮影くらいで、一九七七年に退社するまで一本の出演作も残せなかった。

先にも述べたようにこの事件で取り調べを受けた関係者は三七〇名にも及ぶ。

余談だが、熊谷秀夫が自著で興味深い逸話を披露している。『恋の狩人　ラブ・ハンター』の照明技師として取り調べを受けた熊谷にあとで会社が手間賃代わりにくれたものがあった。それはホーローの鍋セットだったという（熊谷秀夫・長谷川隆『照明技師　熊谷秀夫　降る影　待つ光』キネマ旬報社）。想像すると妙に滑稽な光景である。

魔女裁判、始まる

一九七三年六月四日、裁判初日の午前九時。山口清一郎は、被告としてではなく、映画監督として東京地裁前に立っていた。「ヨーイ、スタート」の声で、山口は自費で購入した十六ミリフィルムを回した。企画自体を現場のトップである黒澤満（企画製作部長）に却下された新作『恋の狩人　淫殺』のクランクインを強行した形である（黒澤は却下の理由を明言しなかったが、「天皇関係ですか」と聞くと「知っているじゃない」とだけ答えてくれた）。この四日前、五月三十一日には、裁判を商売のチャンスと見た日活本社が山口の第二作『恋の狩人　欲望』を封切した。もとの公開予定日は六月二日だったが、警視庁による警告で前番組の神代辰巳『女地獄　森は濡れた』、近藤幸彦『女高生《スケバン》　肉体暴力』、白鳥信一『雨の夜の情事』が上映中止になったため、公開が予定より前倒しされたのである。マルキ・ド・サドの『ジュスティーヌあるいは美徳の不幸』（一七八七）を翻案し反権力的メッセージを鮮明にした神代作品が当局の癇に障ったとみられる。

警視庁（とその圧力で動かされた映倫）による嫌がらせはこの一件よりも前から始まっており裁判中も続いた。一九七二年十一月二十九日公開の『色情姉妹』（曽根中生）は警視庁と映倫の要請によってわずか三日で打ち切りとなった。警視庁は、七三年のゴールデンウィーク興行の『女子大生SEX方程式　同棲』（小原宏裕）、『㊙温泉穴場さがし』（林功）、『色道講座　のぞき専科』（武田一成）など六本に「わいせつな場面がある」と警告をし、改訂を命じた。日活は裁判での徹底抗戦とは裏腹に自主規制の強化も行っている。同年六月十三日からの公開予定だった『女教師　私生活』（田中登）は上映延期された。裁判中に聖職者の淫行映画はまずいという理由だった。結局、この作品は八月二十五日から『㊙極楽紅《あか》弁天』との併映で公開された（桑原稲敏『切られた猥褻』）。

同年十一月三日公開の『四畳半襖の裏張り』（神代辰巳）に対しては、原作の永井荷風筆とされる発禁本『四畳半襖の下張』が一九七二年に猥褻文書販売罪で摘発されたばかりだったことが影響し、映倫のタイトル審査で「下張」を「裏張り」に変更させられた上に、映倫による二回のラッシュ審査を経て、高橋映倫管理委員長直々のチェックまで行われた。七四年九月公開の春本を原作にした新シリーズ第一弾『秘本　乱れ雲』（西村昭五郎）には、映倫がセックスシーンの三分の一に対する修正要求を出した。七八年三月には『さすらいの恋人　眩暈〈めまい〉』（小沼勝）が公開途中で上映中止（政治家がシロクロショーを見るシーンがあった）になり、併映だった『順子わななく』（武田一成）も映倫の要請で公開後二か所のカットをせざるを得なくなった（同上）。

七三年五月三十一日公開の『恋の狩人　欲望』のファーストショットは颯爽と警視庁から出てくる田中真理の堂々たる姿であった。山口清一郎は摘発から裁判開始までの間にだいぶ時間があったため、女優たちの調書を取り寄せ隅から隅まで読んでいたようだ（鈴木義昭『日活ロマンポルノ異聞』）。その成果は、主人公の女優役の田中真理の演技に投影された。

この主人公には、ブルーフィルム製作に参加して警察に捕まったという設定が与えられ、田中自身も受けた刑事の取り調べが生々しく再現された。ただ、「結局オ×××を見せるだけじゃないか」という刑事のセクハラ発言に田中が腹を立て熱いお茶をかけるというシーンは、現実にあったことというよりも、田中自身が刑事にやってやりたかったことを盛り込んだのだろう。

前年、ロマン・ポルノ弾圧への抵抗の想いを込めて、あえて同じ刑法一七五条容疑で逮捕されたストリッパー・一条さゆりを題材に映画を撮った神代辰巳は、先にも引用した『群像』（一九七三年一月号）に寄せた手記「異端」の中で一条さゆりと日活の被告たちを重ね合わせて以下のように書いた。


「〔自作『一条さゆり　濡れた欲情』の〕ロケの撮影中にたまたま彼女のために記者会見が行われたことがあった。私はハプニングをねらって、そのままそれを撮影した。その時彼女は『何故引退したのですか』と云う質問に『法律に逆らいたくないと云う気持がありますから』と答えていた。彼女も又、〔ロマン・ポルノ裁判中の被告たちと同じく〕自分を異端と認めさせられているのである。そして自分を異端と認めた上で支配者の情状酌量を願い出ているのである。〔…〕彼女は異端として裁かれるのである。支配者が異端を放置すれば彼等の好む秩序にひびが入るから、かくて魔女は葬らねばならない。一条さゆりの裁判は魔女裁判なのである」（『映画監督　神代辰巳』。〔　〕内は引用者による注釈）

神代はこう言いたかったに違いない。刑法一七五条によって「異端」認定を受けた一条さゆりの裁判が魔女裁判だとすれば、ロマン・ポルノ裁判もまた魔女裁判なのであると。

裁判については、本来当事者たちの手に渡った資料を用いて論じたいところなのだが、わたしが会うことのできた黒澤満、藤井克彦両人は、裁判のことを聞くといずれも「資料は残していない」と言い、詳細について語ることを避けた。それでも、藤井の発言の端々からは、経営側の黒澤と監督被告となった藤井とでは立場がまるで違うことが伺えた。会社は、裁判によってロマン・ポルノの認知度を高める恩恵を得たが、実行犯とされた藤井たちには恩恵はまるでなく、無為な裁判に貴重な時間を奪われ、判決次第で創作の場や機会を一生奪われ、刑務所に入れられかねない恐怖を与えられたのだから、立場が同じはずがない。

ともあれ、裁判についてわたしが得られたもっとも詳しい資料は、裁判と並走しながら斎藤正治がまとめた『日活ポルノ裁判』（風媒社）、『権力はワイセツを嫉妬する　日活ポルノ裁判を裁く』（風媒社）の二冊だけである。黒澤満によれば、監督被告の中でもとりわけ法廷闘争に積極的な山口清一郎に強く肩入れしていた斎藤は、ロマン・ポルノに理解のない日活労組の裁判対応（「退廃文化」とロマン・ポルノを否定しながら「わいせつではない」と擁護する矛盾）に容赦ない批判を浴びせており、この斎藤のルポは裁判で共闘せざるを得ない日活経営陣と労組幹部との間に溝を作ったやっかいな書物になってしまったようだ（『キネマ旬報』に連載されていたので、リアルタイムで裁判に影響を与えた）。したがって、この資料が中立なものではなく、相当に偏った立場によるまとめであることは、しっかり意識する必要がある。それでも、これ以上の詳しいまとめ資料は存在しない。

一九七三年五月二十三日、裁判に先立って、映倫は審査基準の一部変更を行った。「寝室の描写、または凌辱描写は観客の劣情を刺激しないように十分注意する」という旧来の表現が、「着衣であっても腰部が絡みあうショットでは、性行為の体位の具体的描写は避ける」「男女の全裸の性行為をあからさまに表現するフルショット（全体の情景）は避ける」「体毛・性器の描写は避ける」と具体的な表現に変更されたのである。映倫はあくまで自発的に変更をしたとしているものの、裁判直前のタイミングを考えると、警察あるいは検察の圧力がかかったことは一目瞭然だった。

遠藤龍雄『映倫　歴史と事件』は、他人事として裁判を眺めていた各社の監督たちの意識の変化を当時の『朝日新聞』の取材記事から採録している。ここでは遠藤の著書から重要な箇所のみを短めに引用しておこう。

> 「今回は〝わいせつ〟が問題にされたが、将来〝モラル〟〝政治観〟といったものまで世の常識という名で体制側がチェックしてくるのではないか」（東宝・恩地日出夫）
>
> 「〝表現の自由〟が危機を迎え、映画づくり全般が難しくなるとは私は思わない。こんどのケースはあくまでもポルノに限ってのことだと思う」（松竹・木下恵介）
>
> 「権力の介入には勿論反対です。こんな〔ポルノ〕映画を口実にされて、検閲の足がかりにされるんじゃ、たまったものではありません」（松竹・小林正樹）
>
> 「私自身はポルノ映画はつくらないから、今のところは痛くも痒くもない。しかし、権力側の本当の狙いはポルノではない。表現上どうしても必要な残酷シーン、暴力シーンというものもありうる。エロの次にはこれもやられるだろう。また、たとえば国家元首を風刺的に扱うような映画はつくれなくなる」（独立系・山本薩夫）

以上の引用からは、ロマン・ポルノに賛否両論の映画界の状況が透けて見える。そして、ポルノを否定あるいは無視する小林や山本でさえ、ここに来てこの裁判がロマン・ポルノだけの問題ではなく、映画表現全般に権力の介入が起こるか起こらないかという問題であり、自身に関わりのある問題であることにようやく気付いた様子が伝わってくる。この中ではメロドラマの名手・木下恵介だけが超然とした態度を貫いた。

足並みがそろわない被告陣営

一九七三年九月十七日、被告側の意見陳述の中で「罪状認否」が行われた。ただし山口清一郎は盲腸のため欠席。十月九日に改めて「罪状認否」を行った。傍聴席には監督では曽根中生、澤田幸弘、加藤彰、山本晋也らがいたようだ。罪状認否の全文掲載はさすがに煩瑣になってしまうので、『日活ポルノ裁判』から要点のみを採録しておこう。

まず、村上覚（日活副社長）は無罪を主張した。

「本件映画は製作当時も現在も刑法のワイセツ図画ではないと確信している。とくに映倫審査を合格した上で上映されているし、警視庁が日活だけを連続的に摘発する姿勢を示したのは不可解だ。〔…〕このことは表現の自由を弾圧、検閲の復活を予想させて憂慮に耐えない」

続く、黒澤満（日活企画製作部長）も無罪を主張。村上同様に警察・検察の横暴ぶりを非難した。

「企画・製作の業務担当は認める。〔…〕〔演出としての殺人描写は裁かれないのに〕性描写では表現〔フィクション〕と実際〔現実〕が同じような判断に立ってしまうのは理解に苦しむ。性描写だけがなぜ裁かれるのか。さらに検察官は、これら『ワイセツ』映画ときめつけた映画でどんな法益が侵害されたというのか」

日活はすでに一九六五年に配給した『黒い雪』（武智鉄二）の摘発で、刑法一七五条容疑に関わる裁判を経験していた。被告となった武智監督と当時の日活配給部長・村上覚は、この映画が「わいせつ物ではなく芸術である」と主張する戦術を展開し、一九六七年の一審で東京地裁に「わいせつ物ではない」と認めさせ勝訴した。

一九六九年の東京高裁における控訴審は、この映画を「わいせつ物」と認定したものの、両被告が「わいせつ物と認識していない」ことから犯意を認められないとして無罪を言い渡した。この成功例があったために本社のロマン・ポルノ裁判における方針は「わいせつ物であることの否定」に軸が置かれたものとなってしまっていた。

そのため、村上や黒澤は「ロマン・ポルノはわいせつ物ではない」という主旨の主張をした。しかし、彼らの主張は監督たちにとっては屈辱だった。なぜならば、彼らは黒澤自身が提案した十分に一度「わいせつ」を描くという条件を承知した上で、あとは自らがこだわった「自由」な表現を織り込み、映画作品としてロマン・ポルノを創作したという矜持を各々持っていたからである。

しかも去る七月二日の第二回公判では、労組が推薦した岡田啓資弁護人が公訴棄却を求める弁論で「ポルノは下劣なもの」と前提し、それはあくまで独占資本が作り出した「退廃文化」であり、現場を担当しただけの監督に責任はないという議論を展開していた。これでは、監督たちは空気と同じではないか。会社側被告も、監督被告もこの弁論には憤りを隠さなかった。

斎藤正治によれば、ある監督は「一寸の虫にも五分の魂、実際につくった監督を無視してなにが弁護か」と声をあげたという。被告たちの不信をかった労組推薦の弁護人・鍛治利秀、岡田啓資は一九七四年一月二十二日付で自ら辞任することになった。

もっとも、こうした対立が起こることは裁判前から予想されていた。日活の監督の三人は、近藤幸彦の友人である前田知克弁護士を三人共通の主任弁護士とすることを最初に提案していたが、労組がそこに介入し二人の弁護士を送り込んできた経緯があった。労組は前田が羽田事件（一九六七年十月八日、佐藤栄作首相のベトナム訪問を阻止しようとした全共闘が機動隊と衝突。学生多数を含む五八人が公務執行妨害罪、凶器準備集合罪などで現行犯逮捕。新左翼中核派の大学生・山崎博昭が死亡した）の担当弁護士だったため、新左翼側の人間ではないかと警戒していたようだ。日活労組の主流は日本共産党系だったので反共産党派である新左翼各派を毛嫌いしていた。そして、結局は最初の提案通り、前田弁護士が三人の主任弁護士となった。労組の介入は弁護方針の統一をいたずらに妨害し、貴重な弁論の時間を浪費しただけに終わった。

差別と反骨：渡辺輝男のケース

ここからは、監督たちの「罪状認否」を見ていくことにしよう。プリマ企画常務で『女高生芸者』で製作進行を手伝っていた渡辺輝男は先にも見たように日活発注のポルノビデオを手掛ける監督でもあった。『女高生芸者』を監督した梅沢薫は取り調べで罪状を認め検察側の証人となったため被告になれなくなった（図らずも裏切り者になってしまった梅沢は本名でピンク業界での活動を続けることが難しくなったのか、一九七二年から七四年にかけては「黒木剛」という変名で監督をしている）。その代わりに、社長が被告席に座ることになったが、倒産を恐れるプリマ企画社長・藤村政治の懇願によって渡辺がイケニエに差し出されたのである。渡辺は堂々と無罪を主張した。

「私はわが社の映画の企画製作に従事しているが、起訴状のいう販売には関係していない。これからも誇りをもってつくり続けるだろう。性表現はあくまで即、性場面ではないということだ」〔…〕私の製作した作品はワイセツと思っていないから、

日活社員ではない彼は、独自の方針で戦うしか手はなかった。また、日活被告たちと違い大卒ではない彼は、検事に「ストリップ劇場の手伝い」「ピンク映画の監督」といった過去の経歴をさらすように起訴状を長々と詳細に読み上げられる屈辱を受けた。渡辺の記憶では日活側の証人や弁護士たちから「渡辺だけ分離裁判にしないと文化度が下がる」という主旨の陰口をたたかれたというが（東良美季『代々木忠　虚実皮膜』）、少なくとも斎藤正治の『日活ポルノ裁判』にはそうした差別の具体的描写はない。斎藤も日活側から「白い目」で見られたという渡辺の話を当時聞いていたが、斎藤自身は彼の奮闘を山口と同じくらい好意的に記録している。

さらに、プリマ企画が裁判途中で倒産してしまったため、渡辺は弁護費用を賄うために自らワタナベプロを起業して日活買い取りのピンク映画を数多く受注しなければならなくなった（『代々木忠　虚実皮膜』）。

当時の日活労組文書によれば、プリマ企画は日活の一部社員によって食い物にされていたようだ。日活のプリマ企画への支払いは、一本につき五五〇万円の手形払いが通例だったが、プリマ企画は零細企業ゆえに一刻も早く現金が欲しい。そこに付け込んだ土屋重役とSという人物が共謀し、この手形を四五〇万円で現金化してやると持ち掛け、結果的に一本につき一〇〇万円のキック

バックを得ていたのである。Ｓが資金操作に失敗して八〇〇万円も焦げ付かせたため、この汚職は労組によって暴かれ糾弾された。労組委員長・根本悌二は汚職を排除した代わりに、プリマ企画との契約を現金払いに切り替えることにした。ただし、この一件はプリマ企画にとって良いことばかりではなかった。根本は現金払いにする代わりに一本四〇〇万円でプリマ企画の映画を買い叩いたのである（『権力はワイセツを嫉妬する』）。根本は汚職追放と経費削減を同時に達成したと組合大会で自慢していたようだが、プリマ企画の側から見れば、これは大企業による下請けいじめ以外の何ものでもない。

裁判での渡辺輝男の証言によると彼らは一本二六〇万円程度の予算で撮っていたそうだ。それは当時のピンク映画の製作費の平均相場だった。下請けには配収がないため、できるだけ安く作って高く映画を買い取ってもらいたい。当初の約束通り五五〇万円で売れれば、利益は諸経費を引いても二六〇万程度にはなり、そのまま次の製作費が出る。次も五五〇万で売れれば、二六〇万の製作費を出しても会社に利益が残る。しかし、四〇〇万でしか売れないとすれば、利益は一〇〇万程度になってしまい、一六〇万円を借金などで補わなければ次の作品は撮れなくなってしまうのである。四五〇万円で買い叩かれていた時点から自転車操業が常態化していたプリマ企画は、さらに買い取り額を下げられた結果、一九七四年半ばには倒産してしまった。渡辺が裁判で述べたところによれば、資金繰りが上手くいかなくなったことが倒産の原因だったという。中小企業にとって裁判にかけられるということは金融機関からの信用を失うこととイコールだった。だから高利の街金から借りるしかなくなり、金利倒れに陥った（『代々木忠　虚実皮膜』のインタビューでは藤村社長が一方的に会社をたたんでしまったとしている）。プリマ企画も渡辺も裁判を共に戦う仲間であるはずの日活労組が窮地に追い込んだようなものである。二〇一一年の映画『ＹＯＹＯＣＨＵ』（石岡正人）のインタビューで、この窮乏のどん底で渡辺は妊娠中の妻（女優の真湖道代）を働かせながら、自分は苦痛に耐えきれず浮気に走ってしまい、しかも妻が生んだ子は生後四日で死んでしまうという悲劇（彼は強い罪の意識を覚えたようだ）に見舞われたと告白している。

さらに渡辺はピンク映画の仲間から嫌がらせを受けていたという。例えば、出演女優がドタキャンすることが続いた。ピンク映画業界からすれば、大手の日活に作品を卸すのは裏切り行為に映ったというわけである。それでも彼が生き残っていけたのは、ピンク女優を業界に供給していた火石プロのオーナーのおかげだった（『代々木忠　虚実皮膜』）。

火石プロは火石淑夫が五九年に作ったタレント事務所で「これからはハダカの時代が来る」と街で女優をスカウトしてはハダカ需要のある各映画社に売り込んでいた。その火石が心筋梗塞で急死したのが七四年九月だった（鈴木義昭『ピンク映画水滸伝　その二十年史』青心社）。

まさに渡辺が他社の嫌がらせで窮地に陥っていた時である（ワタナベプロの一号作品は恐らく山本晋也の『オカルトＳＥＸ』一九七四年八月公開）。そこに、火石の妻・睦子が火石プロの所属だった真湖道代の縁で火石プロを女優ごと引き取ってくれないかと渡辺に依頼してきたという（『代々木忠　虚実皮膜』）。これで彼はどうにかピンク映画を撮り続けることができたのである。しかも、このタレントプロダクション業があったおかげで彼は八〇年代に巨額の利益をもたらす愛染恭子（当初の芸名は青山涼子）の発掘に成功する。

渡辺は数々の苦難に見舞われたが孤立無援だったわけではない。火石プロは女優を提供してくれたし、妻の真湖道代は引き続き主演女優やプロデューサーとして彼を支えた。カメラマンの斉藤雅則は、映画の素人でカット割りもわからない新人監督の渡辺をカバーしてくれた。カットの繋がりが悪いと思ったところはこっそりと別カットを撮っておいてくれたのである（『代々木忠　虚実皮膜』）。

脚本家の池田正一は法廷での最終陳述の際には一緒になって文章を考えてくれた（『シナリオ』一九八一年十一月号）。特別弁護人の佐藤忠男は『女高生芸者』の喜劇映画としての正当な評価を法廷で証言してくれた。監督の山本晋也は連鎖摘発の危険を顧みず自作の『大色魔』（一九七一）を比較参考作品として裁判に提供し、法廷に立って映倫に関する証言をし、一九七四年以降はワタナベプロの主力監督を担ってもくれたのである。なお、山本晋也によれば、ワタナベプロの時代に日活の買い取り額は五〇〇万円に改善された。基本的には四六〇万程度で一本作る。大変だが定期的に仕事が入るのでワタナベプロは潰れずやっていけたそうだ。ただ、日活は作品を自由に撮らせることを渋り、一回当たった企画ばかり強要してきたという（斎藤『日活ポルノ裁判』）。どうりで山本の『未亡人下宿』シリーズが十五本以上も作られたわけである。

渡辺は一九七二年十一月公開の『ある少女の手記・快感』（プリマ企画製作・日活配給の三十分短編）でピンク映画監督デビューした。ただし、裁判に配慮して監督名義を本名ではなく「代々木忠」と変えることになった。

そして、代々木（渡辺）は罪状認否で宣言した通り「誇り」をもってピンク映画を製作し続けた。その反骨精神はＡＶ監督に転身した現在でも健在である。

八面六臂の奮闘ぶりを見せた藤井克彦

続いて、日活の監督たちの罪状認否を見てみよう。『ＯＬ日記　牝猫の匂い』の監督・藤井克彦は怒りに満ちた声で次のように述べた。

「映画の演出業務は認める。〔…〕私の作品が犯罪の映画であると起訴されたことに、驚くというより口惜しさがいっぱいだ。生んだ子を誘拐され、密室に閉じ込められ、汚れた手でその児をいじりまわしてきたのが警視庁保安一課であり、警察当局だ。〔…〕いますぐ、この公法廷で『牝猫の匂い』を解放して、市民の公正な判断をあおぎたい」（斎藤正治『日活ポルノ裁判』）

藤井の発言からはどこにぶつけていいかわからない怒り、そして、「我が子」のような思いで作り上げた映画が封印され虐げられる不当さへの悲しみが伝わってくる。藤井はこの言葉通り、摘発後も積極的にロマン・ポルノを監督し、監禁された第一子に代わる「我が子」をできるだけ多く世の中に解放し、「市民の公正な判断」を仰ぐべく奮闘した。

　藤井は、公判中の一九七六年には児童映画『四年三組のはた』を監督している。児童映画は日活の労組が取り仕切る「良心作」であったが、多い時には年に七本もロマン・ポルノを撮り、しかも『実録桐かおる　にっぽん一のレスビアン』（一九七四）や『東京チャタレー夫人』（一九七七）などのヒット作を定期的に出すことができた藤井の能力は、イデオロギーや裁判方針の対立を越えて労組の信頼も得ていたようだ。

　藤井によれば、元労組幹部で一期上の先輩助監督でもある武田靖の依頼で児童映画を撮ることになったという。余談だが、彼はこの時もクランクイン寸前まで、谷ナオミ主演のSM映画『夕顔夫人』（一九七六）を撮っていた。SMからの落差をおくびにも感じさせないほどに、『四年三組のはた』は高い完成度をもった児童映画に仕上がり、イランで開催されるテヘラン国際児童映画祭の招待作品に選ばれた。映画祭には監督の藤井も裁判と撮影で埋め尽くされたスケジュールの間を縫ってテヘランに赴くことになった。そこで思わぬ人物に会ったという。藤井の話をさらに聞いてみよう。


「イランの映画祭に出品するのに僕はたった一人でテヘランに行ったんだ。で、空港に着いたら、『おい、藤井』と呼びかける奴がいてね。それが同期の丹野雄二（『ハレンチ学園』の映画版・テレビドラマ版で成功し、当時は企画会社を設立しテレビを主戦場とするプロデューサー・演出家に転身していた）。同期だけど、彼は慶応大学の三年先輩なんだ。羽振りがいいのか、彼はコーディネーターをつれて三人くらいで動いていたね。僕は『四年三組のはた』の脚本の勝目（貴久）さんの弟がイランの大使館に三等書記官でいるということなので、彼に迎えに来てもらった。でも、現地では僕一人きり、淋しいよね。丹野は『まんが世界昔物語』という宮城まり子がナレーターを務めるアニメを映画祭に出していた」


映画祭の結果はどうだったか。同時出品されたアラン・パーカーの『ハグジー・マローン（邦題：ダウンタウン物語）』（禁酒法時代のニューヨークを舞台にしたギャングの抗争劇で、大人のギャングやモグリ酒場［スピークイージー］の踊り子などを少年少女が演じるという仕掛けがある。当時十四歳のジョディ・フォスターが妖艶な歌姫役で出演している）などの強敵六二作品を抑え、藤井の『四年三組のはた』が作品賞・監督賞を独占したのである。日本国内でも昭和五二年度児童福祉文化賞（映画部門）を受賞している。

ただ、この映画祭では、大人による審査以外に子供たちによる審査もあり、そちらでは『ダウンタウン物語』が圧倒的に支持された。藤井はその光景を見ながら、「僕らの作った児童映画はどこか上から目線だったのではないか。子供たちは大人からの教訓なんていらないんだ。面白さを求めていたんだ」と感じたという。藤井は、帰国後に執筆したエッセイで反省の弁を述べている。

「日活児童映画は公害・受験問題、そして産休問題をとり上げながら〔…〕本来子供と子供をとりまく有様とは、こうあって欲しいのだという理想図を追い過ぎたかもしれない。小学校の講堂で、〈こいつは面白いや〉と子供たちが喝采をあげて、でんぐりがえるような児童映画がつくれたらと思う」（藤井克彦「子供の眼にさらされる」『キネマ旬報』一九七七年二月上旬号）

そして、この経験は一九八五年に監督した二作目の児童映画『まってました転校生！』に生かされることになった。

なお、すずきじゅんいちによれば、藤井はイランでの受賞の喜びを噛みしめる間もなく、帰国した翌日には東京地裁に出頭しなければならなかったという（『日活 1971 - 1988』）。

「ナンセンス」を叫んだ近藤幸彦と山口清一郎

『愛のぬくもり』の監督・近藤幸彦は、裁判でのあまりのバカバカしい議論を前にして「ナンセンス」を叫んだ。

「監督業務は認めるが、映倫との『協議』は審査員の指示に従うということであって否認する。〔…〕私の映画で性秩序が乱れるという発想は物笑いで、そんなに簡単に乱れる性秩序なら、とっくにそうなっている。〔…〕このような無意味で不当な裁判はナンセンスだから、一日も早く中止するのが当然である」

東大卒のエリートであった近藤にとって、この裁判の低レベルなやり取りはよほど耐えがたかったのだろう。

近藤は寡作ながらも（本人はもっと撮りたかったようだが）、確実にヒット作を作り続けた監督だった。しかし、なぜか会社側から正当な評価を受けることができなかった。一九七七年四月、元労組委員長の根本悌二が副社長に就任し、労組が日活の経営権を握ると近藤は窮地に陥った。十月に入る前に、近藤は根本の行った合理化政策（撮影所の人員五〇名ほどが解雇あるいは自主退社させられた）で、裁判の第一審の判決を待たずして「キミの作品は出来がよくないし、客も入らないから」という不当な理由で専属契約を破棄されたのである。これは実質的なクビにあたる。

皮肉なことにまさにこの時、一九七七年九月に近藤の監督した八城夏子主演『女子大生　ひと夏の体験』が大ヒット中だった。製作費八〇〇万円、撮影十日間で作った近藤の作品が封切り時の興行収入だけで三億円近く（現在の四億五〇〇〇万ほど）を売りあげていたのである（『前ばり文化は健在なり』）。この数字は『団地妻』『大奥秘話』以上であり快挙といえる。貨幣価値の変化の関係で実質の利益率は近藤の方が低いのだが大ヒットには違いない。経営陣の監督を見る目は節穴だったのか、それともクビにするための言いがかりだったのか。どうも後者だったようだ。なお、近藤は翌年に『トルコ110番　悶絶くらげ』（主演：原悦子・片桐夕子、脚本：荒井晴彦）を大ヒットさせ、日活を去った。

一応、近藤が本当に当時の経営陣がいうように「当たらない監督」だったのかを検証してみよう。一九八〇年前後のＮＲ品番「日活ロマン・ポルノ名作劇場」のリスト（コノシート編著『ビデオソフト研究　Vol.4』［さんぽプロ］に所収）にいくつの作品が取り上げられたかは一つの傍証になりそうだ。「当たった」実績のある作品が優先的にこのシリーズに選ばれていただろうから。

　例えば、神代辰巳のものはシリーズ全五五本のうち五本ある。同じく批評家ウケの良かった田中登と藤田敏八のものはゼロ本。「売れない」と判断されたことがうかがえる。多作の林功はどうか。神代と同じ五本である。この比較で批評家ウケより売上高が選定基準として優先されたことがわかる。監督本数が最も多い西村昭五郎は七本もある。藤井克彦はどうか。こちらも七本。一番多いのが西村と藤井である。つまり、この二人は当たった作品が最も多い監督だったのだろう。そして、「当たらない監督」という言いがかりをつけられ、契約を切られた近藤幸彦の作品はどうだったか。四本入っている。これで近藤が「当てることのできる監督」だと労組・経営陣も本当は認識していたことが証明できたのではないか。

　さて、盲腸の傷が癒え、十月九日に法廷に立ったのは『恋の狩人　ラブ・ハンター』の監督・山口清一郎である。

　「今回の起訴は〔…〕検察官検事のきわめて程度の低い無智と、性に対する虚妄に因果を持つ愚行、硬直した厚顔無恥なる、あるいはこれは勇気というべきかもしれない暴挙によって引起された事件である。〔…〕ナンセンスであり、拒否したい気持になる。〔…〕『日活で製作している映画はすべてオマンコ映画にすぎないではないか』と執拗に繰返したあの検事はこの席にいない。〔…〕問題の相手が出てこないのでは話にならない」

　近藤と同じく「ナンセンス」と叫んだ山口は、監督被告の中でもっとも好戦的主張を行い、「わいせつ、何が悪い」とあえて正面から刑法一七五条に敵対する論戦を仕掛けた。裁判を傍聴・記録し支援した斎藤正治は、被告の中でも山口を積極的に応援し、山口を敵視する日活労組や共産党を『キネマ旬報』などを舞台に舌鋒鋭く批判し続けた。そのことは、山口を支える有志の会を若者たちの間に自発的に生み出したという面ではプラスだったが、山口の日活における立場をより苦しいものに追い込む羽目になった。

　山口は田中真理主演の『恋の狩人』シリーズにこだわり、『恋の狩人　淫殺』（のちにパレスチナに渡り日本赤軍に加わる足立正生との共同脚本）をはじめとする三本の脚本・企画を立て続け会社に提出したが、それらの過激で反体制的な内容（天皇パチンコ事件で逮捕された奥崎健三の手記がアイディアに取り入れられた）はますます経営側・労組側の不信を買い、田中真理とともに干されるかたちとなった。山口が次の映画作品を監督するのは、近藤と同じく一九七七年に日活を解雇された後に、支援者たちの協力のもとATGで製作した田中真理・みなみらんぼう主演の『北村透谷　わが冬の歌』まで待たねばならなかった。『恋の狩人』の政治志向は自由民権運動（とその挫折）の世界にたどり着いたわけである。そして、その後も企画を立てつづけたが劇映画を撮ることは二度とできなかった。田中を主演とするピンク映画の企画が何度も持ち込まれたが断固それを拒否したようだ（鈴木義昭『日活ロマンポルノ異聞』）。

やがて、テレビに活躍の場を移すようになった「戦友」田中真理もいつしか山口と袂を分かち、幼馴染の男性と結婚し一九八一年頃に俳優を引退した。

お粗末な検察、あきれる被告たち

ここで、検察側と被告側の対決がどのようなものだったのかを斎藤正治の二冊のルポから掻い摘んで見てみよう。一九七四年十二月四日、検察は摘発されたロマン・ポルノをたまたま見ていたという観客の一人を証人として法廷に招致した。以下は、専売公社員を自称する証人と検察官の問答である。

証人「専売公社から売出されているタバコも含めて、専売法違反や不法所持がないか、そういうことを監視する業務をやっている〔…〕」

検事「その日どうしてオデオン座〔映画館〕に入ったのか、嫌疑でもあったのか」

証人「映画の休憩時間に吸っている時、発見しようと思ったためで、ロマン・ポルノを見るためではなかった」

検事「ちょいちょいこの種の映画を見るのか」

証人「はじめてだ。他の映画もほとんど見ていない。オデオン座のロビーでたまたま警視庁保安一課の細島課長代理と会った。職業上、警視庁へ出入りして、細島氏とは知り合いである。細島氏が『〔上映されていた『恋の狩人』『牝猫の匂い』『女高生芸者』に対して〕ひどい映画だね、しっかり見ておいてください』と言ったので、最後まで見た」

以上のやり取りではっきりとわかるように、この自称専売公社員は、警察がこの摘発・裁判のために自分たちに都合の良い「感想」証言をしてくれそうな「証人」役を複数上映館に前もって配置していたことを、検事との応答の中でバラしてしまっている。そうでなくては、普段「他の映画もほとんど見ていない」と正直に語ってしまったこの証人がポルノ映画三本立てを黙って見続けるはずがない。それにしても、お粗末という言葉がもったいないくらいのしくじりぶりである。少しでも検察と警察の間で作戦会議をしたのだろうか。会議をしてこの出来ばえだったとすれば、そもそも人選ミスだったというほかない。

他の公判の例も見てみよう。一九七五年十月十三日に行われた『女高生芸者』に関する渡辺輝男と検事の問答である。こちらの例では検事の不勉強ぶりが際立って見える。

検事「被告は映倫審査のさい、見ているようだが、本件の起訴されているシーンについてはどう思うか」

渡辺「当時、風刺としてすぐれた作品と考えている」〔…〕

検事「追加撮影の別の事情はなかったか」

渡辺「少くとも現場の人達が純粋な映画論をたたかわした結果、作家のめざすものを納得し、理解したからだ〔…〕若者の勝手さを茶化したのも、作家の思想である。一つ一つの場面をとって、その映画のよしあしを決定されることは、映画人からすれば、ナンセンスな質問だと思う」

検事「パロディはナンセンスという意味ではないか」
渡辺「……」

この検事（さぞかし良い大学を出ているのだろう）のナンセンスとパロディーの違いさえわからない不見識ぶりに、起訴状で検事に自身の学歴の無さを嘲りとともにさらされるという屈辱を受けた渡辺はどんな感情を抱いていたのだろうか。渡辺は絶句したまま苦笑するだけだった。その苦笑は傍聴席にまで伝染した（斎藤正治『権力はワイセツを嫉妬する』）。検事は同じ法廷でかつて渡辺に与えた以上の屈辱を返される羽目になったのである（ただ、この検事は渡辺を侮蔑した検事その人ではなかった。長期にわたる裁判ゆえに前任者はすでに異動してしまっていた）。

一九七七年二月二日には、山口清一郎が出廷し検事と直接対決した。しかし、今度は検事が高レベル過ぎる文学的レトリックを持つ山口の言葉を理解できずに絶句してしまう。一部抜粋してみよう。

検事「『初霜が茂みを濡らした』という題はどういう意味でつけたのか」
山口「最初は『初霜が森を濡らした』になっていませんか」
検事「それが『茂み』に変ったんですね」
山口「ええ、変ったんだけど、どういう作品を作ろうかということで、神代と話し、最初の霜が、森の最後の美しさを飾るというような作品を作ろう、ということで題名がスッと出て来たわけです」〔…〕

検事「今の三点〔ホストクラブ・性液・テレフォンセックス〕、どうして短かくするよう映倫で注意したか、あなたの受け取り方はどうか」
山口「つまり自然なる性が、余りにも豊かであると、国家が嫉妬します」
検事「は？」
山口「国家が嫉妬する。映倫もそう考えたのかも知れない」

斎藤正治はこの山口の発言「国家が嫉妬する」が裁判の本質と考えたのか、裁判本の第二弾のタイトルをこの発言をもじって『権力はワイセツを嫉妬する』としている。もっともこの表現は山口の発明ではなく、足立正生（映画監督・脚本家）のエッセイが元ネタである。

「〝国民の象徴としての天皇〟を考える日本国家は、国家思想としての『性の自由』の象徴として、皇族一家の性〔一夫一婦制〕を表現して来た」
「だからこそ、『性の自由』を抑圧する〝ワイセツ〟を猥褻と呼んで忌み嫌い、自縄自縛した〝自由〟の側から〝ワイセツ〟を嫉妬している」（足立正生「国家が嫉妬する　日活ロマンポルノ裁判で『天皇を撃て！』」『シナリオ』一九七三年八月号）

以上に見たように足立の表現は極めて分かりにくい。そしてこれを踏まえた山口の意見は説明不足である。
二人の意見をかみ砕いて説明してみよう。つまり、風俗紊乱の防止・秩序維持をレゾンデートル（存在意義）とする国家権力や映倫は常に「正しく」あらねばならない。人はそんなに立派な者ではないにも関わらず、権力者は自分にはだらしなさやいやらしい欲望が「全くない」かのように振る舞いながらそれを「自由」と呼ばなければならない自縄自縛状態である。自覚的ではないかもしれないが、我慢を強いられている。

しかし、ロマン・ポルノはそうしただらしなさや欲望（自然なるサガ）を堂々と「豊かに」表出している。だから、うらやましくなる。嫉妬してしまうのではないか、と問いを投げかけたのである。「は？」と聞き返すことしかできなかった検事は、何も理解できなかった。この無残な状況を見る限り、山口の闘争は失敗したのかもしれない。なにせ、言葉が相手に通じなかったのだから。

ただ、検事も被告と同じ普通の生活者である。生きている以上、価値観はどんどん変わる。彼らは何を考え裁判に臨んでいたのか。

一九七二年九月一日に東京地検に次席検事（検事正に次ぐ地検のナンバーツー）として着任した伊藤栄樹は『検事総長の回想』（朝日文庫）で、着任早々摘発された四本を中心に十本のポルノ映画を見せられたが、確かに「わいせつ図画」に該当するという感を覚えたと述べている。しかし、「検事は潔癖すぎて世間と価値観がずれている」という社会からの批判も真摯に受け止め、伊藤はひそかに年齢層ごとに数名の検事を選びポルノ映画を定期的に見てもらうようにした。

結果的に、裁判では検事が訴える「わいせつ」の内容を変更することはなかったものの、伊藤自身は一審判決後（一九七八年）に摘発された四本の映画を見直して「あまりわいせつだとは思えなかった」という感を受けた。表には見せなかったものの、裁判に長らく時間がかかっているうちに検察側の「わいせつ」への意識も変化していた。内心は「この程度は罪に当たらないのではないか」という思いが去来するようになっていたのである。

映倫内部でも警視庁の考える「わいせつ」の定義の古さは疑問視されていた。一九七二年初頭まで映倫に勤務した阪田英一は、映倫を辞めた直後、警視庁への怒りをエッセイに綴った。

「警視庁は全然その時の社会情勢を無視して〔一九五〇年代のチャタレー裁判の頃のわいせつ基準を〕適用し、『わいせつ』かどうかを断定しているのだから、こんな乱暴な話はない。これではまるで私有地を全然時価を無視して強引に、そっちの都合だけで収用を行うようなものではあるまいか！」（阪田英一『栄冠なし涙あり』私家版）

参考証人によるロマン・ポルノ礼賛

この裁判では、映画監督や批評家が法廷に立ち、専門家としての立場から摘発された四作品の批評を行った。そこに弁護士・検事が質問をし、法廷で作品の合法性を問うことになったのである。

中でも、一九七六年三月五日の新藤兼人（映画監督）による証言は、主に藤井克彦の『ＯＬ日記　牝猫の匂い』に対するものだが、映画の性表現全般の肯定論を展開して、斎藤正治曰く「裁判のハイライト」といえるものになった（『権力はワイセツを嫉妬する』）。

弁護人「日活は性的風景を扱っているものと違うといわれたが、日活ロマン・ポルノをどう評価しているか」
新藤「私は直截に性そのものを提出しているピンク映画にショックを受けた。続けてロマン・ポルノが出てさらにショックを受けたというのが実感だ。〔…〕創作者陣たちはまじめに考え、性とはなにかの検討がなされたと思うのだ。そういう中からロマン・ポルノが生れたが、誕生した時にはストイックすぎるものに打たれた。彼らは性のつくり方を実証してくれた。形だけ整って内容空虚な既成の映画にショックを与えた。日本映画の映像革命があった。衰弱する日本映画の中から最終的に生きるくふうをと立ち上った日活製作陣に敬意を払いたい」

弁護人「『牝猫の匂い』の筋書は特に独創性に富んだものとは考えないか」
新藤「何百回も繰返されて来た筋〔メロドラマ〕だが、性的に見るということで傑出したものになっている。単なるメロドラマを、ある高いものに到達させた」
検事「『牝猫の匂い』の奥に映像革命があったといわれたが」
新藤「自分が映像革命を熱望しているのだが、『牝猫の匂い』では虚をつかれたように、創作家として感動を覚えた」
この証言から新藤が藤井作品およびロマン・ポルノというムーブメントを「映像革命」として絶賛していたことがわかる。

同年四月三十日には大島渚〔映画監督〕が山口清一郎『恋の狩人　ラブ・ハンター』の参考証人として出廷した。彼は『愛のコリーダ』〔「本番」を含むハードコア・ポルノ映画〕の製作を終えたところで、ほどなくして自作の関連書籍が摘発されてしまう。
弁護人「山口清一郎被告の『恋の狩人』は検察官の冒陳の中で、六カ所がワイセツだと指摘されている。指摘の第一シーンを見たときの印象は」
大島「特に強い刺激を受けなかった。雰囲気を伝えていた」
弁護人「作品全体の印象は」
大島「まじめすぎる、節操の正しい映画だった。一直線に進んでいることがわかって感動した。自己形成小説の形をとっている〔…〕」

なお、大島証言はその後弁護人が『愛のコリーダ』に話題を向けてしまったこともあって、山口作品への弁護よりも持論を述べる時間の方が長くなってしまった。大島は法学部出身だけあって弁舌たくましく、自作の擁護と性表現全般の自由を結び付け、裁判全体を被告側に優位になるように導く演説を展開した。演説の全文については『権力はワイセツを嫉妬する』に採録されているし長くなりすぎてしまうので、ここでは割愛する。
一九七七年八月九日に近藤幸彦の『愛のぬくもり』の参考証人として出廷したのは、近藤の先輩監督である今村昌平だった。今村は自らも性をテーマにしているだけあって、近藤作品及びロマン・ポルノのワイセツさの足りなさを指摘するという珍妙な論を展開した。

弁護人「『愛のぬくもり』を見た感想はどうか」

今村「それまでに見たもの〔ロマン・ポルノ〕に比べ、真面目で古典的である。古典的な手法で、作者の意図、任務をうかがう時、クソ真面目ではないかと思われる。クソ真面目さで主人公と作者は共通している〔…〕」

今村「この映画は、まあまあのところ、芸術作品ではないか。まあ、ほどほどのところだ。ロマン・ポルノは短く上映時間が制限され、中身に時間的粘りがまったく足りない。演出家の私から見れば不十分で、興奮したくて観に来る人がいても興奮しない」

弁護人「結果的にみて『愛のぬくもり』が俗にワイセツといわれていることについては?」

今村「非常に疑問だ。なぜだかわからない。逆に伺ってみたい」

一見、辛辣な作品評のようだが、今村としては「ワイセツでないのだから、この映画は無罪ではないか」という理屈をたっぷりの皮肉を込めて言ったようだ。今村の攻撃の矛先はあくまでこのバカバカしい法廷に向いており、検察をおちょくっている。

同年九月二十九日、佐藤忠男（映画評論家）が梅沢薫の『女高生芸者』の参考証人として出廷した。

弁護人「『女高生芸者』を見たか」

佐藤「『映画芸術』に批評を書いた。楽しく作られた娯楽作品で、喜劇的だ。日本の性表現の伝統として、落語を若いころ研究した永井荷風をもじったりして、うらぶれたセックスの話を喜劇的に扱っている」

佐藤もやはり作品のワイセツ性を完全否定した。それに加えて、佐藤はエジソンの映画の発明からポルノの登場、世界中の性表現の展開、性規制の登場、日本における映画の輸入から歴史的発展…という具合に「世界性風俗映画表現史講座」の講演を長々と、しかも超早口で展開し、法廷を煙に巻いた。四者四様だが、ロマン・ポルノ裁判は優れた証人たちに恵まれたことがわかる。しかし、同時に行われていた日活ビデオ裁判にはそのような証人は出廷してくれなかった。そのために悲劇が起こる（後述）。

ロマン・ポルノ無罪確定へ

一九七八年六月二十三日、東京地方裁判所の堅山真一裁判長は被告全員に無罪判決を下した。その判決理由は「検察官がわいせつ場面と指摘した本件映画の各場面は、露骨で卑わい感を与え性的羞恥心を害するほどのものとはいえない。四本とも社会通念上、許されないようなわいせつ映画とはいえない。〔…〕よって本件映画はわいせつ図画にあたるとはいえず無罪である」というものだった（『日本経済新聞』一九七八年六月二十三日夕刊）。

国家はこれらの映画を明確に「わいせつ図画」ではないと認定したのである。無罪は結構だが、この判決理由は関係者に不満を残した。例えば、田中真理は心境をこう語った。

「無罪になったけれど、喜んでいいのか、残念がっていいのか。二十歳で、初めて映画に主演した時の作品が法に触れたというので、今度の裁判を無視できなかった。裁判長の話を聞いていると、私の出た映画が、つまんない映画のように聞こえる。私は面白い映画に出たつもりなんだけど。よりによって、つまらない映画に二本も出演しちゃったみたいで……。無罪は当然だけど、素直に喜べないわ」(鈴木義昭『日活ロマンポルノ異聞』)

そして、一九八〇年七月十八日、東京高等裁判所の綿引紳郎裁判長によって検察側の控訴が棄却された。これで晴れて被告は全員無罪確定となった。村井実『前ばり文化は健在なり』にしたがって、藤井克彦と山口清一郎のコメントをまとめておこう。

日活の被告監督のうち唯一、一九七二年の摘発(デビュー)から裁判を抱えながらも、休むことなく八年の間ずっとロマン・ポルノを監督し続けた藤井克彦は憤慨していた。

「本当に長かった。自分の映画は警視庁から性道徳を乱すから、まっ殺すべき映画といわれたが、この八年間、一体なんの乱れがあったというのか。あなた方は何をおやりになったのだ!」

この「八年間」という言葉には重みがある。藤井は裁判の冒頭陳述の通り、この八年間、休まずに誘拐・監禁された「第一子」に代わる多くの「我が子=ロマン・ポルノ」を世に解放し、「市民の公正な判断」を仰ぎ続ける孤独な戦いをしていたからである。

山口清一郎のコメントは悔しさのにじんだものになった。

「この裁判は刑法一七五条そのものをなくすのが趣旨なのに、依然として最高裁のチャタレイ判決が基本、われわれはお目こぼしされたのだ」

この裁判でもっとも戦っていたのは、斎藤正治から見れば「ロゴス」で法廷闘争をし続けた山口清一郎だったろうが(「ロゴス[論理]を持てパトス[情念]を捨てよ」が山口のポリシーだった)、彼だけではない。日活撮影所でロマン・ポルノを作り続け世間に問いかけ続けた藤井克彦が、静かに、しかし粘り強く戦っていたことを斎藤は見落としていた。

もちろん、恐らくは弁護士問題で労組に逆らったために干された近藤幸彦(一九七四年から急に年一本か二本しか撮れなくなり、七七年にリストラされた)も屈辱に耐えながら日活の下請け作品を一九七三年から八一年までに三四本も撮り続けた渡辺輝男も戦っていた。

山口と藤井、どちらが上というわけではない。その戦い方は対照的だった。そのことは、結審時の二人の最新作を比べれば明らかである。

山口が一九七二年以降、監督した劇映画は『恋の狩人　欲望』

（一九七三）とＡＴＧ『北村透谷　わが冬の歌』（一九七七）の二本のみ。それは妥協なき「思想」表現へのこだわりとプライドゆえ、企画を極端に選んだためである。

一方、藤井は摘発直後に、映画本部から下ろされた定番の「ナース」ものである片桐夕子主演の『白い天使の誘惑』（一九七二年二月公開）を撮ったのを始め、一九八〇年までにコンスタントに三〇本以上のロマン・ポルノと先述した児童映画一本を撮った。結審時の最新作は安西エリ主演の『女子大生　快楽あやめ寮』（一九八〇年五月三十一日公開）。定番の「女子大生」ものである。

しかし、藤井は会社の言いなりだったわけではない。企画部の人間が持ってくる脚本がいくら気に食わないものであっても、彼なりのこだわりを拠りどころとして改作しながら撮り（戦い）続けていたようなのである（ちなみに、藤井は映画とは別に一九八三年から一九九五年までの間、二時間ドラマだけで三六本の監督作を残した）。

藤井の戦い方を志麻いづみ・宮下順子主演作として用意された定番の「人妻」モノの『四畳半・猥褻な情事』（一九七八）を例に見ておこう。

「この映画は、内容はどうってことないんです。でも、撮影が水野尾（信正）さんで、照明が熊谷（秀夫）さんですよ。水野尾は画面構成が巧いんですね。これはいわゆるポルノシーンをひたすらショーアップして見せた作品です。この映画は僕としては二点のポイントがありますね。一つはセックスシーンを映えさせることに力を注いだということ。茶道の持っている形式性に、濡れ場のシーンを入れることでショーアップしているんです。もう一つは説明しないとわからないだろうけど、音楽で作品を構成しているんです。志麻いづみ演じる平凡な人妻が宮下順子に取り込まれていく筋ですが、志麻のテーマ曲にサンサーンスの『序奏とロンドカプリチオーソ』を使い、宮下のテーマ曲は同じくサンサーンスの『ハバネラ』。最初、志麻が夫の仕事の間に鎌倉の宮下のところに行くときに『ハバネラ』がかかって、宮下の『性』の世界にのめり込んでいく。最後の宮下と志麻の二組のカップルがスワッピングする狂乱の濡れ場には、この『ハバネラ』がかかって、クライマックスになって終わっているんです」

詳細に見どころを語る藤井の口ぶりには、作品に対する愛情と誇りがはっきりと感じられた。ロマン・ポルノであろうとなかろうと、企業の金で商業映画を撮る身である限り、ある程度の制約はつきものである。そこに言い訳や弱音、青臭い反発を持ち込むのは、アマチュアでしかない。その制約のなかで責任をもって周囲のスタッフや俳優と協力し、作品を（クライアントの望むように）成立させ、しかも自分なりのこだわりを織り込む。それがプロフェッショナルの戦い方なのだろう。

日活ビデオ裁判が生んだビデ倫とアダルトビデオ

一九七二年一月の「日活ポルノビデオ」摘発は、ビデオ業界にも映倫のような団体が必要であるという議論を生んだ。その背景には当時のビデオソフトの売り上げ比の歪な偏りが関係している。先述したように、ビデオデッキやソフトは高価すぎてまだ庶民に普及していなかったため、一九七一年の市販ビデオソフトの九八%が業務用で、一般用は二%。しかも、業務用の六〇%は成人用。つまりポルノビデオのシェアがビデオソフト売り上げ全体の過半数を占めていた。

ピンク映画を数多く手がけた向井寛によれば、一九七〇年代初期にヘラルドとミリオンフィルム(この二社はビデオ大手のジャパンヘラルドの親会社)がポルノ専用のビデオプレーヤーを開発し、七〇万円(現在の約二二〇万)ほどしたがラブホテルなどに爆発的に売れたことで、ポルノビデオの売り上げが突出した伸びを示したという。そこに供給するために向井は東映ビデオから発注を受けてオリジナルのポルノを十六ミリフィルム(映倫審査を受けていた)で撮った(奥出哲雄「ビデ倫誕生、そしてAVシーンの幕開け」『ビデオ・ザ・ワールド』一九八六年五月号)。

向井によれば、一九七一年に彼が撮った『悶える少女』(同年九月公開の『乱れた少女』[ミリオンフィルム製作]の二分割版。もう半分は『㊕いたずら』と推定される)は、これでデビューした山科ゆり(津村冴子名義)が撮影時まだ十七歳だったため、児童福祉法に引っかかり摘発されたという。ただ、山科が同棲しているということで大人扱いされたのか、うやむやのうちに無罪となったらしい(同上)。

当時のピンク映画は基本的に六〇分の長さだったが、これは、オープンリール統一I型規格やUマチックカセット規格の関係で当時のビデオソフトの長さは三〇分が標準であったため、ビデオ転用を考えて二分割しやすいようにあらかじめ計算してこの長さに定まったようだ。向井は他にも東映ビデオに提供するために十六ミリで『混乱情事』、三五ミリで『初潮』を撮ったという。買い取り作品だったためマスターネガは彼の手元ではなく東映にあるらしいが詳細は不明である(同上)。

東映は商魂たくましく、ビデオ作品の原版フィルムを地方の映画館に配給していた。NPO十勝文化会議がネット公開している上映記録によれば、『混乱情事』は七二年一月に北海道帯広のミマス館(ピンク専門館)で上映された。『性のめざめ　初潮』も帯広プリンス劇場(ピンク専門館)で七二年九月に上映された。『悶える少女』も七二年十二月に帯広のミマス館で上映された記録がある。摘発されても結果的に無罪だったので東映は十六ミリ版をこっそり配給したようだ。なお、『月刊ビデオ&ミュージック』(一九七二年一月号)のビデオソフト目録には五七本の東映ビデオの成人向けタイトルが掲載されていた。『女湯三助物語』『女高生ジャングル』『おいろけ女忠臣蔵』『悶える少女』『㊕いたずら』『思春期の行為』などである。これらは東映映画のタイトルにはないので、これらは東映ポルノや洋ピンの改題再編集版、あるいは他社のピンク映画を買取り編集したものだろう。

また、東映はビデオよりも八ミリでのポルノビジネスを先行して展開していた。一九六五年にフジフィルムやコダックがフィルム装填をマガジン方式にした八ミリカメラを販売して、八ミリを撮ることがぐっと簡便になった。さらに大阪万博をきっかけとして七〇年代初頭には八ミリブームが起こったため、八ミリカメラと映写機を所有する家庭が増加していた。ゆえにビデオソフトよりも八ミリフィルムソフトが七〇年代末までは売れ線商品だった。日活も、ロマン・ポルノを十数分の短縮版に再編集し東映ビデオとフジフィルムと提携して八ミリフィルムソフトで発売している（中村朗『検証　日本ビデオソフト史』）。売り上げは良かったようだ。例えば『白川和子　愛のさざ波』（藤井克彦『真夏の夜の情事』の改題短縮版）は一九七四年度上半期の業界第四位の売り上げだった（同上）。

八ミリブームはブルーフィルム業者にも波及した。ただ、市販用八ミリフィルムはリバーサルタイプで焼き増しができなかったので、業者は複数のカメラを構えて撮影しなければならなかった（三木幹夫『ぶるうふぃるむ物語』立風書房）。当時のブルーフィルム撮影風景は今村昌平が『「エロ事師たち」より人類学入門』（一九六六、今村プロ製作、日活配給）で再現している。ロマン・ポルノにもエロ事師をテーマにしたものは、『実録エロ事師たち』（曽根中生、一九七四）、『実録エロ事師たち　巡業花電車』（林功、一九七四）、『黒薔薇昇天』（神代辰巳、一九七五）、『若妻日記　悶える』（林功、一九七七）などがある。

日活のビデオテープ摘発、東映ビデオの摘発未遂など、多少の事件はあったとはいえ、ポルノビデオのセールスは順調に伸びていった。中村朗によれば、一九七〇年頃のラブホテル用ビデオシステムのビジネスモデル（大倉有線テレビの例）は次のようなものだった。

ホテルのフロントにVTR一式にコンバーター（交換機）を置き各客室のモニターに配線することは、白黒のシステムで三〇〜四〇万円、カラーだと六〇〜八〇万円の料金で可能。さらに客室ごとに一台一万七〇〇〇円のコインタイマーを設置する。一回三〇〇円で一日一部屋四〜五回は回転させれば、一本三万円のテープを購入してもすぐに元は取れるといったものである。

実際にはソフトを購入するよりも効率の良いリース（レンタル）が利用されたようだ。リース会社（代理店）はビデオ会社（当時の大手三社は日活ビデオ、東映ビデオ、ジャパン・ビコッテだった）から定期的に新作が出るソフトを購入し、取引先のホテルに十日で八〇〇〇円から一万円の料金でソフトをリースするわけである。こうしたシステムを持つホテルは一九七〇年夏時点で全国に二四〇〇〜五〇〇館あったようで市販ソフト市場が未発達でもビデオ事業が十分成り立つ土壌ができていた（『検証　日本ビデオソフト史』）。

そのため、日活ビデオ事業部ではライバル社に常連客を獲られないように十日に一度は新作を提供するべくプログラムを組み、ロマン・ポルノに先駆けて一九七一年三月頃から近代放映に月二本のオリジナル新作ポルノを発注（東映やジャパン・ビコッテの主要商品は映画として公開されたものの再編集版だったようだ）、九月からはさらにプリマ企画に月二本発注することにし、二社合わせて月四本の新作を継続的に作らせ代理店に供給していた（同上）。

ビデオテープの市販価格は一本三万五〇〇〇円もした。大量買いしてくれる代理店に七掛けで卸したとしても二〇〇本売れれば約二万五〇〇〇円×二種類で五〇〇万の売り上げとなり、二本分の製作費を下請けに一五〇万払ったとしても三五〇万の利益が確実に出る商売だった（「『社員逮捕』で見直される日活ビデオテープのワイセツ度」『週刊新潮』一九七二年二月五日号)。摘発されたソフトの規格がオープンリールかUマチックかは不明である。そこまで報道されていないし、裁判記録に残っていないのでわからない。

先に触れた『月刊ビデオ&ミュージック』(一九七二年一月号)によれば、七一年三月から製作が開始された日活ビデオの成人作品ラインナップは十一月時点でまだわずか十八本。全て三〇分尺のカラー作品で定価三万円の高額商品だった。ただ、ライバルの東映の成人ビデオが六〇分尺で定価六万円から三〇分尺で定価三万五〇〇〇円までの価格帯だったので、後発の日活は少しでも安価にして市場に食い込もうとしたのだろう。現在の日活のデータベースに載っていないので、全て近代放映とプリマ企画に外注したオリジナル作品と考えられる。

摘発された四本のビデオはこの時点で製作されていなかったのでこの雑誌のリストには載っていない。まず再発されることはないと思うので、当時の日活成人向けビデオのタイトルだけ並べておこう(リストには監督・脚本家・キャスト名がどこにも書かれていない。ポルノビデオは「作品」として扱われていなかったことが伺える)。『金髪浮世絵草子』『美女と透明人間』『情炎の海』『濡れた砂丘』『クライマックス』『いれずみお蝶』『私を女にして』『恋人の岬』『恋する森』『蘇える女』『炎の女』『口説きのテクニック』『鎌倉慕情』『愛の砂漠』『女の紅葉』『燃える花芯』『新妻』『華麗なる情事』の十八本である。

これらのタイトルから判断するに、いろいろなテーマで作り、マーケットリサーチをしていたようだ。ロマン・ポルノの初期定番テーマに人妻・女高生・時代劇が選ばれたのは、ビデオ販売実績からこの三つのテーマが「売れる」と実証されたためだろう。

なお、プリマ企画で日活委託のビデオ製作に携わった渡辺輝男によれば、日活でもビデオ作品はビデオテープではなく十六ミリフィルムで撮影したものを原版にして作っていた。その理由は、鈴木平三郎によれば当時は「ビデオ撮りはカメラも一台ではなく複数、それにスタジオも必要だという発想」しかなく予算の都合で断念せざるを得なかったからだった(奥出「ロマンポルノ裁判からビデ倫誕生まで」)。

確かに、小回りが利く十六ミリカメラで撮影したフィルムをテレシネ(フィルム映像をVTR信号に変換)してビデオにする方が、当時はテープ代が高い上に編集に手間がかかったビデオ撮りより安く素早く上がる。一九七〇年当時にはポータブルビデオカメラがすでに発売されていたが、高価で重く画質も悪かった。そのため採用されなかった。

渡辺輝男は日活から月に二本の委託を受け、一本あたり製作費六五万~七〇万円で二日から三日で撮っていた。それで二本作って十万円前後の儲けしか残らなかった。渡辺は正直儲からないビデオはやりたくなかったが、プリマ企画の本篇作品を定期的にロマン・ポルノの併映作として買い取ってもらっている関係上断れなかったという(「『社員逮捕』で見直される日活ビデオテープのワイセツ度」)。

一九七二年二月、日活ビデオの摘発を受けてビデオ大手三社は映倫管理委員会(映倫)の審査基準をもとに作品の自主審査を行う「成人ビデオ自主規制倫理懇談会」を発足させた。この懇談会の目的は明らかに、ビデオ裁判の結果次第で官憲によるポルノビデオへの規制が強くなる危険性を見越して、先に業界内審査団体を作っておき、売れ線商品であるポルノビデオを摘発から守るということにあった。実際、草創期の審査は第三者機関ではなく、三社が持ち回りでビデオをチェックしていた。審査員が二名から三名しかおらず、全篇を見るのは大変なので危なそうなところだけをチェックし合うなれ合いの体制だった（奥出「ビデ倫誕生、そしてAVシーンの幕開け」）。

ただ、日活ビデオ裁判の影響と外部審査員が確保できない（映画館窓口での年齢確認が可能な映画と違って、近い将来家庭での自由視聴が想定されるビデオ独自の審査基準が誰にもわからない）という問題があったため、懇談会の設立当初はオリジナルビデオの審査はせず、映倫を通った映画のビデオ化作品のみを審査対象としていた（同上）。

その一方で、ビデオ業界の将来的な拡大に伴う摘発の危険性の増大を考え、懇談会は早々に自己防衛のために警察OBを積極的に採用するようになった。つまり、敵を抱き込むことによってこれ以後の摘発を免れようという戦術である（足立倫行『アダルトな人びと』講談社文庫）。中村朗によれば、ビデ倫の前身である「『懇談会』は〔一九七二年〕十月一日警察庁出身の船山三郎を事務局長に迎え、また映倫青少年映画審議会委員の杉山静夫、落合矯一を顧問〔審査員〕として迎え、外部の学識経験者による審査が行われることになった」（『検証　日本ビデオソフト史』）。

一九七七年一月、成人ビデオ自主規制倫理懇談会は審査基準などを再チェックした上で大手三社以外にも門戸を開いた「日本ビデオ倫理協会」（ビデ倫）へと改組されることになった。一九七五年から七六年にかけて業務用よりぐっと安価（二二万円〜二五万円＝現在の三六万円〜四一万円ほど）になったベータマックスやVHS方式のビデオデッキが市販されはじめ、将来的にはさらに安価となって家庭用ビデオのシェアが急上昇する見込みが現われてきたためである。また、警視庁OBが審査に加わったおかげでビデ倫の認可シールは、警察のお墨付きを意味する「免罪符」と解釈されるようになり、摘発を恐れるビデオ問屋などにとっての安心材料になった（『ビデオ・ザ・ワールド』一九八六年六月号）。

一九八三年九月には、従来三〇分あたり二万五〇〇〇円（会員）、四万円（非会員）だったビデ倫審査料がそれぞれ一万円（会員）、二万円（非会員）に値下げされた。これが加入社を急増させることに繋がった。ビデ倫シールの代金は審査料とは別に一枚十円の料金がかかったが、「免罪符」と思えばタダ同然だった（『検証　日本ビデオソフト史』）。こうした状況が整わなくては、アダルトビデオの量産、世間への浸透は成り立たなかった。

『ビデオ・ザ・ワールド』（一九八六年六月号）に掲載されたビデ倫内部資料によれば、裁判の進行を見ながら、一九七七年のビデ倫審査の映倫審査外作品は五本、七八年は七本と少しずつ増えていき、一九七九年は日活ビデオ裁判の有罪確定の影響があったのか二本のみとなるが、ビデオ撮りのポルノ作品（狭い意味のアダルトビデオ）が誕生した一九八一年には映倫審査外作品が一一九本に激増した。八三年には映倫審査済作品の三二八本に対し審査外作品が六五八本となり、純粋なAVが映画のビデオ版を量的に逆転した。これはビデオ専門の製作会社がビデ倫に大挙加入するようになった影響である。当時のレンタルビデオ産業はメーカーにビデ倫加入を義務付けた。そのため、ビデ倫加入社数は一九八〇年の十四社に対して八一年は二九社、八二年は四九社、八三年は七七社と年々増えていった。こうして映画業界とは別の価値観を持つAV業界が誕生した。

逆転有罪に終わったビデオ裁判

一九七八年六月、ロマン・ポルノ裁判の第一審は約五年全六二回（月一回ペース）の公判を経て全員無罪となった。しかし、その直前に出された日活ビデオ裁判の第二審判決はそれとは対照的な結果になった。

一九七二年一月の日活ビデオ事件では、監督や出演俳優、日活関西支社社員、その他関係者への事情聴取がなされた。同年十一月一日には日活テレビ本部ビデオ事業部長鈴木平三郎が東京地検検事の取り調べを受けた。鈴木の態度は堂々としたものだった。

「〔上司に対し〕就任以来現在まで私からビデオ事業部の運営について詳しい報告は別に致しておりません」

「ビデオ関係のことについては制作から販売にいたるまで一切の業務が私にまかされていたのであると、私は判断しております」

「企画製作の関与、試写の立会い、契約書作成はすべて私一存で行っており、部下の社員はなんら関与しておりません」

「ビデオテープの映倫審査は受けられませんので、私が自主的に判断する役目を果たしております」（中村朗『検証　日本ビデオソフト史』）

鈴木は全ての責任を一身に背負う発言を繰り返した。鈴木を知る関係者によれば、彼は義侠心あふれる人物であり、こういう行動をとってもおかしくはなかったという（同上）。

一方、個人事業者である渡辺輝男には、会社をかばう鈴木の言動にはサラリーマン（社畜）ゆえの哀しき事情があるように感じたらしい。渡辺の理解では、ロマン・ポルノと違ってビデオの場合は「映倫」もなかったし「倫理基準」もない。日活には映倫基準を無視してやったという疚しさがあったので、ここに触れてほしくない（犯意が疑われてしまいかねない）。だからこそ、「鈴木個人が手柄を立てたいばかりにやった」とした方が都合よかったというのである。先にも見たように渡辺の見立ては当たっていた。鈴木は自分がトカゲの尻尾にされる危険性をわかった上で全ての「罪」を被っていた（同上）。

ただ、裏では弁護士との話し合いで、略式起訴でこの事件を収める方針が固まっていた。鈴木は大事になるとは思っていなかったから、「罪」を被ることも平気だったのだろう。しかし、事件は十一月になってにわかに動き出し、鈴木は十二月二十六日に「わいせつ図画販売」の容疑で起訴されてしまった（奥出「ビデ倫設立前夜」）。

検察の主張する罪状は、一九七一年十二月二十三日頃から翌年一月十五日頃にかけて四種類のカラービデオテープ八九巻を二三〇万九〇〇〇円で大阪の「日進電響株式会社」をはじめとする十九の代理店（リース会社）に販売したというもので、懲役一年が求刑された（「モーテル用ビデオテープが刑法一七五条にいう『猥褻ノ図画』にあたるとされた事例　日活ポルノビデオ事件上告審決定」『判例タイムズ』一九八〇年三月十五日号）。

一九七二年二月の段階で鈴木の取り調べが終わっていたにも関わらず、ビデオ裁判はロマン・ポルノ裁判開始を待って一九七三年秋にようやく始まり、東京地裁を皮切りに大阪、高松、松山、福岡の各地裁をめぐって公判を重ねた。事件対象のビデオ代理店が十九か所もあったため、その地方の裁判所を回りながら公判を行うこととなり、その度に鈴木が出廷しなくてはならなかった。そして一九七五年十一月二十六日、東京地裁刑事十七部（斉藤清実裁判長）において第一審の無罪判決が下された（『検証　日本ビデオソフト史』）。

七五年十一月二十七日、一審無罪判決を受けて鈴木は大手町の映連会議室で記者会見を行った。会見には、東宝事業部長の大橋雄吉、東映ビデオの山下勇が業界を代表して同席し、孤独な戦いに勝利した鈴木の凱旋を祝福の言葉とともに迎えた。鈴木の戦いにはビデオ業界の未来がかかっていた。

「長い間業界関係の人に心配や迷惑をかけお詫びとお礼を申し上げたい。当初から無罪を信じていた。日活の一社員としてビデオソフトを販売していたので、これが罪になることであるならば当然売ったりすることができるわけではなく、社としてもやめていたはずだ。それらのことが今度の公判で認められたわけで、当然のこととはいえ心から嬉しく思う。二週間のうちに控訴かどうか決まるが、どこまでが良く、どこまでがいけないかという一の判断材料もこれでできたと考えている」（中村朗『検証　日本ビデオソフト史』）

以上に挙げた鈴木のコメントの行間からはプレッシャーから解放された喜びと安堵の感情が伝わってくる。というのも、十二月末に起訴された（実名報道もされた）ために彼の家には年賀状とともに脅迫状が大量に送りつけられ、脅迫電話も正月から毎日のようにかかってきた。鈴木は妻子を実家に避難させざるを得ないところまで追い詰められていたのである（奥出「ビデ倫設立前夜」）。

第一審では、過去に発売されたが摘発対象にはなっていない『空中セックス』（ジャパン・ビコッテ）、『新妻』（日活）、『華麗なる情事』（日活）、『媚薬と女子大生』（日活）、『愛欲天国』（洋画）、『うまい話に御用心』（東映）のビデオ六本と『団地妻　昼下りの情事』（西村昭五郎、日活）、『女紋交悦』（小林悟、葵プロ）のポルノ映画二本や川上宗薫・宇能鴻一郎などの官能小説と押収された日活ビデオ四本とが比較された（参考試写はロマン・ポルノ裁判でも行われている。そちらでは山本晋也の『大色魔』、西村昭五郎の『団地妻　昼下りの情事』、小林悟の『女紋交悦』、松原次郎［仲木繁夫］の『愛のエクスタシー』が摘発作と比較された）。つまり、摘発されたポルノと摘発されなかったポルノの異同を浮かび上がらせようとした。違いが大きければ有罪を、違いが小さければ無罪を証明できるという寸法である。この検証の結果、以下のように無罪が言い渡された。

「弁護人提出のビデオテープや映画フィルムと比較検討してみると、たしかに露骨さは強いが、〔…〕本件起訴にかかるものは公訴提起に価するほど違法性が強いが弁護人提出のものはそれほどのものでないとかいった程度に両者を区別できるほどの質的相違又は量的相違があるとまでは認められない」(『判例タイムズ』一九八〇年三月十五日号)

しかし、東京地検はこれを不服とし控訴。一九七八年三月二日の第二審では、東京高裁の藤野英一裁判長が「猥褻性についての最高裁の判断、いわゆるチャタレー判決の定義を変更する合理的理由はまだない。それに従うなら本件ビデオテープは猥褻物であり、犯意もある」とし、さらに一審裁判官がビデオの内容の「わいせつ性」を直接論じるのではなく参考作品との比較で相対的に「わいせつではない」ことを証明した方法を根本的に否定した上で無罪判決を破棄し、鈴木に罰金二十万円の有罪判決を下した。

逆転有罪の根拠とされたのはある証言だった。第一審法廷の参考人尋問で検察官が『ワイルド・パーティー』(渡辺輝男)の出演女優だった磯部陽子(本名)から引き出した証言である。磯部によれば、渡辺組の現場で以下のような会話が交わされたという。

磯部「乱行場面のアクションがこんなにオーバーだとやりすぎじゃないの」

鈴木「日活ではこれから、もっとポルノシーンの多い映画を作っていくから大丈夫だ」

この証言(一九七四年十月二十一日、於・第十二回公法廷)が再検討され、「そうであるとすれば、その余の判断をするまでもなく、本件につき被告人に犯意があったことは明白といわねばならない」との理由で逆転有罪となってしまったのである。ただ、鈴木が速やかにビデオテープを回収したことや、本件が個人的動機によるものではなく会社の営業方針に従っただけだったこと、鈴木に前科・前歴がないことなどに情状酌量の余地があるとされ、懲役刑から罰金刑へと減刑された(同上)。

仮に磯部の証言が正しいとすると、鈴木が下請けの現場に顔を出し、顔見知りでも日活所属でもない女優に対し、「もっとポルノシーンの多い映画を作っていく」などといった発言を無責任にも吐いたということになる。このビデオが撮られた時期はロマン・ポルノが恐る恐るスタートしたばかりだったわけで、この時期に「もっと過激化していく」と解釈できるような不用意発言を部外者に話すはずがない。これはどう考えても不自然である。しかも、先の証言が出たのと同じ日の被告人反対尋問で、鈴木からこんな発言があった。

「この前の五分間の休憩時間に私がお手洗いへ行きまして、帰ってきたときにあなたがこの廊下のベンチに座っておって、『北見さん(あなたの芸名ですね)お忙しいところどうも』と言ったところ、私の顔をじっと見て、『どなたでしたっけ』といいましたね」

つまり、磯部（北見）が鈴木の顔すら覚えていなかったことが露見していた（『検証　日本ビデオソフト史』）。

となると、磯部の詳細すぎる証言はにわかに怪しく見えてくる。この証言は検察が「被告人の犯意」を証明するためにあらかじめ彼女に言い含めていた作文だったのではないか。日活外部の女優が国家権力に逆らってまで日活への義理立てをするわけがない。なお、磯部は映画界から追放されたと思われる。一九七四年十月、ピンク映画やロマン・ポルノに数本出ていた北美（北見）某という芸名の女優がスクリーンから忽然と消えた。

裁判では磯部証言が不当に重視される一方で、監督の榛谷泰明の「鈴木が現場に来るのは撮影期間中に一度ぐらいで、挨拶だけして忙しいからよろしく頼むといってすぐ帰ってしまった」という証言や、同じく監督の渡辺輝男による「［鈴木が］女優に演技をつけることなどありえません。私の職場ですから」といった磯部証言への真っ当な反論は完全に無視された（同上）。

この敗訴には、ロマン・ポルノ裁判と異なる三つの要素が影響したと考えられる。

第一は映画であるロマン・ポルノとは違ってポルノビデオには映画界・論壇にそれを文化として擁護する人間がほぼなかったこと。『黒い雪』裁判には三島由紀夫や大島渚らが特別弁護人として出廷し、ロマン・ポルノ裁判では新藤兼人や大島渚、今村昌平、山本晋也、渡辺護、佐藤忠男らが特別弁護人になった。

第二は摘発時には映倫のような自主審査機関がなかったこと。ビデオの合法性を第三者的視点で証明できなかったことは痛かった。映画裁判の無罪理由には映倫の存在が結び付けられていたからである。

第三は社員である鈴木が労組推薦の弁護士体制（泉川賢次・畑口紘・大熊良臣・川下宏海。川下以外の三人はロマン・ポルノ裁判で村上覚と黒澤満の弁護を担当した）で臨むしかなかったということ。彼らには「わいせつではないことの証明」という攻め手しかなかったため、「鈴木が『わいせつ表現』を自覚していたこと」を捏造する磯部証言に嵌められ、逆転有罪を許すという失態を演じた（もちろん、弁護側は磯部証言に信憑性のないことを主張したが、反論証言が被告および被告に連なる監督たちのものだったため反証に足ると認められなかった）。

当然、日活側は上告したが、七九年十一月十九日の最高裁第二小法廷（木下忠良裁判長）は上告を棄却し有罪が確定した（『判例タイムズ』一九八〇年三月十五日号）。とはいえ、この有罪判決はロマン・ポルノ裁判に波及することなく、前年八月に分社化された日活ビデオフィルムズの業績に悪影響を与えることもなかったようだ。

ただ、この有罪判決はビデ倫の審査基準を映倫なみに厳格化することに繋がった。ビデオ中で性行為のみの描写が連続する時間に制限（三分以内）がかかり、「物語性に欠ける」性行為のみのビデオには注意勧告がなされるようになったため、ポルノビデオにはドラマ部分の挿入が不可欠となった（藤木ＴＤＣ『アダルトビデオ革命史』）。この影響で、初期ＡＶの現場では日活や他社の監督・スタッフ・俳優などポルノ映画経験者が撮影や演出、出演にアルバイトとして関わる状況が生まれた。

ちなみに、働き盛りの四十代の大半を会社に捧げ、長い裁判を孤独に戦い続けた鈴木平三郎を日活は温かく迎えてはくれなかったようだ。中村朗の取材によれば、渡辺輝男は「長い裁判の過程で社内での理解者がどんどんいなくなった」鈴木の様子を心配していたという。

やがて鈴木は日活を辞め、ビデオの仕事で以前から付き合いのあった東洋レコーディングに移籍した。さらにワールド・ビデオ（のちに富士ビデオと改称）に移り、一九八五年には代々木忠のアテナ映像に専務取締役として迎えられた。代々木忠とはもちろん、裁判で摘発されたビデオ『火曜日の狂楽・赤坂の女』『ワイルド・パーティー』の監督をした渡辺輝男その人である。日活は敗訴した鈴木に冷たかったが、渡辺（代々木）だけは負けたとはいえ自分たちのために国家権力と戦ってくれた孤独なヒーローへの恩義を決して忘れはしなかった（『検証　日本ビデオソフト史』）。

闘いは終わった…しかし何が残ったか

一九七九年三月十二日、山口清一郎はロマン・ポルノ裁判の第一審無罪判決を受けて裁判を総括する講演を行った。そのタイトルは「日活ポルノ裁判を越えて」とつけられていた。このタイトルからは、彼が裁判の結果に満足できていなかったことがありありと伝わってくる。当時、有志として山口を支えた若者の一人だった鈴木義昭は、この講演の採録文を『日活ロマンポルノ異聞』に掲載している。一部抜粋してみよう。

「摘発から裁判の初期の頃というのは、一見製作現場の雰囲気も高揚していたかにみえたのですが、同時に、満ちたものが欠けはじめた時期であり、自主規制によって表現が後退しはじめた時期でもありました。その頃、会社に提出したシナリオが〔…〕三本あるのですが、裁判に対して作品でこたえるという部分が、この自主規制の雰囲気に引っかかってしまい、次々に流れてしまいました。それでも『恋の狩人・淫殺』は第一回公判日に裁判所のシーンから撮影を開始したものですから、当日の昼のニュースに出たりして、慎重派を一層刺激することになってしまい、作品でこたえる、つまり撮り続けるということではかえってマイナスになってしまったようです。〔…〕もしも私が自由に素材を選んで作ったとしたら、あの作品は生まれなかったでしょう。私はいささか『逆説の華』・ポルノに、純情な初恋をよせすぎたようです。〔…〕ワイセツとの関係はどうあれ、私は『恋の狩人』に大変愛着をもっています。それは、映画というものは人と人との出逢いの産物であり、あの作品は当時の貧困の日活では、最高の出逢いから生まれた作品だからです」

ここに引用した山口の文章には、日活や警察・検察に対する恨み言は少しも見られない。それよりも、彼にとってロマン・ポルノ裁判は内なる問題として昇華されていったようだ。己の戦術の失敗の総括が淡々と述べられている。ただ、最初は偶然の引き合わせでしかなかった『恋の狩人』にこだわりすぎた自らを「純情な初恋をよせすぎた」とナイーブに表現するところに、彼の心境がほのかに見える。国家に対する「闘争」のつもりだったが、終わってみれば、あれは映画という最高の出逢いへの「初恋」だった。それを誰にも汚されたくなかった。大切に守ろうとした。それが彼にとってのロマン・ポルノ裁判の全てだったのではないか。「ロゴスを持てパトスを捨てよ」をポリシーとした山口は結局「パトス（情念）」に心奪われていたのである。

山口清一郎は一体ここから何を得たのだろうか？『恋の狩人』という最高の出逢いの記憶だけをもって日活を退社した山口は、田中真理主演のATG作品を一本監督した後、PR映画（東映教育映画で脚本を二本担当している）や映画学校講師で糊口を凌ぎつつ、映画の企画を次々立てては実現化に奔走した。晩年の彼はもはや『恋の狩人』にこだわってはいなかった。岡田裕をはじめとする仲間も彼を支援し、八〇年代には実現寸前までいった企画もあった。しかし、ついに彼は一本も劇映画を撮れずに亡くなった。

勝利の美酒に酔う日活経営陣・日活労組

勝訴の一方で創作の場をはじめ多くを失った山口とは違い、日活株式会社は裁判を大々的に報道してくれるマスコミのおかげで、ロマン・ポルノの存在を日本中に知らしめることに成功した。月に一六〇万人の観客が劇場に殺到するようになった（村井『前ばり文化は健在なり』）。

一九七三年六月四日、初公判を終えて、東京地検次席検事の伊藤栄樹は「表現の自由につき不必要な制約を加えるつもりはないが、本件の映画はワイセツ度が高く、善良な性風俗を害する危険性が多いと認められる」と検察側の見解を示した（同上）。伊藤は「善良」という言葉を慎重に選び、摘発が悪政に見えないように配慮していた。前述したように彼も刑法に記された「わいせつ」概念の曖昧さに内心困惑していたのである。

これに対する村上覚日活副社長も同日会見を開き、日活を代表して所信表明を出している。村上は伊藤が言及した「表現の自由」を意識したのか、次のように述べた（同上）。

「映画はわいせつには当たらない。誰が判断するかといえば、それは一般大衆であり、裁判で争うものではない。映倫を起訴したことも憲法違反〔表現の自由の侵害〕だ」

その言葉からは勝利への自信と高揚感（正義は我にあり）をうかがうことができる。

マスコミは、摘発当初から日活ロマン・ポルノの表現の自由（わいせつ表現）を取り締まる国家の横暴ぶり（伊藤次席検事の「表現の自由につき不必要な制約を加えるつもりはない」というコメントは建前と捉えられたようだ）を批判的に報道していた。例えば、村井実『前ばり文化は健在なり』が抜粋している『毎日新聞』の記事を見てみよう。

「日活のロマン・ポルノ路線は、さきの摘発のあと、明らかに〝後退〟した。不必要と思えるボカシ、カットがなされ、映画の体すらなしていないものがある。権力の介入が人間の表現行為を、意識的であれ、無意識的であれ、変えてしまうのがおそろしい。警察権力は、本来、表現問題にタッチすべきでない。刑法一七五条だけを錦の御旗にしているが、そのワイセツ性になると、定義すら定かでないのが実情だ。一つの映像表現だけがワイセツと判断できる根拠が、どこにあるのだろう」（『毎日新聞』一九七二年五月九日夕刊）

こうした報道を通して、「一般大衆」はロマン・ポルノを好意的に認知するようになっていった。こうしてロマン・ポルノ路線は軌道に乗ったのである。

ちなみに、警視庁による摘発はロマン・ポルノにもピンク映画にも追い風を与えたようだ。映倫が一九七二年の一月から五月の間に審査した邦画は一四五本、そのうち一一三本が成人指定映画という盛況ぶりだった（村井『前ばり文化は健在なり』）。

この追い風をうけて、日活は一九七三年二月七日に第二回新人女優審査会を行った。第一回目の惨状とは違って一二〇名の応募者が集まり、五〇人の取材カメラマンが取り囲んだ。一位の吉井亜樹子は、二年半と活動期間は短かったものの『おさな妻の告白陶酔』（西村昭五郎、一九七三）などで主演を務めるまでになった。

一九七五年八月には旧日活国際会館地下の日活ローレル日比谷店で「日活ロマン・ポルノ製作四周年記念謝恩パーティ」が映画関係者を招き開催された。日活の浮かれぶりを象徴するように、宮下順子、二條朱実、梢ひとみ、山科ゆり、ひろみ麻耶、田口久美などの主演級スターが二〇名も登場し、観客たちを派手に歓待した。マスコミ関係は二〇〇人も集まり、会場は満杯状態になった。レズビアン・ショーまで行われたが、日活女優たちは一切脱がなかった（同上）。

しかし、日活は一九七五年には借金がついに資本金を越える六六億円（今の約一二三億）に達する一方で、肝心の配収が二五億八二〇〇万円で低調のまま、苦境から脱出できないでいた（田中純一郎『日本映画発達史Ⅴ』）。翌年になっても上場廃止の瀬戸際状態は変わらないどころかむしろ悪化していたが、新規採用を控えている松竹・東映を尻目に、ロマン・ポルノ関連報道の勢いに乗じて日活は七六年新卒生を三一人も正社員採用した。

結局、この裁判で大きな利益を得たのは、経費ゼロでロマン・ポルノの効果的な宣伝に成功し、性表現の規制緩和を勝ち得た日活株式会社という法人と一九七九年に日活社長に就任した根本悌二くらいだろう。根本率いる日活労組は、ロマン・ポルノの好評とは裏腹に遅配が続く社員給与の抵当として堀雅彦社長宅を差し押さえる強硬手段を断行し、最終的には社長宅を売却し社員給与を確保した（松本平『日活昭和青春記』）。

一九七四年十一月十四日には前社長・堀久作が急逝。これで後ろ盾を失った堀雅彦は七五年三月の株主総会で社長辞職を自ら願い出た。堀雅彦の辞任で自動的に副社長である村上覚が十二代目社長に就任することになった。

ただ、一介のサラリーマンでしかなかった村上に経営者に十分な資本的バックボーンなどあるはずがない。そこで、堀久作が亡くなる前に労組が提供を受けていた堀親子所有の約五〇〇万株の日活株を盾に（所有権がどこに帰属したかは不明。いったん会社に帰属させ、一部を村上に貸し付けたのだろう）、堀雅彦が二度と日活の経営に関われないようにした（『日活昭和青春記』）。こうした経緯があったため、村上はせっかく社長になったにも関わらず、労組の意向をうかがいながら経営しなくてはならない立場になってしまった。

こうして、根本は一九四五年から親子二代三〇年続いた堀王朝を崩壊させた。七六年四月には労組委員長から専務取締役となり経営側に転じた。専務の椅子は江守清樹郎の退社以来空席になっていたポストである。もちろん、根本は手ぶらで経営側に乗り込んだわけではない。彼は労組委員長とはいえ役職の上では単なる助監督に過ぎず、名目が専務になろうが無条件で会社経営に大きな影響力を持つ重役になれるわけではないことをよく知っていた。そこで、彼は前もって四五万株の日活株を労組名義に書き換え、さらに七〇万株を加えて労組を最大株主に押し上げた。また、労組は日活の物件を担保にした十六億の債権（組合員の不払い給料分）を持っていた。つまり、労組の代表である根本は日活の最大株主にして大口債権者という権力基盤を固めた上で専務になったのである（斎藤正治『権力はワイセツを嫉妬する』）。

そして、七六年九月には重役会議で社内に強い影響力を持つ田中鐵男営業本部長を解任に追い込み（第三章で詳述）、日活の経営権を掌握した。七七年四月に副社長となり、七八年には自社株の増減資を用いた金融「ウルトラC」（第三章で詳述）で日活の巨額負債を一掃した。あとはのんびりと村上社長の任期満了を待ち、一九七九年四月の株主総会でついに社長に就任した。

村上は代表権のない会長として社内に残ったが、それは大手映画会社の経営者で組織される映連（日本映画製作者連盟）に当初根本の参加が許されなかったためである。映連会長だった城戸四郎（松竹）の「アカ（共産党）嫌い」は有名だが、城戸の死（一九七七年）の後も、次の映連会長の岡田茂（東映）の要望で映連理事だけは村上がしばらく続けることになった（『現代の眼』一九七九年十一月号）。根岸寛一の娘婿という立場は村上の同業他社からの受けの良さに繋がっていた（芝居興行を主に営む根岸一族は大正時代から松竹と関係が深く、根岸寛一は東映創設の影の立役者だった）。

映画業界全体からすれば、根本悌二は所詮「井の中の蛙」に過ぎなかったが、一九七七年以降、日活社内に根本の覇権を脅かす者はいなくなった。しかし、勝利の美酒に酔っていた根本の天下は一瞬だけで終わり、十年も経たないうちにボロボロと崩壊していくのである。歴史は繰り返す。皮肉なことに、根本悌二はかつての仇敵・堀久作の踏んだ轍をいちいち踏みながら破滅への道を突き進んでいくことになる。

第二章　ロマン・ポルノの青春：一九七二〜一九七八

摘発はカツドウ屋たちに火を点けた

「やっとポルノ映画から新しい性の表現が生まれかけてきた。仲間が弾圧されているのを傍観できない。オレもあげられたい」（藤田敏八）

一九七二年一月のロマン・ポルノ摘発は、日活を意気消沈させるどころか、日活アクションやニューアクションで反逆児を描いてきた日活のカツドウ屋たちの反抗心に火を点けた。ロマン・ポルノを撮るかどうか迷っていた藤田敏八までもが吠えた（村井實『前ばり文化は健在なり　ロマン・ポルノ10年史』近代映画社）。

摘発を受けた監督・藤井克彦の先輩の小澤啓一は「藤井克彦よ、しぶとくあれ」（『映画芸術』一九七三年六月号）を寄稿し、藤井克彦の『㊙大奥外伝　尼寺淫の門』（一九七三年二月）を見て、「わたしは姦通しました」という将軍の側室役・小川節子のラストの叫びに「たとえ権力をもってしても一人の女の体に流れる血は抹殺出来ないのだという怒りの告発をみる」と藤井に共闘の意を示し、七三年中には自らロマン・ポルノのメガホンを取った。そして、「『裁判』という厄介な荷物を背負っての映画作りは多難な道であるが敢て逆説的に言わせて貰えばポルノを作り続けることによってしか裁判に打ち勝つ方法はないのだ」と熱いエールを送った。藤井もこのエールに見事に応えた。

おとなしく上品な村上覚映画本部長も官憲に獅子吼した（『前ばり文化は健在なり』）。

「あきらかに映画界に対する挑戦だ！」

摘発は、七二年一月時点にはまだロマン・ポルノを撮っていなかったベテラン監督たちを発奮させた。斎藤正治は七三年の裁判開始直後に日活宣伝部の協力でベテラン監督たちの意見を聞き取り取材している（『日活ポルノ裁判』風媒社）。何人かの意見をピックアップしてみよう。

藤田敏八「傍聴に行った。面倒なことをふっかけられたものだとウンザリした」

武田一成「彼らはたまたま貧乏くじをひかされたが、そういうことがいつわが身にふりかかってくるか。仕事が終ったらまた傍聴に行く」

澤田幸弘「きわどく身をさらし、覚悟をしながら撮っていくより仕方ないし、その覚悟はいつでもしている。仲間、友人がひっぱられて腹立たしい」

遠藤三郎「あしたはぼくが被告席に座ることになるかも知れないと思いながら、三人の席をみつめているのだが、胸が痛む。無罪を確信している。しかし時間の無駄なことをやっているものです」

白鳥信一「ぼくの写真『雨の夜の情事』（一九七三年五月）が上映打切り、再審査。現実に僕も被害者です。裁判も再審査もまことに心外というほかない」

いずれも、日活が摘発から裁判の渦中にある状況において、自らが何をなし得るかを真剣に考えている様子が伝わる発言である。摘発というショックを受けて、彼らは重い腰を上げ、自らロマン・ポルノへと一歩踏み出す勇気を得た。

ベテランたちのロマン・ポルノデビューラッシュ

一九七二年三月三日の『女高生《スケバン》SEX暴力』（白井伸明）を皮切りにベテラン監督・助監督のロマン・ポルノデビューが続いた。七月八日には遠藤三郎がピンク映画のスター・宮下順子を主演に迎えた『団地妻　忘れ得ぬ夜』で映画監督デビューを果たした。遠藤は藤田敏八・黒澤満と同じ一九五五年入社（第三期助監督）だったが、一九六六年以降日活制作のテレビ映画の演出に転じていた。

遠藤の場合は一年後輩の武田靖（第四期）から懇願されて撮ることになったという（『日活1971 - 1988』）。しかも、彼のデビュー作はピンク映画でスターだった宮下順子の日活デビュー作でもあり、ヒットは約束されたも同然だった。

遠藤の監督人生のスタートは、他の監督に比べて相当に恵まれたものだった。ただ、彼にはロマン・ポルノが合わなかったのか、七六年の『絶頂の女』を最後に現場から離れた。

七二年六月十七日には、八巻晶彦（第九期）が同期の伊藤亮爾のプロデュースのもと『盛り場　流れ花』で九年目にして監督デビューを果たした。ただ、監督業は三本目の『女高生(性)白書　肉体収容所』（一九七六）で辞め、七七年からプロデューサーに転じた。

続いて、一九七一年の『八月の濡れた砂』の再評価以降「日活の看板監督」として期待されていた藤田敏八も、七二年八月十六日に『八月はエロスの匂い』を発表。藤田は先に挙げたように「オレもあげられたい＝摘発されたい」と勇ましく宣言して、遅まきながらロマン・ポルノに参戦した。

ただ、助監督についた長谷川和彦によれば、藤田はこの宣言ほど前のめりでロマン・ポルノに挑んだわけではなかった。

藤田は西村昭五郎の『団地妻』を試写で見て「こりゃ、わしには撮れんわ」と思った口だったし、正直ビビっていたという。そして、どこかに「俺だけはただのエロ映画は作らねえんだ」という気取りと「エロだけ」になることの恐れがあった。そのあたりが「エロ上等」で果敢に挑んでいた神代辰巳とは違った。すでに長谷川は八本もロマン・ポルノの助監督をし、脚本も二～三本書いていたので、

「今ごろ出て来て、何言ってやがる。エロスじゃねえ、エロでいいんだよ」
「逃亡兵が何を言うとるか」
「ロマン・ポルノはこっちの方が先輩なんだ」

と口では毒づいていた。ただ、心の根っこの部分では喜んでいたそうだ（長谷川和彦「死に顔を見ていないから、パキさんも孟さんもオヒゲもまだ、生きてるんだ」『映画芸術』一九九八年春号）。長谷川は藤田の才能に惚れており、『八月はエロスの匂い』から『赤ちょうちん』（一九七四）まで立て続けに助監督を務めた。長

谷川曰く、藤田は現場では指示をはっきり言わないので、長谷川が「拡声器役」をしなければならなかったが、編集と仕上げには自信を持っており、完成した作品はどこを切っても全篇「パキ印（＝藤田印）」がついたものになるのだという（同上）。

『八月はエロスの匂い』の主演は川村真樹。宝塚の娘役出身で濡れ場どころか、男女のラブシーンすら経験がなかった。川村の回想によれば、藤田は「監督は絶対的なもので、逆らってはいけない」という彼女の思い込みを破ってくれた人だった。藤田は、主人公はストレートのロングヘアーがよいと考えていたが川村の主演は映画本部の決定事項で動かせない。そこで一応カツラを用意したが、川村からは不満の声が上がった。

「似合わないし、不自然だし、演りにくくて仕方ない」

藤田はその声を聞いていないようなそぶりを見せた。

川村はがっかりしたが次の日のことである。

「髪の毛、切ったの？」というセリフを藤田はさりげなく差し込み、地毛のままで演じられるようにしてくれた。「映画というものはみんなで創り上げてゆくものなのだから、意見ははっきり言った方が良い」と教えてくれたのである（川村真樹「最初で最後のラブレター」『映画芸術』一九九八年春号）。藤田はシャイで口下手だったが、そのさりげなさに川村は心優しいダンディズムを感じ取っていたようだ。

満を持して登場した藤田敏八の作品は、これまでロマン・ポルノを無視し続けていた『朝日新聞』（一九七二年八月二十一日夕刊）の芸能欄トップ記事で「やや観念的ではあるが、現代日本社会への洞察と予見に充ちた秀作」と激賞された。これを機に、一躍ロマン・ポルノはマスメディアで「性風俗」ではなく「映画作品」として評価されていくようになった。

藤田は十月七日には早くも二作目『エロスの誘惑』を公開、藤田とともにニューアクションを担った澤田幸弘（第四期）は十一月二十九日『セックス・ハンター　濡れた標的』を発表、武田一成（第一期）も十二月十六日『㊙弁天御開帳』でロマン・ポルノに乗り出した。長谷部安春（第五期）は十二月二十七日に『戦国ロック　疾風《はやて》の女たち』を発表。ロマン・ポルノデビューでいきなり正月興行作品を担当する勢いを見せた。

ちなみに澤田幸弘の手元には細かい数字の記された予算表が『濡れた標的』の台本に挟まれたまま残されていた。澤田曰く、「ベテランが七五〇万の枠でちゃんと撮っていることを下の世代に模範として示す意味もあった」そうで、製作スタッフや助監督も居並んだ現場で予算表が共有された。もっとも、実際の予算表では直接費が「七五九万九五三五円」となっていたが、十万弱のオーバーはまあ御愛嬌というところだろう。

一九七三年に入ると、『無頼』シリーズをヒットさせた小澤啓一（第四期）が舛田組の先輩である河辺和夫（第ゼロ期と呼ばれる一九五四年移籍入社組。五三年に新東宝入社。同期は松竹京都出身の蔵原惟繕・松尾昭典ら）の脚本を得て三月十四日『さいはての情事』を発表した。小澤はロマン・ポルノの初期には変名で小沼勝と加藤彰に三本の脚本を提供していたが、この年だけで『夜の禁猟区』（七月公開）、『バンカク　関東ＳＥＸ軍団』（十二月公開）と全三本のロマン・ポルノを監督した。

わたしが見た限りでは、小澤作品はいずれも反逆精神に満ちたニューアクション監督としての資質を発揮しつつ、男女が運命に引き裂かれる悲恋を描いたロマン・ポルノとしてきちんと成立していたと思える。しかし、本人は自分の資質に合わないと思い、「大都会」「西部警察」などの石原プロ制作のテレビ映画へと主戦場を移してしまう。

脚本の河辺和夫は『非行少年』（一九六四）で満を持してデビューして以来、その優れた才能に周囲の期待が集まったものの、その後全く劇映画を撮ることができないでいた。六八年には、藤田敏八や斎藤光正、浦山桐郎と組んでドキュメンタリー映画『にっぽん零年』を監督したが斎藤・浦山が脱落したため、暫定的に河辺・藤田の共作で完成させ『日本の若者たち』と題して公開した。しかし三日で打ち切られた（小原宏裕「10年後に、もう一度直してみたいね」『映画芸術』一九九八年春号）。

飯島哲夫によれば、河辺は卯月楊之介のペンネームで一九七二年に『さすらいの情事』（西村昭五郎）と『真夏の夜の情事』（藤井克彦）の脚本を書いたようだが（『映画芸術』一九七二年十月号）、ロマン・ポルノの監督をするには至らなかった。そんな河辺を心配して、舛田組の後輩で河辺に恩のある伊地智啓（第六期）がどうにか一本撮らせようと何年も粘り、一九七五年に佐治乾が書き下ろした脚本『OL日記　猥褻な関係』を得てクランクイン寸前までこぎつけた。しかし、河辺は「急病」という理由でクランクイン十日前に急きょ降板した後、日活を離れてしまった。その後はドキュメンタリーを主戦場とするようになった。助監督を務める予定だった黒沢直輔によれば、佐治の脚本はわいせつ度が高く、セリフも冴えた傑作だったという（『映画芸術』二〇〇一年夏号）。なお、この脚本は白井伸明が代打監督に立ち、無事作品化された。

同年四月十四日公開『団地妻　女の匂い』では白鳥信一が映画監督デビューした。妻の白鳥あかねが脚本を担当した。彼は浦山桐郎や武田一成、西村昭五郎と同じ一九五四年入社の一期生だったが、一九六六年以降は日活制作のテレビ映画のエース監督として活躍しており、ここまで本篇には縁がなかった。六月二十三日には、澤田幸弘が早くも第二作にして暴行・強盗を働く悪徳警官を描くピカレスク映画『濡れた荒野を走れ』（長谷川和彦脚本）を発表。少しでも裁判に不利な要素を作りたくない労働組合（労組）の反対を押し切って作られたこの作品は、真正面から公権力を挑発した堂々とした反体制ぶりに爽やかささえ感じさせる傑作だった。十月二十四日には、今村昌平の下で助監督をしていた磯見忠彦（第四期）が『東シナ海』（今村プロ、一九六八）以来五年ぶりの監督作として『人妻　残り火』を発表した。さらに遅れて一九七四年三月十三日には、桑山朝夫（第八期）がキャリア十二年目で『OL日記　ちぎれた愛欲』で監督デビューした。ただ、彼の監督作はこれ一本のみで、翌年に白鳥信一『トルコ風呂㊙外伝　尼僧極楽』のチーフ助監督をしたのち日活を去った。

一九七四年九月十一日には、ベテランのしんがりとして藤浦敦（第一期）がデビュー以来三年ぶりの本篇『江戸艶笑夜話　蛸と赤貝』を撮りロマン・ポルノに参戦した（その前に近藤幸彦の『㊙大奥外伝　淫薬《ほれぐすり》おんな狂乱』にオリジナル脚本を提供している。男装の山科ゆりが猛毒の媚薬を使って将軍家定を狂わせるという奇想天外な作品だった。藤浦は筆が立ったのでロマン・ポルノの脚本くらいは朝飯前だったのだろう）。藤浦は一九七六年から一九八七年まで、年に一本か二本の寡作ながら娯楽に徹した海女モノや温泉モノを撮り続けた。過激な性表現が売りだったダブルＸＸの『い・ん・び』（一九八七）にも三河周の名義で果敢に挑戦した。一九八八年のロッポニカでは『徳川の大奥　女帝』（関本郁夫）のプロデュースをし、一九九二年の日活八〇周年記念大作『落陽』（伴野朗）では共同脚本と総合プロデューサーを務めている。

ベテランたちが監督として乗り込んできた時点でロマン・ポルノがスタートして四か月以上の時が経過していた。大量生産のため早々と周りのスタッフがポルノを撮ることに慣れていくなか、監督だけが慣れていないという歪な現場で、各監督を支えるスタッフには苦労が付きまとったようだ。

撮影部の変化：小型カメラで機動性が高まる

一九七一年十月から本格始動したロマン・ポルノの現場では、それまでと違い、あらゆる面で人員削減、予算削減、フィルム削減、機材削減、撮影の合理化が徹底された。その具体的な内容は前章に見た通りである。前章では暗い話題が続きすぎた。ここでは当事者の証言からなるべく明るく、興味深く、面白いエピソードを中心に拾っていくことにしよう。

まずは、撮影部に起こった変化である。吉永小百合・浜田光夫のコンビで日本中の涙を誘った難病モノの大ヒット作『愛と死を見つめて』（一九六四）のカメラマンで、『色暦　大奥秘話』（一九七一）のカメラも担当した萩原憲治に話を聞いてみた。

「ロマン・ポルノになって、撮影面で変わったことはまずキャメラですね。今までは大型のミッチェルを使って同録でやっていましたけど、予算の都合があって小型キャメラ一台でオールアフレコになりました」（萩原憲治「私にとっての日活一九七〇年代の仕事」『日活 1971 - 1988』）

小型カメラで使用されたのは主にアリフレックスやカメフレックスだった。それらは同録（シンクロ）撮影にも対応したカメラだったが、フィルムの走行音を抑える機能が弱く、マイクがどうしてもフィルム音を拾ってしまう。そのため、アフレコにしないといけなくなった（アフレコだとロケに録音部が参加しなくてもよくなるという理由もあった）。また、小型カメラの使用は撮影助手が二人体制になったことも関係している。ミッチェルのような大型カメラにはどうしても助手が四人必要なのである。萩原の話は続く。

「キャメラが小さくなったので、こちらは手持ちを多用して動き回って、とにかく簡単に撮る方法を考えましたね。あと、前張りなどがバレないように動いてうまく隠すということも手持ちを多用した理由です」（同上）

ロマン・ポルノにつきものの濡れ場では映してはいけないものがどうしても生じる。それを隠すために俳優の局部に「前張り」をするわけだが、前張りが丸見えでは興ざめだ。だから、ピンク映画では手前に花瓶や置物のたぐいを置き、カメラでそれをナメて撮る手法が採られた。現在のようにボカシや黒身をかける技術も当時なかったわけではないが、それは現像所でオプチカル（光学）処理をしなければならず、低予算のロマン・ポルノにはそんなお金はない。そこで、各カメラマンはナメるといった安易な手法だけでなく、さまざまな手法を現場で考え取り入れていた。

複数のカメラマンの証言をまとめると、「ガラス板をカメラ手前において、映してはいけない部分にワセリンを塗る。そうするとボケて見えなくなる」、「手持ち撮影を駆使してうまく映らないようにかわす」といった手法が用いられていた。男優の代わりにカメラマンが女優の下に横たわり、接写するという手もあった。これは大型のミッチェルではなかなかできない。小型カメラの機動性を生かした技法だった。

他にも、相手役を巧みに動かして映したらいけない局部を膝やひじ、背中などで隠してもらう手法がある。ロマン・ポルノの撮影は同時録音ではなかったため、カメラマンが撮りながら声で指示することができた。照明技師にお願いして、局部だけ影を落として暗くするという手もあった（これはロマン・ポルノ前の『肉体の門』〔鈴木清順、一九六四〕ですでに行われていた手法）。

シーンがいくらブツ切れになろうと関係なしに、前張りが映った箇所だけを編集で切り取ってしまうというやり方もあった（曽根中生はこの手を好んだようだ）。神代辰巳の『恋人たちは濡れた』（一九七三）の場合は、撮影の姫田真左久が映ってしまった中川梨絵の局部をオリジナルのネガフィルムの段階で一コマずつチェックし、何日もかけて自ら手作業で削った（したがって、修正なしのマスターネガが存在しない）ということもあったがそこまでの例は他にはない。

どんな苦境の中でもカメラマンたちには技術者としての矜持があった。

「いかにお金をかけずに撮るかということが追求されていましたね。最初の作品では、『とにかく美しく撮ろう』という狙いがありました」（同上）

萩原は以上のように誇らしげに語ってくれた。確かに、どのロマン・ポルノ作品にもフォトジェニックな美しい風景なりプロフィール（横顔ショット）なりのカットが最低一カットは含まれている。照明の熊谷秀夫が自著で語ったように、日活のスタッフたちには、美しい風景を見ればとたんに興奮し、どう綺麗に撮ろうかと懸命になってしまうサガがあった。藤井克彦の『東京エマニエル夫人　個人教授』（一九七五）の際には、ロケ先でたまたま美しい夕焼けを見た熊谷がカメラマンの前田米造を捕まえて「この夕焼け、撮ろう撮ろう！」と撮る予定がなかった夕景を嬉々として撮影したという（熊谷秀夫・長谷川隆『照明技師　熊谷秀夫　降る影　待つ光』キネマ旬報社）。

萩原に一年遅れて入社し同じ師匠（峰重義）の下についていた森勝も、ロマン・ポルノであっても映画を撮ること、どんな作品でも画面に独自の工夫をすることに強い誇りを持っていたカメラマンだった。わたしが会った時にはすでに介助が必要な状況だったが娘の麻紀さんのご協力で取材に応じてくれた。

「僕はポルノには抵抗はなかった。それよりフィルムで撮れることの方がよかったんです。日活はカメラマンを会社に残らせるために、撮影監督にしてやるからという交換条件を出していました」（森勝「ロマン・ポルノは、僕らの実験室だった」『日活1971 - 1988』）

交換条件という言葉が生々しい。それだけ経営側も必死だったことがわかる。ロマン・ポルノ転換で日活は多くのベテラン技師を失ったが、新たな技師が多く生まれ、結果的に若返ったのである。

森は、曽根中生のデビュー作『色暦　女浮世絵師』（一九七一）について話してくれた。彼が初めて撮影技師としてクレジットされた作品である。もっとも、その前に児童映画『大地の冬のなかまたち』（樋口弘美、一九七二）を撮っていたが、撮影順と公開順が逆になった。

「小川節子さん演じる浮世絵師の妻が、前野霜一郎さん演じる若旦那に強姦され、復讐するという話ですね。これは時代劇ですが、セットはテレビ映画「大江戸捜査網」のオープンセットの使い回しです。奥行きがあっていいセットでしたが、少し綺麗すぎました。それにしても、僕の画がまだまだ青いですね。小川さんが河原で強姦された後のススキなめショットなんて、ゴヤの絵画のようで綺麗すぎかつ当たり前になってしまっています。それに、サイズが中途半端で客観的すぎですね。もっとひいてススキをたたせた方がよかった。絵画的なカットは曽根さんによる意図だったんですが、ちょっとわざとらしいですね」（同上）

また、小川節子が憎き敵の若旦那の男根を切り落とすシーンでは、その「モノ」を撮れないので赤い椿で代用した。これは曽根のアイディアによるものだったが、森曰く「清順さんの影響なのかもしれないですね」（同上）とのことだった。

曽根は相当な曲者だったらしく、この後も多くのエピソードが出てくるが、森は「曽根は悪い奴だよ、貸した金を返してほしいね」と口では言いながら、愛着があるのか笑みを浮かべていた。「もし曽根が撮る機会があれば、やってあげたいね」と森は話していたが、今や森も曽根も亡くなってしまった。

もう少し若い世代はどうだったろうか。萩原憲治や山崎善弘の下で助手を務めていた鈴木耕一、米田実に話を聞いた。興味深いのは彼らがミッチェルを使わなくなったことを肯定的に捉えていたことだった。まずは鈴木の話である。

「ミッチェルを使うのは、萩原憲治さん、山崎善弘さんについた助手時代とタイトル撮りの時だけ。僕らはアリフレックスBLをよく使っていた。小型はパララックス（視差）がないから、見た目で撮れるんだ」（鈴木耕一・米田実「日活撮影所の仲間はみんな家族みたいなものなんです」『日活1971 - 1988』）

実際にカメラを扱っている人間ならではの視点である。ちなみに、視差とはファインダーから見た画と実際の画のズレを指す。ミッチェルは、レンズとフィルムの間に鏡を配置して実際に写る画をファインダーで確認しながら撮影することを可能にした一眼レフとは異なり、カメラ脇についたファインダーを覗きながら撮影しなくてはならなかった。ファインダーからの画はレンズが実際に捉えた画とはズレるので、ミッチェルを使いこなすカメラマンはファインダーを覗きながら視差を計算して、経験と勘で正確に狙い通りの画を捉えていた。

米田も「小型を使ったのは予算問題。全部アフレコでやるためだけど、かえって撮影側の僕らにとってはよかったんだ」(同上)。扱いやすい小型カメラの使用は、さまざまな実験に対応するにも向いていて、姫田や萩原よりも若く好奇心旺盛な二人は大胆な実験を思いのままにやらせてもらったと述懐する。

鈴木にとって思い出深かったのは、森田芳光監督の『ピンクカット　太く愛して深く愛して』(一九八三)の現場だったという。自主映画育ちの森田は従来のロマン・ポルノの撮り方を好まず、「明るくファンタジックに」と注文し、さらに「カメラは全部動かしてくれ」と言ってきた。試写の際に経営陣から「なんで、全部カメラが動いているんだ」と文句が出た」というが、うまく編集処理されて無事上映されている。鈴木は森田がジャニーズ事務所製作で撮った『シブがき隊　ボーイズ&ガールズ』(東映配給、一九八二)も担当しており、その際には逆に「全部フィックス(固定撮影)にしてくれ」、「画面に人物を詰め込んでほしい」といった風変わりな注文をされたとにこやかに語ってくれた。鈴木にとってとても楽しい実験だったのだろう。逆に鈴木が監督やスタッフに提案することもあったという。

「小沼勝の『ブルーレイン大阪』(一九八三)の時、僕はタイトルから青い雨だなと解釈して、照明の木村誠作さんにお願いして、人物は青をあてず雨だけに青を当ててくれと提案した。でも、これが大失敗。青くならなかったね。でも、雨がよく映っていたので客は失敗と思わなかったようだけど」(同上)

米田は、根岸吉太郎の『狂った果実』(一九八一)の撮影が特に印象に残ったという。「これが自分では一番だった」という自信作で、特に冒頭とラストに使われた主人公(本間優二)が坂を走ってくる場面の撮影の思い出を熱弁してくれた。

「朝四時の撮影。スムーズにいったよ。ただ、もっと拡大率の高い望遠レンズを使いたかったんだけど、日活にはなかったので六〇〇ミリの望遠レンズで撮った。テルモアをかければ拡大率を倍にしてくれるんで、もっと望遠効果を出せるんだけど、それだとピントがでないし、早朝だからしぼれない。それでも、参宮橋の裏側の坂でね、いいロケーションだった。あれはうまくいった。これが終わって、新宿のしょんべん横丁に朝飯に行った。助監督は池田敏春だったね」(同上)

ところで、この撮影の裏ではなかなかの事件が起こっていた。しかし、遠くからカメラを構えていた米田は気付かなかったようだ。その詳細は次章で触れることにしよう。

米田は撮影の技術革新にも深く携わっていたという。一九八二年に製作された『あんねの子守唄』（北畑泰啓・西村昭五郎共同監督）では、米田はビデオをフィルム変換するキネコ技術を駆使した。そのために、日活はアメリカで一年間の研修を受ける機会を与えてくれたという。ビデオは一秒三〇コマ、三五ミリフィルムは一秒二四コマで構成されているので、どうしてもビデオの走査線が出てしまう。それを解消するのに苦労したという。しかも、アメリカのラボでしかこの新技術は使えなかった。そして、日本税関はポルノ映像の輸出入を絶対に許さない。

そのため、北畑泰啓（テレビ朝日出身）が米田とともにアメリカにわたってビデオを使い芝居の部分の監督をし、キネコ変換して持ち帰り、日本では西村昭五郎が山崎善弘カメラマンとフィルムカメラでポルノ部分を撮って、両者をつないで完成にこぎつけた。米田は「後々、日活芸術学院の学生に見せたんだけど、キネコの部分とフィルムの部分の境がどこなのか、気付かれなかった」と誇らしげに語ってくれた。

米田には新技術との縁がよほどあったのか、多摩テックで公開されたバブルガムブラザーズのプロモーション映画（一九八五）を児玉高志監督が3D技術で撮る際にその技術を習得し、日光江戸村の3D映像も担当したという（同上）。その技術をポルノに応用することも考えられていたようだが、藤浦敦監督が請け負った伊勢の元祖国際秘宝館の『3Dポルノ　ひめごとくらべ』（一九八六）で3D撮影をしたくらいだったようだ。

照明部の変化：制約がさまざまな発明を生んだ

ロマン・ポルノ体制への移行で照明部は大きく様変わりした。一つは日活の製作再開以来、照明部の絶対的なボスだった藤林甲をはじめとする主流派がテレビへと仕事の軸足を移したことである。石原裕次郎らスター御用達の技師だった藤林はポルノを拒絶し、スターのいなくなった日活を後にした。藤林の後に続く照明技師たちも少なくなかった。

日活に残った照明技師は熊谷秀夫、高島正博、森年男、松下文雄くらいだった。覆いかぶさっていた巨大な雲が取り払われたことで、ついに彼らに光が当たる日がやってきた。

熊谷秀夫は大映京都で照明助手を務めた後、一九五六年には日活に移籍、五八年に技師になった。一九七一年時点で十年以上のキャリアがありながら、スター映画の担当は舛田利雄監督と組んだ時くらいで、併映のノンスター作品ばかりを担当してきた。それがロマン・ポルノになった途端、第一弾番組『団地妻　昼下りの情事』（一九七一）を依頼される位置にまで押し上げられていた（併映の『色暦　大奥秘話』の照明技師は今作で技師に昇進した川島晴雄）。熊谷にはテレビやCMに行く選択肢もあり得たし、大映京都時代の先輩技師である岡本健一に「お前、いくら落ちぶれても、ピンク映画だけはやるなよ」と忠告を受けていたが、「まあ、いいか」とロマン・ポルノの仕事を引き受けた。

「僕はそういうときに、パッとうまく立ち回ることができないんだね。動きが遅いというか、鈍いというかね（笑）。そしたら8月の初めに、日活から『9月からポルノをやります』という話が来たんです。『やりますか?』と。岡本さんはああ言ってたけど、日活マークは付くんだし、まあメジャー系でポルノ撮るんだったらいいか、と思って、『やります』と受けたんです」（熊谷秀夫・長谷川隆『照明技師　熊谷秀夫』）

照明部に起こったもう一つの大きな変化は大幅な人員と予算の削減である。これまで一作品に照明助手は七〜八人ほどついていたが、会社はスタジオセットの使用をほとんど認めなかったため、ロケが中心となった。そうすると多くの助手はいらないとなり、四人にまで減らされてしまった。しかも、今までのロケでは電源がないところもあるため、大型のジェネレーター（発電機。ゼネと呼ばれた）を乗せた電源車を出すことが通例だったが、これも燃料代や輸送のコストがかかることが問題視され、使えなくなってしまった。使えるのは、一人で持ち運びできるバッテリーを電源とした小型のライトのみになった。しかも、助手の数が少ないので、現場で扱えるライトの量も少なくなってしまった。しかし、まさに「必要は発明の母」。悪条件が新しい創意工夫を次々生み出す素地となった。

「バッテリーライトだけじゃ一日保たない。すると誰かが、ホンダの五キロゼネというのがパンフレットに載ってますよ、と。営業所に問い合わせると貸すという。それを借りて最初は二台で始めたんです。だけど本数が多いですからね、二台じゃ追いつかない。それで制作部（原文ママ）と交渉して、二台買ってもらったんです」（同上）

加えて、スターがいなくなったことは技術パートの自由度を高めた。しかも、「しきたり」にうるさい先輩技師たちはもういない。熊谷のようなアイディアマンにとって、この状況は撮影現場で様々な実験を試す絶好のチャンスとなった。

例えば、曽根中生の『天使のはらわた　赤い教室』（一九七九）では熊谷が曽根に声掛けをして、ワンシーン丸々、照明の変化だけで時間の動きを表現した。「天使のはらわた」シリーズの主人公である村木と名美の運命的出逢いという重要場面である。ブルーフィルムに映されたことで人生を台無しにされた名美と、そのフィルムに映った名美に魅了され恋に落ちた村木とが出逢うシーン。

「あの映画でよく覚えているのは、蟹江敬三〔村木〕と水原ゆう紀〔名美〕が旅館で話すシーンですね。長いシーンだったんですよ。蟹江敬三がやっとの思いで水原ゆう紀に会って、それまでの自分の思いを全部話しているんですね。〔…〕あの二人がシーンの最後でうち解けて、全部納得するようになるには、もっと時間がかかるんじゃないかと思った。〔…〕だから、その長い時間を出すには、デイシーンから夕方になって、夜になって、という時間経過を作ってもいいんじゃないかと思ったんですね。それで、曽根に『台本はデイシーンだけど、夕景から夜にするよ』って言ったら、『いいよって』（原文ママ）。それで、夕景の表現としては、窓の障子に屋根の影を出して、それを夕方の影ということにしたんですね。あとは美術部さんに頼んで、窓の外に飲み屋の提灯をぶら下げてもらってね。夕景の屋根の影がなくなって、提灯に灯が入って夜になるという形にしたんですね」（同上）

熊谷は田中登の『江戸川乱歩猟奇館　屋根裏の散歩者』（一九七六）では、のちのちまで各社の照明部で使われることになる新たな技術を開発した。

「この映画はね、9灯ミニというライトをけっこう使ったんです。これも一つの方法で、ゼネを持って行けないから開発したんですね。球が九つ付いてるライトでね、バッテリーで電源とれるんですよ。バッテリーを四台、直結にしてね。一つ二十四ボルトだからほぼ百ボルトですよね。足りなかったらもう一個足してね。〔…〕そうやって点けた9灯ミニの前にビニール枠を出してやるんですね。そうすれば、当たる範囲が広くなるでしょう。〔出演者の〕宮下順子のアップなんかで、ほとんどそれを使っていたんですよ。〔…〕用途はパラピンと同じで、光度を落とすということと、柔らかい光線になるという、二重の意味で使ったんです」（同上）

ライトの前にビニールの枠を置くという技術は現代では当たり前になっている。また、パラピン紙はライトに一つずつ貼り付けなければいけなかったため手間がかかったが、新たにビニール枠と9灯ミニを使うようになったことで、準備時間や手間が節減された。

ところで、熊谷のような技師にとって、ロマン・ポルノの時代はよい思い出の方が強く残っているようだが、当時の助手たちには苦労した思い出の方が印象に残ったようだ。髙柳清一（七六年入社）と鳥越正夫（七七年入社）は次のように当時の様子を振り返っている。

「髙柳　我々のやってた時代は、かなり危険なことをやってた（笑）。二重〔セットの上にある足場〕にさしたエレベーターの支柱に五キロ〔ライト〕をのせるとかやっていたんですが、今は、足場の上にあがる時、ヘルメットを付けないといけないだとか、決まり事が増えました。危険だからね。

鳥越　その二重というのはセットの上に組んでその上にライトを設置するわけですが、今は二重は作れないですからね。新しい撮影所だと。二重の上で十キロ〔ライト〕を移動したりしましたよね。こっちの船からあっちの船（二重）に行けと言われたりね。特に熊谷（秀夫）さんにはよく言われましたよ（笑）」（髙柳清一・鳥越正夫「ずっと映画を作り続けている強み　本当にひっきりなしに仕事をした」『日活 1971 - 1988』）

ロケでのバッテリーライトの多用は助手たちをしばしば危険にさらした。鳥越は当時を述懐して次のように語っている。

「よく〔バッテリーの〕液が漏れて、Ｇパンがボロボロになりましたよ。希硫酸ですからね。それこそ、藤田敏八監督の『十八歳、海へ』（一九七九）なんか、シネキン〔バッテリーシネキングライトの略〕とバッテリーを持って海に入ったんです。ほっぺたのあたりでリークして火花が出ましたよ（笑）。24ボルトだから死ぬことはないけど、危ないですね（笑）」（同上）

また、たまのスタジオ撮影では他の撮影隊と一緒に同じセットに入らざるを得ない状況になることが多かった。

「髙柳　雨が降ったりで、ロケが中止になったりすると、同時録音で無いこともあってスタジオの中で何組かが入って撮影っていうこともあった。大きいライトを使ってないから照明のモレも少ない……。まぁ、どうしようもない時は黒幕垂らしてやっていましたね。で、二重伝いに、大変そうだったら応援に行ったりね」（同上）

まさに苦労の連続だったわけだが、二人は笑い交じりで回想している。助手同士が兄弟のように助け合い、彼らの辛い修業時代を支えていたからなのだろう。

助手たちにとって、どの現場が大変だったのだろうか。粘るタイプの池田敏春、小沼勝らはもちろん大変だったが、神代辰巳の現場は別の意味で大変だったという。

「鳥越　〔…〕神代辰巳さんの現場も大変でした。例の長廻し（原文ママ）だから、ライティングが大変。とりあえず、基本的にキャメラの陰が出ちゃだめじゃないですか。だから、ワンカットのあいだに壁をつけたり、バラしたりなんてことがありました。今だったらCGで消しちゃえるけど（笑）。だから、どうやって絵をつくったらいいのか、それを計算して、時間のことも考える勉強になりましたね」（同上）

日活全体の経済的窮乏、照明技師や監督の厳しい要求。そんな逆境が次代の日本映画を担う照明助手たちを鍛え上げ、一流の技術者に育てていった。髙柳は金子修介の『宇能鴻一郎の　濡れて打つ』（一九八四）で、鳥越はすずきじゅんいちの『妖艶・肉縛り』（一九八七）で技師に昇進し、その後、両者とも日活の関わりが深い作品を中心に活躍している。

閑話休題：前張り問題

萩原憲治の話に出てきたように、そもそもロマン・ポルノでは局部を避けて撮るのが通例なのだが、万一に備えて、あるいは撮影時のマナーとして局部を隠す前張りが使用された（ただ、中には伊佐山ひろ子のように前張りが嫌いでしなかった女優もいたようだし、AV出身女優の中にはそもそも前張りを貼る習慣がない者もいた）。前張りのルーツは、ピンク映画ですでに多くの経験を積んでいた白川和子が持ち込んだという説と、鈴木清順の『肉体の門』（一九六四）で野川由美子らが裸でリンチされるシーンで前張りが使われていたという説とがある。

両方とも間違えているわけではないとすれば、結髪担当がすでに独自の方法にやっていた前張りの改善策をピンク経験者である白川に相談したということだったのだろう。ロマン・ポルノでは前張りは急場しのぎではなく日常茶飯事となった。ピンク映画では俳優が自分でやる前張りだが、撮影所ではプロがやらねばならない。そこで、その前張りをどのセクションがやるかという問題が起こった。どういう経緯かは不明だが、結局ヘアも髪も「毛」であるという無茶な理屈で結髪（メイク）が前張りも担当するようになったようだ。

　ロマン・ポルノ当初の前張りはガーゼをした上にガムテープを貼っていたため、俳優は苦労したという。

　宮下順子は前張り事情について次のように語っている。

「あれ、前張りね、やったほうがおたがいに動きやすいですね。脚もね、ひろげたりできるし。前張りをやっていないと、どうしてもきになっちゃうから。〔…〕そう、ガーゼの上からガムテープを〔張るわけ〕。〔…〕肌色の絆創膏みたいなテープもあるんですけど、それはよわくて、ちょっと激しく動くと、すぐはがれちゃう。だから、ガムテープでね。なんか、こんな太いの（笑）。〔…〕はがしにくいの、あとで。痛い。ベタッとはっちゃうと、すごく痛いのね（笑）。それでゴムの跡がついちゃうの、ここに。〔…〕だって、撮影中、毎日張るでしょう。〔…〕やらない場合もあります。男優さんとのラブシーンでも、あんまり動きがない場合は張らないでやっちゃうこともあるのね。でもね、男のひとはやっぱり張ってもらわないとね。なんかブラブラしてるのがくっつくから」（宮下順子著、杉浦冨美子・山田宏一・山根貞男編『水のように夢のように』講談社）

　宮下との共演が多かった鶴岡修は『日活1971 - 1988』のインタビューで次のように前張りの苦労を語っている。

「日活では基本的に何もかも面白かったな。嫌なことと言えば、最初のうち、前貼り（原文ママ）をするので、かぶれたり、かゆくなるので嫌だったなというくらい。でも、バンソーコーはかぶれるけど、ガムテープは不思議なことにかぶれないんだ。これは大発見だった。前貼りで思い出したのは、『秘本　乱れ雲』（一九七四）の宮下順子さん。風呂場のシーンで前貼りが外れた時に、『もういい。日本手ぬぐいください』って言って、僕とファックシーンだよ。でも、完成作でボカシが入っていたから、手ぬぐいが見えちゃったんだろうね。ただ、あのシーンは二時間くらいやっていたから、参ったよ。確かにしんどかったな」（鶴岡修「神代さんの考えと完全に一致した『悶絶‼どんでん返し』」『日活1971 - 1988』）

　俳優間で独自の工夫が徐々に開発され、口伝てに広がっていたようだ。日活再開直後から所属していた俳優・近江大介は『日活1971 - 1988』でそのあたりの事情を語っている。

「撮影中におしっこでも行きたくなったら、いちいち前貼り（原文ママ）をはがさないといけないから、痛いだろうなと思っていたんだけど、ベテランのポルノ俳優が『近江ちゃん、そんなことしてはダメだよ』とコツを教えてくれたんだ。ガーゼの真ん中の所を切って、穴を空けて、そこにバンソーコーを貼るんだよ。で、おしっこをしたくなったら、バンソーコーの所を剥がす。で、帰ってきたら新しく貼ればいいというわけ。これはいいなと思ったね。いずれ、こっちがだんだんベテランになってくると、濡れ場もお風呂に行くような気分で前貼りなんてしないようになったね。手ぬぐいでさっさとしばってやっていた。そもそも、下半身が見えたら映倫にひっかかっちゃうからね」（近江大介「裏街道とんぼ返り人生——芸は身を助けるの巻——」『日活 1971 - 1988』）

神代辰巳の『濡れた唇』（一九七二）に出演して以降、日活の常連となった俳優の谷本一によれば、結髪担当によって新しい前張りが発明されたことがあったという。

「結髪のエノさんなんか前貼り（原文ママ）を開発しましたからね。石膏で型を取ってね。固まったらゴムを入れて。東映も真似していたみたいですよね。どうやって型を取ったかわかりませんが。ぼくは撮影が終わるといつも撮影所の一番風呂に飛び込むんです。そうすると、前貼りが外しやすくなるから」（谷本一「あのころは毎日が楽しくて無我夢中だった」『日活 1971 - 1988』）

ただ、「エノさんの前張り」はまだ改良の余地があったようだ。ガムテープはのちにスポーツ用のテーピングに変わったが、粘着力が強く、端からそっとそっと少しずつ剥がさなければいけなかった。前張りと俳優との格闘は現在でも続いている。

録音部の変化：音作りの自由度が上がった

録音部の変化とその「功罪」については、現在の日活本社ビルにて紅谷愃一に話を聞くことができた。

「僕にとって印象深かったのは、藤田（敏八）監督。音の細工のしがいがある監督でした。（音がついていない）ラッシュを見ると、自然にこちらも『こうやってやろう』といろんな発想が浮かぶ。だから作品が『太る』んです。ロマン・ポルノの功罪があるとすれば、『罪』はシンクロ録音を経験する機会がどんどんなくなって、機材的にも外部の体制に対応できなくなったことです。一九七〇年代後半以降、角川映画で仕事をしたときに、録音助手や他のセクションの人間がオールアフレコに慣れてしまって、雑音を出さないように配慮した繊細な作業をしなくなっていたんですよ。シンクロ撮影では、みんな音を出さないように気を付けますから、各パートで本番の時の緊張感があった。それがアフレコ現場で育ってスタッフの間では稀薄になっていくんです。『功』があるとすれば、音楽を新しく録音する予算がなかったことです。録音助手がすでに録音されたライブラリーから映画に使う音楽を選ぶので、結果的に助手たちの音楽のセンスを磨くいい契機になったんです」（紅谷愃一「異才とともに過ごした日活の日々」『日活 1971 - 1988』）

画を「太らせる」という独特の表現が強く印象に残ったが、録音技師にとってアフレコになったことは自身の技術を十二分に生かして、画面作りに深く貢献するいい機会にもなっていたようだ。同様のことは、紅谷の先輩の録音技師・橋本文雄が語り残している。

全く音の入っていないラッシュを前に、どうセリフをつけ音楽をつけ効果音を入れるかは技師の腕の見せところだった。当時の映画はモノラル音声だったため音の強弱だけでニュアンスを出すほかなかった。また、リアリティをどう出すかという苦労が付きまとったようだ。画面に映るすべてのものに音をつけるとかえってわざとらしくなるのである。

「何しろオール・アフレコというのは、すべて効果音で画面に音的な肉付けをするということですから。足音にしても、何かをテーブルに置いたときに出る音にしても。画面にいっさい音がないんですから。すると、いちばん重要なのは、いかに不自然に感じさせないかってことになる。これもいろんなレベルがあります。画とタイミングがズレればそれだけでペケだし、タイミングが合っていても、音そのものに不自然さがあれば、それもペケ。それと音がリアルなだけでもいけないんですよ。むしろぼくらの仕事は、リアルに入れたら邪魔になる音を、いかに頃合いにリアルに感じさせるかってことやからね」(『ええ音やないか　橋本文雄・録音技師一代』リトルモア)

録音技師が共通して苦労したのは、濡れ場シーンのアフレコ収録だった。橋本文雄によれば、初期のアフレコ現場は立稽古のような状態だった。そうしないと、声に「動き」が出ないのである。

「床に絨毯を敷いて、俳優はスリッパ脱がせて、その絨毯の上で裸足になって。ハーハー喘ぎ声で喋らせるとき、その上で足踏みさせ、声に動きをつけたりなんていうのは、まだいいほうで〔…〕助監督や男優に女優の体を揺さぶらせ床に実際に毛布を敷いて、その上で、服は着たままだけど、濡れ場を再現しながら録ったなんてことも、たまにありましたね。そこまでやらないと、声に動きがつかなかったんです」(同上)

喘ぎ声の録音では俳優たちが酸欠に苦しめられた。風祭ゆきの証言を聞いてみよう。

「最初は喘ぎ声の息継ぎのタイミングが判らなくて酸欠になりそうでした(笑)。それが最後の方になったら、〝1分間で鼻息から声、絶叫になる〟とか〝私が上になるところでトーンを変える〟とか、組み立てが出来るようになったんですね」(風祭ゆき「ロマンポルノは経験が蓄積される。続けることに意味があったんです。」、PAUSE編『愛の寓話　日活ロマン、映画と時代を拓いた恋人たち Vol.2』東京学参)

紅谷の話に戻ろう。彼は「もちろん、ロマン・ポルノを引き受けるのは悩んだ」というが藤田敏八監督との出逢いが認識を改めさせたようだ。

「初めは藤田（敏八）さんの『八月はエロスの匂い』（一九七二）をやったんだけど、これですごく才能のある監督だと思った。少々ホンがつまらなくても、ひとひねりして、面白くする。有能だと思った。僕は藤田作品が多かったことが救い。あの才能は他の人と違う」（紅谷愃一「異才とともに過ごした日活の日々」『日活1971 - 1988』）

なお、紅谷は他の録音技師よりもロマン・ポルノ以外の藤田監督の『赤ちょうちん』（一九七四）などの一般作につくことが比較的多く、こうした作品ではアフレコではなくシンクロ撮影（同時に音声も撮る）が行われた。紅谷はロマン・ポルノに嫌気がさして、何度もやめようとしたようだが製作部長から引き止められ、七〇年代の終わりまで日活に在籍し続けた。

一九八〇年に紅谷は日活を離れフリーとなるが、辞めた後の方が日活の高い技術のブランドを守らねばという思いが高まったようだ。橋本文雄は紅谷が先に辞めてしまったため、「後進の指導」のためという名目で退社を数度引き止められたが、一九八二年からはフリーになっている。

撮影現場に録音技師とマイクマンがいないことで、仕事量が増えて大変な思いをしたのはスクリプター（記録係）である。白鳥あかねがそのあたりの事情を語ってくれた。

「ロマン・ポルノになって、一番変わったことは撮影現場が同時録音じゃなくなったことです。現場でセリフを録音していないから、現場で変わったセリフをアフレコで入れるためには再現しないといけないわけです。監督も俳優さんも逐一セリフを覚えているわけではないですからね。特にクマさん（神代辰巳）の現場は自由自在だし、そうするのをやめてとは言えません。そこでスクリプターの私がちゃんと記録しないといけないんです。台本をずっと見ていて、セリフが変わった瞬間に書き入れていました。他の人が見てもわからないくらいの殴り書きですよ。俳優さんはアフレコの時に、『私、何言いましたっけ』とこっちに聞きに来るんです。もちろん、中には自分で記録している人もいましたけどね」（白鳥あかね「私に映画を教えてくれたロマン・ポルノ」『日活1971 - 1988』）。

美術部の変化：セットの使い回しと創意工夫

スタジオセットの建設は、人件費や材料費が膨大にかかる。そのため、ロマン・ポルノでは基本的にありものを最大限に利用することにした。例えば、テレビで使った団地のセットは、『団地妻　昼下りの情事』ではデザイナーの菊川芳江の工夫で飾り替えを何度もやって同じ部屋を違う部屋であるかのように見せかけ撮影した。照明の熊谷秀夫が同じ映画のエピソードとして、菊川に「熊谷さん、［セットの奥には］何にもないから真っ黒けにしといてね」と言われたことを自著で語っている（『照明技師　熊谷秀夫』）。熊谷はこの発言に、照明はつけるだけが能ではなく、引き算の照明を覚えたと感謝しているが、菊川の発言は美術費ほぼゼロでやりくりする苦労を物語っている。

日活ロマン・ポルノ初期には時代劇ポルノが目立つが、それは「大江戸捜査網」「青空浪人」などのテレビ時代劇を日活が制作していた関係でセットが転用できたからである。英語で書かれた時代劇ポルノカタログが現存しているので、海外に輸出するのに有利なジャンルと考えられた可能性も高い。しかし、『色暦　大奥秘話』で美術デザイナーに昇格した土屋伊豆夫に聞いたところでは、それでも新しく作らねばならない箇所があったという。

「セットデザインで困ったのは、大奥の侍女の部屋の構造・配置や浴室、あと便所の設計です。「大江戸捜査網」には出てこない所ですし、神保町の古本屋を回って、どんなに資料を探しても平面図はあっても立体図がないので苦労しました。武家屋敷などのものを参考にして何とか処理しましたね」（土屋伊豆夫「継続は力なり 私にとってのロマン・ポルノ」『日活 1971 - 1988』）

テレビ時代劇ではまず出てこないトイレシーンだが、ロマン・ポルノでは格好のシチュエーションである。たかがトイレというが、ロマン・ポルノのためには必要不可欠なセットだった。

なお、現代劇の方でもトイレや風呂場は、大概の作品に出ていたが、セットを新しく作る予算がないために「いつも同じ黒いタイルの風呂場が出てきてしまう」と西村昭五郎は村井実のインタビューに自嘲気味に答えている（『前ばり文化は健在なり』）。

土屋にとって、美術デザイナーの仕事で印象深かったのは主に小沼勝の現場だったようだ。

「小沼勝監督の『生贄夫人』（一九七四）では、谷ナオミさんが監禁される小屋のバックグランドを奥多摩に設定しました。小屋の内部はセットなのですが、ちょうど和風セットが空いたので使おうとしたら、他の映画との兼ね合いでそのままでは使えず、半壊滅状態に装飾するという条件で許可が下りました。いろいろやってセットの原型を消すことにどうにか成功したんです。でも、怪我の功名で、そうした雑物の効果が、この小屋で吊るされて拷問される、谷さんや新人の東てる美さんの裸身の美を際立たせることになりました」（土屋伊豆夫「継続は力なり 私にとってのロマン・ポルノ」『日活 1971 - 1988』）

土屋はこの頃、美術部ではかなりベテラン（一九五六年入社で慶大では石原裕次郎の同期生）で管理職級だったはずだが、そんな彼でも予算不足には逆らいようがなかった。その代わり、工夫で乗り切っていた。『生贄夫人』では自然風景の映し方にも工夫したという。

「あとこの作品では、奥多摩の大岩と渓流、洞窟の景色とを借景のように使って、大自然に巨大な女体が浮き出ているように見せた小沼監督の手腕も見事でしたね」（同上）

土屋はあくまで小沼の手柄として話しているが、実際はロケハンをしながら、女体のように見えそうな風景を二人で懸命に探したのだろう。

なお、ロマン・ポルノ体制では確かに美術費の予算不足があったものの、それと引き換えに若手デザイナーたちのセット設計に自由度が増すというメリットが生じた。
また、日活は定期的に一般映画や予算の多いエロス大作を製作していた。そんな際には一九七〇年代以前のような本格的セットを作ることがあった。エロス大作の神代辰巳『鍵』(一九七四)のデザイナーを担当した横尾嘉良は次のように回想している。

「ロマンポルノは予算が限られていますから、セットを組む予算はほとんどないんですね。でも『鍵』は主人公の家のセットがないとお話にならない。それで日活から言われたのは、〝1ステージ使って主人公の家のセットを造っていい。ただし、その後で飾り替えをして、他の作品に使えるような日本家屋にしてくれ〟、と。非常にせこい発想です(笑)。この映画の8割はここで撮るわけですし、以前に名作〔市川崑版〕があるし、なおかつ他のロマンポルノのことも考えて造らなくなきゃいけないなんて、ギャラに見合わないですよね(笑)」(横尾嘉良「神代さんには〝この人のためなら死んでもいい〟と思わせるぐらいのカリスマ性がありましたね。」、PAUSE編集部編『愛の寓話 日活ロマン、映画と時代を拓いた恋人たち Vol.1』東京学参)

土屋伊豆夫は足を使うデザイナーだったらしく、ロケハンに先行して、映画の舞台の参考になりそうな場所のリサーチを行い、ロケセットの工夫に生かすなど、お金をかけられない代わりに手間をかなりかけていたようだ。例えば、神代辰巳の『四畳半襖の裏張り しのび肌』(一九七四)では、撮影所から何十キロも離れた千葉の白子海岸まで足を延ばして砂風呂の調査をしている。

「砂風呂のシーンが出てくるんですが、こっちは写真を元に考えていたので、てっきり指宿のようなものと勘違いしていたんです。大森が舞台だったので、千葉の東金を大森に見立ててロケをするついでに、千葉の白子海岸の健康センターをロケハンしました。ところが、企画者から大森の砂風呂は指宿のようなものではないらしいという話がありましてね。大森の三業地(風俗街)関係者を改めて聞くと、料亭の離れの一室にあったということが発覚。恐れ入りましたね。急遽、床に鉄板を引いて、砂を敷き詰め、それを下から七輪で温めるという当時の砂風呂を再現しました。しかも、神代監督のこだわりで、上でハダカのシーン、下で下男が火入れをしているシーンをワンカットのパンフォーカスで表現することになったんです。ちなみに、画面の奥に海に浮かぶ船が映り込んでいますが、あれはボール紙を加工してそう見えるようにしているんですよ。大変なシーンでしたが、姫田〔真左久〕さんの力で見事に撮れました」(同上)

まさに、妥協のないプロフェッショナルな仕事ぶりだ。また、土屋に限らないが、わたしが話を聞くことのできたスタッフ・俳優たちは、みな親切にこの若造を迎えてくれ、自慢に終始することはしない謙遜家が多い印象を受けた。そのことが後に日活スタッフがフリーで仕事をしたり、日活スタジオで他社の仕事をしたりする際に高い評価を受ける原動力になったように感じる。

脚本家の若返り：裏には止むを得ない事情が

ロマン・ポルノの脚本家は、以前の日活のメインライターではなく新人が多く起用された。ギャラこそ安かったがロマン・ポルノも日活映画である。ここで目立った成績を残せば、テレビや別の映画会社の依頼も出てくる。ロマン・ポルノは、やがて脚本家の登竜門のようになっていった。脚本家を探すのは企画担当のプロデューサーたちである。伊藤亮爾がロマン・ポルノ草創期の苦労を教えてくれた。

「僕らプロデューサーや企画部がもっとも苦労したのは、脚本作りだった。それまで日活映画を書いてくれていたライターはもういない。低ギャラで頑張ってくれる人はなかなかいない。そういう時、先だって書いてくれた、『団地妻』の西田一夫、『大奥』の大工原正泰・松本孝二、『夕子の白い胸』の中野顕彰、『濡れたハイウェイ』の浅井達也、『花弁のしずく』の久保田圭司諸氏は、本当に有難い存在だった」（伊藤亮爾「ロマン・ポルノ創始の頃」『日活1971 - 1988』）

もっとも、これをあけすけに言い換えれば、日活に書いてくれる脚本家がいなくなったから、若いライターを採用するしか手がなかったということだった。しかも、若ければ安く済むし、言うこと（書き直し）も聞いてもらえる。

今や脚本家界の大家である田中陽造も初期ロマン・ポルノの安いギャラに苦労したようだ。桂千穂との対談で次のように語っている。

田中「〔脚本家としてのスタートは〕具流八郎〔大和屋竺、曽根中生らによる共作のペンネーム〕のグループに呼ばれて……〔早稲田シナリオ研究会の先輩の〕大和屋さんは日活にいましたから、そういうお付き合いで曽根さんとかも知り合って、ということだったと思います。〔…〕その後、週刊誌に呼ばれて、連載を始めたんです。週刊サンケイ。異能人間シリーズで、半年以上毎週続いたと思います」

桂「ロマンポルノやったらまた暮らせなくなった？」

田中「〔収入は〕ダウンです。やったら食えなくなるなと思いました」

桂「ロマンポルノの最初は何ですか？」

田中「封切りの順序は逆ですけど、最初に書いたのは曽根中生監督で片桐夕子主演の『㊙女郎市場』（七二年）。面白い面白いと言われて、それで図に乗ったということですよ」

（田中陽造「映画ライターには呼吸しづらい時代、だが……」、桂千穂編著『にっぽん脚本家クロニクル』ワールドマガジン社）

確かに曽根中生の『㊙女郎市場』は、時代考証抜きのナンセンス時代劇ポルノで今見ても（モラル的には人身売買から始まるなどいろいろ問題ありで、今公開したら各所から批判を受けそうな内容だが）ギャグ満載の面白さが光る。江戸時代なのにコンセントが壁にあり、そこに指を入れて感電してしまうといったかたちのギャグがあちこちに仕掛けられている。主人公の片桐夕子は土に埋められるなど、ひどい目に散々遭わされまくるのだが、いつも明るさを忘れない。彼女の愛らしい魅力が見られる一作だ。

一方、ロマン・ポルノに参加したくても参加できなかった脚本家もいた。同じ桂のインタビュー集（『にっぽん脚本家クロニクル』）から、日活ニューアクションを支えた脚本家・鴨井達比古の話を見てみよう。

桂「最初に映画になったのは？」
鴨井「『地獄の花道』（六九年・松尾昭典監督）です」〔…〕
桂「〔ロマン・ポルノに切り替わる〕前ですか？　日活の『関東破門状』（七一年）。面白かったですね」
鴨井「製作体制は、まだまともでしたけど、ギャラは遅かったですね。『破門状』の監督は小沢啓一さんだったかなぁ」
桂「新宿日活でラストに大活劇をやるやつ」
鴨井「そうです。あれが渡哲也の日活での最後のシャシン〔…〕ロマンポルノが始まった時には僕にも声がかかったんですけど、やらなかったのは、ポルノをやりたくなかったわけじゃなくて、要するに生活の不安ですね。金をいつ貰えるか分らない。書いた分のギャラを取るのにどれだけ苦労したか」
（鴨井達比古「脚本家には〝使い頃〟ってあるんです」『にっぽん脚本家クロニクル』）

脚本家だって生活が懸かっている。ノーギャラでは食べていけない。ロマン・ポルノを嫌がって参加しなかったと一律に考えるべきではないのだ。

斎藤武市の『母ぁちゃん海が知ってるよ』（一九六一）で脚本が採用されて以来、十年選手になろうとしていた中島丈博にとって、ギャラはともかくとして「ファック・シーンが五、六カ所設定されていれば、何を書いても自由」という条件が魅力的に映った。なにせそれまでは自分が書きたいものを書いても採用されない日々だったのである。採用されても一年に一本か二本という状況に苦しんでいた。

これは現状打破のチャンスではないかという中島の予感は当たった。中島は一九七二年五月に『真昼の情事』（藤井克彦）が採用されるや水を得た魚のようになり、そこから一九七七年までに十二本ものロマン・ポルノ脚本と一般作脚本一本が採用された。中島は十年来の欲求不満から解放されるだけでなく、その間に書いた斉藤耕一の『津軽じょんがら節』（一九七三）は彼に『キネマ旬報』ベストワンという名誉をもたらした（中島丈博『シナリオ無頼』中公新書）。

ところが、世の中は甘くない。最初はトントン拍子だった中島のホンが重役たちの前での「ホン読み」ではじかれる事態が起こりだした。『女子大生SEX方程式』と題したホンは撮影所長たちに「感じが悪い」「不道徳で嫌なイメージ」と腐されボツにされてしまった。ちなみにこのホンはサルベージ（再利用）されることなくオクラとなり、タイトル（基本的に脚本家ではなく企画部がつける）だけが田中陽造の書いた全く別のホンにつけられ一九七三年に映画化された。中島は「何を書いてもいいと言っておきながら話が違うではないか」と不信を覚え、一九七四年二月の『四畳半襖の裏張り　しのび肌』（神代辰巳）でいったんロマン・ポルノから足を洗うことになった。そして、この年には中島が日活からも距離を置くことになるきっかけとなった『赤ちょうちん』事件が勃発する（同上）。

　中島によれば、事件のあらましはこうだ。フォークグループ「かぐや姫」の同名ヒット曲を映画化しようという企画が会議で上がり、プロデューサーの岡田裕から中島に脚本依頼が来た（一般作なのでギャラもよく四五万円だった。それでも他社からすれば安い）。中島は歌のイメージに相応しい青春モノを描くためにシナリオ研究所での教え子だった桃井章を呼び出し、桃井にイメージを話してもらいながら中島が文章にまとめる形で脚本が完成した。ところが、ここからが問題だった。印刷台本が上がってきて一読し、中島は目を見張った。自分の初稿ではなく、監督の藤田敏八の手による修正が入ったものが印刷されて送られてきたのである。大きな修正は主に冒頭部分くらいだったが、全体的に「てにおは」の部分までちまちまと直されていた（同上）。

　この著作権侵害の仕打ちに憤慨した中島は撮影所に乗り込み、「シナリオ改悪魔、東大卒の低能監督・藤田敏八、反省せよ！」とポスターの裏に大書し、スタッフ・キャストが行きかう食堂の柱に貼り付けた。こうして藤田と中島の間は一触即発状態になったが、岡田裕が仲裁に入り、喧嘩の決着はうやむやのまま。結局、中島が完成作の出来栄えの良さに納得したことで怒りが収まり、藤田と中島は元の飲み仲間に戻った（同上）。

　しかし、中島はその後、七六年に蔵原惟二に『性処女　ひと夏の経験』を提供するまで二年もの間日活での仕事をしなかった。これは偶然だったのか、日活がギャラをケチっていたのか、中島が意図的に拒否していたのかはわからない。確かなことはただ一つ。中島が藤田に脚本を提供することは二度となかったということである。

『赤ちょうちん』事件の当事者である桃井章（ちなみに彼は桃井かおりの兄であり、父は国際政治学者の桃井真）は、若さに任せて勢いでロマン・ポルノに乗り込み、脚本家人生をスタートさせた。桃井は脚本家デビューの経緯を桂千穂との対談で次のように述べている。

桃井「とにかく大学にはいけなかったわけで、弟たちは大学に入って行く中で焦りまして、その時たまたま芝居をしていたことや、若松孝二さんや大島渚さんのファンだったことから、映画で成り上がってやろうと（笑）」

桂「それで作協（日本シナリオ作家協会。一九六五年設立）のシナリオ研究所に？」

桃井「研究所の第二四期です。二一歳の時でした」

桂「同期の人には誰が？」

桃井「金子成人とか、『八月の濡れた砂』（七一年・藤田敏八監督）を大和屋竺さんと一緒に書いた峯尾基三とか」

（桃井章「シナリオライターの〝地獄〟を脱出して」『にっぽん脚本家クロニクル』）

桃井はロマン・ポルノを登竜門に見立てて入ってきた最初の世代だった。デビュー作『真夜中の妖精』(田中登)は一九七三年に発表されるが、その前に研究所の講師である中島丈博に仕事を紹介され、日活のスウェーデンポルノ『狂った夜の果て』を共同執筆するもののオクラになった。だが、これが縁で脚本を継続的に依頼されるようになったのである。

懸命に仕事をする者にはチャンスを与える。そんな心意気が初期のロマン・ポルノ体制にはあったというべきか、安く使えそうなカモを見つけたということでしかなかったのかはあえて問わないことにしよう(新人の脚本料は十五万で、ベテランの中島の脚本料は二五万~四五万だった)。桃井はその後、デビュー作と小沼勝の『白い娼婦　花芯のたかまり』(一九七四)を一人で書いて、藤田の『赤ちょうちん』(一九七四)を中島と共作することで日活の常連ライターの一人として定着していった。

桃井の脚本デビューの前後には、多くの同輩がいた。桃井が『真夜中の妖精』(一九七三)を二六歳で書き、女性初のロマン・ポルノ脚本家・阿部真理はデビュー作『女教師　私生活』(一九七三)を二十代前半で書き、金子成人はデビュー作『男女性事学　個人授業』(一九七四)を二五歳で書き、那須真知子はデビュー作『横須賀男狩り　少女・悦楽』(一九七七)を二五歳で書き、熊谷禄朗はデビュー作『悶絶!!どんでん返し』(一九七七)を二二歳の若さで書いた。

桃井と阿部のホンは田中登が監督し、金子と那須のホンは藤田敏八が監督し、熊谷のホンは神代辰巳が監督し、彼ら彼女らは若いながら急速にプロとして認められる立場になっていったのである(ただ、阿部真理だけは小沼勝が監督した『女教師　甘い生活』を安部真理名義で書いた後にひっそりと引退した)。脚本家の若返りは確実にロマン・ポルノの内容も若返らせた。この時点では単なるギャラの節約のための若手採用だったとしても、一九七八年から急激に進む監督の若返りと呼応し、その成果が表面化してくるのである。しかし、その話は次の章に回すことにしよう。

「反体制」の時代のロマン・ポルノ

ロマン・ポルノは始まったとたんに摘発に遭った。そのため、最初は様子見をしていたベテラン監督・スタッフをも発奮させた。その中の何人かはあからさまに警察を挑発するような反体制的作品を世に送り出した。

藤田敏八は梅林敏彦のインタビューに対して、「やってやろうじゃないか」という気分でロマン・ポルノに乗り込んだと告白している。

「ロマン・ポルノが告発されたでしょう。〔…〕こりゃけしからん、やってやろうじゃないかと。〔…〕『八月はエロスの匂い』(昭和四十七年)にとりかかったんです。僕自身、ちっともわからないでやったんだけど、かなり冒険だったですね。つまり、セックス描写というのは、演出コンテがあってそれをそのまま描写できるものじゃないですよね。〔…〕僕の場合、今までロマン・ポルノを四、五本撮っているけれども、神代(辰巳)さんが向かって行った〝セックス万才〟みたいなことは、僕にはちょっとできないですね」「『八月の濡れた砂』の時にキネ旬に書いた覚えがあるんだけれども、前（デビュー作）の『陽の出の叫び』と全く話が同じで愕然としたって。〔…〕だから、僕の作品の企画意図なんて、全部ひとつにまとめられる」（藤田敏八「巨匠にはなりたくない」、梅林敏彦編『シネマドランカー荒野を走る監督たち』北宋社）

『八月はエロスの匂い』（一九七二）は、警察や法律に弓を引くような直接的反体制メッセージこそなかったが、平凡なデパート女性店員（川村美樹）が万引きをする青年（むささび童子）に惹かれ、彼が所属するヒッピー集団を追って「平凡な日常」から脱出していき、青年は彼女を犯そうとするが彼女が「性」で青年を圧倒していく…といったストーリーだった。

「常識」に囚われる大人たちに対する挑発という反面、反体制を気取るヒッピーたちの未熟さを揶揄するという面もあり、藤田の視点は「体制／反体制」という安定した二項対立構造に収まることを拒否しているかのようにフラフラしている。藤田が自覚するようにそれはデビュー作『非行少年　陽の出の叫び』以来一貫した作風だった。藤田はそれを「主人公の若者を〈ホモ・ルーデンス（遊戯人）〉として見る捉え方」と説明している（藤田「ぼくらがダメにした文明がぼくらをダメにする」『シナリオ』一九七一年三月号）。

〈ホモ・ルーデンス〉とはわかりにくい言葉だが、田山力哉はこれを「決して人にしばられることのない自由さ」とうまく言い換えている（『日本の映画作家たち　創作の秘密』ダヴィッド社）。少し補足しておくと、「自由」とは一見カッコいいようだが「自由」であり続けないといけないのは苦しいものである。田山は藤田の作品を「現在に安住できない不安定の心情で満たされている」（同上）と評している。

澤田幸弘の『濡れた荒野を走れ』（長谷川和彦脚本、一九七三）は、悪徳警官の犯罪（強盗・暴行）を真正面から描いていて、藤田作品よりも露骨でわかりやすい反体制ポルノだった。澤田からは、この企画が遅れた経緯や作品意図に関する明確な説明を聞くことができた。澤田は伊地智啓からロマン・ポルノ転換当初から「何か企画を考えといて」と声をかけられていた。一九七二年一月末には早くも登板の打診があったという。そのきっかけはロマン・ポルノ摘発事件だった。

「ワイセツの何が悪い」という想いから伊地智が澤田と長谷川を呼び出し一席設け、「澤田の一本目を一緒に作ろう」となった。長谷川の初稿はほどなくして上がった。題して『赤い荒野を走れ』。これに会社と組合側の責任者が「ロマン・ポルノは『赤い』ではなく、『濡れた』の方が良い」と意見を出してきた。それで『濡れた荒野を走れ』に改題された。ところがここで問題は終わらなかった。脚本内容の過激さを見た撮影所長、企画部長、撮影所労組委員長、書記長に伊地智と澤田が呼び出されたのである。彼らの言い分は「悪徳警官を主人公にしているが、企画のタイミングが…」「もう少し、ロマン・ポルノに…」と要領を得ないものだったため、結論は出ず話し合いは物別れに終わった。澤田は当時のことをこう述懐する。

「僕の同期で日活労組委員長をやっている根本（悌二）に本社に呼ばれて、『あれ、『濡れた荒野を走れ』って、前近代（時代劇）にならないか』って言われたんだよ。こっちは『前近代にはなりません』って言った。だって、これはロマン・ポルノが警察に摘発されたこともあったんで、『なぜワイセツ悪いってんだよ』っていう思いがあるわけ。話し合いは決着がつかなかった。プロデューサーのイッチー（伊地智啓）と長谷川も同意見。実際、警官の不祥事も結構あったんでね。ワイセツを撮ってなぜ悪いと割と平気だったんだよね」

作品を回想して、澤田は楽しげな表情を浮かべていた。反体制とは言っても、悲壮なものではなく、楽しみながら、しかし真剣に監督・スタッフたちは作品を世に送り出していた。もちろん、それはガチャン（逮捕）を覚悟した命がけの遊戯だった。

ただ、澤田は「反逆児」をいつまでも期待されることにうんざりしたこともあったようだ。取材の際も澤田は冗談交じりにこんなことを言っていた。

「俺のポルノにだけ、なぜ『ロマン』が入っていないんだ。セックスにしても全部レイプでしょ。加藤彰さんや神代辰巳さんとは違って」

実際、澤田が一九七二年から一九八〇年までに監督したロマン・ポルノは七本。ラブストーリーは一本もなく、「仇敵」に「反逆」「復讐」するアクション・ポルノばかりだった。後輩の企画者たちが気を使ったのだろうが、澤田はテレビではラブストーリーも撮っていたわけで、一本くらい澤田の「ロマン」溢れるポルノ作品があってもよかった気がする。

「反体制映画」の裏側：みんな案外いい加減だった

澤田幸弘は、在日米兵によるレイプ殺人を取り上げた問題作『セックス・ハンター　濡れた標的』（一九七二）でロマン・ポルノデビューし、続いて、強盗やレイプを平気で行う悪徳刑事を主人公にした『濡れた荒野を走れ』（一九七三）を発表し、図らずも「ロマン・ポルノ＝反体制映画」というイメージを牽引する立場になった。澤田にロマン・ポルノに初めて臨んだ際の話を聞いてみた。すでにピンク映画で監督・脚本の経験を積んでいた大和屋竺に諭されたというエピソードを照れくさそうに話してくれた。

「ロマン・ポルノの摘発があったので、ロマン・ポルノデビュー作として先に用意していた『濡れた荒野を走れ』が『塩漬け』（一時中止）になってしまった。当局を刺激したくないっていう理由でね。で、新たに『セックス・ハンター　濡れた標的』（一九七二）を作ったんだ。米軍基地と『混血児』の問題を扱っている。大和屋竺さんが第一稿を書いた。でも主人公が軟弱なのでもっと強烈な男に書き直して渡したんですよ。そうしたら、『澤田さんが直したものは主人公が小林旭になっている。これじゃダメだ』って言われたんだ。僕は初のポルノだから、格好よく男を立てようと思っていた。でも、それじゃロマン・ポルノにはならないんだよ。で、大和屋が主役に推薦してきたのは前衛的な劇団で活躍していたジョージ・ハリソンという男だった。日活俳優部から『横文字氏名は駄目だ』と言われて、結局沢田情児に改名することになったんだけどね」

かっこいいアクションヒーローばかり撮ってきた澤田には、どんな人間がポルノを見に来るのか、まだわかっていなかった。

一九七二年三月二十二日の衆議院予算委員会で、横路孝弘議員（社会党）が明らかにしたように、ロマン・ポルノの主要観客層は「四十代」であり、「その次が五十代」、「それから三十代、二十代」と続く。職種で「一番多いのは公務員」だった。「下から突き上げられ、上のほうから押えられて、中間管理層なんと（原文ママ）いうのがやっぱり、ときどきはけ口を求めてこういう映画を見に行く」のである（『第六十八回国会　衆議院予算委員会第一分科会　第三号議事録』）。

そんな彼らに小林旭演じる「渡り鳥」のようなヒーローはお呼びではない。彼らが感情移入できるのは、自分たちと同じような「虐げられた男」なのだ。それが澤田にはわかっていなかった。

さらに澤田の話は続く。

「大和屋が赤い鳥居に主人公の妹の死体を吊るすというアイディアを持ってきた。これでテーマが決まったね。日本の象徴ですよね。鈴木（清順）さんの『肉体の門』の星条旗を思い出したね。これで、米兵に妹を犯され殺された主人公の復讐劇という立ち位置が決まった」

こうして、澤田の主人公に「被虐→やられ」の要素が自然と加わり、観客たちの共感を呼ぶ復讐劇の筋が固まった。

澤田に『セックス・ハンター　濡れた標的』の撮影台本を見せてもらった。主人公の愛唱歌を選ぶのに苦労したのか、台本の白紙部分にいくつかの候補曲の歌詞が鉛筆で書きとめられていた。

ちなみに、採用されたのは黒人霊歌の「ジェリコの戦い（英語詞）」だが、他にも三上寛バージョンの「夢は夜ひらく」、三上寛の「馬鹿ぶし」、佐渡山豊の「どぅちゅいむにぃ（「独り言」の意。かつては日本に、今は米軍に占領されアイデンティティを失いつつある沖縄のことを憂える内容）」などがあった。大和屋のアドバイスを受け、黒人、青森人、沖縄人という「周縁」に追いやられた人々の「反逆」の唄に託して、黒人米兵と日本人の「混血」である主人公のパーソナリティーを表そうと試行錯誤したのだろう。台本は折れ曲がり、破れ、テープで補修した跡が生々しかった。ボロボロの台本には澤田組の現場の熱気まで刻まれているようだ。「僕はアクションだから、常に台本を出せるようにお尻のポケットにねじ込んでいたからね」と澤田は語ってくれた。

映画は一人では作れない。スタッフ・キャストたちの「出逢い」の産物と言っていいかもしれない。だから、必ずしも企画通り完成に至るものばかりではない。澤田の『濡れた荒野を走れ』もプロデューサーの伊地智啓によれば、脚本家の長谷川和彦が自分で監督するプランや、藤竜也が主人公を演じる予定が浮いては消えた（『映画の荒野を走れ』インスクリプト）。ちなみに、澤田の話では長谷川和彦は主人公「原田」を原田芳雄に演じさせるつもりで脚本を書いていたようだ。あて書きをしたわけだが、結果的にあの役は地井武男で正解だった。

裁判やマスコミのおかげでロマン・ポルノのイメージは若者に強くアピールするものになりつつあった。とはいえ、まだまだアクションスターの出演承諾を得られるほどの位置にはなかった。それがわずか七年ほどで、かつてのスター俳優たちが話題作りのために次々出演を承諾する事態になるのだから、映画界は面白い。

初期の撮影現場では、予算節約のためゲリラ撮影が多かったせいか、まぬけな騒動を起こしてしまったこともあった。谷本一が神代辰巳の『濡れた唇』（一九七二）の現場で経験した話を以下のインタビューで述べている。

「日活映画の話は一期先輩の粟津號さんが話を持ってきた。〔…〕それが『濡れた唇』。〔…〕みんなが必死だった。神代（辰巳）さんは、何も言わない、おとなしい人でしたよ。稽古（リハーサル）を四、五回やらせてと『なんかない？』って言いだす。『三回目のテイクがいい』とか言うんだけど、こっちは感性でやっているからわからない。計算してるわけじゃないから、言われたってできない。〔…〕アフレコも初めてだけど、意外に苦労しなかった。神代さんの映画では明らかに口と台詞が合ってないのはアフレコのせいですよ。『入れてみたら』って、台本にない台詞を急に入れてみたりね。『屈辱を受けました。腹でも切りますか』という台詞なんてそうですよ。突然言うんです。『言ってみようか』って。〔…〕ロケは西湖近辺。粟津さんが街頭で煙草を盗むシーンがありますが、ロングで撮っているので撮影だと気づかれず、ほんとうの泥棒と間違えられて一般の人に蹴られたんです。『泥棒ーッ』。で、『撮影ですから』と慌てて」（谷本一「あのころは毎日が楽しくて無我夢中だった」『日活 1971 - 1988』）

今や神代の傑作の一つにあげられる『濡れた唇』も、撮影現場はまるで行き当たりばったりの自主映画のような状態で作られていたのである。

そんな、のらりくらりと、ひらめきとともに変幻自在に脚本を変える撮影法ゆえに捉えがたい（が魅力的な）映画を次々と生み出した神代が、例外的に明確な反体制メッセージを打ち出した映画が『女地獄　森は濡れた』（一九七三）である。映倫の規制に引っかかって三日で上映中止になり、伝説の作品となった。プロデューサーの岡田裕がこの作品の成り立ちを教えてくれた。

「『女地獄　森は濡れた』は原作がサドの『ジュスティーヌ』（一七八七年）。つまり、『原作権が切れているしいいだろう』ということになって。ホン作りに入るんですけど、あんなにすごい内容をやられるなんて思いませんでした。神代さんが自分で突っ走って明確な主義（思想）を見せたのはあれだけじゃないでしょうか。企画的にはサドマゾでいいと思っていたんですが、クマさんはそれよりも山谷初男たちがかもし出す反社会的匂いが大事だったようですね。『世の中なんてくそくらえ』って演説するんですよね。この『森は濡れた』で、強烈に神代さんは張りきったんです。ロマン・ポルノ裁判に対する思いがどこかにあったんでしょうね」（岡田裕「もっと自由でいいじゃないか——僕のプロデューサー奮闘時代」『日活1971-1988』）

では、当の神代本人は公開間もない頃にどう語っていたか。

「映倫にひっかかったせいもあるんですけど、いままでの作品でもう一度みたいと思うのは、これだけですね。てめえがそっくりサドにおんぶして、まったくサドそのままにやっちゃったもんですから、その分、気が楽で、もういっぺん見てみたいと思うのかもわからないけど」（神代辰巳「自作を語る」『世界の映画作家27　斉藤耕一・神代辰巳』キネマ旬報社）

神代の発言はどこまで本音だかわからない。作家は作品で語るということだろう。とにかく見ろと。幸い、現在では封印が解かれ、ブルーレイの綺麗な映像でこの作品を楽しむことができる。

この作品は、自宅に迷子になった旅人を泊めては殺戮を繰り返す龍之介（山谷初男）と洋子（中川梨絵）の夫妻を主人公にしたスプラッターポルノのような映画だが、もちろん映倫の残酷禁止規定をあざ笑うような描写だけでなく、龍之介の演説にはロマン・ポルノ裁判への抗議と解釈できる言葉が見られる。

「法律や道徳なんてもんは権力者の好みによって作られている。文明だって同んなじだ。いったいこんなつまらねえ世の中の文明のために精出して働いてる奴等に、何で俺が同調しなきゃならねえんだ？　俺の理性に嫌悪の念を起させる法律に、何でおれが賛成出来る？」（筒井武文編『女地獄　森は濡れた』［ワイズ出版］所収の同作シナリオ）

もっとも、それはサドの原作をほぼなぞった台詞だった。いつの世も権力者に抗する表現者は存在していたし、神代亡きあとにも何度でも現われるだろうという暗示だったのかもしれない。

ただ、この映画もまた真剣さの中に「遊び」のあるような現場だったようだ。アフレコの際に、洋子を演じる中川梨絵が大暴れして、神代をすっかり困らせてしまうという微笑ましい事件が起こっている。筒井武文編『女地獄　森は濡れた』に収録されたインタビューによれば、中川は、神代に対峙した瞬間、直観でこのままでは負けてしまうという感覚を覚えたという。

「神代さんは一番神代さんらしい時代に生まれたと思うし、監督としての位置が、というより次元が、〔…〕神代監督は他の星から〝あ・た・し・は…う・ち・う・じ・ん・の…〟〝く・ま・し・ろ・だ〟〝こ・う・ふ・く・し・ろ〟みたいなさ。〔…〕だから『女地獄・森は濡れた』の時はあれに負けまいみたいな」（中川梨絵「神代辰巳監督との仕事は宇宙人との戦いでした」『女地獄　森は濡れた』）

独特な感性で神代を捉える彼女の言葉は今読むとどっちもどっちというか、宇宙人同士の対決だったことを感じさせる。

そして、撮影が終わった後、彼女はオールラッシュを目の前にして、現場では感じなかった共演者・伊佐山ひろ子という別の敵を発見し、またしても危機感を抱いた。

「ラッシュを見た時です。これじゃ、とんでもないことになっちゃうぞうと。〔…〕じゃないと、伊佐山ひろ子の何もしないパワーに負けるなあと思った。あの虚構の中を探りながらやっているんです」（同上）

そんな彼女がアフレコでやったことは、現場では普通の口調でやった演技を大仰な貴族調の言い回しにすっかり変えるという大胆な行為だった。

「私はあのアフレコの調子で、〝どこが違うのかしらっ〟と言ったり、〝だって、わたくし、ふだんから、これなんですもの〟とか言って（笑）。この口調は自分で編み出したものです」（同上）

これには神代も激怒し何度も直させようとしたが、中川は決して折れなかった。その成果は完成作にばっちり残っている。さぞかし罪悪感があったのではと普通は思うところだが、さすが「宇宙人」である。彼女は「神代監督には嫌われたと思いますよ。あの後、一度もお目にかかってないんですよ」と平然と語っていた（同上）。

なお、神代辰巳は『濡れた唇』（一九七二）で平凡な人生からのドロップアウトを描き、『一条さゆり　濡れた欲情』（一九七二）でわいせつ物公然陳列罪に問われたストリッパーを主人公にし、『女地獄　森は濡れた』（一九七三）でマルキ・ド・サドの『ジュスティーヌあるいは美徳の不幸』を原作とした攻撃的映画を作り、『恋人たちは濡れた』（一九七三）で前張りもつけず全裸で馬跳びする男女を描いて官憲を挑発し、『四畳半襖の裏張り』（一九七四）では永井荷風が書いたとされる戦前の発禁本を原作にし、『壇の浦夜枕合戦記』（一九七七）では源義経と建礼門院（安徳天皇の母）のセックスを描くなど、「反体制」「反常識」「脱世間」的作品を連発したため、そこにばかり目がいく人間が当時も今も少なくないが、現場で修業中の助監督たちが注目する点はそこではなかった。

『一条さゆり　濡れた欲情』のチーフ助監督だった上垣保朗に当時の経験談を聞いてみた。上垣が取材場所に指定してきたのは、新宿東口の喫茶店「らんぶる」。上垣の盟友・佐伯俊道（脚本家）によれば上垣が打ち合わせによく使っていたお気に入りの場所だったという（佐伯俊道「帰らざる日々〜ｂｙｅ　ｂｙｅ　ｂｙｅ　上垣保朗〜」『シナリオ』二〇一九年三月号）。

上垣が日活に出入りし始めたのは、ダイニチ映配時代の一九七一年初めのことで、同年三月公開の『谷岡ヤスジのメッタメタガキ道講座』（江崎実生）が初現場だったという。不安定なアルバイト助監督として現場に立ち続け、一九七三年に正式入社し『ピンクのカーテン』（一九八二）三部作を始めとするヒット作を連発する監督になる。

「神代さんの『一条さゆり　濡れた欲情』についたけど、クマさん（神代監督）からは演技指導を学んだね。ワンシーンをワンカットで撮るからリハーサルを綿密にするわけね。クマさんは画をカメラの姫田（真左久）さんに任せられるから演出に集中するんだけど。ワンシーンをまとめてリハーサルするというのは、俳優にとってもいいんだよね。集中力が続くからね。これは参考になった。僕の『待ち濡れた女』（一九八七）でもこういう風にやったんだよ。澤田（幸弘）さんの現場にも行ったけど、神代さんも澤田さんも本人は政治的な人じゃないよ。ゴジ（長谷川和彦）とかがそういうテーマを持ち込んだだけ」

上垣に限らず、次代の日活を担う監督候補たちは、初期ロマン・ポルノの表層に見られる反体制メッセージに目を奪われることなく、作品のクオリティーを支える独特の演出術を冷静に学んでいたようだ。

ロマン・ポルノの青春

公然わいせつ罪で警察に摘発されたストリッパー・一条さゆりのパフォーマンスを描き、ラストには逮捕された伊佐山ひろ子が警察署前で裸になる、そんな神代辰巳の『一条さゆり　濡れた欲情』（一九七二）は、その主題だけですでに警察を挑発するものとして受け止められたが、貧乏所帯ゆえにまるで学生映画なみに手作り感満載の製作体制だったようだ。製作を担当した古川石也は次のように回想している。

「ロマン・ポルノでついた作品では、僕は藤田（敏八）さんや神代さんの作品が印象深い。神代さんの『一条さゆり　濡れた欲情』はロマンポルノ初の地方ロケで大阪に行ったんだ。ストリップ小屋は幡ヶ谷で撮った。スタッフは最小限で、確か監督、助監督、撮影部二人、それと僕くらいじゃなかったかな。泊まるところも、宿代を浮かせるために大阪支社の社員が知っている長屋みたいなところだった。監督や役者はビジネスホテルだったけど」（古川石也「大変だ！　事件だ！　事件だよ！　日活撮影所第一製作部」『日活 1971 - 1988』）

映画作りでもっともお金がかかるのが人件費である。機材は油をさしてバッテリーを繋げば動いてくれるが、人間には飯も宿もいる。製作がその経費をどう浮かせるかに腐心した様子が生々しく伝わってくる。

もっとも、細部の記憶は各人少しずつ異なっているようだ。美術監督を務めた土屋伊豆夫に聞いたところ、「『一条さゆり　濡れた欲情』（一九七二）では、大部分を大阪ロケで撮っています。予算がないので、日活大阪支社の方に協力してもらって、社員の自宅にスタッフが合宿して製作しました」というところまでは同じだが、その先が少し違う。土屋自身も助手を一人連れて、ロケ現場に乗り込み、ロケ場所の装飾を自ら行った。

「ロケバスもないですから、監督とカメラはタクシーで運んで、私と装飾担当は大きな車付きカバンを持って電車やバスで移動したんですよ。一条さゆりさんと伊佐山ひろ子さんが好演しましたが、この手のオールロケではカメラマンの姫田真左久さんの手腕がものを言いましたね。素晴らしかった。美術仕事としては、笹塚にあった映画館が廃業すると言うので、それを再利用してストリップ小屋を作りました。客席と舞台を加工して、花道やせり出しを作ったんです」(土屋伊豆夫「継続は力なり 私にとってのロマン・ポルノ」『日活1971 - 1988』)

なお、ストリップ小屋の在所が古川によれば「幡ヶ谷」、土屋によれば「笹塚」と異同があるがどっちが正しいかはわからないし、問うまでのことでもない。幡ヶ谷と笹塚は隣り合った地域なのだから。

土屋によれば、彼はデザイナーとして現場にいたにもかかわらず、役者が足りないため成り行きで俳優デビューする羽目になった。いわゆる「内トラ」である。仕事をするのはプロでも、現場は自主映画なみの窮状だった。

「一条さんの引退興行のシーンでは多くの観客が必要でしたが、エキストラ代がない。そこはスタッフ・関係者を総動員して出てもらいました。私も一条さんを逮捕する刑事役で出ていますよ」(同上)

この作品はブルーレイで見られるのでみなさんも土屋デザイナーを探してみてはいかがだろうか。

ロマン・ポルノはロケ場所選びにも苦労がつきものだった。一九七〇年代初頭にはまだ市民権を得ていなかったため、なかなか使用許可がおりなかった。となれば、どうするか? ゲリラ撮影をするのである。小沼勝が自著で『昼下りの情事　古都曼陀羅』(一九七三)のクライマックスとして撮られた大きな寺の墓地での風間杜夫と山科ゆりの野外セックスシーンの苦労話を書いている。

「ロマンポルノの野外ロケは、関係者以外に見られないように何かと苦労する。〔山科〕ゆりはコートの下は常に全裸に前貼り状態で、寺院の裏回廊などで客が少ないとみれば、ソレっ!とカメラを回すこともあった。〔…〕この映画は、無縁仏が沢山ある寺院内での山科と風間〔杜夫〕のポルノシーンがラストになる」(小沼勝『わが人生　わが日活ロマンポルノ』)

関係者を出し抜いて撮影する手口は次のようなものだった。

「製作担当〔斉藤英宣〕が、社務所で和尚と一升瓶を挟んで映画や世間話で時間を稼ぎ、和尚が『どれ一つ冥途の土産に撮影をみせてもらおう』と立ち上がったら〔…〕別動隊に無線で知らせ、〝擬似撮影〟の『ヨーイ、ハイ!』だ。照明の川島晴雄をカントク役に、坂本〔長利〕さんにはせっせと石段を登り降りしてもらい……そのはるか上で、本隊は〔山科〕ゆりと風間杜夫の最後のポルノシーンを撮ったのである」(同上)

今や時効であり笑い話になっているが、バレたら大問題である。そんなスレスレの状況でロマン・ポルノは生まれていった。

もちろん、堂々と許可を得た作品もある。製作の古川石也はインタビューで以下のように語っている。

「藤田敏八監督の『八月はエロスの匂い』（一九七二）は八王子の『丸井』のワンフロアを閉店後貸し切って撮影したけど。ロマンポルノに好意的でしたよ。あれだけのスターがついこの間までいた日活という看板はたいしたものでロマンポルノになったからと言って、世間一般の人たちがいきなり冷たくなったことはない」（古川石也「大変だ！事件だ！事件だよ！日活撮影所第一製作部」『日活1971 - 1988』）

というのが基本だったが、世間はいつも甘い顔をしてくれるわけではなかったようだ。ロマン・ポルノ五周年の座談会の中で神代辰巳と加藤彰がこんな会話をしている。

神代「ロケーションさせてくれませんから。日活でも児童映画は貸してくれますけど、ロマン・ポルノには貸してくれません」

加藤「だから台本見せないで、うまく話して、撮影をして、何の映画だなんていわれたら、テレビだとかなんとかいって帰ってきちゃう場合もある。ほんとにくやしい」

（神代辰巳・田中登・加藤彰・山本晋也・結城良熙・吉田成己（司会）「〈特別座談会〉日活ロマン・ポルノ六年目の新たな胎動をさぐる」『キネマ旬報』一九七七年二月上旬号）

古川の話では、予算がなくて寺の宿坊に泊まるということもあった。

「『実録桐かおる　にっぽん一のレスビアン』（藤井克彦、一九七四）はストリップものでこんなの入るのかと思っていたら、これがヒットして、『桐かおる』って凄いんだなと。これは京都ロケに行った。京都に総ガラス張り〔注：正確には鏡張り〕の流行っているストリップ小屋〔千中ミュージック〕があってね。二泊三日で行っただけど、スタッフは有名なお寺の宿坊に泊まったんだ」（古川石也「大変だ！事件だ！事件だよ！日活撮影所第一製作部」『日活1971 - 1988』）

しかし、血気盛んなカツドウ屋たちが宿坊であろうが修行僧のように静かに過ごすはずはない。

「撮影が終わると、みんな酒を飲んで騒ぐじゃない？　すると、寺の坊さんが『うるさい。寝ろ』って怒ってくる。こっちはふとんをかぶって寝たふりをするんだ。子供の修学旅行みたいだったよ。あと助監督がトイレに行くのも面倒で庭で小便をしちゃって、あとで知ったんだが、この庭がかなり有名な日本庭園で、次の日とうとう『出て行け』と言われてね。まあ、少人数だし最悪は野宿かラブホでも頼み込めばいいかと度胸きめて、その日中探しまくって、修学旅行生が泊まるようなところをようやく見つけてね。今みたいにね、ネット情報がある訳でなし、運よく探しあてたもんですよ」（同上）

最後は、修学旅行の学生と一緒の宿に撮影隊が泊まる事態になってしまった。これも今や青春時代のような笑い話である。四十代から二十代までで構成された日活撮影隊は、貧困にあえぎつつ、遅れてやってきた青春期を謳歌していたのかもしれない。

「職人監督」というレッテルに意味はない：藤井克彦の奮闘

ロマン・ポルノは、ピンク映画やブルーフィルムにほとんど触れたことのないスタッフたちによって始められた。したがって、何が「当たる」かはやるまでわからなかった。自社のビデオの売り上げ実績や他社の作品を何本か見て、推量で「団地妻」「大奥」「女高生」「制服（ナースなど）もの」あたりをローテーションに入れ、あとは流行している性風俗にアプローチしてみるといった形で始まったのである。

一条さゆりを映画に出演させたのも、彼女は逮捕されたばかりで話題性があったし、日活常連俳優で風俗文化の研究・記録をしていた小沢昭一が彼女に取材していたからというくらいの理由だった可能性は十分にある。実際、『一条さゆり　濡れた欲情』（神代辰巳）にも小沢は出演している。目新しい題材や企画は手堅い技術を持ったベテラン監督で実験されていたようだ。

一九七〇年代当時まだ一般には知られていなかったレズビアンショーを取り上げた藤井克彦の『実録桐かおる　にっぽん一のレスビアン』（一九七四）にも小沢昭一が関係していたようだ。「レスビアン」という表記がいかにこの言葉が世間に知られていなかったかを教えてくれる。

この映画では、小沢は桐かおるの楽屋に乗り込むインタビュアー役で特別出演している。そのシーンは本物のストリップ小屋の楽屋で撮っているため、フィルム音が入るような雑な録音状態で収録されていてリアルさがあり、観客を普段は入れない現場に引き込むような効果を上げていた。藤井はウェルメイドなドラマや美的画面作りを好む監督だったが、この映画ではドキュメントの部分と、中島葵と芹明香が（本物のレズビアン・パフォーマーである）桐かおるの寵愛を争うドラマ部分をまぜこぜにし、モノクロとカラーのシーンを交互に（しかも法則性はない）入れ込むという前衛的表現を行い、批評家から高い評価を受け、しかも大ヒットをもたらした。藤井の話に耳を傾けてみよう。

『実録桐かおる』（一九七四）は実録ものですね。当時、ロマン・ポルノ始まって以来の興行成績ということになったんです。『桐かおる』は続編も作りましたけどね。これは結構面白かったですね。いわゆるドキュメンタリー的に彼女たちのやるショーとそれに桐かおるを奪い合う中島葵と芹明香。不気味な兄弟（榎木兵衛、庄司三郎）の出てくるクラブのシーンとかのサイドストーリーを絡ませてね。『桐かおる』を撮った時、斎藤（正治）がこれを見てびっくりして激賞した批評を書いていましたよ。あの頃、批評家によく言われたのは『藤井には思想がない』ってことでした。『思想って何だ』と問い返したいが、斎藤は寺山修司を持ち出して『藤井がこんな映画を撮るとは思わなかった』『藤井は映画を解体した』と。僕にしてみれば、それも映画だし、あいつの言う『わかりやすい』のも映画だからね。次はまた元通り『つまらない』って書かれるんだから、なんちゅうやつだと思った」

桐かおるという本物・現役のパフォーマーをドキュメントタッチで捉えたこの映画は、今や消えた芸能の記録・性風俗史の一級資料という付加価値までついている。ただ、当時とすれば、「当たるネタ」を探していた企画部の釣り糸にたまたま引っかかった大物ということでしかなく、藤井にとっては自身の映像的冒険の格好の材料だったという意味合い以上のものではなかっただろう。しかし、一度当たれば、柳の下にはどじょうが何匹もいると考えるのがこの時代の映画業界の常。この場合も、例にもれず藤井のもとには別のレズビアンを題材にした企画が舞い込んだ。

「翌年には『実録桐かおる』のヒットで『実録・元祖マナ板ショー』（一九七五）をやった。こっちは夕月マコが主演している。『マナ板ショー』の方はもっとドラマをしっかり作っているんだよね。風間（杜夫）と夕月マコの相方のストリッパー役・山科ゆりとの恋を描いているのがドラマパート。久しぶりに見返したんだけど、妙にリアリティーがある。見ててこっちが気が引けたかな。結局、ドラマといっても、主役をやっている方はホンモノのストリッパーの夕月マコですが。でも、あの人はセリフまわしが全然ダメなんですよ。だから、この間死んじゃったけど、中川梨絵に吹き替えをさせたんですよね。あいつがまたうまいんでね。だいたい、ロマン・ポルノは全部アフレコだから慣れたものです。だから、マコの相手役に山科ゆりを配してうまくドラマが回るようにしたんですね。だけど、夕月マコもしゃべらなければそれなりの雰囲気がありますから。今見ると楽屋裏の場面なんかには日活の大部屋女優さんたちが結構出ているね。あの連中がみんな面白がってやるもんだから。妙にリアリティーがありますね」

藤井は同じような主題を「当たる」という理由で続けざまに与えられた。ここが専属監督のつらいところだろうが、同じ主題を違うように撮ることで藤井は会社の企画を「自分の映画」に変えている。それが藤井の戦い方だったのだろう。もっとも、「レズ」は現在のAVなどを見てもわかる通り、徐々に定番ジャンルか濡れ場シーンの定番パターンになっていった。すると、最初の『桐かおる』ほど、面白くヒットもする作品が生まれなくなってしまう。

藤井も一度ヒットしたジャンルに拘泥することなく、与えられた企画の中での実験を楽しんでいたようだ。近年ようやくDVD化された『OL日記　密猟《あさる》』（一九七三）は『桐かおる』よりも前の作品だが、彼の撮り方やこだわりがよくわかる逸話なのでここに紹介しておきたい。

「この映画は、冒頭のアバンタイトルを頑張ったのを覚えている。京都といっても、幻想の京都だけど、その淫靡さというか、陰影の雰囲気。若い母を演じる宮下順子の絵皿の赤から、筆にいって、赤い唇にいくという流れも計算通り。テーマが、娘が母の『淫蕩の血』から解放されるというものだから。カメラマンの前田（米造）さんが現場でうーんといいながら協力してくれた。メインタイトルに映っている新宿駅のホームに電車が『進入』してくる画がワイドに引き延ばされているでしょ。あれは前田さんが以前から試したいことがあったみたいで、スタンダードのレンズにワイド用のアナモルフィックレンズをはめて横に伸びるようにした。これはなにか象徴的に使えるなと思って、タイトル画面に使うことにしたんだ。意味は『インターコース（挿入）』かな。『これから男女の仲になる』というヒッチコックの『北北西に進路を取れ』のラストの暗示のイタダキだよ。梢ひとみもよかったね。ラストの梢。母の呪縛から解放されたようになるところは彼女に衣装も演技もまかせたんだ。ノーブラになっているところは、彼女の工夫。自由になった感じを出しているね。呪縛とかの理屈は脚本家がこだわっているだけで、僕としては『赤』をどう見せるかだけを考えていた」

藤井克彦は多作でウェルメイドな作品作りに定評があるので「職人監督」と認識されがちである。しかし、藤井は「職人監督」「芸術監督」といった区分に意味はないと語ってくれた。映画はそんな単純なものでないし、どんな監督にも両方の要素が混然一体化しているものだと。藤井作品には露骨なイデオロギーや反体制的メッセージといった七〇年代の批評家が喜ぶ要素が見えにくいために、美的センスに注目はされるものの、作品そのものが論議の的にされることは少ない。

他にも多作ということだけで「職人監督」のレッテルを貼られてしまった監督の作品をまっさらな目で見直してみるべきだろう。そこにはたくさんのお宝が眠っているはずだ。

レッテルのために過小評価された林功

ロマン・ポルノの第一弾を担当した功労者・林功は、企画・脚本になかなか恵まれなかった。彼は藤井克彦と並ぶ多作ぶりで四八本のロマン・ポルノを撮り（ロマン・ポルノ前に『ハレンチ学園』シリーズを二本撮っている）、プロデューサーとしても二十本の作品を製作した（そのうち一本は自分で監督している）。

多作であり自己主張に拘泥しない林は「職人監督」というレッテルのために過小評価され続けている監督の一人といえよう。ちなみに、ロマン・ポルノの多作監督ベストファイブは、一位の西村昭五郎が八三本。二位は小原宏裕の四九本（三十分のドキュメント短篇二本と黎大煒との共同監督『チャイナスキャンダル　艶舞』を含む）。三位が林功で四八本（＋ロマン・ポルノのプロデュースのみが十九本）。同率三位は藤井克彦で四八本（＋日活児童映画二本）。第五位は小沼勝で四七本である。いずれの監督もロマン・ポルノの番組ラインナップを埋めるだけでなく、ヒット作・話題作を残している。この五人の監督作だけで、買い取り作品を含めた十七年分のロマン・ポルノの総数の四分の一ほどを占める。

多作といえば山本晋也を忘れてはいけない。彼は『未亡人下宿』『痴漢』シリーズなどの買い取り作品を中心に五九本も監督している（ピンク映画中心に活躍した山本の正確な監督作リストはない。現存する作品が少ない上に本数が膨大であり、変名の「山田勉」で監督した作品もあるようなのでこの数値は暫定である）。彼は日活専属監督ではないがロマン・ポルノを撮った本数は実質第二位に当たる。

わたしは、二〇一五年夏に林功の自宅を訪ね取材を行った。林は初対面のわたしにいきなりこう言ってきた。

「おう、日活の取材をしているらしいが、俺のところに来るのがずいぶん遅かったな」

取材当日は七月の終わりで外は四十度近い暑さだったが、一気に汗が引く思いがした。取材ではビデオを回しながら録音機材の代わりにしていたが、林はそれをあっという間にわたしから奪いこちら側に向けてきた。すでに故人となってしまったが、茶目っ気のある人物だった。

林功は早撮りで知られる監督である。午後五時までのスケジュールがあっても三時には終えてしまう。許容されたフィルムを今回はどれだけ余すことができたかを自慢するようなところもあったようだ。早く、安く、大きくは外さない作品を撮ることのできる林功は、会社の信用が高い手練れのベテラン監督であり、口は悪いが裏表のない人柄のさっぱりさもあって、周囲に好かれてもいたようだ。林自身、「ロマン・ポルノを最初に西村昭五郎と俺が撮ることになったのは、両方ともスタッフに好かれていた方だからだよ」と言っていたくらいだから、よっぽど人望があったのだろう。

女優の扱いもうまかったようだ。桂千穂が『性豪列伝　夜の牝馬ならし』（一九七三）の陣中見舞いに行った時、セリフがうまくしゃべれない女優がいた。しかし、林はそれでも怒りもせずOKにしたという。「いいの、いいの、アフレコの時にはもう少しお上手にね」と優しく話しかけ、女優の気分を害さない配慮も見事なものだった（北里宇一郎・北川れい子編『多重映画脚本家桂千穂』ワイズ出版）。ロマン・ポルノのロケでは基本的に同時録音しないので、セリフをしゃべっている雰囲気さえ押さえておけば、多少噛もうがアフレコでどうにでもなったのである。

ところで、林自身によれば、早撮りの理由には以下のような事情もあったようだ。夏の定番もの「海女」シリーズを撮った時の話をきっかけに話してくれた。

「『淫絶海女　うずく』（一九七八）。主演は八代夏子ね。千葉には日活の寮があるんだよ。そこに二泊くらいしてロケ。あとはセットやなんかは撮影所でできるから。どんなに長くたってロマン・ポルノの撮影は七日だろ。俺の場合はロマン・ポルノは十日もあったら退屈しちゃうんだよな。早くでも撮らなきゃ、やってられないところがあるからな。俺は芸術なんて作ったことないもの。芸術なんて作ろうと思えば誰でも作れるよ。ホンしだいなもんでね。ただ、どうひっくり返っても浦山桐郎にも今村昌平にもなれない。何かを意識して撮っているなんてことはないね。常にホンを読んで、ああこういうものかと、淡々と撮っているだけだな。そうじゃなかったら、あんなに早く撮れないよ。考え込んだらロマン・ポルノなんてね」（林功「結局、映画っていうのはサービスだぜ」『日活1971 - 1988』）

以上のように語ってくれた林だったが、実はこの話にはまだ続きがある。掲載許諾を受けていたのに、『日活1971 - 1988』の編集方針で字数制限があり、カットせざるを得なかった箇所である。ここに採録させていただく。

「ロマン・ポルノと比べたら、デビュー作の『ハレンチ学園　タックル・キッスの巻』（一九七〇）の方がもっと考えたよ。もうそろそろ日活がオシャカになる頃に一本撮れるんだから。『ハレンチ学園』シリーズは当たっていたから間違いなく客は来るし、やる気も出る。後輩の丹野（雄二）が撮った『ハレンチ学園』（一九七〇）より客を入れてやろうと意気込んだね。十兵衛役は（児島）みゆきがぴったり当てはまる。いい子だった。十兵衛の婿候補を選ぶオーディションみたいなシーンがあったけど、俺のチーフが小沼（勝）で、セカンドが田中（登）なんだよ。この二人が相当優秀だったから得をさせてくれる部分はあるね。芝居の上でも役者によく監督の意図を伝えといてくれる。小沼はわりに優秀だったんじゃないかな。二人とも監督になってから優秀だったよね。でも、次の『新ハレンチ学園』（一九七一）ではみゆきが使えなくなった。で、渡辺やよいにしたんだけど、冗談じゃないよ。あの役は絶対に児島みゆきじゃなきゃだめなんだよ。あの時は、丹野（雄二）がテレビドラマ版「ハレンチ学園」を先行してやっていて、こっちがクランクインする時には向こうは佳境に入っているわけだ。だからちょいとこっちでいただくよというわけにはいかないわけで」

林は好んで早撮りをしていたわけではない。本人曰く「子供が学費の高い学校に入ったんで」、学費を稼ぐために仕事を選んでいられなかったという事情もあった。もっとも、ホンが平凡ならば「いい作品」なんて作れない。それに監督は芸術家ではないし、映画作りは趣味ではない。プロがやる仕事なんだから、クライアントを満足させることを第一に置くべきで、わがままなんて言っていられない。

しかし、頭でわかっていても、割り切れない感情が胸に去来することがしばしばあったようで、それが「早く撮らなければやってられない」というスタイルになっていたようだ。それでも二本だけ満足いった作品が撮れたという。

「たくさん撮ったけど、ホンが先にできているので希望通り撮れるわけじゃないんだ。ホンをもらって、これならやってやろうかと思ったのが『実録エロ事師たち　巡業花電車』（一九七四）と『鎌倉夫人　童貞倶楽部』（一九七五）。『巡業花電車』は、俺も好きなシャシンでね。殿山泰（司）ちゃんが意外にのって、よくやってくれたよ。吉村平吉ってのが原作者。脚本は田中陽造だったな。日活ホテルの食堂で二人を会わせたら、ケンカみたいになっちゃってね。田中は悪いんだよな。からかうんだよ。おじさんの方は真に受けてね。おいおいやめてくれよってなもんだよ。『童貞倶楽部』も好きなシャシンだったね。宮下順子を初めて使って、いい女優だと思ったよ。それにしても、白川（和子）にしても宮下にしても、日活によく来たよな」（林功「結局、映画っていうのはサービスだぜ」『日活1971 - 1988』）

わたしは『鎌倉夫人　童貞倶楽部』を拝見する機会を得たが、宮下順子の美しさが際立つウェルメイドな作品だった。なかなかロマン・ポルノに出ない小松方正の悪役ぶりも見事だった。しかし、『ハレンチ学園　タックル・キッスの巻』はもっと力作だった。主人公・十兵衛を演じる児島みゆきの婿取りと称して当時の人気芸人たちが次々ギャグを披露する豪華ぶりや名物キャラ・ヒゲゴジラが死んで卵から甦るというナンセンスぶりに目を見張った。林曰く、チーフ助監督としてついた日活唯一の特撮怪獣映画『大巨獣ガッパ』（一九六七）の影響があったかもしれないということだった。本当にいいホンと企画、俳優、スタッフさえあれば、林功の傑作がもっと見られたはずだ。

ちなみに、脚本家の桂千穂は自らが書いた『ザ・コールガール情痴の檻』（一九七八）を「林功さんの最高傑作です！」と興奮気味に勧めてくれた。別のインタビューでも、この映画を自賛している。

「『嘆きのテレーズ』（一九五三年の仏映画）をまんまやったんです。病身の夫を抱えた妻が、昔の男に再会。わりなき仲になって、夫を殺すっていう話。〔…〕千葉の海の向こう側に家庭があって、東京のこっち側で浮気するという……女がフェリーで移動するんですね。〔…〕林功監督というだけで見なかった人もいたりして、もちろん斎藤正治さんなんか見もしない」（『多重映画脚本家　桂千穂』）

桂にとって思い入れのある一作だったことがわかる。林に尋ねたところ、「『ザ・コールガール』。東京湾フェリーを舞台にしてやった覚えがあるな。松永てるほ、梓ようこ」とだけ返ってきた。多作の林には過去を振り返る暇などなかったようで、台本は一切手元に残していないそうだ。実際、この作品を見たところ、殺しの事実を知った非行少女たちと主人公たちの心理的かけひきが見ものサスペンス・ポルノの良作と感じた。

ちなみに、この企画は一九七七年いっぱいで日活を退社した伊藤亮爾の置き土産で七七年中に完成していた。何らかの都合で公開が翌年二月に持ち越されたのである。桂は「変な話なんですが、〔林監督作品なのに〕真面目な映画だと公開が遅らされる」と憤っていた（『日活 1971 - 1988』）。

ＳＭ：未知との遭遇

ロマン・ポルノを代表する人気ジャンルだったＳＭだが、日活の監督・スタッフがそれを受け入れるのは容易な事ではなかったようだ。団鬼六原作、小沼勝監督の『花と蛇』（一九七四）が日活初の本格的ＳＭ映画となる。その大ヒットで団鬼六原作ものは、たとえ原作タイトルだけを借りて内容をまるで別のものにした映画であっても、「団鬼六」とタイトルについているだけでも、それなりのヒットが期待される定番ジャンルとなっていく。

日活におけるＳＭ事始めについては、小沼勝が自著『わが人生わが日活ロマンポルノ』で詳細に書いている。そのまま引用すると長くなりすぎるので、以下に要約してみよう。

団鬼六お抱えの女優で「SMの女王」と呼ばれた谷ナオミとの出逢いは、『花と蛇』（一九七四）の映画化の際だったと小沼は記す。会社から回ってきた企画だったが、小沼はこの小説を読んだこともなければ、団鬼六の名前すら知らない状態で、プロデューサーの松岡明と企画の五味春雄、脚本の田中陽造と小沼とで原作をもらいに団鬼六邸に向かった。

団は「こんなものが映画になりますか？」とつぶやきながら高級そうな中国酒をちびりちびり飲んでいる。小沼たちもビールを飲んで返事を待つ。

そんなことをしていると、突然停電が起きたという。そこに、和服姿の谷ナオミが燭台を持って静々と登場。小沼はゾッとする美しさを感じた。あとでわかったことだが、これが団鬼六流の映画化OKのサインだったそうである。

この状況を反対側から見ていた谷ナオミに話を聞いてみた。谷によれば、ロマン・ポルノの初出演は一九七二年の『しなやかな獣たち』（加藤彰）で、その後も出て欲しいと打診があったが興味がなく断っていたという。そこで、日活内部では「生意気だ」、いや「大物だ」と意見が分かれたようで、田中陽造による文芸ものを撮りたいという提案まで出たという。熱心な誘いに負けて、「自分しかできないものを」と思い、谷から団鬼六の『花と蛇』を提案したらしい（『日活 1971 - 1988』）。つまり、原作を使うどうかはあらかじめOKが出ていて、団なりのいたずらが仕掛けられたというわけだ。

しかし、小沼によればこの映画はモメた。「田中陽造のシナリオが気にくわない」と団が難色を示し、谷ナオミも松岡明も団を支持する始末。ただ、小沼は原作の面白さが全然わからず、むしろ田中が喜劇仕立てにしたのが嬉しかったし、そっちの方が理解できた。だから、撮影では笑いを誇張したという。それでも、谷は内心異論があってもプロとして田中の脚本と小沼の演出指示に従い、『花と蛇』を完成させた。ここからが問題である。試写会で完成作を見た団に激怒され、「二度とやらせない。日活には自分の原作は金輪際出さない」と宣言されてしまったのである（『わが人生　わが日活ロマンポルノ』）。

谷は両者の立場を客観的に捉えてこう話してくれた。

「小沼さんは『映画は娯楽だから暗いだけではいけない』と思っていて、この映画でもメイドとのシーン〔注：主人に下剤を飲まされ悶絶する〕でコメディーチックにしているところがあります」（谷ナオミ「〝谷ナオミ〟は私の誇り。だからこそ、今も前向きで生きていける」『日活 1971 - 1988』）

団が激怒した理由は、自分の小説は「もっとしっとりとした世界観」だったわけで、「コメディーになんかしたらぶち壊し」というところにあったそうだ。

ただ、これでSMモノがロマン・ポルノで一切撮れなくなったわけではない。団の激怒に発奮した小沼と田中は次の谷主演作『生贄夫人』（一九七四）をオリジナル作品として完成させて、団を見返すことに成功したのである。

ここで描かれた谷の脱糞シーン（映倫によってわずか三コマに削られた）は汚さではなくそれを元夫に見られる谷の羞恥心に焦

点を合わせた描写になっていた。谷によれば、団鬼六はこの作品をちゃんとチェックしたようだ。

「団さんも完成作を見て、『ちゃんとできるじゃないか』となったようで、以後、日活で団鬼六シリーズが定番化するようになった」（同上）

もっとも、この後一番多く団鬼六原作の映画化を手掛けることになった藤井克彦は、団鬼六のＳＭ小説は、可憐なる貴婦人がサディストに囚われ、恥辱の内にマゾヒストの快楽に目覚めるというものが多く、ヴァリエーションが少ないと感じ、とても苦労したという。一九七五年の『残酷　黒薔薇私刑』についての話を伺った。

「これも団鬼六原作とあるけど、原作とは全然違う戦前ものの映画にした。だけど、団のＳＭが邪魔をするんだ。大幅にホンを変えたのが、兄（五條博）と妹（東てる美）の心中シーンだね。ピストル自殺に変えたんだ。戦地から兄・五條が帰ってくると愛する妹が狂ってしまっていて、五條は盲目になっている。この絶望で妹と心中してしまうという筋を脚本家（久保田圭司・大村順一）と作った。五條を愛していた女中の谷ナオミは、このピストルを拾って、愛する五條が盲目なことをいいことに、彼の前で自分の口を塞ぎレイプした最も憎い将校・江角（英明）のところに行って銃弾を放つ。このシーンはホンではもともと一ページくらいのあっさりしたものだった。これを大芝居にしたんだ。憎き江角が谷に延々と語るシーンにね。『俺はお前に惚れていた。しかし、若旦那（五條）はお前を売ったんだ』と歌舞伎のような見得を切った大芝居。二人の対決は、大きな鏡越しにも映り込む。予算の関係で鏡の大きさは限られてしまったけど、そこはカメラの畠中照夫さんがうまく撮ってくれた。撃たれた江角は鏡越しに『五條と谷の隙間のない愛の関係が妬ましかっただけだったんだ…』というようなことをつぶやき死ぬんだ」（藤井克彦「日活って面白い会社だったんでしょうね」『日活 1971 - 1988』）

こう語る藤井は自作に対する愛着を隠さない様子だった。実際見ると、このラストシーンに向けて、谷のボルテージが上がっていく様は見応えがある。ただ、谷が特高に拷問され江角に凌辱されるシーンはあっても、ＳＭ映画とは毛色が違う。団はこれを見たのだろうか。見たとすればどう感じたのかは団が亡くなった今、知るよしもない。

団のＳＭを知悉している谷ナオミに再び話を聞くと、「団鬼六さんのＳＭはハードＳＭというよりもソフトＳＭで『精神的な責め』」という特徴が大事なのだという（『日活 1971 - 1988』）。藤井には、そんな団鬼六のＳＭ美学がまるで理解できなかったそうだ。

もっとも、藤井は一度団にＳＭの極意を尋ねたことがあった。団は一例として「マスに入った米を地面に落とし、すべて拾わせ、また落とし拾わせるのを繰り返して屈辱を与える」と語ったそうだ（『日活 1971 - 1988』）これで「なるほど」と納得した藤井だったが、「精神的な責め」はフィルムに映らない。そこに団鬼六の映画化の難しさがあった。
　谷ナオミによれば、日活における団の最高の理解者は小沼勝だったという。

「〔団鬼六の〕ヒロインはあくまでも高嶺の花であり続けなければいけなくて、綺麗な花をその盛りに摘みたくなるような感覚で、繊細なガラス細工のようなヒロインのプライドを打ち砕いて屈辱に跪かせるというのが男の欲望だと考えていたんです。日活の監督さんの中では小沼勝さんが一番SMについて理解していたんじゃないかと思います。最終的に綺麗なものが崩されるというのが魅力ですから、責められていても、ギリギリまで形としては美しくなければいけないわけです」（谷ナオミ「〝谷ナオミ〟は私の誇り。だからこそ、今も前向きで生きていける」『日活1971 - 1988』）

　なるほど、先に挙げた『生贄夫人』もそうだし、谷が視姦によって追い詰められていき、最後には「夕立が…」といいながら秘所を濡らし男の元に走っていく『濡れた壷』（一九七六）のラスト、道成寺縁起を取り入れた力作の『花芯の刺青　熟れた壺』（一九七六）の幻想の舞の中で快楽へと崩れ落ちていく谷の美しさは、他の監督の追随を許さないところがある。谷も団も満足したことだろう。
　一方、周りの俳優やスタッフからすれば、小沼勝自身がサディストなのではないかと思わせる場面が何度もあったという。小沼の『団鬼六「黒い鬼火」より　貴婦人縛り壷』（一九七七）で、金持ちに囲われている谷ナオミの恋人役を演じた志賀圭二郎は、ほんの少ししか出てこない拷問シーンにも妥協しない小沼の狂気ぶりを目撃したと教えてくれた。

「印象的なのは、その庭先に谷さんと小作人役の若者が二人で磔にされているシーンです。早朝ロケで、磔の二人の前にある鶏頭の花が妙にきれいに見えました。長時間の撮影でしたから、縛られたままの若者は限界になって吐いてしまっていましたね。それでも小沼さんは降ろそうとはしなかった。小沼さんはすごい鬼才でしたね。役者をとことん追い込むんです」（志賀圭二郎「心までハダカになったロマン・ポルノの現場」『日活1971 - 1988』）

　責めのシーンのリアリティーを出すためとはいえ、役者をギリギリまで追い込む小沼演出に反発するスタッフもいた。一九八三年の『縄と乳房』でのことである。主演の松川ナミは水恐怖症であるにも関わらず、巨大な水車に括りつけられ何度も水に顔をつけられ、水車を回され、延々と拷問シーンというか、拷問そのものを繰り返され失神した。あまりの仕打ちに女性スタッフから小沼への怒りの声が飛んだ。小沼は、ある座談会でこの事件を回想している。

「〔『縄と乳房』（一九八三）で〕松川ナミが水車に縛られて水責めされるシーンなんて本当に苦しかったみたいだけど、頑張ってくれましたよ。でも、こっちにはどれくらい苦しいか判らないじゃない。早めに〝カット!〟って言えばいいに決まってるけど、ついもう一回転させちゃって、〔ナミが〕口から泡がブクブクと。〔…〕スリッパ脱いで上がるセットがあったんだけど、降りようとしたら僕のスリッパがない。女性スタッフが〝ナミちゃんになんて酷いことするの?〟という抗議で隠したんですよ。だから、僕はメイクのあけみを呼んで、〝こっちは命懸けで撮っているんだぞ!松川ナミにとってもこの映画が正念場なんだから〟って言った」(小沼勝・芳田秀明・村上修「ロマンポルノの撮影現場　小沼組を覗いてみる……」『愛の寓話 Vol.2』)

まさに「映画の鬼」と言うべき凄まじいエピソード。小沼は作品の完成度のためならば、多少の無理は押し通した。スタッフも俳優も時には地獄を見た。しかし、出来上がった作品が素晴らしければ、恨みもふっとんでしまう。それが映画を作る人々のサガなのである。『縄と乳房』は桂千穂の脚本の力もあり、SMを通した中年男女の哀歓あふれるラブストーリーの秀作になった。小沼は、感動的なハッピーエンドのためにこの強烈な責めからの落差が必要と感じていたのであろう。この水責めのシーンは、SMパフォーマーを演じる松川ナミと田山涼成が「ホンモノ」のSMマニアを演じる志麻いづみ・坂本長利とSM対決をする中で、「ホンモノ」ではなく「ホンモノらしく」パフォーマンスをやる自分たちの絆とプライドを取り戻すきっかけになる重要な場面なのである(SMそのものではなくフィクションとしてのSMを撮る小沼自身の姿が重ね合わされているかのようだ)。手を抜くなんてことは小沼には考えられなかっただろう。

ところで、『縄と乳房』の水車責めでわかるように、ロマン・ポルノのSMモノでは、だんだん責めの手口がどぎついものになっていった。しかも、谷が語った「精神的な責め」ではなく、肉体的な苦痛を伴う方向へ。谷のケースでいえば、加藤彰の『奴隷妻』(一九七六)に出演した時、谷の腹の上でステーキを腹の肉ごと切り裂く責めが描かれた(もちろん、人の肉を切るのではなく、豚肉を使ったそうだ)。谷はそこで「血を流すなんて興ざめだ」と感じたという。藤井克彦の『団鬼六　縄炎夫人』(一九八〇)では、麻吹淳子が大きな木に逆さ吊りにされ、小沼勝の『奴隷契約書』(一九八二)では、松川ナミが尻にロウソクを突っ込まれ火を点けられた。中原俊の『奴隷契約書　鞭とハイヒール』(一九八二)では、同じく松川ナミが満潮間際の浜辺に首まで埋められ放置された…。

谷ナオミは一九七九年の『団鬼六　縄と肌』(西村昭五郎)で映画界を引退した。その表向きの理由は前年結婚し、拠点を熊本に移すことになったからであるが、谷によるとその裏には、「肉体的責め」のエスカレートに向かうSM映画というジャンルの未来への絶望があった。

「潮時だと思ったんです。SMの表現はエスカレートする一方でした。あとは、『本番』作品をやるしかない。『表現の世界でできることは終わりかな』と考えて、最後は団さんの好きな任侠ものでと、『縄と肌』(一九七九)で引退したんです」(谷ナオミ「〝谷ナオミ〟は私の誇り。だからこそ、今も前向きで生きていける」『日活1971 - 1988』)

谷の予言は的中した。谷の引退後、彼女の考える「精神的」SM映画の世界は吹き飛ばされてしまい、彼女の後継者たちは肉体的責めに苦しまされることになった。

濡れ場の演出の苦労

暗い話題になってきたので、ここで一息。ちょっとしたほのぼのエピソードを入れておきたい。先にも述べたように日活でも一九六〇年代後半には性をテーマにした作品が現われてはいたが、濡れ場の演出経験がある者はゼロに等しい状態だった。

濡れ場の演出で誰が得意で、誰が不得意かという話は繊細なことなので、さすがに取材で直接聞くことはできなかったが、ロマン・ポルノに関するさまざまなインタビューで共通して名前が挙がっていたのは、神代辰巳と小沼勝の二人。それだけ群を抜いていたようだ。

取材で分かったのは、濡れ場演出にはおおざっぱに分類すると、三つのパターンがあったということである。一つは俳優や他のスタッフにお任せしてしまうタイプ(ただ、この中には積極的に任せるタイプと消極的に任せるタイプとが分かれる)、二つ目はアフレコであることを利用して、撮影しながら細部まで口頭で指示するタイプ、三つ目は自分で模範演技をやってマネさせるタイプである。

濡れ場の演出が苦手で有名だったのは、長谷部安春である。濡れ場の演出はほぼ自分ではせずに助監督やカメラマンに任せることが多かったようだ。白川和子は田中千世子によるインタビューで「長谷部安春っているじゃない。あの人、女下手よ(笑)。ひたすら男、男、男」(『映画芸術』二〇〇一年夏号)と手厳しい評価をしている。白川はどんな監督とも「監督、女の人、こんな気持ちにならないと思うよ」とディスカッションしながら仕事をしていたというだけあって辛辣である。また、森勝も北里宇一郎によるインタビューで冗談交じりにこう証言している。「よく芝居は俺(長谷部)が撮るから、ファック・シーンはお前に任せると言われましたねえ」(北里編『暴行切り裂きジャック』ワイズ出版)。

ただ、長谷部の名誉のために一言しておくが、確かに彼はロマン・ポルノになかなかなじめず、一九七四年の『すけばん刑事ダーティ・マリー』(ロマン・ポルノではない一般映画)まで一年半も日活映画を避けてテレビの仕事をしていた。久々のロマン・ポルノを撮るまではさらに二年かかった。それでも『犯す!』(一九七六)以降はコツを掴み、『暴行切り裂きジャック』(七六)、『㊙ハネムーン　暴行列車』(七七)、『襲う!!』(七八)など彼にしか撮れないバイオレンスポルノの傑作の数々を残している。

加藤彰も「女を描きたい」と言って石原裕次郎の誘いを断ったぐらい、ロマン・ポルノに意欲的だったわりに濡れ場演出は苦手な方だったようだ。というより、女性の意志を尊重したいという思いが強すぎて、自分の演出が「正しい」かそうでないか、不安があったという方が正確だろうか。スクリプターの秋山みよによれば、加藤の現場についた時に濡れ場の演出をめぐってこんなやりとりをしたという。

加藤「これでいいの？」
秋山「あなたが決めたらいいでしょ」
加藤「冷たいじゃない」
秋山「ここがダメだよ」
加藤「じゃ、もういっぺん」
（秋山みよ「戦後映画の黄金時代を歩んで」、桂千穂編『スクリプター　女たちの映画史』日本テレビ放送網）

どうも加藤は女目線の「正解」を知りたがっていたようだ。

二つ目の撮影しながらカメラ横から細部まで指示するタイプはもっとも多かったと思われる。近藤幸彦が濡れ場で女優が泣いてしまって何もできなかったので、スクリプターの白鳥あかねが「ヨコ師」として指導したというのは初期の話で、だんだん慣れてくると監督やカメラマンが指示しながら撮るのが普通になっていったようだ。西村昭五郎や林功、小原宏裕のような多作派がここに該当する。橋本文雄によれば、西村や加藤彰は女優が痛がるいい表情がなかなか取れないときには、女優の足をつねってそれっぽい表情を出させるという手を使っていたという（橋本『ええ音やないか』）。この手法はピンク映画ではよく使われた手で若松孝二はもっぱらこの手を使っていた（村井実『はだかの夢年代記　ぼくのピンク映画史』［大和書房］には、若松が女優をつねる証拠写真が掲載されている）。

畑中葉子に初現場『愛の白昼夢』（一九八〇）での小原宏裕の濡れ場演出について話を聞いた。

「私がすぐに泣いたり、固まったりしてしまうもので、撮影現場はピリピリしていました。演技経験もないから。でも、オールアフレコなので、小原監督が現場で『ここで手をあげて、足あげて、上向いて』と優しく声をかけてくださって、それにこっちも応える形で撮っていたんです」（畑中葉子「日活映画に出たことは今の私の原点です」『日活1971 - 1988』）

一九八〇年にもなると、小原にはすでに八年のキャリアがあり、多作の彼には濡れ場演出はもう慣れっこで目をつぶってもできたに違いない。演技というよりもまるでダンスの振り付けのように、あるいは操り人形師のように手際よく、緊張する畑中に抵抗するいとまも与えず、濡れ場を撮ってしまったようだ。

風祭ゆきによれば、この頃には濡れ場の撮り方のシステムが確立しており、その撮影風景は傍目で見ていると滑稽な感もあったという。

「スクリプターが囲碁の対局のように〝10秒、20秒〟って時間を読み上げてたりしましたね。20秒たったら私が背中を反らしてそれが15秒続く、みたいに。そこに監督さんが〝肩胛骨揺らして〟とかどんどん指示を出してくる。カメラマンの助手はピントを合わせながら、ひたすら前貼り（原文ママ）が見えたかどうかをチェックしている。あの撮影現場は端から見ていたら面白かったと思いますよ」（風祭ゆき「ロマンポルノは経験が蓄積される。続けることに意味があったんです。」『愛の寓話 Vol.2』）

同じく指示するタイプでも、自分の頭のなかの理想へ導くため、事細かに演出をしてできるまで粘るのが田中登であり、曽根中生であり、武田一成だった。橋本文雄によれば、曽根は「わりと情け容赦ないことをやらす」ので、濡れ場での画面の迫力が出るという（『ええ音やないか』）。曽根については、その人物評も含めて後で取り上げることにしよう。

三人の中でも、特に田中登の完璧主義は有名だった。宮下順子は自著で神代辰巳と対照して次のように述べている。

「神代さんの場合は、わりと融通がきくっていうか、何回も言われてもこちらがそういう芝居ができないと、こっちができるように、また変えてくれる」（宮下順子『水のように夢のように』）

一方、田中登はどうだったか。

「絶対だめ（笑）。そういうのは。田中さんは自分ですっかり決めてくるの」（同上）

なかなか辛辣である。

宮下は同著で神代作品の『赫い髪の女』（一九七九）で一緒だった石橋蓮司との濡れ場を回想して、石橋のような男優に演技をリードしてもらい自分はそれに合わせるのが楽だと語っていたが、そんな彼女でさえ、田中の「完璧」を求める指導のねちっこさには参ったようだ。

武田一成はもっとやっかいだった。明晰な説明をする点では、田中も武田も一緒なのだが、橋本文雄によれば、武田は自費でフランスに映画留学しただけあって理論派だった。

「一成さんの作品では、ロマンポルノの枠組で文芸映画の色が出るんだと思うんですよ。やがてそのドラマのなかの侘しさと濡れ場の哀しさがひとつながりになって、作品に得もいわれぬ『雰囲気』が出てくる」（橋本文雄『ええ音やないか』）

その一方で、俳優への指示は厳しかったという。

「だけど一成さんの演出って結構厳しいんですよ。気が短いのかもしれない。大きな声で怒鳴ったりすることもあるんです。〔…〕技術的に、ああしてこうしてと砕いて説明するんです。だから気が短いと見えても、本質的にはやさしいところがある」（同上）

しかし、普段から武田と近しい関係だった白鳥あかねには違って見えたようだ。例えば『順子わななく』（一九七八）の時である。ちなみにこのタイトルは撮影後につけられたもので、そのため、主人公の名前をアフレコで「順子」に変える必要が出てきて大変なことになったエピソードが知られているが（『水のように夢のように』）、白鳥は撮影現場はもっと大変だったと語ってくれた。

「イッセイさんは夫の白鳥（信一監督）と同期で、若いときからすごく可愛がってくれました。この映画では、イッセイさんの言っていることが役者に伝わらず苦労しましたね。例えば、主演の宮下順子にセックスしながら『いななけ』というんです。これを聞いた順子が首をかしげて、私の方を見て来るのでこっちで通訳するという感じでした。あの人は思いが先走ってしまうんでしょうね」（白鳥あかね「私に映画を教えてくれたロマン・ポルノ」『日活1971 - 1988』）

人の見え方は誰が見るか、どこから見るかで変わるという好例である。

第三の模範演技を見せるタイプは、小沼勝と蔵原惟二である。『ピンクのカーテン』で美保純に演出をしているスチール写真を見る限りでは上垣保朗もこのタイプだったようだ。

小沼は『わが人生　わが日活ロマンポルノ』で初演出となった『花芯の誘い《いざな》』（一九七一）の演出について詳述している。そのまま引用すると長くなってしまうので要約すると、以下のような感じだった。

本作のヒロインは牧恵子。エキストラ派遣会社の女優だった。彼女はまだ新人なので、脚本のト書きに「P子の気持ちは千々に乱れ」などと言葉で書かれても伝わらない。なので、小沼は助監督と一緒になってプロレスのようにこうするんだとサンプルを演じて見せる方法を採ったという。小沼はこの体験に、ロマン・ポルノは頭よりは体力勝負だと思い知らされたという。また、小沼曰く、プロデューサーの伊地智啓はこの型破りな演出法を初めて見たのか、驚愕させられたようだ。

一方、蔵原惟二の模範演技を見せる演出法は、彼の師匠で俳優でもあった小杉勇監督直伝の手法だった。最初のロマン・ポルノとなった『セックス・ライダー　濡れたハイウェイ』（一九七一）での濡れ場演出にまつわる逸話を話してくれた。

「この映画は、永原秀一（脚本）と一生懸命取り組んだ。問題は、田中真理と吉沢健のからみだよね。演出に迷ったよね。俳優兼監督の小杉勇先生の下で僕は修業したから、自分が手本を見せる演出法をしたんだ。で、試写があるじゃないですか。真っ暗になって、ラッシュが流れると、その時の演技の付け方で自分のセックスのクセが出ているんだよね。これを見て、一人真っ暗な中で赤面した覚えがあるな」（蔵原惟二「ロマン・ポルノで紡いだ物語」『日活1971 - 1988』）

必死で模索していたがゆえの微笑ましいエピソードだ。

濡れ場の演出がうまい監督の代表格は、先にも述べたように神代辰巳である。彼の場合は、長回しが基本なので、現場や俳優によって以上の三つの技法の組み合わせを変えながらリハーサルを繰り返し、その都度芝居を細かく自分でやって見せてつけたり、言葉で指示したり、偶然出てきた俳優のアイディアを採用したりして、固めていくタイプだったようだ。その変幻自在さを目の当たりにした宮下順子は、神代監督は「女をよく知ってるっていう感じね」と絶賛している（『水のように夢のように』）。

　橋本文雄は、神代演出について、綿密に演技をつけていながら、演出抜きの「ありのまま」を撮っているように見せていると絶賛している。


「クマちゃん〔神代辰巳〕の演出は、なんとなくうじゃうじゃ芝居をさせて、それをワンシーン・ワンカットで撮らせたり。できあがった映画は細切れというより、なんか『全体』を大づかみにした感じがしますよね。それでいて演技指導はクマちゃんが自分でやってみせる。それも細かいんですよ。いろいろ思いつくし」（橋本文雄『ええ音やないか』）

ただ、神代の説明は抽象的で理路整然としていないので、俳優はそれを具体的な芝居に落としていかなければならない。だから、なるべく芝居のできる俳優を使わなければならないという弱点もあったようだ。

　宮下順子によれば、神代には当初、手の動きから、顔の向きまで全部芝居をつけてもらっていたという。


「だから、すっごく時間がかかるんです。本番回すまで。一回テストをやると、『じゃ、手はこのときにこう伸ばして』とか、いろいろね、一個ずつ直していく。もう操り人形」（宮下順子『水のように夢のように』）

　それが数年後になると「わりとそんなには言わなくなった」そうだ。ひょっとすると、手取り足取りの段階で宮下順子の体に神代が望む女の芝居を叩きこんだのかもしれない。本人が気付かないうちにクセでやってしまうように。

本当は不器用だった田中登

　ここからは日活の名物監督について何人かエピソードを掘り下げてみよう。まずは田中登である。わたしが本格的に取材を開始したのが二〇一四年だったため、二〇〇七年に急逝した田中にはついに会えなかった。重ね重ね残念に思う。ただ、死の直前にロング・インタビューが行われており、たった一日、数時間の取材だったにもかかわらず、一冊の本になって出版されている。先人の研究に感謝である。

　『映画監督　田中登の世界』（ウルトラ ヴァイヴ）と題されたインタビュー本を読むと、監督の会話体を生かして採録していることもあって、彼の人柄が伝わってくる。田中はものすごい能弁家で、一の質問に四～五返してくると山田耕大が『日活ロマンポルノ外伝　昼下りの青春』で指摘しているが、その通り、この本でも質問に対しどこで息を継いでいるのかと思わせる長い返答が随所に見られる。ただ、ちょっと意地悪な見方をすると、マイナスなことはできるだけ語らないようにしている。もちろん、これは彼のサービス精神旺盛な性格も影響しているのだろう。

　田中登は一九七一年に『花弁のしずく』でデビューしている。しかし、おしゃべりな田中がインタビューではこのデビュー作についてほとんど語っていない。

「最初は会社が久保田圭司さんのシナリオを持ってきたんです。『燃え上がる私』という題で〔…〕だからデビュー作は会社の企画ですね。〔…〕不感症の人妻が性の悦びを知るという話ですが、もしかして、今見たら僕の資質はほとんどいろんなところで入っているかもしれないね。細かいところまで考えているかもしれない」（ＨＯＴＷＡＸ責任編集『映画監督　田中登の世界』）

この話ぶりからは内容すら忘れているかのように感じる。『花弁のしずく』が発表されて間もない頃の雑誌記事に田中の発言が採録されている。その部分を引用してみよう。「第一回監督作品『花弁のしずく』で十二カットに鋏を入れさせられた田中登氏は『フィルムが強姦された』と押収後の辛い情勢を語ってくれた」（『シナリオ』一九七二年五月号）。これを見てもわかるように「フィルムが強姦された」という強烈な反発を示しているのである。ましてや、デビュー作。田中が覚えていないというのは考えにくい。もう振り返りたくない嫌な思い出だったのではないだろうか。

一方、傑作の誉れ高い『夜汽車の女』（一九七二）についての質問になると、田中は能弁に答えている。

「〔僕の『夜汽車の女』は〕宮下教雄君というシナリオライターの〔…〕第一作ですよね。これはもう純粋に映画の思考、画が画を生むっていう感覚しかなかったんじゃないかな。『おねえさま、おねえさま、おねえさま』って〔田中〕真理ちゃんがいろいろ続圭子に呼びかけるでしょ。この感覚だけで映画できないかと思って。〔…〕カメラが山崎善弘さん。〔…〕眼がくらむくらいのね、感覚でこのカメラマンには撮ってもらいたかったんですね。〔…〕俺たちがエロスの完成で作っていく映画はずっと純粋映画みたいなもので〔…〕僕は仏文だったんで、シュールリアリズムをやっていましたからね。〔…〕『優美なる死骸遊び』ってゲーム」（同上）

以上のように要所を抜粋しただけで、その高揚した感情が伝わってくるようだ。さらには、数多くのアクション映画を撮ってきたベテランカメラマン・山崎善弘の「隠れたベストフィルムですよ」と自分で言ってしまう。この辺はご愛嬌だろう。

田中は自己の脳内で組み立てたイメージを具現化する才能に優れていたと思われる。確かに『夜汽車の女』（一九七二）のシュールレアリズムと姉妹愛の美しき世界、『牝猫たちの夜』（一九七二）のたくましく風俗の世界を生きる女のバイタリティとセックスに怯え自殺してしまう青年との対比の妙、自殺する青年が途中で傘に切り替わるイメージの斬新さは目を見張るものがある。

田中は自他ともに認める傑作を二作目以降に連発する。そして、一九七三年に監督した『㊙女郎責め地獄』では、監督協会の新人奨励賞を受け、ロマン・ポルノ期待の星として日活のみならず映画界から高い評価を受けることに成功した。

ただ、撮影現場での田中登は、神代辰巳や藤田敏八らとは異なり、自他ともに認める「ワンマン型」だった。田中曰く、監督はいくつかの型に分かれており、「ワンマン派」が田中と曽根中生、現場をけしかける「けしかけ派」は小沼勝や相米慎二、「懇願派」は神代辰巳、「泣き入れ派」は金子修介なのだそうだ（「ロマンポルノを支えた隠れた予算」『映画芸術』二〇〇一年春号）。田中自身はロング・インタビューでは、先輩や同輩のスタッフとディスカッションして作品をより良いものにしていったと語っていたが、俳優・スタッフたちからはどう見えていただろうか。

『団地妻　昼下りの情事』（一九七一）でエディター（編集技師）に昇格した鍋島惇は、田中の最高傑作のひとつに数えられる『㊙女郎責め地獄』の編集も担当している。ただ、数多くの作品を手掛け過ぎたために、この映画を見返すまで、自分がやった仕事であることをすっかり忘れていたらしい。「『㊙女郎責め地獄』は、見ていて優秀なエディターだなと思ったら自分の仕事だった」（『日活1971 - 1988』）と笑いながら答えてくれた。

この映画のクライマックスは三文女郎の中川梨絵が人形使いの男とセックスするシーンである。いつの間にか、人間同士のからみが男に中川が人形のように操られる人形浄瑠璃の世界へとダブっていく。

鍋島はこの映画のことを次のように回想してくれた。

「例の中川梨絵が人形浄瑠璃と一体化する濡れ場シーンの編集の流れは、監督と話し合いながら、やり直しつつ、試行錯誤する。ただ、『こうしたいんだけどどう?』と聞くより、僕がこうやって、実際に繋いで見せて、監督の反応を待つ。僕の編集では、背中に観客の目があるという感覚で、生理的に気持ちいい流れを作る。カットの長さの面でも、フラッシュバックにしても、適度な長さを刺激を与えつつ、どう使っていくのか、そうして編集のリズムが出来てくる。田中（登）はあれで不動の評価を受けたけど、僕はいろんな監督に相手はお客さんで、批評家のためじゃないと言ったんだがな。田中はこれ以降批評を意識するようになった」（鍋島惇「思わずセットから飛び出した『団地妻』の現場」『日活1971 - 1988』）

鍋島がここで田中に警句を投げかけたように、プロが作る商業映画はあくまでも「お客さん」のためのものであって、「批評家」のためでも、自己評価の向上のためでもない。鍋島は老婆心もあってあえて言ったのだろう。

ただ、この時点の田中はまだ「ワンマン型」になっておらず、スタッフ・俳優とのディスカッション、共同作業で映画を作っていくスタイルをとり、批評家ウケより自分たちの作品の質の向上を第一に考えていたようだ。この作品の主演・中川梨絵は事前に「死神おせん」の異名を持つこのキャラクターのことを監督に全く相談されずに現場に望んだようだが、彼女が事前にイメージしていたキャラクターとは異なる方向へと田中の指示が促し、それに彼女が応えるという理想的共同作業になったと語っている。

「ぜんぜん死神おせんについては、事前のイメージでは、あんなふうになるとは思わなかったですね。〔…〕でも、田中監督が私をどういうイメージでとらえていたかは、すぐわかりました。撮影初日が、一番最初におせんと客の『買った!』『買われた！』という威勢のいいやりとりのシーンだったと思うんですが、最初、私がもっとクールな感じで、『百文だよ』と台詞を言ったら、田中監督が『もっとにこにこして！　もっと元気よく、歯切れよく！』と言った時に、あ、なにこれ？　みたいな感じになって。〔…〕監督は、一作目で私に押し切られちゃったから、悔しかったんじゃないですか（笑）。〔…〕私の持っている江戸っ子の明るいキャラを出してやるぞみたいな（笑）」
（「中川梨絵インタビュー」『映画監督　田中登の世界』）

まるで「おせん」そのものの丁々発止のリズムで、田中の呼びかけに中川が応える。それによって１＋１が２以上になるという奇跡的瞬間を中川は鮮やかな口調で語っている。

田中がロマン・ポルノに「芸術性」を持ち込み、批評家を意識するようになったのは、『㊙女郎責め地獄』で監督協会の新人奨励賞を獲った後だろう。その頃の田中は釜ヶ崎を舞台にしてそこに生きる男女のたくましい生と性を描いた『㊙色情めす市場』（一九七四）を手掛けていた。映画封切時の田中の意気込んだ宣言文が残っている。

「トメ〔芹明香演じる主人公〕は釜ヶ崎という我等の中でかつて神話の如く、ごく自然に語りつがれた犯罪と労働と貧困の熱い共同幻想体――彷徨者の群像の中で今だかつて経験したことのない静かさで拡大する精神の空洞化現象、精神の疎外化現象の磁場の中で、時には攻撃的に、時にはやさしく自己主張する。このやさしい娼婦が〔…〕確かに自分の中で発酵させ受胎し得たものは何か。この娼婦自身にもはっきりと言えないが、確かに存在したもの、これを見つけ出すことこれがこの仕事のこころみである」（田中登「『受胎告知』（仮題）について想うこと」『シナリオ』一九七四年十月号）

また、田中は営業の方針で勝手に変えられたタイトルを嫌悪し、先のロング・インタビューでは『受胎告知』という原題にこだわりを見せている。

「これだけは外してほしくないのは、あくまでも原題は『受胎告知』なんです。ヨーロッパなんかで映画祭で上映されるときには全部『受胎告知』と入れてもらっています」（『映画監督田中登の世界』）

この発言が示すように、鍋島が危惧した通り、田中はこの映画あたりから「芸術」や「批評」を意識するようになっていたことが伺える。

一方、主役のトメを務めた芹明香は、「タイトルは『受胎告知』だと。すごい題だと思っていたら、公開時には『㊙色情めす市場』に変更。なんじゃこりゃと思った」と水を向けたインタビュアーに対し、田中とは対照的な同作への想いを告白している（芹明香述、鈴村たけし・鵜飼邦彦編『女優芹明香伝説』ワイズ出版）。

「例えば〔トメも〕母親も娼婦ということとひとつとってみてもナマ臭いものじゃないですか、人間のセックスとかいうものも含めて、それを『めす市場』というタイトルがうまく表している気がする。〔…〕私は『めす市場』派なのよ。そこら辺で現場では、田中さんは私に対してイライラすることがあったと思う」（芹明香「私の足跡」『女優芹明香伝説』）

芹は神代辰巳の『四畳半襖の裏張り　しのび肌』（一九七四）で「男と女にはアレ（セックス）しかないよ、バンザーイ」というロマン・ポルノを代表する名ゼリフ（一九八八年のロマン・ポルノ総集編『ザッツ・ロマンポルノ』のラストを飾るセリフでもある）を与えられただけあって、「芸術」や「批評家の評価」に近づこうとする田中が、いい意味でしょせんエロ映画・娯楽映画に過ぎないロマン・ポルノでひと時の快楽を求めようとやってくる「お客さん」に背を向けているのではないかと、反発したい気持ちになったのだろう。この映画で彼女が演じたトメのセリフで言えば、「ウチな、何や、逆いたいんや」という感情だったのではないか（セリフ表記はいどあきおのオリジナル脚本に準拠した）。

ただ、批評家に支持されることを目指すというのは、かつての日活にもあった批評家ウケのよい今村昌平、浦山桐郎、熊井啓らの作品を採算度外視で作ることで日活ブランドの高価値を内外にアピールするという戦略の延長でもあり、プロデューサーの結城良熙の意図するところでもあったのではないか。日活ブランドを支える監督として当時特別扱いされていた、神代辰巳、藤田敏八という批評家ウケのよい監督に、田中登を加えようという気持ちがあったのだろう。結城はその思惑をうかがわせる談話を残している。

「田中登監督『㊙色情めす市場』（一九七四）は、僕がちょっと気に入った堤玲子の小説をベースに、〔脚本の〕いど〔あきお〕さんと、もっとふくらまそう、ああしようこうしようと話しているうちに、その原作とはすっかり似ても似つかないオリジナルなものになっちゃった。この時は、当時の武田靖本部長をだましたの。〔…〕パートカラーにするって言ったの。そしたら、わかったわかったって。裸のところなんかは当然カラーになるって思い込んでますからね。〔…〕で、初号試写を見たら、カラミになってもモノクロのままだし、最後の夕陽になったらパッと色がついたっていうんで、怒った怒った、烈火のごとく怒りましたよ（笑）」（「結城良熙インタビュー」、小野善太郎編『夢野久作の少女地獄』ワイズ出版）

当時、撮影所長に就任した黒澤満の後を受けて企画・製作をまとめた映像事業部長（映画本部長という肩書ではなかったようだ）になっていた武田靖の目をごまかしてまで、ラストの世界が輝く一瞬の効果を狙って、ラスト前まであえてモノクロにしたという決断は、日活再建のためには営業的に少しでも「売れる」映画を作ろうとしていた武田にとっては当然激怒ものの裏切り行為に写っただろう。しかし、結城は、田中の作家性を生かすことでロマン・ポルノのブランド価値を高め、収益の増加に結びつけようとしていた。

『㊙色情めす市場』はほぼ全編を釜ヶ崎でロケをしたため、浮浪者・労働者にバレないよう隠し撮りや望遠での撮影が駆使され、芹はかなり危険な状況に置かれながら演技をしていた。その一方で、田中は安全な場所からスタッフに指示を出し、何かあれば芹を連れて帰れるように、周りに紛れやすい格好をした助監督などを芹の近くに配置していた。芹の話をさらに聞いてみよう。

「〔『㊙色情めす市場』は釜ヶ崎でロケをしたので〕今だったら怖いと思うんでしょうけど、昔は世の中知らないから〔…〕あの三角公園のシーン、安藤〔庄平〕さんが浮浪者の恰好をして、キャメラを風呂敷に包んで撮ったんですよ。もしキャメラを周りのひとに見つけられたら大変だからね。それで盗み撮りで、あれだけたくさんの芝居をやったんだから……。だから、芝居もぶっつけ本番。〔…〕それにビルの屋上からズームで狙っているときは、私たち役者は住民と同じような格好をして、その前と後ろをスタッフが浮浪者と同じ格好をしてずっと付いていたのよ、田中さんは一瞬しかいないけど（笑）」（芹明香「私の足跡」『女優芹明香伝説』）

芹が知っていたかどうかはわからないが、田中はこの撮影中に娘を失う悲劇に見舞われた。それでも、家に戻らずに作品完成を優先させるほど、命懸けでこの作品に挑んでいた。それは確かだが、釜ヶ崎の浮浪者と同じ目線でそこに立つことに違和感すら持たなかった芹にとって、この火中に飛び込まずにトメの生・性・聖を切り取ろうとする田中の姿勢は中途半端に思えたようだ。

田中は一九七五年以降、年に一〜二本しかロマン・ポルノを撮らない寡作監督になっていった。ここには『㊙色情めす市場』を高く評価した東映の俊藤浩滋プロデューサーの誘いで『神戸国際ギャング』（一九七五）、『安藤昇のわが逃亡とSEXの記録』（一九七六）を東映京都で撮ったため、会社に干されたという事情がある。ただ、その影響で図らずも映画作りに長い準備期間をかけることができた。続く『実録阿部定《あべさだ》』（一九七五）、『江戸川乱歩猟奇館　屋根裏の散歩者』（一九七六）、『発禁本「美人乱舞」より　責める！』（一九七七）、『女教師』（一九七七）、『人妻集団暴行致死事件』（一九七八）はいずれも傑作・力作ぞろいである。ただ、この時期の田中には有名監督を凌駕したい、批評家にもっと高く評価されたいという想いが先立ってしまっていたきらいもある。もちろん、誰もが多かれ少なかれ承認欲求を持っているわけで、田中だけがことさらに非難されることはない。

まず、『実録阿部定《あべさだ》』に関する田中の発言を見てみよう。いわずと知れた戦前に起きた実際の事件、恋人を殺しその男性器を切り取り逃亡した阿部定の物語である。定のことを当時の調書から何から読み込み、そこから煮詰めてエッセンスを抽出するような思わず息をのむ作品となっている。

「〔調書を読んだらこれ以上〕もう一字も書けない。でね、そのとき僕なりにシナリオライターっていう書く立場があるから、僕が今まで考えてきた自分のなかで密かにあったもので、これはもう無駄なもの全部切っちゃって、定さんが残したメッセージ、牛刀で刻んだ定という字と、『定、吉ふたり』『定、吉ふたりっきり』とこのメッセージだけで〔…〕まったく私事の世界でね、ほかの事は全部忘れて、没頭した二人だけの世界で、これだけの構成でできないかっていうのが僕の注文だったんですよ。それで、〔脚本が〕いどあきおさんになったんですよ」（『映画監督　田中登の世界』）

田中の言葉からはまるでさっき撮り終わった映画であるかのような興奮ぶりが伝わってくる。なお、田中は撮影中に大島渚が同じ事件を題材に『愛のコリーダ』（一九七六）を撮る予定であることを知った。大島への対抗心をむき出しにして撮っていたようだ。美術を担当した川崎軍二が貴重な証言を残している。

「実は〔『実録阿部定《あべさだ》』を〕撮影している時に、同時進行で、大島渚が同じ阿部定事件を素材にした『愛のコリーダ』を準備している、という噂が流れてきていて、スタッフも意識していました。相手は世界の大島だから、予算もあるだろうし、すごいことをやるんだろうなという話はしていたんです。こっちが先に出来上がって、その後、『愛のコリーダ』をムッシュ（田中登）と一緒に見に行ったんですが、出てきた時にムッシュが僕にしみじみと言った『軍ちゃん、俺たち、勝ったな』という言葉には万感の想いが入っていましたね」（「川崎軍二インタビュー」『映画監督　田中登の世界』）

しかし、田中がライバル意識を燃やすのは無理もないことだった。なんせ、相手は世界の大島渚。一方、田中登は世界ではまだ知られていない。しかも向こうは日仏合作の大作で、日本初のハードコア（本番）シーンに挑戦という大きな話題もある。

それに対し、田中の『実録阿部定《あべさだ》』は普段のロマン・ポルノ予算の七五〇万円よりもさらに切り詰められる始末。何から何までスケールの差は明らかだった。田中は二〇〇一年のトークショーで「『阿部定』の予算は六六四万九八四八円、これは意地でも覚えておこうと思って」と冗談を交えつつ、低予算にした会社への恨みを吐露している（前掲「ロマンポルノを支えた隠れた予算」）。

撮影を担当した森勝に聞いたところ、田中のこだわりや意気込みには凄まじいものがあり、彼の希望するイメージを具現化するのにいろいろ工夫したと語ってくれた。

「『実録阿部定』（一九七五）は、あの阿部定事件を描いたもので、『愛のコリーダ』よりも先なんです。セットはかなり狭く、カメラの引きジリがあまりとれなかったですね。だから、全体的に飽きないような画づくりの工夫をしました。絡みのシーンを手持ちでフォローしているのもその一つです。少ないテイクで、段取りっぽくならない芝居を撮るのにもこの方法が向いているんです。廊下の横移動のカットを随所にいれたのも飽きさせないためですね。個人的には階段周りの廊下をもっと広くしたかったのですが」（森勝「ロマン・ポルノは、僕らの実験室だった」『日活 1971 - 1988』）

森もさすがベテランである。監督の無理な注文を引き受けながら、クライマックスシーンを際立たせるように独自に計算しながら撮影を続けた。クライマックスはもちろん男根切断で床が血だらけになるシーンである。それを生かすための工夫を語ってくれた。

「俯瞰については、クライマックスシーンの床が真っ赤になるシーンを活かすために、逆に他のシーンではあまり使っていないんですよ。クライマックスの定が男根を切るシーンは、定のアップで照明を揺らし、血が流れる感じをだすことによって、俯瞰の一面の血の床につなげ、幻想性を強調するような画にしています。これは田中さんの演出意図に合わせたものです。ラストの定の回想シーンは、常陸で撮影しました。室内劇が中心なので、前後に広い画を意識していれるようにしたんです」（同上）

さぞかし大変な撮影だっただろうが、プロはそれが仕事であり義務である。森はそれを「苦労」というニュアンスでは決して語らなかった。ただ、監督の意図するイメージをできるだけプロとして具現化してきた森が、田中の注文に疑問を持った点が一つあったという。

「定が捕まるまでに放浪するシーンでは、皇居前をいれる必要があるかどうかで田中さんともめましたね。最終的には田中さんのリクエストで入れたのですが」（同上）

ここには、ロマン・ポルノをプロとして娯楽作品に仕立てようとする森と、「思想性」らしきものを織り込んで批評家にもアピールしたい思いが隠せない田中とのすれ違いが垣間見られる。

さまざまな題材を自由自在に自分の美学に染め上げてきた田中登が唯一触れることを嫌ったのがSMだった。そのあたりの事情を結城良熙が桂千穂のインタビューで述べている。

「『責める！』（一九七七）はいど〔あきお〕さんとホンを作って田中〔登〕にもっていったんだけど、〔…〕やるかって言ったら、のっけに田中はSMはやりませんって言ったんだからね。〔…〕耐えられないんですよ。肉体的にも精神的にも」（「結城良熙インタビュー」『夢野久作の少女地獄』）

田中自身はロマン・ポルノのSMを見て、「ばばっちい＝汚い」ものとして強く恐怖・嫌悪していたようだ。

「俺はね、SMってこわくてこわくてしょうがないんですよ。感覚的に。俺はね、SMって生理的にできないんですよ。〔…〕僕映画は美しさとか品性がないと嫌だから。ばばっちいと嫌なんです。どんなにリアルにやっても。〔…〕だからどんなに縄で縛っててもね、やっていても、そこに神々しさがないと行けないんですよ」（『映画監督　田中登の世界』）

田中は結局SM映画『発禁本「美人乱舞」より　責める！』を撮った。田中はロング・インタビューで同作について興奮気味に語っている。

「『実録　阿部定』（一九七五）を終えて、次なにやろうかと探していたら、小口末吉っていう男がいたんですよ。それと伊藤晴雨っていう男がいてね、小口末吉っていう、自分の女房をね、〔…〕足の指まで一本一本切った男がいるんですよ。〔…〕おちんちんじゃなくて、てめえの女房の手足からなにから全部、いも虫のようにしてね、逃げられなくした男がいた。女〔阿部定〕じゃなくて男がいたということが見つかって、次の段階として『責める！』（一九七七）が出たんですよ」（同上）

問題はどうやって彼のいう「神々しさ」を出すかである。そこで大変な目に遭わされたのが、氷の池につけられ、雪の山を薄着で歩かされ、あげくには冬の野外で木に吊るされ、生死の境をさまようような体験をさせられた宮下順子と中島葵だった。

この現場に助監督として参加した児玉高志に話を聞いた。

「田中さんの『発禁本「美人乱舞」より　責める！』はすごい現場だったな。雪の中で撮るのが一番大変なんだよね。足跡がつかないように、遠回りして僕らは準備するし、宮下順子なんて、寒い中、責めたてられてずいぶん怒っていたよ」

宮下順子はどう感じていたのだろうか。彼女の著書ではなかなかの恨み言が述べられている。

「あの『責める！』できつかったのは、縛られて気に吊るされてるシーン。あれ、ロングで、人形でやったってわかんないですよ。本人じゃなくたって。ロングなんだから。それを実際に吊るされたわけね。そこの木にたどりつくまでが、まず大変。膝上まであるの、雪が。そこを歩いて、着いたときにはハァハァ、ハァハァしちゃって。長襦袢一枚でしょ。で、吊るされてね。結わいているあいだも、けっこう時間かかるわけね。そうしたら、動けなくなっちゃったの、手がうしろによじれたまんま。で、みんな、担架みたいのに乗っけてくれて、板っきれに。旅館まで連れていってくれたの。エラかった〔辛かった〕です。動けなくなっちゃって、胸が苦しくなってね。息が出来なくなって。それで、あとから映画を見たら、あれ、人形でもわかんないじゃない。そう思って、あたし、頭にきちゃった（笑）」（宮下順子『水のように夢のように』）

ここでは笑っているが、旅館で宮下が酔っぱらって「監督、殺してやる」と叫びまわる騒動になったという噂が流れた。ただ、のちに宮下本人が「だいたい、〔田中〕監督も結城〔良熙〕さんも、話をオーバーに言いますからね」とこの噂を否定している（『映画監督　田中登の世界』）。

なお、児玉高志によれば、「田中さんは助監督に人気があった」が、いざついてみるとあまりつき甲斐のない監督だったという。それは「前もって画コンテをビッシリ組んできて、その通りに撮るんだから、こっちには出番がないよね」。田中は、自分の脳裏に浮かぶ「完璧なイメージ」の再現にこだわるあまり、周りに相談する余裕がなくなり、一人で何でも抱え込んでしまうようになってしまったのではないか。

ちなみに、林功のような先輩監督から見た田中登の評価は後輩世代から見た評価といくぶんか違っていたことをつけ添えておく。

「田中登は惜しい監督だよな。だけどもあれは少し自分をいじめすぎているんだよ」

林功は田中が周りのスタッフに上手に頼ることのできない不器用なところがあったために誤解を招いていたことを惜しんでいた。

みんなの好きな「パキさん」であり続けた藤田敏八

一方、助監督を始めとするスタッフに誰よりも人気のあったのは藤田敏八である。『八月の濡れた砂』（一九七一）は封切り時には最悪の不入りに終わったが、深夜ラジオ「パック・イン・ミュージック」でＤＪの林美雄がこの映画の主題歌を毎回流す熱心な応援団ぶりを発揮した結果、二番館・三番館にまわる頃には若者中心に人気に火が付き、日活を代表する傑作として再映の機会があるたびに多くの観客を動員した（『日活ロマンポルノ全史』）。

藤田は助監督生活十二年を経て、一九六七年にモノクロの低予算作『非行少年　陽の出の叫び』でようやくデビュー。この作品の監督クレジットが本名の「藤田繁夫」ではなく手違いで「藤田繁矢」となっても直してもらえなかったことからして、藤田に対する会社の期待はほぼなかった（ただ、藤田はのちのインタビューで「繁矢」の名は当時の妻・靖子が姓名判断でつけたもので、のちに姓名判断が間違っていたことが発覚し「敏八」と再び改名したと説明している［梅林敏彦『シネマドランカー』北宋社］。この説明がウソかマコトかわからないのも藤田らしい）。

このデビュー作は批評家ウケがよく、日本映画監督協会新人賞をとった。一九七〇〜七一年に『野良猫ロック』シリーズを二本担当してこれも人気作となったが、それでもローテーション監督の一人にすぎなかった。しかし、『八月の濡れた砂』が封切から時間差で徐々に人気が高まり、『キネマ旬報』のベストテン十位に入った。これで一躍日活の「看板監督」となってしまったのである。

ここにほどなくして、『一条さゆり　濡れた欲情』（一九七二）を撮った神代辰巳が加わる。もともとこの作品は誰にも期待されていなかった。同作のプロデューサーの三浦朗によれば、黒澤満があきらめ気味に「クマさん、いいよ。あんたはどうせ地味な作品しか書けないだろうし、作れないだろうから。赤字にならなければ結構だ」と大阪ロケに送り出したほどだった（「ロマンポルノの日々　脚本家との出会い」『映画芸術』一九九一年春号）。これがたまたま『キネマ旬報』一九七二年ベストテンの八位に入り、神代に対する会社の態度が変わった。藤田敏八と同様に「看板監督」扱いされるようになったのである。

ただ、藤田はかなり後輩のスタッフの意見すら現場で積極的に取り入れるタイプで、決して権威を笠に着て他人を見下すタイプの人間ではなかった。だからこそ、誰からも「パキさん」の愛称で呼ばれ、周囲に愛されていた。スタッフに人気のあった監督の多くは、愛称で呼ばれる傾向がある。

一九七六年に日活へ入社して以来、終生藤田敏八に師事した堀内靖博は、藤田の魅力を次のように語ってくれた。

「助監督としては藤田さん。パキさんが一番多いかな。入社二年目に初めてついた『危険な関係』（一九七八）の時、現場で突然ホン直しを命じられた。ちょっとした繋ぎのシーンだったけど。それが二回、三回と続き、次第に芝居場をやらされ、しまいには、ラストシーンを直せと言われた。それまでパキさんは良いも悪いも言わず、わたしの直しをそのまま撮っていた。だから、さすがにビビったけど書くしかない。必死で考えた。今思えば、パキさん流の鍛え方だったのかな。この経験がわたしにシナリオ作りと映画作りを教えてくれたと思う。パキさんは監督としての師匠であり、またシナリオの先生でもありました」

藤田流演出の一例として、『もっとしなやかにもっとしたたかに』（一九七九）に関する堀内の説明に耳を傾けてみよう。藤田監督が、妻に逃げられた奥田瑛二（当時の表記は「英二」）扮する夫がようやく見つけ出した妻と対峙するという気まずいシーンを演出しているときのことである。

「二人の前にスイカとコーヒーが置かれている。本番直前に『セリフは塩をかけながら』と突然パキさんが言ったんです。奥田は戸惑いながらも長台詞をずっと塩をかけ続けながら言う。見ると塩がスイカに山盛りになっているんです。それをガブリ。奥田は思わず顔を顰める。深刻な場面で人間が思わず見せるちょっとしたしぐさを引き出したんだ。以後、二人のぎくしゃくした会話のシーンが生き生きとしてきた。苦いユーモアを混ぜることで、男のこれまでの不器用な生き方をも想像させる演出だったと思う。これ以降、奥田は自分のキャラを掴んでいった気がします。うまい！と思いましたね。『ダブルベッド』（一九八三）のときも、ロケ地で突然、『あれ撮っておいて』と言われた。見ると、空に二つのアドバルーンが浮かんでいた。どうするんだろうと思ったけど、挿入されたシーンを見たら見事に二人の女（石田えり・大谷直子）の間で揺れる中年男（柄本明）の心理のように見えるんです。現場での閃きがあった時のパキさん映画は、皆傑作になりましたね」

さらに、堀内の話は続く。

「パキさんは、現場では具体的な演技指導を殆どしない。それなのに、出来上がってみると他の人とは違うパキさん流のキャラクターがきちんと画面の中で生きているし、紛れもないパキさん印の映画になっているんです。演出法について、いろんな人にいろんな解釈を聞いたけれど、やっぱり不思議です」

堀内の先輩で、『八月の濡れた砂』（一九七一）以来、藤田組の常連助監督だった上垣保朗は、『妹』（一九七四）ではチーフ助監督をしている。上垣自身、この作品には相当愛着があるそうだ。

「藤田敏八監督の『妹』の予告編は個人的に一番気に入っている。無声映画風にしたりね。普通セカンドが予告を作るものなんだけど、僕はチーフ助監督で予告を作らせてもらったんだ。パキさんのなかでも『妹』が一番いいね」

この予告編は短編映画としての視聴にも耐える名作の誉れ高い予告編である。また、上垣は藤田がいくつかのシーンで助監督に演出を任せることについても、そこに「教育」の意図があったことを理解していた。

「パキさんの現場では、演出の一部を任せてくれることがよくあって、勉強になったね。それはこっちも脚本を事前に勉強しないといけないし、演出の方法がこれでいいかはパキさんが判断してくれるから、まるで実地演習なんだ」

藤田組が助監督の間で人気にあるわけである。勉強にもなるしやりがいもある。「日活は撮影所システムで新人を育てる環境があったよね。そこがピンク映画と違うところ。僕はここに入ってよかったよ」と上垣は語る。そして、藤田の独特の演出スタイルを吸収しようと、上垣は常に積極的に勉強していたようだ。

「あと、パキさんは現場の変化やハプニングを臨機応変に取り入れていくタイプだったね。これも勉強になった。僕も同じタイプの演出をやったんだけど」

これが堀内のいうアドバルーンに相当する手法だろう。上垣は藤田からよく学び、腎臓の病を抱えながらよく作品を撮った。このように考えると、彼の出世作となった『ピンクのカーテン』が『妹』と同じく血のつながった兄と妹の恋愛関係を匂わせる作品だったことは必然的だったようにさえ思える。

上垣よりも古参の藤田組スタッフ・長谷川和彦は、『赤ちょうちん』(一九七四)での藤田演出にいたく感心したという。

「ラスト、秋吉久美子が狂うシーンがある。部屋で鳥食って〔秋吉の役は鳥テンカンという架空の病気の設定〕。そこでパキさん、『ゴジ、カモメ飛ばすからな』って言うんだよ。おいおい、今から生きたカモメ持ってきて飛ばせって言うんじゃねえだろうなと思ってたら、紙切ってさ、『みんなでこれ持って影つくれよ。カモメだよ』って言うんだ。馬鹿じゃないかコイツって思ったな。俺には全く完成型が見えなかった。まあ、やりてえってんだから、やらしとけって」(長谷川和彦「死に顔を見ていないから、パキさんも孟さんもオヒゲもまだ、生きてるんだ」『映画芸術』一九九八年春号)

藤田の意図がつかめない長谷川はこれを使えなかった場合を考えて、一応「影絵大会」なしのバージョンも抑えで撮っておいたという。だが、長谷川はのちに自分の不明を恥じることになったようだ。仕上がってみるとあのチープなシーンが「ばっちり」嵌っていた。

斎藤正治は『もっとしなやかにもっとしたたかに』(一九七九)の頃に、藤田の作家としての本質を以下のように指摘している。

「藤田敏八は〝未熟〟のまま、成熟した作家である。青なりのまま熟れてしまった果実に似ている、と言ってもいいだろう。〔…〕七〇年代中頃から、藤田はしきりと『家庭』を舞台とした。〔…〕これらの作品でいえることは、家庭は守られずにこわれるものとして出て来た。〔…〕『もっとしなやかにもっとしたたかに』（一九七九）でもやはり家庭は解体されていった。〔…〕やさしいすでに薄よごされている〝感性〟〔奥田瑛二〕は少女〔森下愛子〕の死の代理人となって轢死した。こうして、家庭なんどに、物欲し顔のヤツらを尻目に、〔森下演じる〕新しい〝感性〟はのびやかに生きのびた。夫婦を解体されてしまった妻も、腹ボテの身で煙草をふかし傲岸に生きる。藤田においては家庭はもはや構築する必要のない時代なのかもしれない」（斎藤正治『エロスで撃つ』現代書館）

近づくと威圧感を覚えるほど背が高く、相手をじっと見る癖のあった藤田にとって、酒場でのトラブルは日常茶飯事だった。『妹』で録音技師を担当した紅谷愃一は「この作品で忘れられないエピソードが一つあります」と語ってくれた。

「劇伴の音楽録音の日、集合時間の朝十時になっても、監督も作曲家も姿を現さなかったんです。後でわかったんですが、作曲家の方は自信がなくなってどこかへ消えて行ったようです。パキさんの方は、午後一時頃、顔中包帯を巻いて、腕を吊ってやってきたんです。『どうしたの』と聞くと、『前の夜、近所の飲み屋で暴力団風の男にやられた』という話でして。パキさんは、普段からはっきりしゃべる方ではなかったけど、かろうじて口が利ける状態。それでもスケジュールは決まっているし、作業は強行です。それで急遽、松任谷正隆さんに無理をお願いして、徹夜で編集ラッシュを見せて、音楽打合せをし、その一週間後には音楽録音をしました」（紅谷愃一「異才とともに過ごした日活の日々」『日活 1971 - 1988』）

傷害事件に作曲家の逃亡、今だったら大騒ぎだが、当時は笑い話で済まされてしまった。いやパキさんだからこそ、笑い話になったというところだろう。「パキさん、仕方ないなあ」とみんな率先して彼に協力してくれるのである。

秋吉久美子に翻弄される『赤ちょうちん』『バージンブルース』（一九七四）の長門裕之、森下愛子に翻弄される『もっとしなやかにもっとしたたかに』（一九七九）の奥田瑛二、浅野温子に翻弄される『スローなブギにしてくれ』（東映、一九八一）の山崎努といった具合に、藤田の映画には「若い女に翻弄される情けない（が憎めない）中年男」の登場がいつの間にかお決まりのパターンとなっていった。それは彼の〈ホモ・ルーデンス〉としての自画像であるか、画家の藤田嗣治が署名代わりに猫をよく描いたように、自作に描きつけた「署名」だったのかもしれない。

藤田敏八は一九九七年八月二十九日に逝去した。その最晩年は映画を撮る機会に恵まれず、世間には俳優として認知されることが多くなっていた。一九八八年に『リボルバー』を撮る際、予算を超過してしまったため、藤田はプロデューサーの山田耕大に「これ遺作にするから、頼むよ」と懇願したそうだ。山田によればこれは神代辰巳の常套句をまねたらしいが、不思議なもので八〇年代末〜九〇年代に二時間ドラマを演出する機会が数度あったものの、映画監督としては、これが本当に藤田の遺作になってしまった（山田『昼下りの青春』）。なお、『リボルバー』は当たらなかったようだが、キネマ旬報ベストテンの九位に入っている。

最期の最期まで藤田は周りに愛される「パキさん」だった。九七年春、末期の胆管癌が発覚し入院すると、二度目の妻・藤田靖子、三度目の妻・赤座美代子、四度目の妻・藤田雅子、マネージャーの榎本喜久枝らが藤田に対する愛憎の想いを越えて集い、代わり代わりに看病をした（林久登『映画監督　藤田敏八』編集プロダクション映芸）。

桃井章によれば、入院中の八月十六日に藤田は雅子とささやかな入籍祝いの会を行った。晩年の藤田は銀座にある「おおくら」という会員制バーの常連だったが、雅子はそこのママだった。容態が悪くなってくると、映画関係者にはカッコ悪いところを見せたくないのか、面会を断っていたが、「おおくら」の常連には甘えていたようだ。入籍祝いでは、常連たちが二〇名ほど集まり、ワインで乾杯した。これが藤田の最期の酒となった。藤田は亡くなる数日前からモルヒネのせいか意識が混濁し、映画を演出しているような声を発した（「『カントク』は『おおくら村』の村長だった」『映画芸術』一九九八年冬号）。

「ダメ、ダメ、もう一度」
「ヨーイ、スタート」
「ファンキー！」

藤田は昏睡状態の中で見舞いにやってきたファンキー（小原宏裕）の名を呼んでいた（小原宏裕「戦士の休息」『映画芸術』一九九八年冬号）。本来ならば、久々にメガホンを撮る『不機嫌な果実』の現場にいるはずだったので、それが頭から離れなかったのだろう。藤田の頭の中では、初期作品『非行少年　若者の砦』（一九七〇）でチーフを務めた小原も助監督で参加していたようだ。

桃井章によれば、藤田は亡くなる前日、全て撮り終えたのか、「カット……ＯＫ……」と呟いたという（「『カントク』は『おおくら村』の村長だった」）。藤田敏八は最期までみんなが大好きな「パキさん」を演じ、自らの主演・監督映画の「クランクアップ」とともにこの世を去っていったのである。まさに人生そのものが一篇の映画だった。

ところで、ここで話は終わらない。二〇〇二年三月公開の新作映画『紅色の夢』（中田昌弘）で、藤田は死後五年目にしてスクリーンに生き姿を現した。まるで、過去からタイム・リープ（時間移動）してきたかのように。ウソみたいな話だが、藤田の生前最後に公開された映画は、今関あきよしの『ＴＩＭＥ　ＬＥＡＰ　タイム・リープ　〜あしたはきのう〜』（一九九七）だった。藤田は本物のタイム・リーパーだったのか、なんてことはない。九七年に製作され諸事情でオクラ入りしていた映画が五年を経て公開されたのである。

どこまでも曲者だった曽根中生

白鳥あかねは自著で、現場で思い通りの画が撮れるまで粘る監督といえば、小沼勝、曽根中生、加藤彰あたりだけども、曽根と小沼はその中でも群を抜いていて、「だから、このふたりには助監督が付きたがらないのはよくわかります」と述べている（白鳥あかね『スクリプターはストリッパーではありません』国書刊行会）。曽根組がいかに大変だったかが伝わってくる証言である。脚本家の荒井晴彦は田中陽造との対談の中で、曽根組の助監督をした際の強烈な印象を回想している。

「いやになってね、曽根中生という人に。映画監督というのはこういう人非人にしかできないのだったら俺はたぶんなれないなと、人間的に」（田中陽造＋荒井晴彦「小沼勝が見る『観念』はどこまでも具体的なものだった」『小沼勝の華麗なる映像世界』キネマ旬報社）

曽根との間に一体何があったのか、気になるところである。

ただ、曽根はそれ以上の地獄をずっと味わっていたらしい。曽根は一九七一年十二月に監督デビューして以降、七二年には六本、七三年には六本とものすごい勢いでロマン・ポルノを量産し続けた。曽根曰く、その裏には七〇〇万円（現在の二一〇〇万程度）の借金返済に追われていたという事情があった。七四年・七五年は四本ずつとなり少しずつペースが落ち着いていったのは、借金を返済し終わったためだった（梅林敏彦『シネマドランカー』）。

表向きには自信満々の態度で「ロマン・ポルノは反体制だ」「私はワイセツを撮る」と宣言していた曽根は自伝で、七一年頃に交通事故を起こし、被害者の恩情で獄に入らずに済んだものの、膨大な治療費（これが借金の正体）を返さねばならず大変だったと説明している（曽根中生著・文遊社編集部編『曽根中生自伝　人は名のみの罪の深さよ』文遊社）。だから、ひたすら働いていたのである。それが現場でのわがままな態度に繋がっていたのだろう。曽根は必死に働くあまり、周りに配慮できなくなっていたのかもしれない。

ちなみに、この自伝には曽根の主観に基づく発言が裏取りなしに掲載されているところが多々あるため、ウソかマコトか定かではない箇所が目立つので、資料として引用する際には「あくまで曽根の主観によれば」「本人曰く」という注意書きが必要であることを一言しておく。自伝の中のウソ・誤りについては、同書出版後に『映画芸術』（二〇一五年冬号）が関係者を集めた座談会「特別討議『曽根中生自伝　人は名のみの罪の深さよ』を検証する」を掲載し、徹底批判している。

例えば、同座談会でプロデューサーの岡田裕は、曽根が起こした事故は曽根が主張するような軽い事故ではなく「死亡事故」であり、交通刑務所に入れられたと指摘している。膨大な借金の正体は死亡事故の賠償金だったようだ。ちなみに、現在の価値で約二一〇〇万円という金額は死亡事故賠償金の相場とほぼ合致する。他にも曽根が自分に都合の悪いところを隠し、自信のある自作については自分だけの手柄にしてしまうといった箇所がたくさんあるらしい。『曽根中生自伝』を読むならば、『映画芸術』のこの座談会記事を併読し、この本の性格を知った上で読むといい。

曽根の助監督についていた児玉高志は、「曽根さんは裏切るからね。どういうことかというと、助監督に準備させておいたものを使わなかったり、逆にいきなり無理なものを用意しろと言ったりね」と話してくれた。

これでは、助監督が曽根組につきたがらなくなっても仕方ない。ただ、このようなやり口は、曽根の師匠である鈴木清順ゆずりだった。

澤田幸弘に聞いた話では、朝令暮改は鈴木組では当たり前だったという。澤田が入社して一作目についた鈴木組の現場『帆綱は唄う　海の純情』（一九五六）は鈴木の監督二作目でまだ本名の鈴木清太郎を名乗っていた。その頃から毎日、撮影では「号外」（台本の追加・変更）が出た。澤田はそれを何とも思わず、「鈴木監督は不眠不休で考える人ですよね」と却って監督のたゆまない精力に感心したそうだ。


「監督は、結構ホンを直してました。朝、ゲラが配られる。俳優は現場でセリフを覚える。僕はフォースなのでカチンコにカットナンバー入れるでしょ。でも、番号がつながらないんです。『なんでこんなにつながらないの』と言っているとスクリプターが来て、『いいのよ、それで』って言う。で、編集で繋げられたラッシュを見ると『ああ、なるほどなあ』と思う。台本の細かい動作を監督独特の省略法で撮っている」


澤田はこの体験を嬉しそうに語ってくれた。現場でいきなりプランを思いついたり、変更したり、奇妙なカット割りをその場でいきなり指示したりと、やっていることは同じように見えるのに鈴木清順は尊敬され、曽根は嫌われてしまう。そこに何の差があったのだろうか。残酷なようだが、本家とレプリカの差だろう。

澤田によれば、鈴木清順は初対面から常人ではないと思わせる存在だった。新人助監督が入社後に受ける「研修」で、鈴木が担当した日にはこんなことが起こったという。


「鈴木監督がいきなり『松尾（昭典）君、俺のロッカーから瓶持ってきてくれよ』と言いましてね。で、松尾さんが部屋を出て行った。僕らは講義用の資料を取りに行ったと思っていたんです。鈴木さんも無言。沈黙が流れて。間が持たないから、みんな助監督室の女性事務員さんが煎れてくれたお茶を飲んでいた。すると、ガチャっとドアが開いて松尾さんが入って酒瓶を置いた。鈴木さんが『寒いからさ、ちょっと飲もうよ』って言うんだ。いやあ、みんなまさかと思うよね。撮影所監督室で研修の時間に酒を飲むなんて。でも、松尾さんが勧めるんで、みんな急いで湯のみの茶を飲み干して、瓶をみんなで回して酒を注いでね。で、鈴木さんが『カンパーイ』と言って一斉に酒をあおった。まだ、朝の九時過ぎ、講義のしょっぱなに酒を飲むなんてことは想像もしていなかった。先輩と新人が初めての講義の前に入社祝いで酒を飲む。常識を超えていた。で、この超えた先に何があるのか。気になるでしょ。ところが、肝心の講義の内容は全く覚えていないんだよね。何を鈴木さんは教えてくれたんだろう？　未だにそこは謎だよ」

こんなチャランポランぶりを見せても、逆に尊敬されてしまうのが鈴木清順だった。

ここで一言しておかねばならないが、児玉は監督になった後でようやく曽根の人を食ったような演出術の意図を理解し敬意を抱いたというから、曽根をいつまでも嫌っていたというわけでもなさそうである。児玉の話をさらに聞こう。

「曽根さんは演出の仕方も独特だったね。テイク八と十の間の演技をなんていうんだよね。助監督もスタッフも俳優も、何のことやらという感じになるでしょ。でも、監督になった後でその意味がわかるんだよね。つまり、これって、女優に頭で演技を考えさせないように混乱させる手段だったんだって。監督って、素の（自然な）演技を引き出すためにはなんだってやるんだよ」

もちろん、現場で突飛なことを思い付きでやり始める曽根の要求に応えようと、スタッフ・俳優が苦労させられたことは確かである。

『昭和おんなみち　裸性門《らしょうもん》』（一九七三）の例を見てみよう。曽根はいきなりカメラマンの森勝に無茶な要求をした。ファーストショットを大豪邸で芝居をしている役者ののどの奥からの視点から始めようとしたのである。曽根曰く、森は「これ、どこから見てるんだ？　キャメラは一体どこにあるんだ？」と曽根を叱責したというが、曽根の方は全く平気で、キャメラの前に入れ歯を置くことにし、のどちんこまで付け加える悪乗りぶりを見せた（『曽根中生自伝』）。一方、森に話を聞くと別に本気で怒っていたわけではなかったという。同作のことを次のように語ってくれた。

「この作品でも曽根さんのこだわり（ジャンプカット、歯のアップ、鏡越しの画）が多用されて、まぁまぁ遊んでいますね。ヒロインの梢ひとみさんは背が高い人で、構図のバランスに工夫が必要でした。僕が一番気に入っているのは侯爵家の応接間のシーンです。楽団の口の中から撮っているカットがありますよ。気に入っていたのは、応接間のセットがかなりよくできていたからなんですけどね。照明の川島晴雄さんは僕とよく組んでいた人です。一番やりやすかったですね。僕のやりたいことを察してやってくれました。曽根さんは割とリアル志向で、客観的に表現しますね。本人の性格はあっさりしていますが、仕事はしつこくて粘ります。この映画でも深夜までやっていましたから大変でした。だから、梢さんの乱闘シーンでピンボケがあったりしますが、これでOKにしているのは撮り直す時間がなかったからなんです。同じようなことが他にもあると思いますよ」（森勝「ロマン・ポルノは、僕らの実験室だった」『日活1971 - 1988』）

曽根と森の付き合いは互いに修業時代の鈴木清順の組付きだった頃からで長い（森は鈴木組につくことが多かったカメラマン・峰重義の弟子に当たる）。曽根にとって森は心を開ける数少ない先輩だったのだろう。

曽根が脚本にないものを現場で取り入れることにいたく感心した脚本家もいる。『熟れすぎた乳房　人妻』（一九七三）を執筆した桂千穂である。桂はこれがロマン・ポルノのデビュー作となった。人妻を演じる宮下順子がつまらない日常を離れ、一時のアバンチュールに狂うが、やがて家・日常に戻っていく筋である。桂が感心したのは、彼の意図を上回るラストを曽根が作り出したことだったという。

「ラストシーンがいいでしょ。性的抑圧を受けている妻（宮下順子）が、性のアバンチュールに出かけて、夫以外の男と情事を交わした翌朝にタクシーで帰宅するわけです。日常に帰っていくんです。それをタクシーのメーターがカチャカチャと料金を無機質に刻む音で表現している」（桂千穂「日活ロマン・ポルノなしに脚本家になれなかった」『日活1971 - 1988』）

猛烈な映画マニアでもあった桂は脚本にないさりげない工夫を演出で盛り込んだ曽根の才能を絶賛していた。

嫌われ者だった曽根のちょっとお茶目な部分を垣間見せるエピソードを教えてくれたのが、美術の金田克美である。彼は新人の頃、曽根の『夕ぐれ族』（一九八四）を担当しその薫陶を受けたという。ちなみに、「夕ぐれ族」とはもはや死語だが、八二年に一世風靡した「愛人バンク」（金持ちの男に若い女を派遣する風俗業）の社名。ちなみに「夕ぐれ族」を立ち上げた女性社長は八三年十二月に売春斡旋容疑で逮捕され実刑判決を受けている。

「曽根中生監督とやった『夕ぐれ族』では勉強になりました。曽根さんは『想像力は限界がある。現実をよく観察しろ』とよくおっしゃっていました。僕は男の子が両親の留守を狙って彼女を家に誘うというシーンで、六畳一間の男の子の部屋のセットをデザインしたんです。でも、監督は『これじゃ撮れない』と言うんですね。『二階には六畳と四畳半がある。六畳は両親の寝室でクローゼットにウイスキーが隠してあって、息子はそれを留守中に盗み飲みしようとしているという所まで考えてほしい』と。ちょっとした短いシーンなので台本にはここまで細かく書かれていないんですよ。でも言われてみればその通りです。台本を深く読み込んで登場人物の生活空間を必要最大限までイメージを膨らませる事がどれだけ大切なことか。当時はこっちも慣れてきて自信が出てきた頃でしたが、まだまだだと思わされましたね」（金田克美「美術も演出の一部と教わった撮影所の試行錯誤時代」『日活1971 - 1988』）

曽根の「現実をよく観察しろ、固定観念に囚われるな」という警句は、若手を指導する際の常套句だったのだろう。曽根も監督としての威厳を示すために使っていたのかもしれない。もちろん、金田が感心したようにそれは創作者として正しい警句である。どんな些細なシーンでも脚本の行間を読み込み、それらしいセットを作らないとリアルには見えないからである。ただ、金田の話はここで終わらない。

「この話にはオチがあって、後に当時自分が住んでいた日活社員寮の古いアパートの部屋を映画に使うからと曽根さんがロケハンに来たことがあったんです。僕は部屋が散らかっていたので前の晩に一生懸命片づけて待っていたのですが、当日助監督を連れてやってきた曽根さんが『見ろ。独身者の部屋と言っても、こういう風にきれいに片付いている場合もあるんだ。現実をよく観察しろ。固定観念に囚われるな』と言うんです。僕は笑いをこらえるのが大変でした」（同上）

曽根も時には的を外すことがあったようだ。頭がよく回り、突拍子のない発想で周りを煽動し混乱させる異才監督・曽根中生は、実は意外に不器用でどこか抜けたところのある人間だったのかもしれない。

一九七八年の梅林敏彦によるインタビューで、曽根はポロリとこんなことを言っている。

「ガキの頃からいじけて育って、とんでもない作り話したり、とんでもない経歴をデッチ上げたりしてね（笑）。で、人を喜ばせることが好きで…。喜ばせないと餌をもらえない猿回しの猿みたいなもんで（笑）」（曽根中生「いずれロマン・ポルノを滅ぼすのも我々だと思う」『シネマドランカー』）

普段のウソや突拍子のない言動は、本人曰く、相手を喜ばせるためにやっていたことだったようだ。

一九八八年、曽根は日本船舶振興会の笹川良一が出資した六億円を使って、競艇選手養成所を舞台にした大作『フライング　飛翔』を撮った後、映画界からひっそりと姿を消した。失踪の理由は『曽根中生自伝』でもはっきり述べられていないが、借金がらみだったようだ。曽根曰く、彼は『フライング』の撮影中にヤクザに呼び出しを受け、利息を入れるのが二日遅れただけでテーブルをひっくり返され殴られそうになった。しかし、そこに「俺の監督に何をする！」と突然一人の男が割り込んできて、事なきを得たらしい。その男とは池田敏春だった（『曽根中生自伝』）。

この話がどこまで本当なのかは池田も曽根も亡き今確かめようがない。岡田裕も成田尚哉も知らなかったそうだから、全くの作り話の可能性もある。ただ、わかっていることは、池田が曽根を心から尊敬していた唯一の助監督だったということだけである（白鳥あかね『スクリプターはストリッパーではありません』）。曽根はほどなくして競艇関係者の誘いで九州に逃れ、そこでヒラメの養殖の手伝いを始めたらしい（『曽根中生自伝』）。この展開は出来すぎていてちょっとウソくさい。

そして、二〇年以上の歳月が流れ、二〇一一年八月の湯布院映画祭に突然現れた。なお、彼が命の恩人と呼ぶ池田敏春と再び逢うことはなかった。池田がこの前年の十二月に急死してしまったからである。そのわずか三年後、曽根はウソとマコトがないまぜになった自伝を語り下ろし、その年のうちにこの世を去った。この自伝は彼なりの最期のファンサービスのつもりだったのだろう。あるいは、単なる自己満足に過ぎなかったのだろうか。

しかし、デタラメを書かれてしまった側はたまったものではない。関係者は怒りに震えたようだ（「『曽根中生自伝　人は名のみの罪の深さよ』を検証する」『映画芸術』一九九五年冬号）。

「女性映画」にこだわった加藤彰

加藤彰は、一九六〇年入社の第六期助監督の中でも一番の秀才で、ロマン・ポルノに転換する前の一九七一年一月に『女子学園 おとなの遊び』で伊地智啓や村川透などの優秀な同期を差し置いて一番早く監督デビューしている。

加藤が師事したのは中平康。加藤自身の回想によれば、一九六三年の『泥だらけの純情』から一九六六年の『黒い賭博師 悪魔の左手』まで中平組についている。

六〇年代後半の中平は、家庭の問題（中平の浮気と離婚）などが原因で、酒におぼれるようになったらしい（ただ、中平幸子〔二度目の妻〕は『映画芸術』一九七八年十二月新年特別号で「中平アル中説」を否定している）。岡田裕によれば、この頃の中平の現場での様子は次のようなものだった。

「〔中平〕監督は常時酩酊気味で、セットに入ってくるとすぐに監督椅子で寝てしまい、加藤〔彰〕が俳優の動きをつけスタッフに説明してシュート〔撮影開始〕の直前で監督にバトンタッチ。目を覚ました監督が『加藤ちゃん、本番いいの？』『どうぞ』『じゃあ本番いこう。ヨーイ、スタート』こんな光景がしばしばだった」（岡田裕「ソープランドの回数券」『映画芸術』二〇一一年夏号）

一番脂の乗った頃の中平に出逢い、一番悪い時代まで付き合ったのが加藤彰なのである。

加藤の中平評は褒めすぎもせず、かといって責めもせずという感じで一見冷めている。加藤曰く、中平は「新しがり屋」で「芸術家というより、あの時代の西欧的な文化人的地位の憧れ」があった。岡本喜八と増村保造というライバルが同時代にいたために監督協会の新人賞を取れなかったことをのちのちまで愚痴っていたことからもわかるように「そういうこと〔地位や名誉〕にはかなり固執があった」という（加藤「中平康の日活女性映画四年間」『映画芸術』一九七八年十二月新年特別号）。まるで悪口のようだが、そうではなく加藤は中平が「正直」すぎるために、才能がある割に世渡りが上手くできなかったことに少なからず同情していた。

「正直で、世間知恵がないから、わりと露骨に出ちゃって、社会的にも会社にも底がみえてしまった。詮索のできない人だから、〔中平を〕表面的に好きだということは滅多に聞いたことがない。〔中平は〕八方美人的なことができないで、日常技巧をやっても全部ダメという〔？〕根が正直でみえちゃうんだな。だから葬式の時でも役者が殆んどきてなかった」（前掲、加藤彰「中平康の日活女性映画四年間」）

一方の加藤はどうかといえば、世渡り下手なのは師匠に似てしまったようだ。屈折した感情も共通している。白鳥あかねによれば、加藤はかなりの名家（家業は建築業）の生まれだったので、ロマン・ポルノを撮ったことで親族に「引け目」を感じていたようだという（『スクリプターはストリッパーではありません』）。

晩年のインタビューで加藤は「〝ただのポルノ映画じゃない。我々はロマンを描く日活の映画監督なんだ〟という思い」があったと答えている（『愛の寓話 Vol.1』）。こんなコメントにも彼の屈折した心境が垣間見られる。

その一方で、彼は中平とは違い、多くの映画仲間たちに好かれていた。その中でも、一期後輩の小沼勝は加藤を師匠と仰ぐほどだった。小沼によれば、『黒い賭博師』（一九六五）で中平組に呼んでもらってから、しばらく加藤・小沼・八巻晶彦の三人組でいろんな監督の現場を渡り歩いたという。加藤は小石川高校時代の国語教師・小島信夫（のちの芥川賞作家）に影響を受け、小説家修行をしていたようで脚本が書ける。そのため、鍛冶昇、吉田憲二、樋口弘美、千野皓司ら、若手監督やデビュー作を撮る監督に頼りにされる実力派助監督になっていった（小沼勝「わが師匠　加藤彰監督」『映画芸術』二〇一一年冬号）。

日活のチーフ助監督の主な役目は全体の統括で、他社でいう製作のような仕事だったため、現場に出てこないチーフも多かった中、先述したように加藤は中平組では監督の代わりを務めたくらいだったし、小沼によれば新人監督・若手監督相手だと現場はもちろん、ホン直しまでやって寝る間もないくらいの働きぶりだったという（同上）。

小沼が加藤から学んだものは、例えば女優の扱い方だった。松原智恵子が出る映画の現場ではメイク室にいるチーコ（松原）のところに小沼を行かせて「今日はキレイだね」と言わせる。それを繰り返し、最後はダメ押しで加藤自身が「小沼も言ってたけど、ホントに綺麗だな」と気分を上げて今日の撮影で重要な台詞や芝居のことなどを話した（同上）。助監督の頃からすでに監督以上のことをしていたのである。もっとも、先にも見たように小沼の女優の扱い方は加藤とだいぶ違っていたので、その辺は真似られなかったようだ。加藤は助監督の頃から女性にはよくもてたし、ロマン・ポルノになってからも女優たちと浮名を流したそうだから（同上）、よほど女性への接し方が丁寧だったことがわかる。

中川梨絵は加藤彰への追悼文でこう書いている。

「小柄な方でした、加藤さんは。寅さんのように片手で肩に麻のジャケットをひっかけ、女の子大好きと笑っていらっしゃいました。笑うとできる目尻の皺が印象的な方でした。父を知らずに育ちました私には、それが父性に感じられました。多分監督が描かれる女性、その一本一本が優しく見つめる加藤さんのマドンナであったと思います」（中川梨絵「慕ぶ」『映画芸術』二〇一一年冬号）

これはまるで遅れてきたラブレターのようでもあり、娘による父への感謝文のようでもある。加藤は決して女性嫌いではなく、むしろ恋多き人間だったが、終生独身を通した。加藤本人の弁によれば、「女っ気のない家庭で育ったので性や女に異常な興味と神秘化した経験あり」とのことである（『映画芸術』一九七二年十月号）。盟友の小沼には「子供は本当に欲しいんだけどネエ」とこぼしたこともあったというが（小沼「わが師匠　加藤彰監督」）、中川のこの文を読むと加藤映画のヒロインたちが彼の娘たちのように思えてくる。

また、加藤の『恋狂い』（一九七一）、『ＯＬ日記　牝猫の情事』（一九七二）に深い感銘を受け、『愛に濡れたわたし』（一九七三）で初めて加藤組についた上垣保朗に代表される後輩たちは息子のような存在だったのだろう。上垣は「台本上でヒロインを徹底的に追い詰める、その度に台本にはない新しいシチュエーションが出来る」という魔法のような加藤の演出術に魅了されたという（「加藤彰監督と安藤庄平キャメラマンのこと」『映画芸術』二〇一一年冬号）。それは上垣のスタイルの一部にもなった。

加藤のロマン・ポルノデビューは『恋狂い』（一九七一）。小説家を目指していただけあってオリジナルシナリオ（小早川純名義）での勝負だった。先述したように、伊藤亮爾はこれでロマン・ポルノはみんな「恋狂い」でいいと確信を持った。岡田裕は『恋狂い』の評価が低いことに憤慨しつつ、「これは加藤彰映画の代表作であり、その後のロマンポルノ映画の作品傾向に大きな方向性を示した傑作である」と述べている（岡田「ソープランドの回数券」）。

加藤は中平康の太陽族映画の旗手としての性質ではなく、むしろ注目されにくい女性映画の監督としての性質に敬意を表していた。それを如実に示すのが、彼が述べていた自らの映画作りのポリシーだった。

「私の映画創りの労力の大部分は、女性観客の満足度に媚びているような気がしてならない――そして、これからもなお、数少い女性観客に向けて、私の性表現は拡大してゆくだろう。女がポルノ映画にうつつを抜かす世の中は未だ来ないのだろうか」（加藤彰「日活ロマン・ポルノを撮りつづける理由」『えろちか』一九七三年十一月号）

加藤がロマン・ポルノを撮っていた時代には女性が性的な欲望を自ら表現することに対する社会の偏見がまだ強かったが、今や女性向けＡＶがビジネスとして成り立つ時代である。現代に加藤が生きていたならばどんな作品を撮っていたのだろうか。

女性の意志の尊重は先にも見た通り、濡れ場への取り組み方に現われていたし、加藤は日活の中でも特に女優を綺麗に撮ることにこだわった監督だった。加藤自身の回想によれば、『恋狂い』（一九七一）では、吉永小百合映画をかなり多く撮っている萩原憲治のカメラを得て画面の綺麗さを狙っていたようだ。

「萩原さんもポルノというところでの抵抗感があって、汚れたものが猥雑に見えるという意識を捨ててフォトジェニックに、今まで自分たちがやってきた映画に近づけるというか、〝映画なんだ〟という、そういう思いで一生懸命やっていたんだと思います」（加藤彰「ただの〝ポルノ〟ではなく、〝ロマン〟を描いてきました」『愛の寓話 Vol.1』）

加藤は萩原にしばしば撮影を依頼していたようだが、女優を綺麗に撮ることに長けている萩原は山口百恵映画に代表されるアイドル映画の売れっ子カメラマンだった（しかもホリ企画に移籍してしまった）ためになかなか一緒に仕事をすることはできなかった。

ところで、加藤は照れ屋なのか、中平康を追悼する文章でさえ単純な褒め言葉を書くことはなかったが、中平康へのリスペクトは加藤作品にしっかりと表されている。もっともわかりやすい例は、加藤のロマン・ポルノ第二作『しなやかな獣《けもの》たち』（一九七二）である。撮影を第一作に続いて担当した萩原はこう教えてくれた。

「日活青春映画と画作りが似てしまっていますね。ただ、最初からそういう狙いはあったんです。〔中平監督の〕『泥だらけの純情』（一九六三）みたいに、令嬢の田中さんとチンピラの原司郎さんの身分の違いや差別を描こうとしていました」（萩原憲治「私にとっての日活一九七〇年代の仕事」『日活1971-1988』）

確かに『泥だらけの純情』のチンピラ（浜田光夫）とお嬢様（吉永小百合）の悲恋と、『しなやかな獣《けもの》たち』のチンピラ（原司郎）とお嬢様（田中真理）の関係性はよく似ている。『泥だらけの純情』といえば、加藤が初めて中平組についた記念的作品である。言葉で説明するのでなく、作品で師匠への敬意を示すのが、加藤の流儀だった。

加藤は「私は、手造りの味をかたくなに守りたいという、独善的監督である。企業の広報担当社員なのではない」（「日活ロマン・ポルノを撮りつづける理由」）と公言しながらも、同期の伊地智啓（プロデューサー）がやっかいな企画を抱えて困っているとそれがどんなに企業的な案件でも手を差し伸べた。滋賀銀行のベテランOLの着服事件を大衆の興味が冷めないうちに映画化した『OL日記　濡れた札束』（一九七四）やエマニエル夫人の大ヒットに便乗した『東京エマニエル夫人』（一九七五）にも嫌な顔を見せずに前向きに協力しヒットさせた（伊地智啓「同期加藤彰のこと、いくつか」『映画芸術』二〇一一年冬号）。

ただ、加藤は己の作家的信念と師への敬意を曲げることはなかった。加藤は八〇年代に入ると急速にロマン・ポルノへの登板数が減っていき、主にテレビドラマを撮るようになる。晩年には「失楽園」（一九九七年、よみうりテレビ）の演出を手掛け大ヒットに導いた。そんな日々の中でも、一九八二年に撮った二時間ドラマ「運命の殺意　北信濃母子心中」（よみうりテレビ）では、萩原憲治の弟子にあたる前田米造カメラマンを伴って雪山ロケを敢行し、『泥だらけの純情』のラストシーンと同じ雪山での心中シーンを撮影して、師へのオマージュを捧げた。

「みっともないのはキライじゃないよ」：神代辰巳の現場

ロマン・ポルノファンの間で、群を抜いて神格化された存在になっているのが神代辰巳である。残っている写真の多くが好々爺のようなので、彼を知らない人はともすれば温厚なイメージを持つかもしれないが、現場では「何かないの？」と役者やスタッフにもっとよいアイディアはないかととことん詰めていくタイプだったようだ。

神代の『悶絶!!どんでん返し』（一九七七）で、ヤクザにお尻を掘られ「自分の中の女」に目覚めてしまうという難役を演じた鶴岡修は、神代との息の合った共同作業を以下のように回想している。

「遠藤征慈さん〔ヤクザ役〕に殴りかかるシーンがあるでしょ。殴るところは男で、すぐに女になる。あれができる人はなかなかいないよ。この作品では自分のやりたいことをやっているなと思ったね。自分が演出していた頃のアングラの芝居をね。リアリズムでマジにやっているんじゃないぞということをやりたかったんだと思うんだよ。神代さんの考えと完全に一致していたと思う」（鶴岡修「神代さんの考えと完全に一致した『悶絶‼どんでん返し』」『日活1971 - 1988』）

とはいえ、神代のねばりの演出には参ったようだ。

「僕がアパートの階段を上がっていくシーンがあるでしょ。ナイトシーン。これは撮影開始時には、まだ陽があったんだ。陽が落ちない限り、撮影が始まらないから、撮影に時間がかかるのが分かっていたね。神代さんは、『陽が落ちるまで待ちましょう』とはならない。陽が落ちるまで、ずーっとテスト。でも、映画を見たらわからないんだ。あんな変な事しているなんてわからない。階段を上がるだけなのにいろんなことを試しているんだ」（同上）

また、ロングショットで撮られた渋谷の交差点のシーンでは「街を歩く」としかト書きにないので何も考えずに歩いていたら、「何考えているの？　ただ街を歩いているの？　君を撮るためにここからもあそこからもカメラを構えているんだよ」という神代の指示が飛んできたという（同上）。そうなると役者は気が抜けないわけで、画面に映らないような細かい部分まで徹底して演出するところに神代映画の秘訣があった。

神代組では、スタッフや俳優には長いリハーサルで結果を出さなければいけないという試練が待っていたわけだし、後述するように、死ぬような目に遭わされたスタッフもいる。常に大変な現場だった。興味深いのは、神代に大変な目に遭わされればされるほどに、みんな神代という人物に惚れこんでしまうところである。例えば神代映画に付きものの「長回し」ではカメラマンたちが困らされたが、それで彼が嫌われたわけではない。ただ、神代ともっとも多く組んだ姫田真左久にとっては望むところだったという。

「神代さんは、芝居を自分でつけるでしょ。テストテストの繰り返しですよ。『俺がこれやっている間に、ライティングしてくれ』と言うわけです。『俺はこう芝居をつけるから、あなたたちは、それをどうにでも撮ってくれ』というやり方です。撮り方に関しては一言も言わない。そういうところは立派です。ただ、無茶を言う。それには参ることがありましたけどね。〔…〕神ちゃんが何を望んでいるか、何を狙ってるか、ということは芝居の演出を見ていればすぐ分かるんです」（姫田真左久『姫田真左久のパン棒人生』ダゲレオ出版）

大ベテランで腕に覚えのある姫田にとって、撮り方を託されることはむしろ嬉しいことだったようだ。

ところで、彼の身近にいた人間は総じて、神代はいい意味で「いい加減」で愛らしさ溢れる人物という印象が強く残っているようだ。例えば、プロデューサーの岡田裕は、神代映画の真骨頂とされる「長回し」についてこう語ってくれた。

「クマさんと言えば長回しですけど、ある時、クマさんに『どうしてそれにこだわるの?』と聞いたんです。そうしたら、クマさんは『だって人間を表現するにはその生(ナマ)の姿を撮るのが一番いいでしょ』って言っていました。人間のナマを撮るから長回しワンカットで撮るってことだったみたいです。でも全てをナマで撮るんだったら、切った張ったや本当の生き死にの場面をどうやって撮るんだろうと僕は思ったんですけど」

(岡田裕「もっと自由でいいじゃないか――僕のプロデューサー奮闘時代」『日活1971 - 1988』)

神代にとって、長回しは俳優に緊張感を途切れさせないためであり、そのためのリハーサルの繰り返しで俳優やスタッフの提案を引き出し、よりよい演技を作り出す手法だったことは、すでに紹介した通りである。そこにそれ以上の理屈は、本当はなかったのではないだろうか。岡田のように優秀なプロデューサーに聞かれ、バカにされないよう、とっさに出したそれらしい理屈が「ナマを撮る」という矛盾めいた文言になってしまったように見える。岡田をあきれさせた発言がポロリと出てしまう粗忽さは、神代の可愛い部分をよく表している。

神代はデビュー作からストリッパーを題材にし、その主演女優(殿岡ハツエ)と一時は結婚していたほどだから、彼を知らない人間にとっては、性を通して「人間のナマ」を掴み、体面などを気にせずその「ナマ」をせきらに表現することに生涯をかけたように思われがちだが、同時にとてもシャイな性格でスタイリストでもあった。

『キネマ旬報』(一九九五年四月下旬号)に掲載された神代追悼座談会で白鳥あかねは、神代の『恋人たちは濡れた』(一九七三)の中川梨絵の「あんたはみっともない」というセリフに応じた大江徹の「みっともないのはキライじゃないよ、俺は」というセリフを引き合いに出して、「クマさん自身は非常にスタイリストの部分があるし、とってもシャイなんだけど」「これはクマさんの思いじゃないかと思った」と発言している。

シャイな神代は気心の知れた相手(蔵原惟繕や鴨田好史、藤田敏八、白鳥あかねなど)には自分の「ナマ」の内面を打ち明けることもやぶさかではなかったが(同上)、自分の「ナマ」の肉体をさらけ出すことは苦手だったようだ。神代組常連のスクリプターであった白鳥あかねに『濡れた欲情　特出し21人』(一九七四)の際に起こったエピソードを聞いた。

「クマさんとは『濡れた欲情　特出し21人』も印象的な映画で人生観を大きく変えられた作品でもあります。打ち上げの際に私がスッポンポンになろうとしたら、後でスクリプターの師匠の秋山みよさんに『スクリプターはストリッパーじゃありません』と怒られたというのは今や有名な話ですね。あれは優しくしてくれたストリッパーのお姉さんたちへの恩返しのつもりだったんです。人はみんな平等で、職業に貴賤はないんだと。

お姉さんたちは涙を流して喜んでくれました。逆にスタッフは慌てていましたけど。クマさんは喜んでくれましたよ。こっちはクマさんが脱がないから頭に来ましたけどね。浴衣着て黒田節でお茶を濁しちゃってねえ。姫田（真左久）さんは女ものの長襦袢を羽織って、ハダカ踊りをやっていました」（白鳥あかね「私に映画を教えてくれたロマン・ポルノ」『日活 1971 - 1988』）

神代の実家は薬問屋の大店で裕福だったし、白鳥あかねによれば、監督になった後も長らくの間、実家の母親が彼を心配して仕送りを続けていた（『キネマ旬報』一九九五年四月下旬号）。

根っからの坊ちゃん気質で、母親を始めとする女性からの愛と、男女関係なしに彼を慕う人々の愛に包まれ続けた生涯だった。「みっともないのはキライじゃないよ」というセリフ通り、傍目から「みっともない」と見られようと恥じることなく自分流の生き方を貫いた。いつもよれよれのトレンチコートを着て、乱くい歯をむき出しにして笑っていた。それでいて、他人のハダカを撮ったり見たりは楽しいが、自分の裸体をさらすのは恥ずかしいというところには、彼の「シャイでスタイリスト」な気質が関係していたのかもしれない。この自己矛盾がいい意味でだらしなく、愛らしい様に繋がったのだろう。

ただ、彼の心のどこかには「なめられてなるものか」といった高いプライドが隠されていたふしもある。それがよくわかるのは、少しでもいい画を撮り、少しでも作品をよくするためには助監督や俳優に命懸けの行動をさせることも辞さなかったというエピソードである。彼自身も文字通り命を賭けて作品に臨んでいたことで知られる。神代は一九八三年の『もどり川』（三協映画）の撮影中に結核が再発し医者に絶対安静を命じられたが、白鳥によれば、神代の佐賀中学での後輩だった医者に「君も葉隠の末裔なら、僕の気持ちが分かるだろう」と訴えて、酸素ボンベと看護師つきでロケに無理やり復帰したという（同上）。

伊藤秀裕は一九七三年の入社早々に神代組につき、神代との出逢いが危うく別れになりかけたというエピソードの持ち主である。伊藤の日活初現場は神代の『やくざ観音・情女《いろ》仁義』（一九七三）だった。

「絡みをやっている俳優〔安田のぞみ〕が滝壺に落ちて、思わず駆け寄って助けようとしたことがありました。神代さんはラッシュを見ながらぼくの脚〔が映り込んだの〕でNGになったと言うんです。危ないじゃないですかと言ったら、監督より先にカットをかけてはいけないんだと教わりました」（伊藤秀裕「冷たいようであったかい不思議な会社」『日活 1971 - 1988』）

神代がどれだけのめり込んで、命懸けで演出に集中していたかを思わせるエピソードだが、今だったら大事件スレスレである。なお、神代は『えろちか』（一九七三年十一月号）の鼎談で、この事故未遂を受け安全な場所に移動しようとしたが、この場所での撮影続行を安田のぞみが自ら志願したと述べている。ただ、同席した安田が神代の言を無言で受けていたのを見ると神代の意向だったのだろう。

ところで、伊藤の受難はまだ続く。伊藤は「滝壺の上まで見てこい」と言われ、三時間かけて登ったら、役者もカメラも上げられないことがとわかって、一人自力で降りてくることになった(『日活 1971 - 1988』)。また、この四年後の『壇の浦夜枕合戦記』(一九七七)の海上ロケでも伊藤は大変な目に遭った。

「『壇の浦夜枕合戦記』(一九七七)ではぼくとチーフの鴨ちゃん(鴨田好史)が平家の女たちが入水する吹き替えをやりました。ぼくは建礼門院の着物にウェットスーツと重しをつけて沈み、水中で重しを外してやがて蝶のように十二単を拡げて浮かんでくるという撮影がうまくいかず、何度もNGを出しました。二月の海は寒くて凍えて、鴨ちゃんは泳いでいる途中で動かなくなって。ぼくは水中で錘を下げたテグスを離したつもりが十二単に絡まっていて、どんどん沈んでいく。必死にテグスを切って浮上してバタバタしちゃったら神代さんの怒声が飛んだ。ぼくは死にかけたのとうまくいかなかったのとで泣いてしまいましたね。命の危険を感じたのがいちばん多いのが神代組」(伊藤秀裕「冷たいようであったかい不思議な会社」『日活 1971 - 1988』)

いやいや、怒るどころか人殺しになるところでしたよと思わずつっこみたくなるような現場だが、こうしてスタッフ・俳優が一丸となって、命懸けでよりよい映画を作るのが神代組の常識だった。これで神代のことが嫌になるかといえばそんなこともなく、伊藤は神代を慕い続けた。撮影現場でどんなひどい目にあっても、宿に戻って一緒に酒でも飲んでいれば次の日には忘れてしまう。神代にはそんなひとたらしの一面があったようだ。神代は「人の発意をちゃんとどこかで見てくれて、いいときは採用してくれるのでまた応えたくなるんですよ」と伊藤は回想している(同上)。

ちなみに、伊藤は、神代の生涯最後の劇映画『棒の哀しみ』(一九九五)の脚本とプロデュースを担当し、神代が病床で第一稿を完成させたものの撮影に入る前に亡くなってしまいお蔵となった脚本『男たちのかいた絵』を神代の死の翌年に自ら監督し完成にこぎつけている。親密な師弟関係は終生続いた。

『棒の哀しみ』では、主人公(奥田瑛二)の子分が見ているテレビ画面に『恋人たちは濡れた』(一九七三)が映し出されていた。ちょうど、中川梨絵が砂浜で馬跳びをしているシーンである。なお、神代組の元助監督だった山口清一郎は本当に最後の神代作品になったVシネマの『インモラル　淫らな関係』(一九九五)を見て『痴漢ブルース』(『濡れた唇』の原型)とファーストシーンが一緒であることに気づいたという(鈴木義昭『日活ロマンポルノ異聞』)。神代は死を前に原点に立ち返ろうとしていたようだ。まるで、死に向かう時間の流れから逃れようとするかのように。

何がロマン・ポルノを駄目にしたか?

一九八〇年、三浦朗は「『濡れた欲情　特出し21人』(一九七四)のような無邪気さを回復して欲しい。生きてる人間の魅力溢れるものをつかみなおしてほしいと思って作ってもらった」と意気込み、神代辰巳の『快楽学園　禁じられた遊び』をプロデュースした（斎藤正治『エロスで撃つ』）。ここには、ロマン・ポルノがそろそろ十年目を迎え、何が当たるかがわかるようになり、マンネリ化してきたという事情が関わっていた。製作の古川石也によれば、マンネリは一九七五年頃には早くも常態化していたようだ。

「一年目の頃はスケジュールを作る時にファックシーンだけで半日くらい当てるわけ。女の子が逃げ出すかもしれないし、撮るのに時間がかかったんだ。慣れていないからね。現場でどういやらしく撮るか試行錯誤の連続……だよね。だから、他のシーンをとにかく早く撮って裸のシーンをていねいに撮っていた感がするよね。四年目以降になると、ファックシーンを撮るのが慣れてきて、いや上手になってかな？　ほかのシーンより速く撮れるくらいになった。実は、おっかなびっくり撮っていた時の方が面白いんだよね。エロティックに見えるし、新鮮味があるんだよ」（古川石也「大変だ！事件だ！事件だよ！　日活撮影所第一製作部」『日活1971 - 1988』）

曽根中生も一九七八年にこんなことを述べている。

「いずれロマン・ポルノを滅ぼすのも我々だろうと思うわけ。と言うのは、我々の中に、もうロマン・ポルノは作りたくないという意識が、そろそろ働き始めてるんじゃないか。観客の側にしてもたぶん、もう見たくないって意識が働きつつあると思う。ものを作り上げることによって高揚して来た意識が、形が出来上ってしまったことでだんだん拡散して行く。それはいくら引き戻そうとしても無理」（曽根中生「いずれロマン・ポルノを滅ぼすのも我々だと思う」『シネマドランカー』）

曽根の見立てではこの時点ですでにロマン・ポルノは初動の勢いを失ってエネルギーが切れ、「飽き」が生まれつつあった。

三浦や古川、曽根の危惧は当たっていた。一九七四年に『エマニエル夫人』が流行したことで、翌年に『東京エマニエル夫人』を企画したらヒットしてしまい、続編の『東京エマニエル夫人　個人教授』まで企画してしまう。さらに一九七七年には『東京チャタレー夫人』という安易なヴァリエーションもヒットしてしまう。企画・営業中心で考えていくと、そんな安易な手がまかり通り、しかも成功すれば、監督・スタッフ・俳優の創造性の発揮場所が失われ、映画の質が下がっていく（そして客が離れていく）のは当然の流れだった。ましてや、ロマン・ポルノは促成栽培のように増産されたわけで、どんなスタッフも俳優も一年も現場にいればそれなりの「型」ができてしまう。そうすると現場に「慣れ」が生じる。

「慣れ」は撮影のスピードアップに繋がったが、ともすれば、新しい手を考えるより、「型」をうまく作ることに力点を置きがちになり、「飽き」や手抜きを招いてしまうのだ。「無邪気さを回復して欲しい」と言った三浦の真意は、「慣れ」に刺激を与えることにあったようだ。

後述するように、ロマン・ポルノの配収は一九八一年〜一九八二年頃が最高潮であり、収入面だけを見ればこの時期が全盛期のようだが、作り手たちは配収の増加と裏腹に安全策から逃れられなくなっていく状況を危機の始まりと受け止めていた。三浦朗の発言を受けて、斎藤正治は次のような指摘をしている。

「ボルテージが下がりっぱなしのにっかつポルノに、神代辰巳監督は、もういちど原点に戻ろうではないかとこの作品を提示していっているようである。〔…〕〔三浦の意気込んだ発言は〕神代辰巳を通して、にっかつの他の監督たちに呼びかけたものだろう。狂気じみた喧噪で全編喜劇仕立ての作品（『快楽学園禁じられた遊び』）をみてそうおもった。〔…〕にっかつポルノを低調としているものに、過度の叙情性がある。ごく初期にはそれがなかった。抒情性をとっぱらうとは、単純明快、とりあえず言葉の持っている暴力性をギリギリのところまで押し進めることだ」（斎藤正治『エロスで撃つ』）

抒情性をとっぱらい暴力性を回復することが復調のカギであるという斎藤の評が正しかったかどうかは別にして、革命としての映画／映画という革命であった頃のロマン・ポルノにあった「反体制性」「危うさ」が一九八〇年頃には目立たなくなったことは事実だろう。実際、神代はこの作品でかなり思い切った実験をしていた。撮影を担当した米田実によれば、神代から大胆な提案があったという。

「これはシーン1のカット1以外は全部手持ちカメラでやったんですよ。『前張りとか隠れませんよ』と言ったんだけど、神代さんの方で『後はなんとかする』と言ってくれたんです」（鈴木耕一・米田実「日活撮影所の仲間はみんな家族みたいなものなんです」『日活1971 - 1988』）

しかし、企画部の山田耕大が「プロデューサーの三浦朗さんが『これは集団発狂映画だ』と重役連の前でまくし立てたのが妙に気になった」と自著『日活ロマンポルノ外伝　昼下りの青春』で回想するように、完成した映画は全編頭のおかしな人物たちが騒ぎまくる作品になってしまった。もっとも、そこに参加する側は現場を楽しんだようだ。白鳥あかねはスクリプターをしながら、主人公（太田あや子）を舞台にあげて辱めるニセ催眠術師（丹古母鬼馬二）に踊らされる、いかれた観客役を演じた思い出を楽しそうに話してくれた。現場は悪乗り気味だった様子である。

果たして、その結果どうなったか。山田耕大によれば以下の通りだった。

「オールラッシュを見て、僕は腰を抜かしそうになった。ひさうちみちお〔の原作漫画〕の面白さは一見まともな人間が異常なシチュエーションに巻き込まれることによって思わぬ狂気を爆発させていくところにあるはずなのに、神代さんの撮った『快楽学園』は出て来る人物が最初から狂いまくっているのだ。〔…〕神代さんはラッシュが終わって、僕の顔を見るなり、『山田、失敗しちゃったよ』と髪をかきむしった。合評での重役連の苦笑を受けて、『切れるだけ切るよ。切りたいとこいっぱいあるんだよ』と神代さんはしきりに眉間に皺を寄せていた」（山田耕大『日活ロマンポルノ外伝　昼下りの青春』）

見事な大失敗に終わったのだ。日活ロマン・ポルノに何らかのてこ入れが必要なことは誰もがわかっていた。しかし、それをやるためには思い切った手が必要だったが、既成の監督や企画者の手ではどうにもならない状況だった。ロマン・ポルノを延命させるには、若い新たな才能が必要だった。

堀久作の死と日活労組の「モーレツ」改革

先にも述べたように、初期ロマン・ポルノの主要客層は四十代や五十代の中高年男性に著しく偏っていた。その客層に望みをかけることはやはり将来性を考える上で心もとない。裕次郎ブームの頃に若者客を一手に引き受け大儲けした日活としては、ロマン・ポルノにも若者を多く呼べる企画をという考えに至るのは必然的なことだった。板持隆の表現を借りて言うならば、こうである。

「企画にナウな感覚を取り入れマンネリを避けるために、どうしても若い人材の導入が不可欠になって来た」（板持隆『日活映画　興亡の80年』）

その試みは、一九七三年に端を発する大胆な新入社員の雇用政策から始まった。ロマン・ポルノ裁判で大いに宣伝効果を得た勢いに乗った賭けだったが、日活の危機的財政を考えると、それは愚策あるいは奇策にしか見えなかった。

日活の一九七四年は一月分給料の遅配から始まった。それは二月五日にようやく五万円だけ支給され、残りは分配ということでひとまず収まったが（厚生労働省の賃金構造基本統計調査によれば、同年のサラリーマンの平均月収は十一万五二〇〇円だった）、もっと重大な問題が目前に迫っていた。日活の毎月の営業赤字は一億五〇〇〇万円、そこに借金の利子九〇〇〇万円が圧しかかり、二億四〇〇〇万円の不足金が毎月積み重なっていく危険な状況だったのである。同年六月の中間決算では累積赤字が資本金の五〇億をついに超過する事態となった。日活の経済問題の核は、売り上げに対して人件費がかかりすぎるところにあった。通常の企業ならば人件費は売り上げの三〇％以下が相場のところ、日活は五〇％に迫る異常ぶりだった（『日活労働組合　一〇年の闘争』日活労働組合中央執行委員会）。

しかも、七三年十月に最後の大物資産・梅田日活を日本信販に三五億七〇〇〇万で売り払ってしまった日活には、赤字を解消できるほどの売却益を得られる優良資産はもう残っていなかった。また七四年六月、堀雅彦社長の自宅が未払い賃金の代わりに差し押えられるに至ったことは、堀一族の資産がついに払底したことを象徴する出来事だった。

なお、労組から見た堀雅彦はまるで頼りにならない経営者だったようだ。会社の危機に際して無策だったばかりでなく、昼はゴルフ、夜は銀座で飲み歩く体たらくで、ついに自宅（堀久作名義）を労組に取られた際には根本悌二や松本平などの労組幹部の前で父・久作に「お前は馬鹿だ。死んでしまえ」と怒鳴られる始末だった（同上）。

一九七四年十一月十四日、堀久作が突然死去した。後ろ盾をなくした堀雅彦は翌年の株主総会で副社長の村上覚に社長の座を譲った。他方、労組は堀久作が死ぬ少し前にはもはや堀一族には搾り取るだけの財産がなくなったことを悟り、闘争方針を転換し会社の経営健全化に協力するようになった。当時の週刊誌は労組の方針転換を「欲しがりません勝つまでは」「経営者も驚く日活労組のモーレツ合理化案」と報じている（『週刊朝日』一九七四年六月二十一日号）。

同誌が入手した労組のマル秘文書によれば「売り上げの増大が何よりも第一だが、人件費をある程度削減せざるを得ない」が首切りは避けたいので配置転換を行い、「時間外給与、特勤手当、担当報酬、管理職手当を暫定的に一年間カットし、基本給のみで平等に耐乏する以外に方法はない」といった文句が見られる。同誌が言うようにこれは「〝組合攻勢〟に悩む社長サンたちが、ヨダレを流しそうな内容」だった。村上覚副社長も即座に労組への協力を表明した。堀雅彦社長が頼りにならない以上、労組が舵取りをするしかない。それに、村上には若き頃に本社労組の書記長を二度（一九四九年・五一年）務めた経験があった（『日活労働組合　二〇年の闘争』）。そのため労組に強いアレルギーがなかったのではなかろうか。ともあれ、この方針転換が労組の本格的経営参加の契機になったようだ。

もっとも、七三年に元労組幹部の武田靖が製作部長に転じて経営陣に加わっており、七四年には映像事業部長、七五年には取締役企画部長、七六年に取締役営業本部長兼務と順調に出世して（『映画論講座3　映画の創造』合同出版）、労組の経営参加の足がかりを作っていた。今回の労組の合理化案は撮影所にまで及び、七四年三月二十五日付の「経営健全化のための基本的な方針について」と題する文書にしたがって「時間外労働を減らす」という名目でスケジュール表を労組役員がチェックするようになった。ただ、現場経験がほとんどない根本をはじめとする労組幹部と労組出身ながらプロデューサー経験が豊富にある武田靖の足並みは揃わなかった。

撮影所への合理化要求には「撮影使用フィルムは定められた仕上がり尺数の二〇〇％とする。〔…〕その上で、その実績は監督の起用についてのチェック・ポイントとする」という項目まで含まれた。これは「フィルムを使いすぎる監督には映画を撮らせない」と解釈し得る項目だった。

この過剰要求には、さすがに武田靖を含む撮影所スタッフ、神代辰巳らが幹事を務める監督会から猛烈な反対が起こったのである。根本はこの要求を撤回せざるを得なくなった（『週刊朝日』一九七四年六月二十一日号）。西村昭五郎によれば、助監督時代、西村や神代辰巳、武田一成は武田靖の家に集まり、マージャンばっかりしていた仲だった（『映画芸術』一九九五年夏号）。武田靖はカツドウ屋の精神を忘れてはいなかった。形式的合理化よりも昔なじみの仲間たちを守ることを選んだのである。

この合理化案で監督、製作スタッフから事務系社員まで一律基本給が四月は六万円、五月は四万円とされた。これでは家賃を払うので精一杯という状況だった。しかし、この大改革の中でも退職者は案外少なかった。土屋幸雄営業本部長以下、本社の課長クラスが辞めただけだったという（『週刊朝日』一九七四年六月二十一日号。この記事は報じていないが、土屋の首切りは前章で触れたプリマ企画がらみの汚職が影響したもので労組による改革とは関係ない)。

そんな窮状にも関わらず、日活は一九七四年新卒組から社員助監督の定期採用に踏み切った。それが可能なのは労組に従順ではない人間の排除とセットだからだということにいち早くピンときたのは契約助監督の長谷川和彦だったかもしれない。

長谷川は撮影現場に労組の管理が及ぶことの不安を訴え、「調布〔日活撮影所〕が火事だよう!」と悲痛な叫びをあげた(「ひでえ二日酔だ」『シナリオ』一九七四年六月号)。長谷川の予感は当たっていた。当時撮影所長だった黒澤満は労組に「ゴジ〔長谷川和彦〕、相米〔慎二〕……〔新左翼は〕みんな切れ」と詰められていたのである(「日活ロマンポルノ30年の興亡総括 プロデューサー座談会第二回」『映画芸術』二〇〇二年冬号)。

ここで少し時を戻そう。一九七三年三月、日活は新規大卒を対象とした助監督等の採用試験を行った。他社の採用が一切ない状況だったこともあり、助監督二名、企画部員若干名の募集に対し、二〇〇〇名の応募という大反響ぶりだった。この際に新卒助監督扱いとして入社したのが伊藤秀裕(東京教育大→電通)、川崎善広(関学大)、菅野隆(東北大)の三名である。すでに契約助監督だった黒沢直輔(関学大)や斉藤信幸(関学大)も大卒ということで社員採用(第十一期)された。伊地智啓によれば、大学卒業から時間が経っていた黒沢と斉藤の常識テストの点数は最低だったが、創作問題が他より群を抜いてよかったため合格となった。武田靖に問題を先に流したのではないかと疑われるほどの出来だったという。

ロマン・ポルノの直前から助監督をしていた上垣保朗(近畿大)は試験免除で正社員に採用された(同上)。上垣と同期扱い(第十期)で、監督デビュー後にプロデューサーに転身する中川好久(日大)の入社もこの頃だった。

長谷川は正社員になれなかったが、明確な監督昇進のチャンスが三度もあった。一度目はピンク映画会社の国映が彼に依頼して撮らせた『センチメンタル・ジャーニー』(一九七二)である。これは在日アメリカ人を使ったニセ洋ピン(外国のポルノ映画に見せかけた邦画)として企画されたロードムービーで、ピンク映画としては破格の三五〇万円の予算が組まれた。九割がた撮影が終わったものの肝心の濡れ場が足りず追撮をしようとしたところ、追加分の資金を預けていたスタッフが博打で全額すってしまい、製作中止となった。撮影済フィルムは東映ラボテック(旧東映化工)に残っていたようだが現在は行方不明である(木全公彦『スクリーンの裾をめくってみれば』作品社)。

二度目は、一九七四年にプロデューサーの松岡明が三本立てオムニバスポルノ『卓のチョンチョン』の一本を彼に依頼してきた。しかし、「大事なデビュー作を準備不足でやることはない」という松岡の配慮で流れた(山田耕大は脚本家の高田純から「会社からストップがかかった」と聞いたという)。

三度目は、七五年に伊地智啓が企画した一般映画『燃えるナナハン』である(資料によっては『ナナハン・ブルース』の呼称もある)。これは「臨時雇いになぜこんな恵まれたデビューをさせるんだ」という周囲の声に企画自体が潰されてしまった。長谷川によれば伊地智啓は彼を裏口入社させようとまでしてくれたが、彼はそれを潔くないと考え、近藤幸彦の『十代の性典'75』（一九七五年一月）のチーフ助監督を最後に自ら日活を離れた（『日活1971－1988』）。

相米慎二も長谷川に続くように、七六年七月の武田一成の『キャンパス・エロチカ　熟れて開く』のチーフ助監督（杉田二郎名義）を最後に日活から去った。のちの歴史が示すように、長谷川・相米はこの後わずか数年で傑作・ヒット作をモノにする監督として世に出ることになる。日活の逃した魚は大きかった。

一九七四年に話を戻す。この年、日活は十年ぶりに新入社員（助監督・企画部員など）の定期採用を再開し、のちに日活新世代の台風の目となる早大卒の根岸吉太郎と池田敏春が助監督（第十二期）として入社した。根岸は戦前の日活多摩川撮影所長・根岸寛一と当時の副社長・村上覚の親戚筋、池田は早大時代に石原プロで助監督のバイトをした経歴があった。

その後、一九七五年の新規採用では助監督として鈴木潤一（東大）、児玉高志（千葉大）、企画部員として成田尚哉（慶大）が入社した。一九七六年には加藤文彦（東京外語大）、中原俊（東大）、那須博之（東大）、堀内靖博（明大）が助監督として入社、この年の日活は助監督四人、美術四人、営業二三人を一気に採用している。一九七七年には白石宏一（東大）、村上修（早大）が助監督として入社。一九七八年には金子修介（東京学芸大）、瀬川正仁（早大）が助監督として、山田耕大（東大）が企画部員として入社している。

児玉高志から提供された資料によると、日活の助監督定期採用は何度かの停止をはさみつつ倒産の時まで継続された。ロマン・ポルノ最後の年の一九八八年（第二一期）でさえ金山巧一郎、清水明、南方麻希（唯一の女性正社員助監督）の三人が採用となり、倒産前年の一九九二年（第二五期）にも矢部浩也が助監督として正規採用されたのである。邦画大手の定期採用が一九六一年あたり（日活は六二年で公募は最後、六三年に社員から助監督採用をしたのみ）で終わり、それ以降は特に助監督公募がわずかしか行われなかったことを考えると日活がいかに思い切った政策をとっていたかがわかるだろう。

もちろん新人採用だけで日活の業績が回復するはずはなかった。一九七八年一月までに借金は九〇億円以上に膨れ上がった。上場廃止・倒産は目前に迫っていた。この危機を乗り切るために、七八年五月には根本悌二副社長の主導により、借金を大幅に減らし運転資金を生み出す「ウルトラC」（株価操作）が断行されるが、その話は次章にまわすことにしよう。

日活創立六〇周年記念大作『陽は沈み陽は昇る』

一九七二年、日活は創立六〇年を迎えていた。そこで日活から遠のいていたかつてのスター監督・蔵原惟繕を招いた大作が企画された。『陽は沈み陽は昇る』である。パリから延々とインドのベナレスまで一五〇〇キロ、ヒッピーたちが車とバイクで旅をするというロードムービーで日活が製作した映画史上空前のスケールの企画となった。

プロデューサーを担当したのは岡田裕。蔵原の弟子であり、蔵原が石原プロで手掛けた海外ロケ大作『栄光への５０００キロ』（一九六九）の助監督経験もあった。

岡田に話を聞くとこの企画のアイディアは蔵原とは全く関係ないところから始まったという。ロマン・ポルノ裁判のおかげでうまいことポルノ路線が軌道に乗ってきた。しかし、ポルノというものは正月や紋日（祝祭日）に客が入るものではない。そこで正月企画に一般映画はどうか、アイディアを出してくれよという話題が企画会議に出た。そこで岡田が思い出したのが同期入社の助監督仲間で当時はピンク映画の監督やテレビ番組の脚本を中心に仕事をしていた大和屋竺との会話だった。

「大和屋が『アフガニスタンというところはヒマラヤの山が降る雪で真っ白になって、ある時期になるとそれがてっぺんから黄色や赤に変わっていくんだ。それはアフガニスタンの平原に住んでいた蝶たちが、スーっと山の上にいって死にに行くからなんだ。だから、蝶の死骸で蝶の色が山を染めていくんだ』というようなことを言ってきたんです。大和屋がピンクの監督をやっていた頃ですけどね。これはいいなと思いましてね」（岡田裕「もっと自由でいいじゃないか――僕のプロデューサー奮闘時代」『日活1971 - 1988』）

岡田は、この大和屋との会話に当時の大学生がアジアンハイウェイを旅した手記を組み合わせて企画書を作って会議に通し、見事実現に導いた。しかし、完成までの道のりは険しいものだった。

まずはシナハンである。ロードムービーとはいえ、いきあたりばったりで撮れるほど映画は簡単ではない。しかも、フランスからインドまでの陸路はトルコやアフガニスタン、パキスタンのような政情不安な地域を含んでいた。岡田は監督の蔵原、脚本の山田信夫、通訳の四人で実際に主人公たちが走る道を辿る旅に出た。二カ月に及ぶキツイ旅だったという。何がキツイかというと、どの国に行っても政情不安だからいろいろ制約がついてしまうし、乾燥地域なので行くだけでも大変だし、さらに撮影するためにこのキツイ旅を最低でももう一回やらないといけないことをわかって行かなければならないところだったそうだ。

そして、撮影に入るわけだが各セクションともに困難の連続だった。製作部は岡田を筆頭に福田慶治がプロデューサー補として同行し、俳優の前野霜一郎が「英語がしゃべれる」ということで製作部に立候補してついてきた。製作部の辛さは岡田も福田も回想しているが、彼らは撮影のためにロケ隊に先行して国境をまたいで、次の国での撮影交渉をして、また戻って撮影を管理し、それが終われば次の国境を越えて先行交渉をするという繰り返しを強いられた。

しかも、前野は英語がたいしてしゃべれず使い物にならない。結局、フランスで通訳のできる製作進行係を雇うことになった。さらに辛いのはたまに大都市に立ち寄ったときだった。岡田は「テヘランとか大都市に入ると、『飛行機に乗れば、明日は新宿で飲める、このまま逃げちゃいたいな』と思う。くたくたになりました」と語ってくれた（同上）。

スタッフは撮影に山崎善弘・前田米造ら、録音に紅谷愃一と一流の腕を持つベテランが選ばれた。彼らにもそれぞれの苦行が待っていた。蔵原惟繕のロードムービーの手法は、その場で偶然見つけたものをとにかく撮影して、編集とアフレコで脚本を広げていく臨機応変なスタイルだった。

そのため、カメラクルーはつねに撮影できる状態でカメラを持っておかなければならなかった。その役割は助手を務めた鈴木耕一に任された。鈴木に聞いたところによれば、カメラマンの山崎が撮影部の車のハンドルを自ら握り、助手席に座らされた鈴木が撮影可能な状態にしたカメラをずっと抱えるという体制で全旅程を過ごしたという。過酷な条件で太陽光線も強く、難しい撮影だったが、山崎は独特の手法で見事な映像をモノにした。ただ、鈴木によれば、その手法が日本のスタッフに伝わっていなかったため、こんなハプニングもあったという。


「撮影部の方針としては、『カメラのしぼりをあえてしぼるな。わざと通常よりも明るく撮って、現像で焼きこめ』というものでで、例えば、しぼりを十六にするところを十一にするといった感じですね。で、ラッシュを空輸するんです。これを大きな都市につくたびに繰り返して撮影しました。カラー焼きをせずに、まずは白黒にして棒焼き（調整せずに自動で現像すること）したラッシュが出るんですが、これを日活の上層部が見て、画面が真っ白（露出オーバー）だったので大騒ぎになりました。対する山崎さんはニヤニヤしているわけです。それで、現像場に暗めに焼きこむ指示を出したら、いい画になった」（鈴木耕一・米田実「日活撮影所の仲間はみんな家族みたいなものなんです」『日活 1971 - 1988』）

わたしは「この手法は古くからカメラマンたちの間で伝授されていた手法で、例えば三村明さんが『姿三四郎』などでやっていたんだ」と、あとで萩原憲治に教えてもらった。このようにすると画面がぐっと締まって見えるそうだ。

撮影部が臨機応変に動くために小型カメラであるアリフレックスを主に使ったことで苦行を強いられたのが、録音の紅谷愃一である。その内情を語ってくれた。


「撮影はまずカメラとの戦いだった。同録のできる手持ちカメラはカメフレックスとアリフレックスのみでしょ。フィルム音がうるさいので同録が大変。撮影ではカメラに毛布を巻いてもキャメラマンは嫌がるし、音は消えない。ドキュメントだからどうしても現地で音は録らないといけない。カメラノイズが一番の敵。ノイズがしなかったらどんなに満足できたか。ダメなものはアフレコにするということで、とりあえずパリへ。結局、アフレコを多用するしかなかった」（紅谷愃一「異才とともに過ごした日活の日々」『日活 1971 - 1988』）

あちらを立てれば、こちらが立たず。集団作業である映画作りで、誰もが均等に満足する仕事をするのは難しいものである。結局、蔵原監督の意向が臨機応変に映像を撮ることにあったため、紅谷は妥協を余儀なくされた。

わたしはこの映画の関係者のうち、岡田裕、鈴木耕一、紅谷愃一、そして主演級で出演した大林丈史に直接話を聞くことができたが、ここに書ききれないほどエピソードが多い。

いくつかを抜粋しておこう(詳しくは『日活1971 - 1988』を参照してほしい)。蔵原がその場の偶然を作品に取り入れる手法をとったということは先にも指摘したが、大林の話では危険も顧みず何でも撮っていたようだ。例えば、トルコではハイジャックの現場に偶然遭遇した。そこでアメリカの航空母艦が出動したが、蔵原は平気でそれをバックにワンシーンを即興で撮ってしまったという。普通ならば、軍に拘束されかねない危険な行為である。

大林はハワイ大学への留学経験があり、アメリカを放浪した経験もあったため、英語も堪能だった。それだけが決め手ではないだろうが、他のキャストがほとんど外国人の中で貴重な日本人キャストとして大抜擢された。蔵原監督とはフィーリングがあったらしく、のちの『南極物語』(一九八三)では大林は俳優兼助監督として参加している。大林はバイク乗りの役を演じたが、各地で苦労の連続だったそうだ。政情不安な地域をわざわざ陸路で行くことは無謀極まりない挑戦だった。当時のアフガニスタンは無法地帯が各所にあり、大使館からわざわざ「ロケ中に山賊が出る」という注意をされたほどだった。また、お金を払わないと通れないところもあった。ここで彼が聞いた噂話の中には「西洋人の旅行者が襲われて目玉をえぐられた」なんて話もザラにあったという(『日活1971 - 1988』)。

バイクに乗り慣れないので、前もって富士スピードウェイで練習して臨んだ撮影だったが、アジアンハイウェイは舗装されていない所が多く、悪路の連続で小さな事故はしょっちゅうだったようだ。明かりもなく、夜に通ってきた道を朝になって確認してみると、信じられないくらい細い道でガードレールなんぞはなく、崖下には大きなトラックが転落していて、一同ゾッとしたなんてこともあった(同上)。

最大の事故は、羊の群れを大林がバイクで追いかけるシーンで、牧羊犬の首につけていたヒモが目の前に飛び出してきてひっかかり、大林が頭から一回転して落ちるという事故だった。死んでもおかしくないほどの大事故である。もっとも、これはあとでラッシュを見て確認してわかったことで本人は脳震盪を起こしたため転倒前後の記憶が全くないという。インドとパキスタンの国境ではちょうど紛争中で足止めを食らうことになった。しかし、これはちょうど運よく捕虜交換の日に出くわしたのでこれを利用して国境越えができた(同上)。

スタッフ・キャストをもっとも苦しめたのは食事である。中近東独特の羊肉料理が日本人にはどうにも合わず、特に録音技師の紅谷は匂いだけでアウトだった。日本から持ち込んだインスタントラーメンが大いに助けになったという。他方、大林は好奇心旺盛で現地の食べ物を積極的に食べたという。それで腹を下したのは一回だけだというのだから、かなり強い。彼を選んだ蔵原の目に間違いはなかった(同上)。

こんなにも苦労した映画だったが、ロケ開始が七二年十月になってしまい(『日活映画　興亡の80年』)、しかもロケが二カ月に及んだ。そのため、日活創立六〇周年に当たる一九七二年中の公開(おそらく、元の計画は年末に公開して七三年の正月作品にするはずだったのだろう)に間に合わなかった。ただ、そんなことは無視して、翌七三年四月二十八日にゴールデンウィークの客層を狙い、堂々と「日活創立六〇周年」と銘打って公開された。メインの封切館は普段は洋画に使われている東宝所有の日比谷スカラ座である。客席一一九七席の大箱。大スクリーンで音響効果も抜群。劇中の音楽はニノ・ロータが担当し、主題歌は布施明が歌った（大林が歌ったバージョンもレコードが出ている）。

ところが、東宝洋画系で封切られた『陽は沈み陽は昇る』の興行は大失敗に終わった。『日活100年史』は製作費を明らかにしていないが、田山力哉が蔵原から聞いたところでは六五〇〇万円（現在の一億六六〇〇万円超）だったという。映画の規模に対して見合わないようだが、前売り券六万枚をホンダ（本田技研工業）に売り込んで賄った（『日本の映画作家たち　創作の秘密』ダヴィッド社）。前売り券は一枚六〇〇円だったので、三六〇〇万円を調達したことになる。これでも一億ちょっとである。

なお、大林丈史に聞いたところでは、実際は二億円（現在の五億円超）かかったらしい。岡田裕によれば、ホンダとタイアップしてバイクや車、メンテナンス人員などの無料提供を受けた分安く上げられたという。興行失敗の理由は映画の中での遊牧民の表現（ヒロインを輪姦したシーン）に民族蔑視があるとしてアフガニスタン大使館から猛抗議が寄せられ（桑原稲敏『切られた猥褻』読売新聞社）、その対応などで十分な宣伝展開ができなかったためだった。封切日に岡田が日比谷スカラ座を覗くと、巨大な劇場の客席がガラガラ状態で思わず青ざめたという。岡田は宣伝部長の田中鐵男に言われて、慌てて知り合いの記者に頼み『朝日新聞』に批評文を書いてもらったが「時すでに遅し」で業績は上がらなかった。

若者客獲得を目指して

一九七四年には、ロマン・ポルノおよび日活映画の若返りのために新企画がいくつか試されている。

一九七四年三月には、三浦朗のプロデュースで日活では前年四月の『陽は沈み陽は昇る』（蔵原惟繕）以来の約一年ぶりの一般映画『赤ちょうちん』（藤田敏八）が公開された。大作だった蔵原作品に対し、秋吉久美子主演の『赤ちょうちん』はコンパクトに作られ若者中心に人気を博した。

前作の好評を受けて、八月の夏休み興行には岡田裕のプロデュースで藤田監督・秋吉主演の『妹』が製作された。一九七四年度のキネマ旬報ベストテンの九位に『赤ちょうちん』、十位に『妹』が入った（読者ベストテンでは七位『赤ちょうちん』、八位『妹』だった）ことを考えると、二作とも批評家・観客に評判が良かったことがわかる。しかし、好調だったのはここまでで、十一月の秋吉主演『バージンブルース』（藤田敏八）、松田優作主演『あばよダチ公』（澤田幸弘）は興行的に振るわなかった上に、ベストテン圏外となった。

一般映画路線は話題性十分だったものの、労組が一九七五年一月の内部文書で明らかにしたところによれば、収支面から見れば大失敗だった。一九七四年に公開された一般映画は年末の正月作品を除けば八本あったが、これら（『赤ちょうちん』『すけばん刑事　ダーティ・マリー』『鍵』『ロスト・ラブ　あぶら地獄』『黒い女豹M』『妹』『あばよダチ公』『バージンブルース』）

にかかった総経費が五億六九〇〇万円だったのに対し、利益は二億七五〇〇万円しか上がらなかった（斎藤正治『権力はワイセツを嫉妬する』）。作れば作るほど損をするわけで、商売になっていなかったのである。

ただ、それは製作サイドにとっては最初から織り込み済みのことで、今更文句を言われるとは考えていなかったと思われる。というのも、ロマン・ポルノ以前の日活撮影所には、江守清樹郎の方針で今村昌平や熊井啓、浦山桐郎などに採算度外視の「看板」作品を監督させる風習があったからである（関川夏央『昭和が明るかった頃』文春文庫）。

これは儲からなくても日活映画の高い品質を維持し内外に宣伝するために必要な企画で、ここで出た赤字は他の売れ線映画の利益で埋め合わせればいいという発想で作られていた。ロマン・ポルノ以後の一般映画も同様の意識で作られていたのではないだろうか。そこをケチってしまえば、ある程度予算がなくてはできない技法やジャンル、意欲的な企画などが途絶え、スタッフのモチベーションが落ち、撮影所総体の創作能力が低下してしまうのである。製作現場にほとんど出ていなかった根本は、撮影所システムならではの風習や現場の努力を知らなかったのだろう。

カツドウ屋魂に火を点けた『あばよダチ公』

一九七四年から始まった一般映画路線では、藤田敏八・長谷部安春・神代辰巳・蔵原惟二・小沼勝に次いで、澤田幸弘が『あばよダチ公』を引っ提げて登板した。松田優作主演でニューアクション的な感覚を日活映画に取り戻した作品だった。脚本家の神波史男によれば、この企画は映画本部から下ろされたものではなかったようだ。

「監督の澤田幸弘さんとお会いして、何をやろうかというところから始まったんです。〔…〕飲みながら話しているうちに僕が思いついたのは、以前四国から九州の山の中で、ダム建設予定地の自分の土地に立てこもったジイさんがいたことなんだよね」（神波史男「全映画自作を語る」、責任編集・荒井晴彦『映画芸術十二月増刊号　ぼうふら脚本家・神波史男の光芒　この悔しさに生きてゆくべし』編集プロダクション映芸）

飲み屋での雑談から一本の映画を作る。当時の日活はもっとも厳しい時代だった。でも、勝負作であるはずの一般映画企画でさえ、まだそんな余裕があったとは驚かされる。ただ、この映画の製作は苦難の連続だったようだ。『あばよダチ公』は、松田優作、佐藤蛾次郎、大門正明、河原崎健三が演じるうだつの上がらないチンピラ四人組が、仲間の女（加藤小夜子）から「田舎の土地がダム建設で沈むことになり、村の皆は立ち退いたけど、うちのオヤジだけ中州に小屋を建て一人で頑張っている」という話を聞いて、「俺たちも便乗して立ち退き料をせしめよう」と現場に乗り込んでいくという筋である。

松田優作が日活映画で主演するのはこれが最初で最後となった。このキャスティングの経緯を澤田に聞いてみた。

「太陽にほえろ！」で松田優作さんが殉職になることが決まっていたので、プロデューサーの結城（良煕）さんと一緒に、国際放映（同ドラマの製作会社）まで、神波さんの『あばよダチ公』のホンを持って行き、優作さんに昼休みに渡したんです。で、夜十時半ごろに電話ありましたよ。『是非やらせて下さい』と。僕はすぐ電話で『黒澤（満）さん、ＯＫだ』と伝えました」

「太陽にほえろ！」や澤田が監督した児童映画の『ともだち』（一九七四年七月）を通して松田優作との信頼関係ができていた。また、澤田曰く「それ以上に松田優作は日活の小林旭さんのファンで同じ撮影所で仕事ができることを喜んでいた」。

ところが、メインの舞台となる主人公たちが立てこもる中州の小屋のロケセットを建て終わったところで、最悪の事件が起こる。

「この映画に主人公たちが立てこもる小屋のロケセットがあるでしょ。これを天竜川の支流の中州に建てようと下調べをしたわけ。地元のおばあさんに過去の自然災害、特にこの川に洪水があったかを聞いたんですよ。そうしたら『もう四十年間もこの中州では冠水してません』って言われたんで、その中州に小屋を建てたんだよ。クルーは撮影の前日に現場到着。その小屋の中にジェネレーター（発電機）、イントレ（撮影用の櫓）などを全部入れて準備万端。それで『良し』と全部確認して旅館に戻ったわけ。そうしたら、台風十四号ですよ。台風は西寄りに進んだのでロケ現場は無事通過で、雨で撮影は延期になったものの被害はなかった。ところが、その後衰弱して『弱い低気圧（熱帯低気圧）』となってから今度は東に向かって海上に出て、再発達して台風となり沖縄経由で東海地方に上陸する進路をとった。撮影当日、朝食時の雨は結構強かったのでまた延期になったが、中州の小屋は無事という情報が入ったので一安心。そうしたら、午後二時過ぎに増水が起こったという知らせがありまして、現場に行ったら、徐々に中州の方が増水していくわけですよ。おばあさんが仏壇から鐘を持ってきて、念仏を唱えながらこれを鳴らして祈っている。チーン、チーンってね。でも増水は止まらず、勢いづいてくる。で、ゴーっと変な音がしてきたんですね。皆、緊張ですよ。増水が激流に変わった瞬間でした。一気に水が小屋に襲い掛かり、屋根が、イントレが、木の移動レールが流されていく。僕らが呆然としていると、向こうではおばあさんの鐘がチーン、チーン。鐘を強く叩いてひたすら祈っているわけです。自然災害の凄さを初めて目の当りにしました。川の水が全てをなぎ倒し、水の中に飲み込んでいった…。僕らはできることがないので、旅館に帰るしかなかったんですが、崖崩れが各所に発生して帰京できないのには閉口しました。四十年に一度の洪水になぜか僕らが当たるとは。かなり衝撃を受けました」

自然災害を前に百戦錬磨のカツドウ屋たちもなす術がなかった。旅館に戻った澤田に松田優作、大門、河原崎、佐藤、加藤ら俳優陣が深刻そうな顔で詰め寄ってきたという。俳優陣の「この作品流れるんですか」という問いに、澤田は「日活はそんなにヤワではありません。水が引けば撮影再開です」と答えた。

この頼もしい言葉に俳優たちは「わかりました」と元気を取り戻した。そして、どうせ東京に戻れないし、「今夜は英気を養うために酒を飲みましょう」と全員で決起集会をやったのである。澤田は「貴重な時間でした」と振り返るが、実際は相当なピンチだったそうだ。

東京に戻って、会議室に黒澤満撮影所長、那波直司製作部長、植松康郎俳優部長、美術デザイナーの徳田博、小山照吉美術担当部長らが澤田組のスタッフとともに集まった。被害は甚大、状況は深刻である。

しかし、黒澤はこう断言した。

「この作品は製作します。ロケ地の小屋、俳優調整、製作部、よろしくお願いします」

この言葉に小山部長は「よっしゃー!」と叫び、美術部の大道具倉庫へ走っていった。今は管理職とはいえ、小山は大映多摩川撮影所の大道具係からの叩き上げである（宍戸錠『シシド 小説・日活撮影所』新潮社）。黒澤の粋なはからいでカツドウ屋魂に火が点いた。プロデューサーの結城良煕は黙ってうなずいていた。澤田はこの時、日活の仲間たちのこの作品に賭ける想いと自分の肩にかかる責任の重さを痛感したという。

そして、ほどなくしてロケセットの小屋は新しく再建された。セットの手前に再びカメラが組み立てられ、レフが当てられた。ようやく撮影開始である。スタッフもキャストも、洪水の前から比べると見違えるほど気合いが入っていた。新しい一歩を踏み出す喜びにあふれていた。澤田が「本番!」と号令をかけ、「用意、スタート」でカチンコが鳴る。『あばよダチ公』はこうして困難を乗り越え、誰一人欠けることなく撮影が開始された。特に松田優作はついに小林旭の出ていたあの日活映画に出られる喜びに興奮した様子だった。

映画の終盤、優作らのグループが地元の土建屋が雇ったヤクザに仲間を拉致され立てこもりの中止を余儀なくされるシーンがある。しかし、ここで帰るのは悔しすぎるということで、今度は土建屋のプレハブを占拠し、そこの金庫にごっそり入った札束の略奪を図る。悪役の土建屋社長を演じるのは日活に久しぶりに出演する郷鍈治。優作らはプレハブに侵入し、郷を脅して金を奪うことに成功。ところが、脱出しようとした瞬間、警察に取り囲まれてしまう。プレハブにはなぜか、おあつらえ向きにライフルも弾もある。そこで、優作らは郷を人質に警察との交渉を始める。しかし、警察は交渉に応じず、やがてクレーンにつけた巨大な分銅を投入し、それをガンガンぶつけてプレハブを破壊しようとする。

わたしはこれを見て、「あさま山荘事件」を思い出したが、澤田によれば全く違うという。

「これは優作さんたちをどう脱出させるかというところからの逆算でね。振り下ろされた分銅に捕まってプレハブから脱出するという筋を神波さんと一緒に作ったんだよ」

なるほど、監督にはそういう意図があったかと思ったが、同時に映画とは作り手の想像を超えていろんな意味に派生してしまうものなのだなと感じさせられた。

このシーンの撮影で優作たちはまたもや災難に遭った。警察に囲まれた状態で優作たちが札束を持ったままで逃げだすという展開ではどうもおかしい。そんな余裕はないはずだとなったのである。脚本の神波は札束を口の中に入れて食って逃げるとホンに書いた。澤田によれば、現場は大騒ぎになったという。

「この映画の最後には札（紙幣）を食うシーンがあってね。これは神波さんのアイディアなんだよ。途中でヤギを引っ張っている（佐藤）蛾次郎のシーンがあるでしょ。ヤギを使って紙を食わしておいてね。これはラストに主人公たちが札を食う伏線の意味もあるの。蛾次郎にさ、『五百円札食え』って指示したんだよ。で、優作さんがそれを見て『バカ。万札食え』って言うシーン、面白かったね。本当に食べたんだよ」

お札なんて、誰が触ったかわからない。一万円であろうと食べたくないはずだ。澤田によれば、さすがに新札を用意してカットごとに口から出してもらいながら撮ったというが、それでも食べる側は気持ち悪くて仕方なかったようだ。

俳優陣は、アフレコの際にも災難に遭った。「本当に札を食わないとちゃんとした音にならない」となったのである。

「実際、アフレコでも噛まなきゃならないから。自分でもモゴモゴいうでしょ。噛みながらセリフを言うわけだよ。優作さんも。これはオエっとなるみたいね。でも、やっぱりこの映画は面白かったね。いろんな障害があったけどできた。それは日活の底力だよね。優作たちの新しい若い肉体と心意気が画面狭しとはみ出し躍動した映画だった」

この作品を振り返る澤田の表情には笑みが浮かんでいた。この映画は、多摩川の土手で松田優作が金の詰まった腹を叩き、「とにかくよォ、銭はたらふくあるんだ。このまま行けるところまで行ってみよう。あとはそれからだ」と仲間に呼びかけ、四人組が笑いながら歩きだすという希望あるラストシーンとなった。

澤田は「松田優作が大門、河原崎、佐藤に『あばよダチ公、また会おうじゃん！』と言って解散するんだよね。僕はこの若い俳優たちの未来を楽しみに見届けようと思いました」と述懐した。この映画は次代を担う若者たちへのエールだったのである。

ちなみに、優作がこれで澤田作品に懲りたかといえばそうでもなく、澤田が東映セントラルで撮った『俺たちに墓はない』（一九七九）では主演を務め、澤田の最後のロマン・ポルノとなった『レイプハンター　狙われた女』（一九八〇）ではロケ地にふらりと現われ、自分で脚本を書いて自分が出る1シーン分の演出までしてしまった（ガリガリの生命保険勧誘員［＝松田優作］が主人公らのいるスナックに闖入し「保険に入れ」と暴れまわる一幕）。そんなことができるほど、二人は気が合ったようだ。

新人の大金星：『嗚呼!!花の応援団』の大ヒット

一九七五年十月、日活の窮乏ぶりは来るところまで来た。旧日活国際会館（当時は三菱地所が所有者で日比谷パークビルヂングと改称）に居座っていた本社を引き払うことになったのである。一九七〇年一月、本社ビルを三菱に売り「家主」から「店子」に転落した日活は、わずか五年で月六〇〇万円の家賃を滞納するようになってしまい、家賃のかからない調布の撮影所に本社を移転した。もっとも、これは節約だけではなく、撮影所返還裁判の戦略として所有権が日活にあることを世間や電電公社にアピールする目的もあった。

労組は、こんな状況で儲からない映画を作る「道楽」をやっている余裕などはないという判断を下した。ということで、藤田の監督作を軸とする一般映画路線は一九七五年の正月番組『炎の肖像』（藤田・加藤彰の共同監督）の不振でいったん途切れた。

当時の製作陣の名誉のために一言しておくが、例えば『バージンブルース』の現場は、伊藤亮爾によれば、「道楽」のイメージとは程遠い倹約ぶりだった。同作の総予算はたった一七〇〇万円で、地方ロケ九日、都内近郊ロケ七日、セット二～三日、二十日前後の撮影日程でアップさせたのである（「古びた台本が二冊……」『映画芸術』一九九八年春号）。製作側からの反論があったのだろう。七五年から七七年までは藤田以外の監督によるかたちで一般映画企画が継続された。

もっとも、一九七八年八月の『帰らざる日々』（併映は澤田幸弘・石井聰亙の『高校大パニック』）で藤田作品が久々に復活することになったが、配収一億八〇〇〇万（ロマン・ポルノならばヒットなのだが、一般作は製作費と人件費、宣伝費が多くかかっているため、この程度の配収では大した利益にならない）と期待外れの成績しか残せなかった。

それでも『帰らざる日々』は『キネマ旬報』読者ベストテンで堂々の一位（批評家は五位）を勝ち取り、藤田は日活の「看板監督」としての面目を保つことに辛うじて成功した。一九七九年八月には藤田の『十八歳、海へ』が公開され、二億五〇〇〇万の配収を上げた。こちらは『キネマ旬報』の読者投票の九位だったが批評家投票ではベストテン圏外となった。この年の藤田企画は配収面では成績が上向いているが、評価に陰りが生じてきたことがわかる。それが影響したかはわからないが、一九八〇年の夏休み興行は藤田の登板がなく（八〇年の藤田は俳優として二本の映画に出演したのみ）、一般映画路線は小澤啓一の『鉄騎兵、跳んだ』、曽根中生の『元祖大四畳半大物語』の二本立てに引き継がれたが成績不振に終わった。しかも二作とも『キネマ旬報』のベストテン圏外だった（ただし、『鉄騎兵』はヨコハマ映画祭で九位と高評価だった。ちなみに同年度の十位は宮崎駿の『ルパン三世　カリオストロの城』である）。

しかし、次章で述べるように、日活は一九八一年の夏休み興行では一般映画路線に見切りをつけ、新たなドル箱となっていた「熟女路線」のロマン・ポルノ二本立て興行を行い、ロマン・ポルノ史上最高の売り上げを達成することになるのである。

一九七六年の夏休み興行では、定番の藤田映画がない代わりに若者をターゲットにした「ナウな感覚の企画」がついに実行されることになった。「いけないもの」を覗き見るような背徳的エロスではなく、開放的で健康的でフレッシュなエロスを目指す実験的新企画として、『感じるんです』が企画されたのである。

原作となった泉大八のライトポルノ小説「ジュンちゃん」を探し出してきた企画者は成田尚哉。入社二年目、二五歳の新人だった。主演はテレビアイドルに引けを取らない美貌とキュートさを持った新人女優・泉じゅん（二十歳）。俳優部が銀座でショッピング中の彼女をスカウトしてきた。泉はのちのインタビューでデビュー時の心境を述べている。中学時代から女優になる夢を持っていた泉は脱ぐことには抵抗がなかったようだ。

「女のハダカってキレイなものよ　自分でもキレイだと思うから　ハダカになることにはちっとも抵抗がないの」（川島のぶ子「泉じゅん　青い果実から成熟した女に」『映画の友』一九八一年七月号）

ただ、監督やメインスタッフまで新人とはいかなかった。監督は入社二二年目のベテランの白鳥信一。脚本は吉原幸夫（第四期助監督・村田啓三のペンネーム）で入社二十年目のベテラン。撮影は畠中照夫。技師昇格こそロマン・ポルノ初期の一九七二年だが一九六三年から山崎善弘のチーフ助手を務めていたベテラン。照明は一九六〇年代から技師のキャリアを重ねてきた大ベテランで「親分」と呼ばれていた土田守保。スタッフ最年長の五一歳。美術も当時管理職になろうとしていた入社二十年目のベテラン・土屋伊豆夫が担当した。ベテランスタッフが若者にどういう風にアピールしようとしたか、土屋に話を聞いてみた。

「白鳥信一監督の『感じるんです』は、アイドル的な泉じゅんの主演です。今までやってきた女の暗い情念や暗い湿ったイメージを一掃するために、泉さんの若い肢体を前面に打ち出して、画面を明るい彩色にし、できるだけにぎやかにしようと監督と一緒に思案しました。若者のアパートの部屋の真ん中に大きな樹木がありますが、これは若者のあくなき成長と希望とを表してデザインしたんです。そこにハンモックを吊って、泉さんが若い肢体を横たえる様は、ドラマ的な所作というよりも踊りのような感じでしたが、体の曲線が映えて、若くはつらつとした魅力を浮き立たせることに成功しました」（土屋伊豆夫「継続は力なり 私にとってのロマン・ポルノ」『日活 1971 - 1988』）

土屋の言うように若者へアピールしようとする姿勢が確かに感じられる映画だった。しかし、土屋は当時すでに四二歳、白鳥は四八歳。もはや若くないスタッフが若者好みの世界観を描くことには限界があった。若者たちが仮にこの映画を見たとしても、出演者の部屋セットに並べられた星条旗やアメリカ雑貨には気付いたかもしれないが、土屋がこだわった「樹木」の象徴にまで思いが至らなかったのではないだろうか。

結局アイドル路線はこの一本でひとまず終わった。親バレしてしまった泉じゅんがこの作品以降ヌードになることを拒否したことが大きな要因の一つだった。特に母親が猛反対した（『映画の友』一九八一年七月号）。もっとも、泉は一九七九年の東映映画『犬神の悪霊』（伊藤俊也）でヌードを解禁し、一九八〇年の『百恵の唇　愛獣』（加藤彰）でロマン・ポルノに戻ってくるが、『感じるんです』の時点ではもう一度トライするに足る成果が得られなかったのだろう。アイドル路線の定着は、成田尚哉が企画した一九七八年の『桃尻娘　ピンク・ヒップ・ガール』（小原宏裕）の大ヒットを待たねばならなかった。そこから一九八〇年代初頭にかけて次々とロマン・ポルノのアイドルが誕生していくのである。

一九七四年以来、いろいろな新機軸を試してきた日活だったが、ベテラン社員だけでは限界があった。しかし、試行錯誤は無駄ではなかった。一九七六年八月二十一日、『感じるんです』の次の番組として公開された、どおくまん原作の漫画の映画化作品『嗚呼!!花の応援団』（曽根中生）が、記録的大ヒットを打ち出したのである。『日活100年史』によれば配収は約九億円（現在の約十五億）に及んだ。これを企画したのも、先に挙げた二五歳の成田尚哉だった。『キネマ旬報』（一九七六年十一月下旬号）は、同作が九月には全国二三館で月間興行新記録を打ち立てたと報じた。関東だけでも新宿日活、渋谷パレス、江東文化、千葉京成など十館で新記録となった。

成田は慶応大で美術史を学んだあと、一九七五年にたまたま日活が美術助手を募集していると聞き試験を受けた口だった。しかし、図面すら描けなかったため、一度は不合格になってしまった。たわむれに試験用紙の裏にカフカの『変身』の冒頭シーンのつもりで主人公がゴキブリになった絵を落書きして試験会場を後にしたという。

しかし、この落書きが会社幹部の目に留まったのか、本人曰く、数日後日活から突然連絡があり、「正規採用ではないけど面接してみますか」という提案を受け、どうにか企画部に入社させてもらった。成田は自称「落ちこぼれ」だった。その成田が入社二年目で目覚ましい成果を次々あげたのである。二〇一八年、わたしは新宿の雑居ビルにあった成田の製作会社「アルチンボルド」に赴き、『花の応援団』に関する逸話を聞いてみた。

「これはオーディションを大々的にして主役を決めたんだ。主役を演じた今井均はマンガそのままという外見じゃないんだけど、中身が主役の青田赤道そのもの。オーディションにも綺麗な女たちを両腕に連れてきていたんじゃないかな。彼はよかったし、日活は撮影所専属にしてスターにするつもりだったんだよね。でも、就職がすでに決まっていたのでそれがかなわなかったんだ。この企画は同期の半沢（浩。当時宣伝部員）が雑誌に載っているマンガを持ってきて、すごく乗り気でね。でも、全然会社ではOKがでなかった。『こんな古臭いものをいまさら』という感じだったろうし、これがパロディーだということがわからないんだろうね。当時は上司と僕らで世代がだいぶ離れていて、僕らのすぐ上の役職の社員が三十代以上だからね。当時、営業部が反対して血判状を送ってきたのを思い出すよ。これは田中陽造の脚本がよかった。マンガそのものじゃ映画にならないでしょ。田中が脚本で宮下順子演じるヒロインを作ったことで物語の芯ができたから、映画になったんだ」

『花の応援団』のプロデューサーは、神代辰巳を日活の「看板監督」に導いた三浦朗。成田が企画の功労者とすれば、三浦は企画を実現に導いた功労者だった。三浦の回想によれば、お盆の企画が決まっていなかったので成田に「劇画で面白い物はないか」と聞いたところ、この原作を読まされ腹を抱えるほど笑ったという(三浦朗「ロマンポルノの日々　脚本家との出会い」『映画芸術』一九九一年冬号)。

しかし、この企画内容に対して全国の支社長から猛反発されてしまった。そこで、三浦はダイニチ時代の『ハレンチ学園』(永井豪の漫画が原作)の成功例を挙げ、「これはあなた方が面白がる映画と違う。若い奴だ」「家に帰って子供たちに聞いてみろ」と説得を試み反対派を押し切った(同上)。

ちなみに、『花の応援団』は一般作としては心許ない三〇〇〇万円の低予算だったが、ほとんどの役者を素人で賄い、脚本は田中陽造に依頼し、監督は三浦が担当した『㊙女郎市場』(一九七二)で田中と相性が良かったという理由で当時「大愚作」(『淫絶末亡人』と思われる)を撮って大赤字を出し一年間干される予定だった曽根中生に担当させた(同上)。

この時期に曽根を起用することは容易なことではなく、三浦が会社を説得するには三か月かかったそうだが、結果として低予算で高収益を上げる傑作を作ることに成功した。曽根の演出、田中陽造の脚本、主演の今井均の演技は冴えまくり、ロマン・ポルノが全国四〇館ほどでしか公開できなかった時代に、この作品は次々評判を呼び、最終的には全国一七〇館に売れ大ヒットを記録したのである(同上)。

一九七六年八月末、成田のようなマンガ世代が入社し、三浦のような理解あるベテランに後押しされて、板持のいう「ナウな感覚」がマンネリの壁にあえぐ日活にわずかながら風穴を開けた。守旧的なベテランだけに任せていたら、営業の反対(古臭い血判状!)を押し切って、この企画が通ることなどありえなかった。九億円の記録的配収(興収は十六億)は一九七六年の日活の営業利益を十五年ぶりの黒字に導くほどのインパクトがあった。

ただ、「柳の下にはどじょうが何匹もいる」式にシリーズ化したがる日活の古い体質は変わらず、青田赤道にぴったりだった今井均を一作目限りで失ってもなお、シリーズ二作目・三作目が製作された。二作目、三作目の青田役はその都度別の役者が演じることになり、作品のボルテージと配収が落ちていった。今井以上に青田にハマる役者を見出せなかったのだ。若手の見出した金脈はこうして早々と廃坑に追い込まれてしまった。新しい世代が台頭し、ロマン・ポルノのラインナップが本格的に若返っていくには、一九七八年の根岸吉太郎の監督デビューを待たねばならない。その話は次章ですることにしよう。

新世代の修業時代：一九七三〜一九七八

この章の最後に、一九七三年から続々入社してきた新人たちの修業時代の奮闘ぶりを見ておきたい。彼らは入社したものの、当然すぐに監督やプロデューサーになれたわけではない。根岸吉太郎の四年での監督昇進は異例の早さだが、この時期の新人には早くて六年、遅いと八年ほどの修業時代が待っていたのである。それでもだいぶ短くなった。

ロマン・ポルノ前の日活では助監督は十年修行して一本立ちで

きればいい方だったし、異例のスピード出世と言われた長谷部安春（第五期）でさえ一九五八年入社で一九六六年に『俺にさわると危ないぜ』で監督になった。一つ上の第四期を全員追い抜いての昇進だったが八年かかっている。

林功は「十五年の下積みを覚悟して十四年目にデビューした」と語っていた。神代辰巳は蔵原惟繕らとともに一九五二年に松竹京都の助監督になり、五五年に日活に移籍したものの、監督デビューは助監督歴十六年を経た一九六八年のことである。これが技術パートの世界になると下積み期間が二〇年を超えることは普通だった。

逆に一九八〇年代入社の美術助手は入社した年に一本立ちする例も珍しくなく、長くても三年ほどで一本立ちした。ここには若いセンスを美術に入れたいという撮影所長の方針が影響した。一応言っておくが、撮影所システムが機能していた時代の映画界では、監督・技師として一本立ちできるだけで選ばれし者であり、助監督・助手の地位でキャリアを終える者の方が多い。

超スピード出世で順風満帆に見える根岸吉太郎にも修業時代は当然あった。『日活 1971 - 1988』のインタビューを一部抜粋してみよう。彼があげた助監督時代のエピソードは「林功監督には二本付いたけど、カチンコ書き直す前に撮るくらい早撮りだから、ちょっと待ってよ！と（笑）」「曽根中生監督、藤田敏八監督にけっこう付いていましたね。自由な発想で映画を作っていく二人の現場についたのは幸運だった」「長谷部〔安春〕監督は歯切れがよくて、僕にはない演出方法で、この仕事は楽しかったですよ」という程度のことしかなく、本人はあくまでもたいした苦労はしていないというスタンスを取っている。

しかし、どんな人間でも初々しさ溢れるエピソードの一つや二つはあるはずである。伊地智啓の記憶によれば、根岸はペーパーテストで最高点だったが、創作問題は全部ダメだったという（『日活ロマンポルノ30年の興亡総括　プロデューサー座談会第二回』）。それでもいち早くデビューできたのだから、陰で努力していたのだろう。根岸の卒論は「小津安二郎論」で、古今の日本映画をよく見ていたらしい。白鳥あかねが根岸の新人時代のエピソードを披露している。

「加藤〔彰〕ちゃんの『新・団地妻　けものの昼下り』（七四）の時に根岸吉太郎がカチンコを叩くセカンド助監督でついたんです。この映画ではでかい蛇が出るんですよ。〔…〕主演の宮下順子の近くにいて根岸だけが蛇のそばでカチンコを叩かなくちゃいけない。根岸は東京の下町で育ったシティボーイですから震えちゃってて、それがおかしくてね（笑）」（白鳥あかね『スクリプターはストリッパーではありません』）

そんな時代もあった助監督としての根岸は、白鳥にとって「無駄な動きをしないでまず考えて動くタイプ」で「生意気だ」と周りに思われていたが「優秀で頭がよかった」という（同上）。ただ、完璧な人間だったわけでもない。白鳥は別のインタビューで、根岸が監督昇進の直後、師匠の藤田敏八の『帰らざる日々』（一九七八）の助監督についた際、監督のクセがついてしまっていて、藤田の代わりについ間違えて「用意ハイ！」と号令をかけてしまって周りが大笑いしたという微笑ましい逸話を披露している（桂千穂編『スクリプター　女たちの映画史』）。

入社早々、強烈な経験をしたのが鈴木潤一である。彼が最初についた現場は曽根中生の『続・レスビアンの世界　愛撫』（一九七五）だった。鈴木は、そこで製作担当者が相米慎二を面罵しながら何度も殴っている現場に遭遇するという強烈な洗礼を受けた。鈴木は呆気にとられ眺めることしかできなかったという。結局、それは製作が必死で現場を仕込んだのに、毎日のようにスケジュールが変わって、苦労が無駄になることがあまりに重なり、その怒りがチーフ助監督である相米に向けられたため起こった事件だった。ただ、鈴木はこの原因を作ったのは曽根監督で、彼がスケジュールを次々変えるせいで、相米がとばっちりを受けたのだとひそかに気づいていたようだ（『日活 1971 - 1988』）。製作もそれをわかっていても、まさか監督を殴るなんてできず、そこにいた格好の標的に向かうほかなかったのだろう。

同期入社の児玉高志が有名な映画評論家を父に持ち千葉大時代は映研だったのに対し、鈴木（東大卒）は映画の素人として入った変わり種だった。そのせいもあってか、鈴木は「今日は良い子の為の児童映画に付き、その翌日には、H極まりないロマンポルノ」、さらにホリプロから発注された山口百恵映画（森永健次郎『花の高2トリオ　初恋時代』［一九七五］、西河克己『エデンの海』［一九七六］、市川崑『古都』［一九八〇］）、他社制作のテレビ映画（松竹芸能の「ハングマン」、セントラル・アーツの「プロハンター」）と日活撮影所で行われたあらゆる種類の現場を体験したようだ（『日活 1971 - 1988』）。

鈴木の監督デビューは同期の児玉より一年も早い。入社六年目の一九八一年八月にはわずか二九歳で『婦人科病棟　やさしくもんで』で監督デビューしている。鈴木の後輩助監督だった堀内靖博曰く「鈴木潤一さんのデビューが早いのは、ちょうど監督の穴があいて、他の助監督が全員スケジュールNGだったためだったからなんだよね」とのことだったが、鈴木に逢った際に直接確かめたところ、謙遜したのか、同様の説明を受けた。ただし、彼は入社時のペーパーテストで日活始まって以来初の百点満点を取ったという期待株だった（山田耕大『昼下りの青春』）。ただ者ではなかったのである。本人はそれを自覚していたのだろうか。

「優秀な助監督はなかなか監督になれないんだ」と教えてくれたのは、鈴木の一年後輩の中原俊である。彼の初現場は林功の『あの感じ』（一九七六）だった。

「最初の現場ってままならないものだった。林功さんの『あの感じ』で、根岸吉太郎がチーフでしたね。二人体制。その後は、僕と加藤（文彦）くんのコンビで動いていた覚えがあるね。林さんは師匠が野口（博志）さんで。早撮りだよね。会社の好みと時間に合わせる。林さんのご自慢は時間とフィルムを余らせる。それがみんなに知れ渡っていた。監督にはいろんなタイプがいましたよ。カットバックの人なので、そんな凝ったこともしないけど、あれだけの長さ、最初から最後まで日活でレギュラーを続けたんだから、抑えるところは抑えていたということでしょう。最初につく監督としては悪くなかった。こんなへボな自分がついても、ちゃくちゃくと現場は進んでいく。監督は、何を準備すればいいかとわかっているし、俳優にもセリフを間違わなければ『ＯＫ』と言う。入門編としてはありがたかった」（中原俊「ロマン・ポルノみたいな映画が、撮っていてもみていてもいちばん楽しいんだ」『日活1971 - 1988』）

中原の助監督デビューは幸運なものだった。ただ、中原は助監督に人気のある西村昭五郎、白鳥信一、加藤彰、藤田敏八の組にはつけなかったという。すでにメンバーが固定されていたためである。その代わり、ホリプロから日活撮影所が請け負った山口百恵・三浦友和映画（日活では百友［モモトモ］映画と呼んだ）によくついていたようだ。「僕は外部要員で遊軍だったんですよ」（同上）とは当人の弁である。

そのため、百友映画のほとんどを手掛けた西河克己につくことが多く、ロマン・ポルノのノウハウよりもこの大ベテランから一般映画の作り方を学んだことが助監督経験で一番大きな成果だったという。

逆に、中原が手痛い目にあったのは、初めてチーフ助監督に昇進した武田一成の現場だった。

「武田（一成）さんには結構ついたけど、一度チーフをやったら俺の方が『二度とやりたくない』という感じになった。チーフになったのが、『おんなの細道　濡れた海峡』（一九八〇）。ストリップの映画だよね。岩手ロケに行った。なかなか傑作なんですよ。でも、チーフ昇格がいきなりだったんだ。チーフの黒沢直輔がいきなり監督になって。こっちはロケハンも何もしていない状況でしょ。オールロケだし、何もわからないからどんどん怒られて。『馬鹿野郎！』と。武田さんは『だだっこ』のような人だったですよね。じゃ、こっちも『こうすればいいんだろう』ってケンカ腰になるから、二度と武田組にはつきたくなくなる」（同上）

ところで、「優秀な助監督はなかなか監督になれない」とはどういうことなのだろうか。中原はこう説明してくれた。

「僕は助監督としては割と生意気だったし、理屈をこねるからね。で、よく動く。走り回るのが好きだったね。で、ずるいことを考える。撮影を簡単にするうまい抜け手を考えて製作部には喜ばれました。監督には従順じゃなくて、そっちにアピールする。だから、小沼勝さんに嫌われた。根岸さんとも一本だけ。監督に従順すぎると監督はその助監督を離してくれないわけ。実際、白鳥（信一）さんなんて、西河さんに捕まってしまった人だから、あんなにデビューが遅れたんだ。助監督はほどよくわがままの方がいいんです」（同上）

事実、中原俊は一九七六年入社の同期中でもっとも早い一九八二年三月に『犯され志願』で監督昇進をした。

堀内靖博は、同期の中原俊作品の多くでチーフを務めた。監督昇進で遅れを取ったわけだが、当時の心境はどうだったのだろう。

「助監督部の忘年会で（中原俊の監督昇進を）聞いた時は驚

きました。しかもチーフをやってくれと言われた。でも羨ましいとかという気持ちはなかった。それよりも俺たちの期に監督昇進が迫って来たという高揚感みたいなものの方が強かったかなあ。俺たちの期が売り出すためには失敗出来ない。チーフやると、即答した様な気がする。しかし、現実は厳しく、結局同期（中原・加藤・那須・堀内）の中では一番最後の昇進だったけど。でも、中原さんとの仕事は楽しかった。妙にウマが合ったというか、一緒に作っているという気持ちにさせてくれるんです。ホン直しも何本もさせてもらった。でも、ライターに気を使ったプロデューサーたちに言われるままにノンクレジットを承諾していた。その頃はビデオ化が始まったばかりで、著作権の事なんか気にもしなかった。今思えばバカだよね」

堀内は別の現場での出来事も話してくれた。一九八四年二月の『縄姉妹　奇妙な果実』でのこと。ライターの石井隆と監督の中原俊がホン直しで意見が合わなかった。そして、映画は二人の折り合いのつかないままクランクインしたという。

「ラス前の重要なシーンだったんです。石井さんは絶対直さないと言うし、中原さんはこのままじゃ撮れないと言って互いに引かないんです。撮影が進み、とうとうそのシーンの撮影日が来た。困ったプロデューサーがわたしに直せと言ったんです。ちゃんと筋を通して下さいと念押しして、直し、撮影したんです。その後、ゼロ号試写を見終わった石井さんに、『誰が本を直したんだ。お前か』と怒鳴られた。話が通ってなかったんですね。それまでホン直しして来たライターたちは、皆、『お任せします』という人ばかりだったので、石井さんの剣幕には驚きました。と同時にライターの自負というもの、思い入れというものを感じ、新鮮な気がしたものです。また監督とライター、互いに譲らない、作家同士のぶつかり合いという、物作りの厳しさ、楽しさを改めて知らされた作品でしたね」

そんな堀内は、ようやく一九八四年十一月に『主婦と性生活』で監督デビューを果たす。日比谷野外音楽堂で雨に打たれつつ、ヒロイン（泉じゅん）が誰もいないステージを夫と互いに見詰めながら二人にしか聞こえないメロディーを聴くというシーンが強く印象に残る秀作だった。撮影は水野尾信正である。

「最初のカットで野音をドーンとロングに引いたんです。水野尾さんが、雨降らしのテストしてみようと言った。良い具合に降るんです。この雨が。ちょっとライトを調節していると、突然雨が止んだ。たった一回のテストでポンプ車の水がなくなってしまったんです。ナイターの撮影です。水探しにスタッフが駆けずり回って……忘れられないですね」

堀内はデビュー作を振り返りつつ新人ならではの初々しいエピソードを話してくれた。

一九七五年に入社し、翌年には新人でありながら、いきなりヒット企画を連発した成田尚哉にも苦労時代はあった。『日活 1971 - 1988』に掲載された成田の談話「撮影所の光と影の中で」の該当箇所を要約しておこう。

すでに述べたように、成田の入社は「補欠合格」のようなものだったため、入社一か月後には興行部長の命令で「三か月間、地方の劇場で営業係として働いてほしい」と企画部から八王子日活劇場へと飛ばされてしまった。仕方なく成田は三か月のガマンと、テケツ（チケット係）をしたり、トイレ掃除をしたり、劇場の片づけをしたりの毎日を過ごした。そんな成田を劇場支配人は温かく見守ってくれていたという。ところが、八か月過ぎても何の音さたもなかった。成田は当時撮影所に置かれていた本社企画部に乗り込み、佐々木志郎企画課長に「どうなっているのか」と詰めよった。すると佐々木はそこにいた武田靖本部長に「ナリタが来ましたよ、どうするんですか?」と困った顔で訴えるという意外な対応を見せた。どうやら、この二人の間で成田を興行部の社員のままに止め支配人コースを歩ませることが決まっていたらしい。もちろん、これは「補欠」の彼に対する最大限の恩情だったのだろう。しかし、若い成田はそこで粘り企画部への帰還を果たした。

入社約一年を経てようやく参加することができた企画会議の末席に座った成田は、まずざっくばらんな雰囲気に驚いたという。四十歳を越えた大人たちが「イッチー」「シロちゃん」「ボン」「クリちゃん」「ウンちゃん」「オクちゃん」「ハッちゃん」「ナバちゃん」「岡ちゃん」（順に伊地智啓、佐々木志郎、三浦朗、栗林茂、奥村幸士、八巻晶彦、那波直司、岡田裕）と愛称で呼び合っていたのだ。当時の映像事業部長の武田靖でさえ「ヤッさん」と呼ばれていたようだ。成田はその雰囲気に居心地の悪いものを感じたというが、彼もさっそく「ナリちゃん」と呼ばれるようになった（「居並ぶ応援団を一喝したあの声」『映画芸術』一九九一年春号）。

会議のメンバーはロマン・ポルノ前からの仲間であり二十年近くの付き合いがあった。三浦と武田は一九五六年入社の同期、一番年長の那波は黒澤満と五五年入社の同期である。一番下の岡田でさえ六二年入社で年齢があまり離れていない。この会議は五年間同じメンバーで続いていたため、こうした友人同士のような呼び方が定着していたのだろう。二十歳近くも上の重役から友達のように「ナリちゃん」という呼ばれることに成田は違和感を覚えたようだが、彼らは成田が同格の立場で意見を言えるように配慮したのだと思われる（成田の気持ちを察したのか、三浦朗だけは彼を終生「成田」と呼び捨てしてくれたという）。

ともあれ、成田が最初の会議に相当の意気込みで臨んだことは想像に難くない。本人に聞いたところによると、成田はSMが好きで専門誌をよく読んでいたこともあり、売れ線のSMにあえて挑戦したという。しかも自分で書いたオリジナル脚本『奴隷妻』を持ち込んだ。これがなんと採用され、成田の企画第一号となった。しかし、印刷台本を見て、成田は自分のケツの青さを思い知らされることになる。そこには、企画者である自分の名がない上に、「原案・団鬼六」と大書されていた。脚本は桃井章によって書き直されていた。当然、成田は担当者の奥村幸士に食ってかかったが、「団鬼六の名前がないと商売にならない」の一点張りで抗議は一切受け付けられず、加藤彰の監督作品として完成。同年六月に上映の運びとなった。完成作にも「成田尚哉」のクレジットは一切なかった。後でわかったことは、団鬼六のSMものは奥村幸士の専権事項ということだった（団鬼六ものでは、団の名前とタイトルの使用料だけ払い、中身はオリジナルにするということが珍しくなかった）。

成田は『日活1971 - 1988』に寄せた談話の中で「利権なんですね。奥村さんは団さんからお小遣いを貰っていたのでしょう。今は笑えますが」とコメントしている。成田は知らぬこととはいえ、奥村の「縄張り」を侵犯したことでキツイ「責め」を受けることになった。

それでもくじけず、成田は年寄りの上司に負けるものかと「ナウな感覚」の企画を超人的スピードで連発し、採用を次々勝ち取っていった。一九七六年七月三十一日公開の『色情海女　乱れ壺』を皮切りに、この年の下半期の五か月だけで、十二月二十五日公開の『嗚呼!!花の応援団　役者やのォー』に至るまで十本の企画を成立させたのである。

しかも、成田の企画は量だけではなく、意欲作『感じるんです』、大ヒット作『嗚呼!!花の応援団』が含まれていた。質の高いものも提供したのである。そこには、彼の下積み時代に「次の支配人」として育てようとしてくれながら、「本社で企画をやりたい」という成田のわがままを許し、気持ちよく送り出してくれた八王子日活の支配人・野原功への恩返しを一刻でも早くしたいという気持ちもあったのではないか。それにしても、半年でそれを実現してしまった成田には脱帽のほかない。

成田にこの件を聞いてみた。すると、案外本人はあっさりとしていた。

「泉大八の『感じるんです』（一九七六）や一九七八年の橋本治の『桃尻娘』はなかなか上の世代は気づかないところだよね。ポルノというともっと文芸的なところからヒントを得ようとしていたんだから」

つまり、成田は奥村のテリトリーに踏み込んだことで失敗したことを糧に、世代差が自分の企画者としての強みである（つまり、企画のカブりが避けられる）ことを学習していた。ただ、周りの理解を得るには少し時間がかかったようで、『感じるんです』はせっかく俳優部が泉じゅんという金の卵を発掘してきたのに生かしきれず、『花の応援団』はいくつもの障害を越えなければ実現させられなかった。

それでも理解者は少しずつ増えていったようだ。一九七八年の『桃尻娘』についても聞いてみた。

「この企画は関西の営業部に褒められたな。『「桃尻娘」っていいタイトルですな。売れまっせ』とね。その通り大当たりしたね。『ピンク・ヒップ・ガール』というサブタイトルはひどいね。逆にダサく感じる。これは佐々木（志郎）さんの仕業だと思う」

そう語る成田の表情は微笑んでいた。ジョーク含みで話してくれたのだろう。俗に「若い頃の苦労は買ってでもしろ」というが、成田は苦労を乗り越えることで強く成長し、急速に日活を代表する企画者になっていったのである。

一九七八年四月に企画部員として入社した山田耕大は、成田の薫陶を受けた一人だった。やはり、彼も成田と同じように入社早々に池袋北口日活劇場に飛ばされ、研修を命じられている。ただ、山田にとってこの研修はロマン・ポルノを見に来る観客を知ることに繋がっており、どんな作品にリピーターが来るか、実地で学ぶいい機会となったようだ（『日活1971‐1988』）。

劇場生活三か月になる頃にはポスターだけで当たるかどうかがわかるようにまでなった。しかし、最初に「二週間」と言われていた研修期間はまるでウソで、ようやく会社からの連絡が来て、まだ撮影所の中にあった本社企画部にデスクを得たときには、入社から五か月を経た九月になっていたという（山田『昼下りの青春』）。山田にも改めて話を聞いてみた。

「僕の企画デビューとなったのは、この年十二月公開の『おんなの寝室　好きくらべ』（白鳥信一）だった。ここで佐治乾という人（脚本家）に出逢ってね。僕にとって最初の師匠なんだ」

若き頃の話を懐かしげにしてくれた。佐治は一九六〇年代から日活・東映をまたいで脚本を書いてきた大ベテラン。山田の企画者人生は、厳しくも温かい師匠との出逢いという幸運なスタートを切ったようだ。

ただ、山田が自著で書いたところでは、この初対面は決して彼が語ってくれたほど爽やかなものではなかったようだ。佐治は、三浦朗プロデューサーが「白髪鬼」と呼ぶ曲者ぶりで初対面の山田を翻弄した。なかなか脚本を書いてくれないので山田が自分で考えたストーリーを披露すると、三浦を呼んで「話できたで」と山田の作ったストーリーを自分のホンとして披露するイタズラを仕掛けてきた。しかし、すぐに事情を察知した三浦は「馬鹿か、おまえは。佐治乾のホンだぞ」と余計なことをした山田に雷を落とした。その後ろで佐治はにやにやしている陰険ぶりだったという（『昼下りの青春』）。高学歴で口だけ達者な若者（山田は東大卒）には百戦錬磨のプロの洗礼が例外なく下される。その高い鼻は生意気だとへし折られる。それが日活という会社の伝統だった。

それにしても、山田は出逢いに恵まれていた。二本目の担当が『赫い髪の女』（一九七九）だったのである。監督の神代辰巳に加え脚本の荒井晴彦と、またしても強烈な師匠と出逢うことになった。のちに山田は神代から強い信頼を得ることになるが、初対面では試されるような質問を受けたようだ。オールラッシュで何も意見を言えなかった山田を気遣って、神代が「食堂でコーヒーを奢ってやるから意見があったら、好きなこと言ってみろ」とにやにやしながら言ってくれたという。「でも、意見と言われても」と困惑した山田だったが、「宮下（順子）さんは髪を赤く染めていましたけど、中上（健次）さんの原作では髪が赤いとは一言も書いてなかったですよね。あの〝赫髪〟は文学的象徴であって」云々とどうにかそれっぽい返しをしてみせた。神代はそんな若造の背伸びした発言に怒りもせず、ニヤリとして「おまえはまだ営業がわかってないね」と返してくれた。

脚本家の荒井晴彦には「このホンに関する意見を言ってほしい」と言われ、「面白いです」と気をつかって答えたら、「お前、馬鹿か」と間髪入れずに怒られてしまった。あの質問が「ホンのどこをどう具体的に直すべきか」を聞いていたとは気付かない山田の素人ぶりに呆れたようだ。この時代の良き師匠は一から百まで手取り足取り教えてはくれない。時に苦い失敗（教訓）を与えて、山田を成長させてくれたのである（同上）。

余談だが、先輩企画者の成田はこのホンを読んで「勃ちました」とだけ述べたらしい。成田としては営業的な意味で最大級の褒め言葉を言ったつもりだったのだろうが、まだ若かった荒井は「俺は勃起させるだけじゃないものを書いたつもりだったので喜んだ顔はしなかった」そうだ（「荒井晴彦ノート」『映画芸術』二〇二一年冬号）。

ところで、以上のように恵まれた修業時代を過ごした山田には、同期入社の助監督・金子修介の幸運ぶり（後述）に比べ、瀬川正仁の助監督生活がとても不運なものに見えていたようだ。

「瀬川、彼は優秀でしたね。優秀過ぎて、助監督時代に監督たちに才能を吸い取られちゃったんじゃないかってくらい。自分がデビューする時なんか、疲れきっちゃってね……真面目な奴だからね〔…〕もったいない」（山田耕大「学生時代はロマン・ポルノと共にあった」『日活 1971 - 1988』）

中原俊がいうように、優秀過ぎる助監督は監督に利用されて苦労する羽目に遭うのだろうか。

それを確かめるために、現在はノンフィクション作家に転身し、国内国外を問わずさまざま社会問題を扱った著書を多数刊行している瀬川に話を聞いてみた。高校で学園闘争があったこともあり、社会で起こる問題には関心が高かった。もともとゴダールが好きだったという瀬川は、表現する仕事に就きたいと漠然と考えていたが、早稲田大学を卒業した年が第一次オイルショック直後の就職氷河期、メディアは軒並み募集を控えていた。そのとき、日活が助監督を募集しているのを知って受験してみた。会社入験のための勉強をしていなかったため筆記試験は不発、あきらめていたとき合格通知が届いた。「口紅」をお題とする創作を試験官の田中登が気に入り、合格の決め手になったと後から聞かされた。

ここだけを聞くと、瀬川はむしろ幸運だったように思える。しかし、助監督時代の話に入ると、言葉少なになってしまった。瀬川は入社した一九七八年から監督デビューの八五年までの間に三五本もの現場を助監督として経験した。日活撮影所が制作した神代辰巳の「奥飛騨二重心中」（テレビ朝日、一九八三年十一月放送）、小沼勝の「ガラスの家の暴力少女」（テレビ朝日、一九八四年六月放送）など二時間ドラマ（テレフィーチャー）の助監督や、日活製作の「生撮りビデオ」の助監督を入れればさらに増える。

このことは、それだけいろいろな監督に重宝された優秀な助監督だったかを示しているわけだが、本人がどう感じていたかは話を聞いてもよくわからなかった。

瀬川の話に耳を傾けてみよう。

「入社した翌年、田中（登）監督の『ピンクサロン　好色五人女』（一九七八）の現場に就かせてもらった。張り切って現場に入ったもののあまり良い仕事はできなかった。田中監督は、撮影前に頭の中で作品を完成させているタイプの監督だったので、演出助手として自分のオリジナリティを出そうとすると叱られたりして、空回りしてしまった」

瀬川曰く、撮影現場の楽しさを教えてもらったのは、入社して三作目に藤田（敏八）監督の『帰らざる日々』（一九七八）の現場に末席のフォース助監督で付けてもらったときだったという。

「藤田さんははっきりものを言わない人だったので助手としてはやりづらい部分もあったけど、その分スタッフに自由な仕事をさせてくれた。撮影は徹夜の連続でスタッフ全員へとへとだったけど、日活久々の一般映画ということもあってか士気は高く、撮影が深夜に終わっても、それからみんなで朝まで酒を酌み交わしたり、毎日が祝祭のような日々だった。その後、藤田組の仕事はできるだけやらせてもらうようにした」

瀬川の話を聞く限り、山田のいうような「才能を吸い取られる」不運さは感じられなかった。

しかし、同期助監督の金子修介の目には、瀬川が初現場でひどく苦労していたように見えたようだ。金子によれば、彼が正式な初現場となる根岸吉太郎のデビュー作『オリオンの殺意より 情事の方程式』（一九七八）についていた頃、同期の瀬川は小原宏裕の『原作・団鬼六「やくざ天使」より 縄地獄』（一九七八）についていた。帰りに一緒に調布でビールを飲んでいると、瀬川が「現場でしゃっくりが止まらない。ずっとセットの片隅で緊張している」と弱音を吐いていたという（『ロマンポルノ無能助監督日記』）。

逆に、自主映画の監督経験者だったためちょっとした自信があった金子はたいした緊張もせず、初現場の初日を迎えた。そんな金子にも厳しいプロの洗礼が待っているとは、当時の彼は知るよしもなかった。

第三章　にっかつの光と影：一九七八～一九八八

でしょうか」

紙爆弾とクーデター

「田中鐵男営業本部長の解任を提起します。みなさんいかが

一九七六年九月六日、同年八月公開の『嗚呼!!花の応援団』の大ヒット（配収約九億円）に沸いている最中の日活で緊急の重役会議（経営小委員会）が召集され、四月に専務（社長に次ぐナンバーツーの地位）になったばかりの根本悌二からいきなり動議が提出された。

黒澤満は後年この会議の件を伊地智啓との対談で回想している（「対談　黒澤満・伊地智啓　盟友プロデューサー、すべての始まり」、伊地智啓［上野昂志・木村達哉編］『映画の荒野を走れ　プロデューサー始末半世紀』インスクリプト）。以下はそこでの記述とわたしが黒澤から直接聞いた話とを加味して、会議の様子を会話体にまとめたものである。

黒澤「なぜ、田中がクビにならないといけないんだ！」

根本「田中本部長の解任理由はいろいろあるのですが、営業の不振もその一つです」

黒澤「営業成績が悪いのは作品のせいでしょう。だったら撮影所長の俺が責任をとって辞めますよ」

根本「まあまあ、その辺は後で話しましょうよ。では、決を採ります。本部長の解任にイエスかノーか、みなさん、今ここで決めてください」

多数決の結果は賛成八、反対二（黒澤満と田中自身）だった。根本は前もって根回しをしていたようだ。これで田中は解任と決まった。この決定を踏まえて九月十六日の取締役会議にて田中の解任（翌年四月まで非常勤取締役として留任）が正式に日活本社の決定事項とされた。田中の解任に唯一反対した黒澤は田中とともに日活を辞した。労働組合（労組）出身の根本が日活の経営権掌握を決定的なものにした瞬間だった。また、田中の解任によって、営業本部長の後任は企画部担当兼撮影所映像事業部長の武田靖が兼務することとなり、武田に製作現場の指揮権が集中することになった。

日活労組の見解によれば、この騒動の発端は業界紙が日活の労組主導体制を批判する記事を連発したことにあった。特に七六年六月八日の『映画芸能』の記事は根本ら労組幹部の間に強い拒絶反応を引き起こした。その紙面には「労組管理の日活、八月危機説」という労組攻撃や、田中・黒澤を立てて根本一派を弾圧すべきだとか、労組とは別の「第二日活」を作らないと日活破滅の危機は乗り越えられないという脅しめいた提案まで載せられていた。また、『毎日レポート』もこれに同調し「映連が日活をボイコット」「赤色進出でロマンポルノは段階的中止か」と報じた（『日活労働組合　二〇年の闘争　どのような時代、どんな闘いだったのか！』日活労働組合中央執行委員会）。

『映画芸能』の記事は、日活労組を怒らせることを狙って慇懃無礼な「御座います」調の文体となっている。これに激怒した根本ら労組はまんまと「敵」の術中に嵌ったといえる。記事を少し

抜粋してみよう。

「革新派〔根本〕専務登場に、首をかしげる一部外野席の声に呼応するかの如く、外野席の一部には『保守派の重役やマネスタ〔マネジカルスタッフの略。ここでは管理職という意〕の不満が三カ月後の八月には爆発し、日活は自壊作用を起し分裂、新しい日活が生れるぞ』の声もあがっているので御座います」（宗岡鉄「なまくら噺し　第二日活出現か…労組管理の日活に八月危機説」『映画芸能』一九七六年六月八日号。〔　〕内注釈は引用者）

「保守〔田中・黒澤〕、革新〔根本・武田〕派の混乱を解消するためには村上社長が直ちに進退を賭けて断を下さねばなりません。保守か革新か、もちろん言を待つまでもなく革新派の制圧です。日活の歴史を汚さないために、孤立無援の〝村八分〟の浮目をみぬためにも、代表者としての権限を発動すべきで御座います。そして、それが不発に終ったならば村上社長は退陣すべきです」（同上）

さらには、労組体制では他の大手三社から〝村八分〟にされるので「第二日活」を作らねばならないという脅しや、田中・黒澤・根本を全員専務にして三権分立にした方がいいという提案まで出てくる。しまいには大手独立系興行会社の声としてこんな意見が採録された。

「労組の撮影所占拠とか資金調達活動が巾〔はば〕をきかせて、日共〔日本共産党〕の管理会社化へと踏み出したとみているが、そのうち、赤化〔共産主義化〕工作も地について各支社が拠点となり〔…〕そんな工作されたら日活との取引きは止めてしまうが、重役連中もだらしがない。第二日活でも作って、新しいポルノで対抗すりゃいいんだ。応援するさ、金も出すよ」（同上）

この記事は同紙発行人の宗岡鉄が執筆した社説だが、宗岡の説と真偽のほどがわからない「関係者の声」とがまぜこぜになったかたちになっていて、宗岡の論説がまるで日活内外にいる「労組の敵」の代弁であるかのように読めるよう工夫されている。ただ、冷静に見れば「飛ばし記事」（裏取りも根拠もない憶測記事）とわかる。

事実、経済評論家の三鬼陽之助によれば、日活株主の反応はこの記事とは真逆だった。普通ならば労組幹部が重役になることは問題にされるが、今回はワンマンの堀体制が作った大赤字を解消するための人事である。大株主の三洋証券（野村證券の関連子会社）・山一証券・新日本証券・大和証券などからは「至極当然」という「歓迎ムード」が現われていた。当時日活相談役だった江守清樹郎も根本のこれまでの労使協力の成果を認め、エールを送っている。三鬼の見解も日活に残された手は「百八十度転換」しか残っていないので、根本の抜擢は当然であるというものだった（『三鬼社長学4　部下をどう鍛え、どう抜擢するか』サンケイ出版）。また、財界においては、労組委員長から重役・社長へ転身する例は珍しくはない。例えば、カネボウ、三菱倉庫、住友生命、第一勧銀、日興証券などでこうした人事が成功している（同上）。

ちなみに、『毎日レポート』は八木脩が発行していた業界紙として映画業界内ではよく知られている。八木は東活（松竹系のピンク映画会社）を経営していた総会屋だった。松竹に食い込んでいた総会屋の総元締めで、ピンク映画の製作費名義で松竹から金銭を受け取っていたらしい（高鳥都「映画と総会屋　社長一代で消えた東活秘史」『TRASH-UP !!』Vol.14）。彼には反日活の記事を書く動機が十分にある。

他方、『映画芸能』についての研究は全くない。わたしが調べた限りでは、同紙は一九四八年に時事通信社が創刊した『時事通信　映画芸能版』を形式的な前身とする業界紙で、一九六九年八月一日号から『映画芸能』と改題し、発行元も時事通信社から時事映画通信社（時事通信社の映画芸能部門を乗っ取って立ち上げた会社？）に替わっている。時事通信社が出していた『映画年鑑』の出版も一九六九年版から時事映画通信社に引き継がれた。同社は一九七八年の『日本の出版社』（出版ニュース社）には宗岡鉄が社長で社員九名とある。一九八〇年の『日本の出版社』（出版ニュース社）では、社長は田原欽、編集代表は今村三四夫とあり、宗岡の名は載っていない。今村三四夫の『日本映画文献史』（鏡浦書房）を見ると「宗岡鉄」「田原欽」という名は登場しないが、「宗岡欽」「宗岡欽一」なる人物の名がある。どうやら、宗岡鉄と田原欽、宗岡欽、宗岡欽一は同一人物のようだ。

『映画芸能』はB５版に近いタブロイド版日刊紙（土日休刊）でミニコミのような体裁にも関わらず、一九七六年当時の購読料はひと月五〇〇〇円（現在の約八五〇〇円）という高額ぶりだった。二〇二〇年時点の『朝日新聞』の購読料でさえ月あたり四〇三六円だから相当高い。この特徴は総会屋系業界紙の典型（総会の邪魔や悪質なデマの流布をしない代わりに定期購読を強要）以外の何物でもない。一面に松竹の広告が入っているので、少なくとも松竹から金を引き出していたことがわかる。

宗岡鉄（欽、欽一）は、『日本映画文献史』によれば、戦前から映画通信業界に携わっていた人物で、最初に名前が見られるのは一九三一年創刊の『映画興信所所報』の記者の欄である。当時は「宗岡欽一」という名で活動していた。今井によれば同紙は「業者スッパ抜きで荒らした一紙」だった。総会屋系業界紙の走りと思われる。攻撃のターゲットは当時日活で合理化政策（首切り）の矢面に立たされていた中谷貞頼（のちの六代目日活社長）で、日活本社の前でばらまかれた。同紙の編集室は暴力団や刑事がやってくるので転々と移動したという。主筆の井上潔は拘置されることもあったというから、かなりドギツイ内容だったことがわかる。戦後の宗岡は、八木脩が一九四八年に創刊した『毎日レポート』に「宗岡欽」の名で記者として参加している。ということは、宗岡は八木の元部下であり、『映画芸能』は『毎日レポート』の兄弟紙と考えられる。つまり、両紙とも松竹に食い込む総会屋系業界紙だった。どうりで松竹の広告が載る訳である。

『映画芸能』と『毎日レポート』の記事は、その内容や宗岡・八木の出自から当時の根本体制の日活を敵視する（反共主義者の）何者かの依頼を受けて書かれたブラックプロパガンダ（デマの流布）だった可能性が高い。日活経営陣のお家騒動をスクープした

『週刊実話』（一九七六年十月七日号）の記事の中で、村上覚社長はこんなコメントを出している。

「前組合委員長の〝根本専務誕生〟ということは業界として例がないので、今後の日活はどうなるか。ポルノをやめるのではないか。路線変更かと、館主がいろいろ心配している。そのことが報道という形で表面化してきたのではないか」

「飛ばし記事」や「怪文書」による紙爆弾はどの業界でもよくあることで、これについてはスルーするしか対処法がないことを村上は知っていたのだろう。

かつての日活社長・堀久作は総会屋を「必要悪」と呼び、総会の議事進行役にうまく利用していた（森川哲郎『総会屋』久保書店）。堀久作に抜擢された村上は約十年の間（しかも日活が倒産危機の状況下で）堀親子を補佐していたわけで、総会屋に老獪な対処をする堀久作の姿を確実に目撃していたはずだ。当時の映画会社では、ロケの手配や興行の都合上、どの社であっても右翼・ヤクザや総会屋との付き合いを避けることは困難だった。

これに対し、「飛ばし記事」にまんまと引っかかった根本ら労組は、経営者としての絶対的な経験不足を露呈してしまっている。しかも、根本が「陰謀」を疑い始めればキリがなかった。日活労組はそれほど多くの「敵」に囲まれていたのである。

邦画大手はどこも労組との抗争に悩まされていたし、宗岡や八木の金主である松竹の城戸四郎は大の共産党嫌いである。さらに、日活は政府（警察・検察）を相手にロマン・ポルノ裁判を戦っている最中だった上に、電電公社を相手に撮影所買い戻し裁判を優位に進めていた。公社は内閣が指名した経営委員会の運営なので、自民党に敵対するも同然だった。七六年六月時点の内閣は自民党の三木武夫内閣で、法務大臣の稲葉修は在職中に「日本国憲法は欠陥憲法」と発言するほどの改憲右派だった。堀雅彦の岳父・藤井丙午（当時自民党議員）が労組に報復することも考えられた。

根本体制への転換：クーデターの内幕

根本は警戒心が強かった。契約者組合結成の頃は「会社がヤクザを使って俺を刺すかもしれん」と言って毎日革ジャンを着て防備していた（『週刊ポスト』一九七九年五月四日号）。ロマン・ポルノ摘発の際には警察の目的が自身の逮捕にあると思い込んでいたほどである。その性格が災いして憶測記事に踊らされ内部の「犯人」捜しをした結果、田中鐵男の動きが怪しいとなったのが今回の騒動の発端だったのだろう。

斎藤正治によれば、根本は社内の電話を盗聴しており、過去には本社支部内で企てられた労組への「反乱」を突き止めた実績があった（『現代の眼』一九七九年十一月号）。この「反乱」は七五年九月の「分派活動」を指す。労組が示した本社機能の撮影所への移転を中心とする合理化方針（九・三〇方針）に反対した一部グループが「経営の自主管理体制の強化」を旗印にした独自の動きを企てたもので、計画が発覚すると中央委員会で徹底糾弾され、このグループは日活から追放されたらしい（『日活労働組合二〇年の闘争』）。

ところで、『実話』の記事は日活のお家騒動を報じながら、根本の考える「黒幕（敵）」が誰なのかを明かしていない。恐らく裏取りができなかったのだろう。根本も「陰謀」の存在あるいは証拠を掴めなかったのか、田中の解任理由は「営業不振の責任」とされた。

一方、『週刊文春』（一九七六年九月三十日号）掲載の「日活・根本専務にクビ斬られた重役　労組支配に抵抗した報復？」と題した記事はごく短いものだったが、「業界記者」（宗岡鉄か八木脩だろう）の話を引用する形で「黒幕」の正体を大旺映画社長の山田敏郎（東映館主会のボスで全国興行生活衛生同業組合連合会「全興連」会長）であると明言した。山田は「興行界の天皇」と言われた実力者で、同記事掲載の業界記者の話では「日活に出向けば、営業部全員が起立して迎えるほどの大物」だった。

これが正しいとしても、田中が営業本部長としての義務感にかられ山田にアクセスし、全興連の協力を得て配給ルートを拡充しようとしていたと考えるのが普通である。おりしも『花の応援団』の大ヒットで普段日活と付き合いのない一般映画上映館との取引が広がっている最中で、田中が「興行界の天皇」である山田に相談を持ち掛けるのには必然的理由があった。

しかも、松本平によれば、山田は一九六九年に設立された日活支援団体「日活関東館主会」の立役者で（『日活昭和青春記』WAVE出版）、少なくとも会社組織としての日活の敵ではなかった。ひょっとすると、根本は田中の動きを業界紙記事と合わせて、田中が日活から独立しようとしているか、東映の経営介入があると深読みしたのではないか。もし、仮に田中が何かしらの陰謀を企てていたとすれば、日活退社後に何らかのアクション（日活・労組攻撃）を起こしてもよかったはずだが、そんなことは一切なかった。田中鐵男は岡田茂東映社長の推挙で日本警備保障株式会社（現：セコム）の取締役に転じたが（星野岳志「故田中鐵男氏と黒澤満氏の刎頸の交わり」『文化通信ジャーナル』二〇一六年十二月号）、その後は二度と映画業界に関わることはなかった。

岡田裕によれば、「インパール作戦の田中新一師団長の息子」だったという田中鐵男はなかなかの人物だったようだ。

「田中さんは映画的な人間じゃないんだよ。政治家なんだよね。とにかく顔が利いてね。裏では大変な、色んなことが動いているから。情報網だし」（「座談会　黒澤満がいた日活　黒澤満がいなくなった日活」『映画芸術』二〇一九年夏号）

田中は学習院出身で政財界の保守勢力にも皇族にも繋がる広い人脈があったようだ。ノンフィクションライターの森功のブログ（二〇〇九年十一月十日付）によれば、故人となった田中を偲ぶ会には学習院の後輩の自民党の麻生太郎元首相、島村宜伸元農水相が出席し、田中と明仁天皇・皇后（当時）とのエピソードが披露されたという。

また、田中鐵男の幅広い人脈には学習院関係、営業時代に培ったもの以外に、父・新一の関係が含まれていた可能性がある。田中新一は陸軍統制派のボス・永田鐵山の部下に当たる参謀（軍事作戦の計画・実行に当たる高級軍人）で、「陸軍有数の武断派として知られ、陸軍省軍事課長時代の三七年、日中戦争拡大を進めた中心人物の一人」だった。四〇年暮れには参謀本部作戦部長（天皇に直属する参謀本部で参謀総長、参謀次長に次ぐナンバースリーの地位）として陸軍大臣・東条英機とともに対米戦争の実行計画を立案した張本人でもある（共同通信社社会部編『沈黙のファイル』新潮文庫）。

田中鐵男の「鐵」の字は新一が尊敬する永田鐵山からもらったのだろう。そのために、田中鐵男は労組や業界紙から「右翼」のレッテルを貼られてしまったが、親子というだけで思想が全く同じと決めつけることはできない。

田中粛清の理由は根本との不仲という要素の方が大きかったようだ。『文春』によれば、田中は根本をこう批判していた。

「直営館まで売っ払ってる日活にとっては、こういう人間関係こそ大切なんだよ。合理化一本やりの根本には、映画界特有の〝情〟がわかってない」

逆に、根本は職人気質で「映画バカ」を自称する田中のこうした言動を嫌っていた。田中はそのことに気づいていなかったようだ。二人の間には経営方針の相違以上に感情的対立があった。『文春』の取材に対して、田中は痛恨の思いを告白している。

「〝花の応援団〟を企画し、日活を黒字にしたのがボクの花道かな。でも会社の好況が根本に自信を与え、ボクの首斬りを決定させたなら……皮肉だよねえ」

歴史は繰り返すというが、これではまるでかつての経営合理化に突き進む堀久作社長と人情派の自称「映画バカ」だった江守清樹郎専務との対立がそのまま繰り返されているかのようである（ちなみに、『花の応援団』を企画したのは田中でなく企画部の成田尚哉である）。

なお、黒澤満は根本ともかつては仲が良かったと話してくれた。紙爆弾は三人の友人関係をも壊してしまったのである。

田中は長年日活関西支社の営業畑でキャリアを積み、梅田日活支配人の黒澤満と親交を深めると同時に組合運動にも熱心に取り組んだ。つまり、決して組合の敵ではなかった。六四年には組合本部の執行委員にもなっている。しかし、田中は反共産党系（新左翼）の組合員だったため、共産党員の根本にとってはいずれ障害になり得る存在でもあった。

先に挙げた『実話』の記事によれば、七一年頃までは日活労組九支部のうち六支部が反共産党系だったが、その後の直営館の売却や事業縮小で反共産党系支部はなくなり、共産党系の労組本部（当時本社が撮影所に移転していた）、東京ホテル支部、天城ホテル支部のみが残された。この騒動は当初は根本が怪しいデマ記事に踊らされるコメディーに過ぎなかったが、結果的には彼が田中と黒澤を追放し独裁体制を確立する凄惨なクーデター劇となった。『文春』によれば、根本は自分の意見に賛成票を投じた重役たちに「田中首斬りの是非」をいちいち述べさせたという。会議の場はまるで「総括リンチ」のような場になってしまった。

ところで、現場の信用が厚い撮影所長の黒澤満まで退社したことは、根本にとって誤算だった。佐藤忠男の取材に、根本は田中に対しては「私の足を引っぱるようなこと」をしたので追放したとしながら、黒澤には「残ってくれるようにずいぶん言った」と答えた（「日活・根本商法は本物か」『宝石』一九七八年二月号）。一方の田中鐵男は佐藤に対し、根本が役員になるのを許した自らの判断を悔いた。

「彼を役員にすれば組合をうまく抑えてくれるのでは、と目論んだのは事実です。ところが根本は、逆に組合を使って言いたいことを言ってくる。ちょっと甘すぎたです」

田中は佐藤の取材に対し、日活に共産党が介入するのではないかと危惧する様子を見せた。なお、この危惧は杞憂に終わった。会社首脳も労組も作品内容にイデオロギーの押し付けはしなかった。他方、根本は佐藤に向かってしらばっくれた。

「株式市場に上場されている会社の副社長（根本）が共産党員であるわけがない」

もちろん、根本が共産党員か党員同然であることは業界の誰もが知っていた。

この時期の根本は多くのマスコミ取材に応えているが油断は禁物だった。一九七七年中にはプロデューサーの伊藤亮爾や伊地智啓、製作部の紫垣達郎、青木勝彦、俳優部の飯塚滋、仲川幸夫らが退社し、現場の戦力が大幅にダウンしてしまった。ここに挙げた人々はやがて黒澤満と行動を共にすることになるが、仲川のみは石原プロへ転じた。

黒澤は東映芸能ビデオに移籍し、ほどなくして同社内に東映セントラルフィルムを立ち上げた。その経緯は黒澤に聞いたところでは、梅田日活支配人の頃は営業関連で他社との交流がよくあり、田中も営業マンだったので他社の営業と付き合いがあった。それで二人とも関西支社の頃から東映京都撮影所長時代の岡田茂にお世話になっていたためだという。日活本社に移った後でも黒澤・田中と岡田茂との関係は続いていたようだ。ニューアクション路線の時期には今井健二、山本麟一、曽根晴美、北島三郎ら東映常連の俳優を借りているし、東映流ヤクザ映画の指南のために東映専属監督の石井輝男、マキノ雅弘の貸し出しも受けている。一九七四年には日活が『黒い女豹M』（蔵原惟二）に東映専属の池玲子や石橋雅史を招聘し、逆に東映が日活常連の中川梨絵を『実録飛車角　狼どもの仁義』（村山新治）に、片桐夕子を『安藤組外伝　人斬り舎弟』（中島貞夫）に招いた。

そんな縁があって黒澤は日活を辞めてしばらくして田中ともに岡田東映社長と会食することになった。そこでは次のような会話が交わされた（前掲「対談　黒澤満・伊地智啓　盟友プロデューサー、すべての始まり」）。

岡田「これからどうするんだ」
黒澤「いや何も考えてません」
岡田「そうか、まあしばらく待っとれや」

そんな経緯があって、黒澤はやがて岡田の依頼で東映セントラルを設立した。黒澤は早速日活を辞めたばかりだったプロデューサーの伊地智啓を呼び寄せて現場の仕切りを任せ、監督の村川透、カメラマンの仙元誠三、照明の渡辺三雄、美術の小林正義を日活時代から仲の良かった石原プロの小林正彦専務のツテで揃え、製作費二八〇〇万円で松田優作主演のアクション映画『最も危険な遊戯』（一九七八）をヒットさせた。

黒澤が日活・東映の専属スタッフを極力使わなかったのは両社に迷惑をかけないようにするためだった（山本俊輔・佐藤洋笑・映画秘宝編集部編『セントラル・アーツ読本』洋泉社）。

その後、セントラルには伊藤亮爾が合流し、再び村川監督・松田主演で『殺人遊戯』を作り、七九年には「探偵物語」でテレビドラマに進出した。この番組のセット撮影やポストプロダクション（整音・音効など）は東映撮影所ではなく日活のスタジオをレンタルしたので、黒澤は追放からわずか二年で古巣に帰り、日活の仲間たちと再び一緒に仕事をするようになった。いずれの作品も好評で黒澤は新しいキャリアを順調にスタートさせた。

ちなみに、田中に続き、黒澤・伊藤・伊地智らを失う原因となった「営業不振」という根本のクレームは完全ないいがかりだった。一九七六年の営業収支が十数年ぶりの黒字だったことは労組も当然認識していたのである（『日活労働組合　二〇年の闘争』）。事実、一九七六年の配給収入は『嗚呼!!花の応援団』の大ヒットによって三五億四〇〇〇万円に達し、前年比一三七・二％の成績だった。前年の配収二五億八二〇〇万円から一気に約十億円も配収を増やしたわけで、これを「営業不振」と呼ぶことは理解しがたい。

黒澤・田中らの退社後、一九七七年の配収は三三億八一〇〇万円で前年比九五・四％、七八年の配収は三二億九五〇〇万円で前年比九七・四％とじわじわと彼らが抜けたダメージが現われていった。七八年一月の決算では累積赤字が九〇億円に達した。だが、七九年の配収は三五億四九〇〇万円となり、二年でかつての水準を回復した。詳しくは後述するが、根本＝武田体制下で行われた、金融ウルトラCによる債務の返済、新人監督・企画者の起用とアイドル路線の好調ぶりがうまく作用したと思われる。

ただ、根本にとってはまさにピンチがチャンスに転じる機会だった。根本は二人の退社を待って、一九七七年四月の株主総会で副社長に就任し、退社した二人の代わりに、労組委員長の森田公明、長らく労組副委員長を務めた稲垣光清、労組執行委員の須賀英輔・岩根徳光・谷田栄次らを新たに経営陣に加えた。七月二十八日には長年の懸案事項であった撮影所の買い戻し交渉を「日活はかつて電気通信共済会が買った金額のほぼ倍額の三二億五〇〇〇万をキャッシュで一括払いする」という条件で和解に持ち込んだ（調印は同年十月。支払額がさらに二五〇〇万増えた）。

一九七七年九月から十月にかけては、撮影所の合理化という名目で約五〇人のリストラを行った（村井実『前ばり文化は健在なり　ロマン・ポルノ10年史』近代映画社）。どういう基準で人選したかは不明だが、この際に裁判でロマン・ポルノを守るために戦っていた山口清一郎や近藤幸彦のクビも切られた。山口は反労組の言動をしていたし、近藤が労組の弁護体制を崩したことから考えると、根本や労組にとって邪魔な人間を整理する含みもあった可能性がある。ともあれ、組合員を守るはずの労組が皮肉にも経営側に回ったとたん、クビ切りをせざるを得なくなってしまったのである。『日活労働組合　二〇年の闘争』はこのリストラについて「職場から批判のあった非稼働部分については一部勇退や配置転換をうながすなど解決をはかった」と記しているが、少なくとも近藤は「非稼働部分」に当たらない。到底近藤のクビ切りを正当化できる説明になっていない。

日活復活のウルトラC炸裂

ところで、日活は一九七八年一月の時点で九〇億三五〇〇万円の借金を抱え上場廃止の危機にあった（『週刊ダイヤモンド』一九七八年六月十七日号）。様々な改革を迅速に行うための資金など残っていなかったはずである。当時の株式市場では赤字・無配・株価の元本割れが三期続くと上場廃止となるという慣例があった（松本平『日活昭和青春記』）。

当時の労組委員長だった松本平によれば、七七年の初めから根本悌二は朝日住建とともに撮影所買い戻し後の再開発計画を進めていたそうだ。この時点では、まだ撮影所返還交渉は終わっていなかったので気が早すぎる話である。弁護士は根本にしきりに「〔資金面は〕大丈夫ですか」と尋ねていたが、そのたびに根本は「大丈夫だ」とだけ答えていたという（同上）。

根本が曖昧にしていた財政不振の打開案が明らかになったのは七八年になってからだった。根本の主導で新株発行と増減資による「ウルトラC」が行われ、巨額の資金が捻出されたのである。このウルトラCについて松本平に直接聞いたところ、こう答えてくれた。

「野村證券の落合（莞爾）さんに手ほどきを受けたんだ」

落合莞爾は経済企画庁で経済白書の作成に携わった経歴のある商法及び証券取引法に精通したプロで、野村證券には中途入社した。フリーライターの納田志朗は、ウルトラCの計画は一九七八年当時野村證券の業務企画係長だった落合によって立案されたと明言している（「リッカーに次ぐ危険な会社ワースト10の中味」『政界往来』一九八四年十月号）。落合本人も日活のウルトラCへの関与を自身のホームページで認めている。

松本平によれば、撮影所の買い戻しが決定した七七年七月から七八年にかけて、「借金会社の日活に今まで見向きもしなかった銀行が多少は相手にしてくれるようになった」と経理部の重役が喜んでいたという。この頃に落合莞爾本人か、野村證券上層部にツテのあるフィクサー的人物が根本に接近したと思われる。

もっとも、根本悌二によれば、堀久作の生前から野村證券は日活の主要株主（上位六位）だった。同社は一九七三年までに日活株を一一七万六〇〇〇株（一・一八％）所有していた。また、野村の子会社だった三洋証券が筆頭株主で日活株を一九九万六〇〇〇株（二％）も所有していた（根本悌二「映画産業論」『映画論講座1　映画の理論』合同出版）。そのため、野村證券が日活の経営再建に協力することは決して不自然なことではなかった。

『日活100年史』（日活株式会社）は、このウルトラCを以下のように説明している。

「78年7月、38の国内法人・個人に対し株式の額面発行による（一株当たり50円）第三者割当増資を行い、60億円を調達して資本の増強を図ると、続く同年10月には、株式の無償併合により資本金を7割減資することで77億円の減資差益を計上した。12月には同年2回目となる第三者割当増資を31の国内法人・個人に株式の時価発行（一株当たり355円）で行い71億円を調達し、61億円の株式発行差金を計上した」

この説明では株の専門家以外には意味不明なので、かみ砕いて説明し直してみよう。まず第三者割当増資とは、株主であるか否かを問わず特定の第三者に新株を引き受ける権利を与えて行う増資のことである。

今回は従来の総株数の一億株（額面五〇円×一億＝五〇億円＝当時の資本金総額）に加えて一億二〇〇〇万株（六〇億円分）を新たに発行するので、既存株主が不利益を被るリスクが伴う。株の全体数が元の二倍以上になるので、既存株主の持ち株比率が元の半分以下になることはもちろん、新株が不当に安い値段で発行された場合、既存株主が損をしてしまうからである（逆に高値で売られた場合は、安く買っている既存株主は損しない）。

今回の第三者割当の場合、一九七八年四月三十日時点の株式市場における日活の株価は額面の五〇円を下回る四二円だったし（松本『日活昭和青春記』）、額面通りの値段で発行された。そのため、既存株主が大損することはなかった。

また、ふつう減資には株主の合意が必要になるが、松本平によれば日活は小口の株主が多かったため、日活株の過半数を持つ株主たちを集めて、減資に賛成させることは困難だった（同上）。第三者割当増資に該当する株を従来の総株数以上にしたのは、減資に賛成する新株主の持ち株数を自動的に過半数にするためだったのだろう。

では、この危険な賭けに乗ってくれる新株主たちをどう集めたのだろうか。

当時の兜町には日活が「増資の引受人に前もって情報を流し大儲けさせたという噂」が流れていた（東京タイムズ株問題取材班『兜町の錬金師たち』木馬書館）。第三者割当増資の制度は、市場外で株価を秘密裏に決められるため、容易に株価操作ができるという問題点があった。増資は間違いなく市場に期待を持たせ株価上昇を引き起こすので、増資のだいぶ前に安価で株を買っておけば、情報開示直後に急騰した分だけ儲けが生まれる。確実な儲け話となれば出資者は当然集まる寸法である。日活のケースでもこうした不正が疑われ、東京証券取引所（東証）が日活側に異例の注意を行った（同上）。ただ、東証が日活に何らかのペナルティーを科した形跡はない。それは野村證券会長の瀬川美能留が当時東証の参与だったことと全くの無関係だったのだろうか。あるいは証券法のエキスパートだった落合のレクチャーを受け、いくらでも言い逃れができるように準備したとも推測できる。

ちなみに、日活がこのウルトラCを取締役会で決定したのは七八年五月二十九日だったが、その一か月半前の四月十一日の日活株価は底値の二一円だった。七七年の日活株は三月の最安値四七円から七月の最高値七六円の間で上下しており、五十円台から六十円台で推移していた。ところが、七七年十月には撮影所の再開発計画が付近の住民の反対で難航していることが明らかとなり、七九年一月限りで日活株が上場廃止になる見込みが高まったため暴落していたのである（『経済知識』一九七八年八月号）。

しかし、七八年四月三十日の株価は四二円をつけている。日活が増減資策を発表する一か月前に前触れなしに株価がなぜか二倍になっていたことがわかる。当時この値動きは一〇〇〇万株以上買い増ししている仕手筋がいるという噂が流れていたことと関連していると報じられたが（『日本経済新聞』一九七八年五月三十一日夕刊）、この急騰ぶりは、東証が株価操作を疑うに十分な不自然さだった。増資先を確保することを目的として、ウルトラＣの情報を出資者候補に予め流していたという兜町の噂を完全に否定することは難しい。

株の素人であるわたしがこのウルトラＣの仕組みが理解できず困っていたら、松本平が簡単に説明してくれた。

「要するにＲＯＣやフジパンなど、当時の提携企業を中心に六〇億を出してもらい、一九七八年五月にこの増減資のことを発表して日活の株価を上げたんだ。値上がりした株で出したお金以上が戻ってくるので企業や株主は損をしない仕掛けでね」

なお、松本は日活や株主が儲かるということはどこかで誰かが損をすることなのではないかと考えており、根本に直接この質問をぶつけたこともあったという。根本は「うーん」というばかりで言葉を失ったそうだ（松本『日活昭和青春記』）。

増減資策が発表された五月三十日から日活株には買い注文が殺到し、二三九七万株の出来高をつけた。その結果、五月二十九日の株価六二円は三十日には九一円に、三十一日には一一〇円に、六月一日には一四五円にまで急騰した（「ＯＨ‼マネーゲーム　日活の超ウルトラＣ上場維持策」『経済知識』一九七八年八月号）。その後は上下を繰り返しながら十二月には三〇〇円台をキープする状態で高止まりした（松本『日活昭和青春記』）。

七月に増資に応じた新株主は額面の約三倍に時価が高騰した株券を正価の五〇円で購入したことになる。そして、日活は同年十月に増資で一一〇億円になった資本金を七割減資して資本金を三三億円にし（株券十枚五〇〇円分を一枚として扱い額面を元の三割＝一五〇円とする。これで日活株の総株数が二億二〇〇〇万株から二二〇〇万株になり、合計額が一五〇円×二二〇〇万＝三三億になる）、差益の七七億円を手にした。

この七七億円は、累積した九〇億円超の借金を十三億にまで減らすために用いられた。村井実によれば、日活は当時複数のマチ金融から高利の借金をしており、それが月七〇〇〇万の利子を生み続けていた（『前ばり文化は健在なり』）。七七億円はまずそれらの払拭に用いられたと考えてよい。

しかし、これだけでは借金は返しきれないので、日活は十二月に野村證券を幹事に二回目の増資を株主に対し時価三五五円で二〇〇〇万株（今度は従来の総株数以下）を発行して行い、新たに七一億円を調達した。ここでは減資前の一株の額面五〇円の二〇〇〇万株分に当たる十億円を資本金にスライドさせることで、日活は六一億円の運転資金を計上した（同上）。

株主が七月の増資に応じて五〇円の額面で購入したとしても、二度目の増資で株価が三五五円に値上がりしたことで、十月の減資の影響でいったん株が三割（〇・三倍）の価値になったとはいえ、十二月には手元の株の価値が七月当初の二・一三倍にまで上がり、確実な利益を得たわけである。松本の説明は実に筋が通っていてわかりやすい。

ただ、仮にこれが意図的な株価操作だったとすれば、第三者割当の新株主のほかに、インサイダー情報に基づいて底値の二一円で四月に購入し、十月の減資の直前に売り抜けたVIP株主がいた可能性がある（かつてよく使われた政治献金の手法である）。あくまでも可能性の話でしかないが。株相場の世界は奥が深いというか、億を超える金が動く案件には危険がいっぱいである。これ以上余計な詮索はすべきではなさそうだ。根本亡き今、真相は落合莞爾が知るのみである。

先に参照した『日本経済新聞』記事によれば、前年にはヨコメリ（旧横須賀メリヤス工業）がROCへの第三者割当増資で一時的に上場廃止をまぬがれており、その際には株価が十倍に急上昇した。この事例が「日活株も十倍になるのではないか」という兜町の期待を呼び、掟破りのウルトラCの支持に繋がったと報じられた（『経済知識』一九七八年八月号）。

『実業界』（一九七八年七月十五日号）によれば、一度目の増資に応じた顔ぶれは、五億四〇〇〇万円（一〇八〇万株相当。十二月時点で十一億五〇二〇万円の価値）を出資したROC（紳士服卸業）を筆頭に、五億円を出資したヘイムインターナショナル（英会話カセット販売業）、五〇〇〇万を出資したライフサイエンスインフォメーション（マーケティング業）、富士カントリー（フジパンの子会社）、ユニー（名古屋のスーパーマーケット業）ほか三三の法人と個人（最終的には三八になった）。一躍日活の筆頭株主となったROCは日活直営館に支店を併設することで全国展開を狙い、ヘイムは日活ビデオフィルムズと提携して教育ビデオの製作をするといった企業戦略があったが、ライフサイエンスは同社の新橋専務が根本の飲み友達という関わりからの出資だった。情実出資は富士カントリーも同様で同社社長でフジパン副社長の舟橋彪が根本と知り合いという縁で出資したという。

先に引用した『実業界』の記事は個人出資者の中に根本悌二も含まれていると報じた。『週刊ダイヤモンド』（一九七八年六月十七日号）によれば、根本は二〇〇万株も買っている。買値はざっと一億円である。根本個人の金とは思えないので借金で賄ったのだろう。十二月には持ち株の価値が二億一三〇〇万円になったので、一億が全て借金だったとしても、結果的にそれを返してあまりある利益が出た。

『財界』（一九七八年七月一日号）は、「出資者の中には兜町で新手の仕手筋として注目されている人がいることも事実」と報じた。これが当時「兜町のフィクサー」と呼ばれた落合莞爾を指している可能性がある。

なお、二度目の第三者割当増資（七八年十二月）の対象は、第一回目とは顔ぶれががらりと変わって大京観光が入り、海外法人が主になった（『政界往来』一九八四年十月号）。

日活撮影所の買い戻しと再開発

一九七七年十二月、日活はウルトラCに先行して撮影所を買い戻したようだ。『日活100年史』が引用している『北海タイムス』（一九七七年十二月十二日夕刊）の記事によれば、撮影所返還記念パーティーが関係者五〇〇人を招待して撮影所の第十三ステージで開催された。パーティーのメインゲストは石原裕次郎や二谷英明、清水まゆみなどの元日活スターたちだった。

なお、先の『北海タイムス』の記事には「買い戻しに要した三十二億余円の借金返済への決意」という文言があるので、和解金が全額借金によって支払われたことが推測できる。ただ、日活が買い戻し資金を借りたのは後述するように七八年一月なので、撮影所の土地半分の再開発を請け負うことになっていた朝日住建が一時的に和解金を立て替えたと思われる。

撮影所買い戻しの経緯は、『日活労働組合　二〇年の闘争』や松本平『日活昭和青春記』に詳しい。それらによれば、一九七一年九月から電電公社の子会社・電気通信共済会を原告とし、日活と日活労組および撮影所内の関連会社を被告として撮影所の明け渡し裁判が行われたが、労組が社会党・共産党に電電公社への和解斡旋を依頼しつつ、共産党議員・土橋一吉にこの問題を国会で取り上げてもらい、世論の力で少しずつ和解交渉が優勢に進んでいったという。一九七三年八月から和解交渉が始まり、七七年七月に和解が成立し、同年十月三十一日には日活が三三億七二〇〇万円を共済会に一括で支払うという条件で最終的な和解調印に至った。そして、和解金が十二月に支払われたというわけである。

松本平によれば、買い戻し資金を得るため、敷地の北半分（第一スタジオ〜第四スタジオ。約一万坪）をマンションとして再開発することになった。当初、マンション開発計画は朝日住建と日活が共同施主となって行い、鹿島建設系の鉄建建設がマンション施工を手掛けたが、販売時になってマンション業最大手の大京観光が「日活ライオンズマンション」（八〇年に分譲開始。八一年に竣工）として売り出すことになったという（『日活昭和青春記』）。

ところで、気になるのはなぜ急に大京観光が登場したかである。一見、これは二度目の増資に同社が加わったことが関連しているように思われる。しかし、同業で業界一位・二位を争うライバルだった大京観光と朝日住建がなぜ提携することになったのか、こんな面倒な手続きをせずになぜ最初から大京観光が出てこなかったのかという疑問は残る。また、『日活100年史』『日活労働組合二〇年の闘争』『日活昭和青春記』が和解金とマンション開発資金の入手元をはっきり書いていないことも気になる。

まず、朝日住建と大京観光を繋ぐ存在から考えてみよう。和久修によれば、朝日住建が手掛けたのは電気通信共済会に売られた日活撮影所の土地買い戻しのみで、朝日住建は伊藤忠商事の仲介でこの土地を大京観光に転売していた（「伊藤忠商事と朝日住建の『決して表に出ない関係』」『財界展望』一九九七年五月号）。

竹森久朝『見えざる政府　児玉誉士夫とその裏の人脈』（白石書店）によれば、当時の大京観光は右翼の大ボス・児玉誉士夫のファミリー企業だった。このことを踏まえると、朝日住建と大京を繋ぐ存在は伊藤忠商事の中にいる児玉誉士夫に近しい人物と推測できる。当時の伊藤忠商事会長は瀬島龍三だった。

瀬島は六〇年代初頭から児玉邸でひそかに行われていた日韓和平の事前工作に加わるなど、児玉との仲は親密だった（同上）。七八年初めには東京商工会議所副会頭の五島昇（東急グループ総帥）が瀬島に接近し、中曽根康弘との間を取り持った。同年十月に東京商工会議所特別顧問となった瀬島は、五島や自民党の竹下登・安倍晋太郎・中川一郎らと定期的な会食の場を設け、中曽根を次代のリーダーとして育てる会合の一員になった（同上）。

五島昇は一九七四年に最高顧問というかたちで日活に復帰した江守清樹郎と以前から親しい関係にあった。一九六七年に江守が日活を追放された際には、五島の手引きで江守を社長に「東急レコード」を新設するという計画が上がったほどの仲である（『俺は最期の活動屋　江守清樹郎遺稿集』江守画廊）。

つまり、瀬島は児玉と協力して朝日住建と大京観光を提携させることができる存在だったし、中曽根とも親密だった。中曽根は鉄建建設の創業者と姻戚関係にあったので、瀬島（伊藤忠）は朝日住建と鉄建建設との間を取り持つことができる位置にもいたわけだ。瀬島周辺の人々と根本悌二の間は、五島昇と親しい江守清樹郎が繋ぐことができた。

なお、野村證券と中曽根の間にも深い繋がりがあった。野村総研の初代所長の佐伯喜一は中曽根の安保・防衛政策のブレーンだったし、八三年に野村総研の二代目社長となる中川幸次（元日本銀行理事）は中曽根の海軍経理学校時代の同窓生だった。七八年当時の野村證券社長・田淵節也は中曽根の資金団体「山王経済研究会」の中核メンバーである（水沢渓・立山学『野村證券スキャンダルの検証』健友館）。

次は資金関係を考えてみよう。『週刊ダイヤモンド』（一九七八年六月十七日号）の取材に対して、根本悌二は七八年一月に日活は約八三億円を新たに借り入れたと答えている（どこから借りたかは明かしていない）。そのうち、年利八％で借りた四〇億円は和解金とマンション開発資金（おそらく各所への根回しのための工作資金を含む）に回すが、マンション開発（六七〇戸、販売総額約一三〇億円）で約十八億円の契約金収入が出、長期借入金を一括返済することで免除約束のある金利分約五億円が特別利益に計上されると根本は語った。残る約四三億円（高利借入金二〇億を含む）の使い道については言及がなかったが、当座の事業費・開発費・工作資金などに使われたのだろう。

しかし、これでは四〇億の借金は返せない。どう埋め合わせたのだろうか。松本平によれば、一九六九年以降の地価上昇によって、一九七八年には撮影所近辺の更地の地価が三二億の二倍以上になっていた（『日活昭和青春記』）。また、板持隆によれば、日活には資金調達能力も開発ノウハウもなかったので、早急にマンション開発の事業主の地位を朝日住建に譲ったという（板持隆『日活映画　興亡の80年』日本映画テレビプロデューサー協会）。

つまり、根本・松本・板持の説明とわたしの調査とを合わせると、まず朝日住建が電気通信共済会に和解金を支払って日活撮影所全体の土地を買い戻し、日活は七八年一月に借りた四〇億で朝日住建が立て替えた和解金を返済した。次に撮影所の土地半分（主に第一スタジオから第四スタジオが建っていた部分）を朝日住建に四〇億で売り渡し、四〇億の借金を素早く相殺したと推測できる。

そして、朝日住建の手元に残った撮影所の半分の土地は伊藤忠の仲介で大京観光に転売されたわけである。

最初から大京観光が出てこなかったのは、一万坪の大規模開発には調布市や近隣住民との折衝が必要であり、しかも先述したように折衝が難航していたことに関係がありそうだ。大京観光は当時児玉誉士夫のファミリー企業だったので、児玉が七六年のロッキード事件で在宅起訴されたことが折衝に悪影響を与えることを危惧したのではないか。ちなみに現在の大京はオーナーがオリックスに替わり、別の会社組織になっている。

ウルトラCと撮影所買い戻し、マンション開発は互いに関連したものとして捉えるべきだと思うが、この一連の日活復活劇成功の謎を解くカギは、村上覚（当時会長）が『週刊ポスト』（一九七九年五月四日号）の取材に対して述べた「〔ウルトラCで〕実際に骨を折ってもらったのは野村証券」だったという証言ではないだろうか。野村證券は堀久作体制からの日活の主要株主で、七七年〜七八年当時のトップは「証券界のボス」の異名を持つ瀬川美能留（会長在任：一九六八年〜七八年。七八年〜八六年には代表取締役相談役、八六年以降は亡くなるまで最高顧問）だった。

以下は一つの推論だが、キーマンを瀬川美能留と考えるとこの日活復活劇成功の説明がつく。瀬川は一九七二年〜八七年には日本銀行参与、七四年〜九一年には東京証券取引所参与となり、財界のトップに等しい地位に長らくあった。また、自民党およびアメリカの大物政治家と親しく付き合っていた。彼を追悼する本には福田赳夫元首相やキッシンジャー元アメリカ国務長官からの原稿が寄せられている（『追悼　瀬川美能留』野村證券株式会社）。

もし、瀬川美能留が日活の保証人についていたのならば、すでに九〇億以上の借金があった日活が新たに約八三億円を借り、日活撮影所買い戻し問題を解決し、ウルトラCで累積借金のほとんどを消し、撮影所周辺の再開発反対住民を説得し、中曽根康弘の関係企業である「鉄建建設」や元陸軍参謀の瀬島龍三が会長を務める伊藤忠商事と業務提携していた「朝日住建」、当時児玉誉士夫のファミリー企業だった「大京観光」（三社とも反共勢力の関連企業）とともにマンション開発を行うというミラクルをやってのけたのも納得がいく。ただ、さすがに瀬川は超大物である。彼をキーマンとする明確な証拠は一切残っていない。

ちなみに、一九九一年六月の税務調査をきっかけに、野村證券の特定株主に対する損失補填が発覚し、同社は証券会社としての信用を大きく落とした。同年九月にはかつて「証券界のボス」と呼ばれた瀬川が死去（享年八五歳）。そこから二年足らずで日活は倒産した。これは単なる偶然の符合なのだろうか。

一九七八年に話を戻そう。日活が一度目の増資で得た七七億円は借金返済に消えたが、二度目の増資で新たに得た六一億円は、『日活労働組合　二〇年の闘争』によれば、まず一九七六年の時点で約十六億円にまで膨れ上がっていた組合員の未払い賃金・退職金の支払いに使われたという。また、港区赤坂にあった旧東京スタジオセンタービルの買収資金に使われた。松本平によれば、本来ならば十億円の物件だったが、ビル（所有者は間組）を占拠している前入居会社の組合員十六人の身柄ごと引き受ける条件で七億円に値切って購入したという（『日活戦後青春記』）。

このウルトラCは門外漢からすればいかにも怪しげに見える。

しかし、日活の増減資を報じた『朝日新聞』（一九七八年五月三十日）は日活のほかにも三井製糖が減資で上場廃止をまぬがれた例を挙げている。松本平は「これは株式の世界ではよくあること」で「野村證券の落合さんのおかげだよ」と話してくれた。増減資策は、当時は珍しかったかもしれないが、現在では企業再生の手法としてよく知られている。概観としては松本の言が真相に近いのだろう。ただ、ここに示したように、どこから資金を借りたのか、キーマンは誰だったのかなど、肝心なポイントは未だ明確になっていない。

「日活」から「にっかつ」へ

日活は一度目の増資の直後の一九七八年八月には経営合理化策として、本社を軸に製作・配給などの各部門を株式会社日活撮影所、株式会社日活美術、株式会社日活芸能、株式会社日活ビデオフィルムズ、株式会社日活スタジオセンター、日活児童映画株式会社、日活興業株式会社の七社に分社化し、各部門の採算独立化を推し進めた。分社化はさらに進められ、翌年には十四社になった（『日活労働組合　二〇年の闘争』）。

この分社化によって、日活撮影所は一九七〇年前後から少しずつ始めていた貸しスタジオ事業を本格化させることになった。西村昭五郎によれば、この頃からロマン・ポルノは原則第七スタジオのみの使用を許され、間借りするように撮ることになってしまった（村井『前ばり文化は健在なり』所収鼎談での発言）。

もっとも、ロマン・ポルノは最初から第一スタジオに設置されたパーマネントセット（常設セット）のみを利用する決まりでスタートした（林隆の証言。『日活 1971 - 1988』）。それに加え、同時録音をしないので数本の映画が一緒のセットで同時撮影されるようなことはザラだった（古川石也の証言。同上書）。したがって、大勢は変わっていないともいえるが、空いているスタジオを他社の俳優やスタッフに占有される状況になった。日活スタッフの労働力も貸し出されたため、撮影所はにわかに忙しくなった。

一九七八年九月十八日には社名が「日活株式会社」から「株式会社にっかつ」に変更された。これは同年十二月に予定されていた二度目の第三者割当増資を前に株価をさらにつり上げるためのイメージ戦略と見ていい。社名変更と単純に言うが、実際にやるとなると看板から名刺まであらゆるものを変更せねばならず、それだけで通常は億単位の費用がかかる。

しかし、当時は改名の意図が正しく理解されておらず、「六本木に新しいとんかつ屋ができたか」と軽口をたたく映画評論家もいた（松島利行『日活ロマンポルノ全史』講談社）。これでは数億円をかけた甲斐がない。

斎藤正治によれば、根本は「数霊占い」（カバラに同様の占いがあるが詳細不明）に凝っており、この占いで「日活」は十四画で最も悪い数字だから八画の「にっかつ」にしたという。根本は「東宝」は最も画数のいい十五画と言い、野村證券も「証券」という新字表記を社名に使わないのは画数が悪くなるからとも述べていた。ここで何の脈絡もなく野村證券の名を出すあたりを見ると、根本と同社が良好な関係にあったことを伺わせる（「特集・神頼み商法三態　にっかつ・根本悌二――『超資本主義』と科学

的社会主義信仰」『現代の眼』一九七九年十一月号)。

一九七九年二月には、一九七五年以来撮影所に仮住まいさせていた本社機能を港区赤坂九丁目の物件を改築した本社ビルへと移し、借金まみれの映画会社の「日活」からフレッシュな総合レジャー会社に新生した「にっかつ」の勢いを内外にアピールした。この勢いを受けて、一九八〇年一月の決算では特別利益金の計上で四億五〇〇〇万円の黒字となり十七年ぶりに株主への復配五五%を実現させた(板持隆『日活映画 興亡の80年』)。本来、一九七八年九月以降の出来事に関しては「にっかつ」表記を使うべきだが、記述が煩瑣になるため基本的に「日活」の表記のままとする。

こうして根本体制は華々しくスタートダッシュを決めたかのように見えるが、ウルトラCの副作用は避けがたかった。映画で稼ぐよりも遥かに簡単にケタ違いの利益を得てしまった成功体験で、根本はマネーゲームに嵌ってしまい、企業収入の大部分を占める映画事業を軽視した多角化路線や増資の連発へと舵を切った上に失敗を繰り返した。皮肉なことにかつての仇敵・堀久作と同じ轍を踏んでしまっていたのである。

日活は一九七九年六月に資本金を二度目の増資後の四三億円から五三億七五〇〇万円に増資し、八〇年十二月にも香港の投資会社キャリアン・グループに対する新株の第三者割当(額面割れの一株一三八円で三七〇〇万株)で五一億円を調達し(『経済往来』一九八四年十月号)、そのうち約二〇億円を資本金に加算して資本金を七二億二五〇〇万円にした(のちにキャリアンは日活株が暴落する前に持ち株を売り抜けた)。香港マネーで日活は何を得たのだろうか。気付いた限りでは、日本・香港合作の『チャイナスキャンダル 艶舞』(一九八三)、『香港絶倫夫人』(一九八六)といった香港ロケもののロマン・ポルノがわずかに製作されたことくらいしかない。

日活は早くも八〇年末には資金不足に陥っていた。仮に一九八〇年までにマンション契約金の十八億、金利免除分の五億が入ってきたとすると、日活がウルトラCを終えた七八年末から八〇年末にかけて新たに集めた経営資金はなんと一二七億二五〇〇万円に上る。それらは、七八年一月に借りた運転資金八三億の残り四三億の返済や未払い社員給与十六億の返済、資本金への充当、不動産の購入、新規事業への投資などであっという間に消えた。

そのため、日活は次から次へと増資を繰り返し、一九八四年時点の日活の資本金はウルトラC前の五〇億円からわずか七年でほぼ倍の九九億円まで膨らんでしまった(『政界往来』一九八四年十月号)。

悔やまれるのは日活に会社経営のプロがいなかったことである。増資で得られた資金は次から次へと新事業や不動産に投資され、あっという間になくなってしまった。当時、管理職にあった板持隆の日活の経営陣に対する評価は「言われたこと以外はやろうとしない社員から斬新なアイディアが生まれる筈もなく」「新しい事業に対する取り組みが甘く、警戒心と研究心が根本的に不足していた」と自戒を込めているのか、極めて手厳しい(『日活映画 興亡の80年』)。

ただ、一言しておきたいのは、日活の経営陣が全くの無策だったわけではなく、当時の事業の中には先進性の高いものも含まれていたということである。『日活100年史』によれば、日活は有料のCS（ケーブルテレビ）放送事業にいち早く目をつけ、八一年には「日本有料テレビ株式会社」を設立し実現化を目指した。

この事業には伊藤忠が協力していたが（松本『日活昭和青春記』）、撮影所再開発がきっかけで縁ができたのだろう。結局、郵政省（現：総務省）の許諾は日活単独では得られなかったが、現在のスカパーに代表されるCS放送事業が実現するのは一九八九～九〇年頃なので先見の明があった。ちなみに現在の日活の大口株主は日本テレビとスカパーJSATである。

一九八一年一月の決算では総収入が六五億三二三七万円に対し、総支出が八〇億八九〇〇万円、特別損失金を加えると約二一億五四九九万円の赤字となり、日活は一年で無配に転落した（村井『前ばり文化は健在なり』）。なお、赤字の半分に当たる約十億円の損失はROCとの共同事業によるものだった（『日活労働組合　二〇年の闘争』）。それでも根本の経営方針が改められることはなく、じわじわと日活の首を絞めていくことになる。

ただ、新事業の中で唯一ビデオ事業が大成功したことは救いだった。日本映像ソフト協会の調査（同会ホームページ所載）によれば、ビデオ業界の成長スピードには著しいものがあった。ビデオ業界全体の総売上は一九七八年には四五億七二〇〇万円に過ぎなかったが、一九八一年に一〇三億七四〇〇万円と大台を突破するとさらに加速し、一九八八年には二二九一億三三〇〇万円に達した。わずか十年で五〇倍以上の市場規模になったのである。日活でも一九八二年にはビデオと映画の収益が並び、一九八七年にはビデオ事業の収益が映画収益の倍近く（四〇億の売り上げ）にまで急成長した（『朝日新聞』一九八八年四月十五日）。八〇年代の日活はアダルトビデオの台頭に苦しめられることになるが、皮肉なことに日活をこの十年間延命させたのもビデオの存在だった。

根本体制は、実体経済の支えのない株の増減資で得た利益を基盤にし、バブルに乗じて投資・投機にさらに多くの資金をまわした。しかも、バブルの最中には過去の手法に限界が見えてきていた。一九八九年に借金の金利が年十三億円もかかる状況を打破するため、第三者割当を実施したが目標額に遠く及ばない十億円程度しか得られなかったのである。そのため、大手銀行の保証を受けスイスフラン立てで百億円の外債を導入することになった（『日活昭和青春記』）。外債とはつまり、外国の個人・法人からの借金である。莫大な金利がかかることは目に見えていたし、すぐに返せる金額でもなかった。そして、不運なことにここから二年も経たずにバブルがはじけてしまった。あとは倒産まで真っ逆さまだった。

「父殺し」を期待されて：青年監督の複雑な心境

ここで時を一九七八年六月に戻そう。一九七三年から将来の監督候補として採用された新世代の先陣を切って、根岸吉太郎が監督デビューした月である。入社してわずか四年目、弱冠二七歳十か月でのデビューは何人もの先輩助監督を飛び越えた異例の抜擢だった。

大手映画会社においてこのようなスピードでデビューを果たした例は、一九五九年の大島渚（松竹）以来のことだったと思われる。いや、二七歳八か月でデビューし、松竹ヌーヴェルヴァーグ（フランス語で「新しい波」の意）の旗手とされた大島でさえ五年目の監督デビューだった。それよりも早いのだ。

一九八一年に東映が五年ぶりの新人監督としてデビューさせた澤井信一郎が入社二十年目の四一歳であり、一九八二年の松竹新人監督・三村晴彦（岡田裕の早大時代の同級生）が入社二十年を超える四五歳の戦前生まれ世代であるのに対し、根岸は圧倒的に若かった。これを機に日活では、毎年のように三十歳前後の新人監督がデビューし、企画内容だけでなく現場スタッフが若返っていく。

根岸のデビュー作は『オリオンの殺意より　情事の方程式』。青年が自分の父親をゲーム的感覚で継母に殺させる様を描いた作品である。根岸曰く、このデビュー作の題材は会社企画だった。なお、彼はこの企画を選んだ理由を「映画的処理が難しそうなので、最初にそういうのをやっといた方がいいんじゃないかと思ってね」と語っている（「直撃インタビュー　根岸吉太郎」『ハロー！シネマ』一九七八年十月号）。

この作品は『シナリオ』（一九七八年七月号）で巻頭特集が組まれ、この映画のプロデューサーの岡田裕、先輩監督の神代辰巳、この映画の脚本家のいどあきおによるコメントとともにオリジナル脚本が掲載された。当時の日活の総力を挙げた宣伝ぶりである。

岡田はあえて「この映画の企画の中味は会社のお仕着せ」で他のロマン・ポルノとなんら変わらないとした上で、新人監督に「突飛な映像」を期待しないで、通常通りの映画として見て欲しいと読者に呼びかけた（「日活がおくる新人監督　『情事の方程式』の根岸吉太郎」『シナリオ』一九七八年七月号）。これは反語的な意味も込められているのだろう。この映画は「父殺し」がテーマなのだから、通常通りのはずがない。

神代は「根岸が今度、一本とるからそれについて何か書けと云う原稿の注文」があったと冒頭で舞台裏をバラしつつ、「何も書く理由がない」のでその理由を書くと筆を継いだ。神代は根岸の師匠筋ではないのにコメントを求められて困惑したようだ。それでいて根岸を新生日活の看板にしようとする会社の思惑を横目に、その手に乗ってやるものかというというたずら心を見せているのが興味深い。この原稿は「私は根岸に何も云うことはありません。根岸は根岸の映画を作ればいいのですから」という文句で締め括られているが、突き放しているようでありながら、逆に根岸を一人前の監督として扱ってあげようとする神代流の配慮が垣間見える（「新人監督へのメッセージ」『シナリオ』一九七八年七月号）。

いどは根岸によって元の台本が撮影用に書き直されたことに触れ、掲載シナリオは「再び私が幾分手を加え」、「撮影台本を当初のシナリオへ心持ち引き戻した」とわざわざ余計なことを書いている。とはいえ、オレのシナリオを変えやがってといった種類の怒りがあるわけでもない。ラストにある父殺しを成功させた主人公のセリフ「（ぽつんと呟く）……僕も風になりたい……風に」を根岸がカットし、「……ふーん」というため息とともに主人公が目を閉じ、川面に明かりが反射する様のクローズアップで終える構成にしたことに触れ、ライターは文字で考えるが演出家は絵で考えるという例として挙げている。特にそれで根岸が自分のシナリオを優れたものにしたと褒めているわけでもない。他人事のように書いているのが興味深い（「ライターの本音」『シナリオ』一九七八年七月号）。

個人的には、元の脚本ではいどあきおがラストシーン（根岸が「……ふーん」に変えたセリフの直前）で主人公の恋人（亜湖）に「私、アフリカに行くことにしたの」と言わせているのに対し、本篇では根岸が亜湖に「アフリカ行きがなくなった」と嘆かせていたことの方が気になった。

仮にこの「アフリカ」への憧れが神代辰巳の『アフリカの光』（東宝、一九七五）同様、閉塞状況からの脱出口を象徴するのであれば、この変更には、まるで（お膳立てされた）「父殺し」をしたくらいでこの退屈で閉塞した日常（日活あるいはロマン・ポルノも含む？）は変わらないし、〝ここ〟から脱出することに何の意味があるんだ、こんな使い古されたテーマは俺たちのテーマじゃないんだ、という根岸のささやかな反発が見えるようだ。

もちろん、これは『情事の方程式』を見たわたしの勝手な感想に過ぎないが、このように考えると、主人公が大した動機もないのに（脚本に操られるかのように）遊び半分で継母に父親を殺させることや主人公の趣味である模型飛行機が彼の自室の空間を延々と旋回するカット、ラストカットの川の流れも違った趣を持って見えてくる。

参考までに、若者が現状に退屈と閉塞状況を感じ、〝ここ〟からの脱出を求めるというのは、日活映画で言えば石原裕次郎主演の『狂った果実』（一九五六）や『憎いあンちくしょう』（一九六二）以来の定番テーマであり、根岸の師である藤田敏八の『非行少年陽の出の叫び』（一九六七）以降の青春モノも同様のテーマを受け継いでいたし、神代辰巳の『濡れた唇』（一九七二）や『恋人たちは濡れた』（一九七三）にも見られる。それどころか、古今東西の青春映画全般に少なからず見られる、いわばやり尽くされたテーマである。

デビューからずいぶん後の文章だが、黒澤満への追悼文の中で根岸が黒澤を評した言葉は実に示唆的だ。

「スケールが大きくて包容力があって、上昇志向がない。権力志向がない。黒澤さんは〝ここ〟でいいと割り切れる人だったと思います。〔…〕その生き方ってかっこいいじゃないですか」（根岸吉太郎「〝ここ〟でいいと割り切れる人」『映画芸術』二〇一九年春号）

根岸が憧れた黒澤満の生き方。この人生観をデビュー作『情事の方程式』で描こうとした主人公たちの人生観と重ねるのはさすがに考え過ぎだろうか。

公開間もない頃のインタビューでは、根岸はデビュー作について反省しきりだった。

「サスペンスとしては出来は良くないですね。ポルノとサスペンスの接点がうまく出来なかった。〔…〕話があちこちと飛んで、最後に何本もの糸がたぐり寄せられて、一本のものになるつもりが、脚本が未完成のまま現場現場でたぐり寄せていたので、最後説明して終っちゃったようになってしまいました」（「直撃インタビュー　根岸吉太郎」『ハロー！シネマ』一九七八年十月号）

それでも、まるっきり失敗作というわけではなく、根岸の意図通り「女の人も楽しめる映画」にすることは成功したようだ（同上）。また、根岸はデビュー二年後に書いたエッセイで、デビュー当時のことを以下のように述懐している。

「監督になったときも、それまでのロマンポルノの枠をこえた斬新なものをと考えたが、五本とった今もロマンポルノというお釈迦様の掌から少しも逃れられない。最近これは撮影所というものに実は甘えているからじゃないかと思い出した」（根岸吉太郎「井の中の蛙、秋に眠る」『シナリオ』一九八一年一月号）

彼のデビュー作には、「ロマン・ポルノの枠」を超えるという挑戦的意図があったことがわかる。しかし、デビューから二年後には撮影所への「甘え」に留まったためこの試みは不首尾に終わったと総括していた。傍目からすると、自分に厳しすぎるようだが、その厳しい反省が次なる映画でのステップアップに生かされた。事実、その成果はすぐに現われた。根岸は一九八一年十月に日活を飛び出して、ATGで製作した自身初の一般映画『遠雷』を発表し、『キネマ旬報』のベスト二位およびブルーリボン賞監督賞を獲得した。

一九八二年六月には博報堂出身の宮坂進を社長に九人の監督（長谷川和彦［代表］・石井聰亙・井筒和幸・池田敏春・大森一樹・黒沢清・相米慎二・高橋伴明・根岸吉太郎）で構成されたディレクターズ・カンパニーに参加し、日活撮影所への甘えを完全に断ち切った。

根岸吉太郎のデビューと周囲の反応

根岸吉太郎の早すぎる上に恵まれすぎるデビューは周囲を困惑させた。上垣保朗は藤田敏八の『危険な関係』（一九七八）のセット撮影をしている最中に、プロデューサーの三浦朗から監督室に来てくれと人づてに連絡をもらった。

上垣は内心「俺もいよいよ監督昇進か」と思っていたという。上垣は当時の日活では最古参の助監督だった。順当にいけば彼から順に監督になっていくはずと考えるのも無理はない。三浦が「うちで新人監督を出すことになった」という言葉に心臓の高鳴りを覚えた。

ところが、三浦の口をついて出た名前は上垣ではなく、彼より三年以上も後輩の根岸吉太郎の名だった（この作品では根岸がチーフを初めて務めており、上垣はセカンドとしてサポートに回っていた）。正直、上垣はガクッとなったが気をとり直し、根岸の後に新人監督が次々続いていく慣例を根付かせるために、根岸のデビュー作のサポートを志願した（「クランクアップ二日前のドキン！　ガクッ！」『映画芸術』一九九八年春号）。

もっとも上垣のような反応は例外で、根岸は周囲から妬みの目で見られていた。根岸の後輩の金子修介によれば、根岸はデビュー作の現場で某スタッフから「血筋がいいから出世が早いんだよ」と陰口をたたかれていた（「ロマンポルノ無能助監督日記」note連載ウェブエッセイ）。もっとも、白鳥あかねによれば、根岸は普段から「世が世なら、俺は日活の社長だ」（根岸吉太郎は戦前の日活多摩川撮影所所長・根岸寛一の親戚。吉太郎の入社時には根岸寛一の盟友・堀久作がまだ生きていた）とうそぶいていたらしい。冗談で言っていたのだろうが、自業自得の面もある。それでも、根岸に近い人間は彼の助監督としての優秀ぶりや予告編のうまさを知っていた（『スクリプターはストリッパーではありません』国書刊行会）。

彼は神輿に乗せられただけの人間ではない。予告編の出来はロマン・ポルノ以前から監督昇格に足るかを測る試金石だった。彼は意欲的に監督の座を取りにいくだけの能力があり、加えて経営陣が日活企業およびロマン・ポルノのリフレッシュを狙うタイミングにうまく嵌ったのである。根岸のデビューのタイミングは「日活最後の監督デビュー」であり、まさに「日活」から「にっかつ」へ切り替わる瞬間だった。

根岸に対する周囲のやっかみは絶えなかったようだが、元企画部の山田耕大に聞くとそれは全くの誤解だという。

「根岸さんが好きなものしか撮っていないというのは誤解だよ。『朝はダメよ！』（一九八〇）とか会社のお仕着せのものもやっている。『暴行儀式』（一九八〇）は会社に怒られたやつだけど、僕が依頼して荒井（晴彦）さんが書いてきたホンの内容はまさに全共闘。本部長（武田靖）たちが一番イヤなもの。根岸さんもどうすればいいのって感じだった。根岸さんはATGの『遠雷』（一九八一）くらいしか好きなものはやっていないんじゃないかな。自分で企画を出して好きなものをやっていたのは上垣さんだよ」

根岸のデビュー作の企画担当は、またしても成田尚哉。根岸と同じ二七歳だった。根岸の昇進が異例すぎるスピードだったために、助監督のチーフは藤田組の先輩の上垣保朗（三十歳）が務め、セカンドは根岸の一期後輩の那須博之（二八歳）、見習い助監督のサードには四期後輩で入社したばかりの金子修介（二三歳）が配された。企画・演出が若手で編成されたわけである。

しかし、技術陣は実力派のベテランで固められた。脚本はいどあきお（四七歳）。撮影は森勝（五一歳）。一九五四年入社でロマン・ポルノ転換と同時にカメラマンに昇進したベテランだった。録音は橋本文雄（五十歳）。一九四六年に大映京都に入社し五四年には日活に移籍。五五年から録音技師として日活の数々の名画を手掛けてきた大ベテランである。照明は田島武志。技師昇進は一九七四年だが助手からのキャリアは長い。美術は菊川芳江（四七歳）。一九五四年入社でロマン・ポルノの第一弾から女性デザイナーとして斯界を牽引してきた第一人者。編集は一九五四年入社で裕次郎映画からロマン・ポルノまで幅広く手掛けてきた日活の代表的エディター・鈴木晄（五十歳）。スクリプターは助監督時代から根岸を可愛がってきた白鳥あかね（四六歳）。キャリア二二年の大ベテランである。プロデューサーは日活のエースの岡田裕（四十歳）という万全をきした布陣だった。

果たして、新世代でもロマン・ポルノをやっていけるか、新世代ならではの斬新なヒット作は生まれるか、根岸のデビュー作はその是非を問う勝負企画だった。前年秋の撮影所スタッフの大量リストラでベテランの近藤幸彦監督などを解雇したのは新人起用を実行するための布石でもあったはずで、失敗するわけにはいかなかったのだろう。日活は社を挙げて根岸をバックアップした。一九七八年当時、ロマン・ポルノは十二日で撮ることが絶対条件だったが、根岸曰く、この映画ではずいぶんスケジュールオーバーしたという（『ハロー！シネマ』一九七八年十月号）。

『オリオンの殺意より　情事の方程式』は高校生による「父殺し」の物語である。勢いある新人監督に相応しい企画だった。面白いのはこの企画を選んだのが根岸自身であるということである。

サード助監督の金子修介によれば、撮影中に設けられたマスコミ向けの囲み取材で、根岸はこんな発言をしていたらしい（「ロマンポルノ無能助監督日記」）。

「〝走ったり、叫んだりするばかりの青春〟では無い青春を描きたい」

「先輩の神代さんや藤田さんを一人ずつ倒していきたい」

この隠喩で、「父殺し」の主人公と自分を重ね合わせようとしたのだろう。映画を見ればすぐに気づくことだが、主人公を演じた加納省吾と当時の根岸吉太郎は顔も髪型もよく似ている（意図的に似せているのかは不明）。

八一年のエッセイで根岸が述べたように「父殺し」は半ば彼の本心だったようだが、マスコミへのコメントはマスコミが喜ぶ「生意気な新人監督」を自ら演じたサービストークのような文言になっている。何しろ、この映画でも「父殺し」は息子の自身の手によって行われず、父（戸浦六宏）の若い継母（山口美也子）をけしかけて、彼女が自身の愛人（吉川哲唱）に行わせた形だったのだから、根岸の「父殺し」が本気かどうかわかりにくい。

当時、この作品をもっとも熱狂的に受け止めたのは批評家の寺脇研だった。映画界斜陽の時代に批評家稼業を始めた寺脇は、一九七七年二月のとある取材現場で田村孟（脚本家）に「同世代作家と一緒に育って、初めて批評家は一人前になるんだ」、でも「残念だけど、君の同世代は監督になれないよ」と言われ気にしていた。それが思ったよりずっと早く、同世代（寺脇は根岸の二歳下）として「並走」し続けることのできる監督が登場したことにいたく感動したようだ。当時の『キネマ旬報』（一九七八年七月下旬号）に寺脇が発表した作品評からは、この父殺しのサスペンス・ポルノを見て彼が抱いた歓喜の想いがじわじわ伝わってくる。

「少年の殺意の透明さが、みごとに描き出されている。〔…〕作中人物に過剰な思い入れを預けることなく、冷ややかに物語を進めている。〔…〕世代心情にとらわれる危険を避け、絶対的な〈若さ〉の持つナイーブな感覚を頼りに歩み出した根岸監督の方法に、足が地についている才能がうかがえる。〔…〕同時代のすぐれた作家の登場を、いささか興奮しつつ喜びたい。次回作が待たれる」（寺脇研『ロマンポルノの時代』光文社新書）

寺脇は、若さゆえの「世代心情」に身を委ねるありきたりな殺人者ではなく、自ら手を下すことのないクールな殺人者を主人公として描いた根岸であったからこそ、逆説的に同世代的共感を覚えたのだろう。

池田敏春と根岸吉太郎：ライバルであり親友

一方、新人助監督の頃から根岸を見守ってきた白鳥あかねは、根岸のデビュー作に違和感を抱いたようだ。完成作を見て「端正な作品」と思ったものの、「佇まいに風格があって、そこが私はちょっと気に入らなかった」という（白鳥『スクリプターはストリッパーではありません』）。若者らしからぬウェルメイドな作品になったことを、白鳥は「小津への尊敬」が影響していて、「そこが逆に足をひっぱっているんじゃないか」と危惧したそうだ。白鳥は自著で、神代辰巳や根岸の親友でライバルの池田敏春を引き合いに出し、映画監督には「狂気みたいなもの」が必要かもしれないと持論を語っている（同上）。

「〔根岸は〕頭が良すぎてコントロールし過ぎちゃうんですね。たとえば、クマさんの映画なんか理屈はないし、無茶苦茶でしょう。池田の映画のような、気違いじみた暴力性もない。根岸の映画は強烈に打ちのめされるという感覚はないですね。映画監督には、そういう狂気みたいなものが必要なのかもしれない。相米の映画もよく破綻していたし、池田はもっと破綻していたしね」（白鳥あかね『スクリプターはストリッパーではありません』）

根岸の初期作品は、一本目の『情事の方程式』、二本目の『女生徒』（一九七九）、三本目『濡れた週末』（一九七九）、四本目『暴行儀式』（一九八〇）と、いずれも完成度は高い。それでいて多様なジャンルに亘る。ただ、「狂気」や「破綻」はあまり感じない。常に若い主人公のそばに年長者を配し、そこを軸にどこか醒めた視線を持つウェルメイドなドラマを作り上げている。個人的にはウェルメイドなことは美点だと感じる。また、根岸のデビュー作を今改めて見直すと、彼は彼なりに反逆精神を発揮しているのだが、当時は気づかれなかったようだ。

荒井晴彦の脚本で撮った『暴行儀式』では、石田純（現：純一）演じる歳を取って堕落した全共闘世代（今や右翼）が若者世代にリンチされるという凶行が描かれたが、このテーマは根岸の性質に合ったものではなく、全共闘世代である荒井が持ち込んだものだろうし、下の世代が若き頃の全共闘世代の荒ぶる仮面をかぶるという倒錯も根岸の資質とは異なる。山田耕大によれば、根岸は脚本の意図を理解できなかったそうだ。

根岸とともに将来を嘱望されていた池田敏春のデビューは、一九八〇年のこと。根岸よりも二年遅れたのは、彼が優秀な助監督だったためである。監督たちが彼を離さなかった。早大時代の石原プロでの助監督バイトからキャリアをスタートした池田の満を持してのデビュー作はアクション・ポルノ『スケバンマフィア　肉刑《リンチ》』である。

プロデューサーは細越省吾、企画担当は山田耕大、デビュー作のご祝儀として撮影にはベテランの森勝がつき、編集には池田が敬愛する小澤啓一監督の『無頼』シリーズも手掛けたベテランの井上治がついた。

山田耕大によれば、池田はあえて企画を選ばず、「どんなホンが来たって、俺の映画にしてやるという気概が全身に満ち溢れていた」という(『日活ロマンポルノ外伝　昼下りの青春』シナリオ作家協会)。池田の高い能力を誰よりも認め、ライバルとして気にしていた根岸は、『スケバンマフィア』の初号試写を見て、目を見張ったという。そして、「スケバン女高生が陸橋の手すりの上に置かれたコーラの壜をチェーンで振り回して、バシッと真っ二つに割るシーン」を指して、根岸は「そのシーンでもう見る人間を〈世界〉に引きずり込んでいるんだ」と述べ、池田の演出の巧みさにいたく感心していた(同上)。

このデビュー作は鮮烈だった。スケバンマフィアのボスを追い詰めた主人公(倉吉朝子)が剃刀を一閃すると、ボスの首から鮮血が噴き出す衝撃。これは黒澤明の『椿三十郎』へのオマージュであろう。こんなバイオレンスなシーンを含みつつも、ラストは新しい人生を踏み出す倉吉が「よーいドン」と砂浜で走り出す爽やかなカットで締められた。誰が見ても秀作とわかる青春映画であった。

池田敏春もまた、根岸をライバルとも親友とも認めていた。そのため、根岸がエロス大作として『狂った果実』(一九八一)を撮る際には、監督昇進のあとにも関わらず、チーフ助監督を自らかって出た。二人の友情を身近で見ていた白鳥あかねは、根岸は「いつも心の中で池田敏春と自分を比べていたと思います。『池田は天才だ』って何度も言っていましたから」と述べている(『スクリプターはストリッパーではありません』)。根岸にとって現場に池田がいることは百万の味方を得た気分だっただろう。しかし、熱すぎる友情は時に暴走してしまう。

白鳥によれば、撮影の米田実が生涯のベストショットとして記憶している、あの早朝の坂のシーンで事件が起こった。朝四時に新宿駅集合だったのに男のメイク担当が来なかったのである。撮影スケジュールが遅れ、日がだんだん上ってくる、それにしたがって現場の雰囲気が悪くなっていった。ようやくメイクは撮影に間に合ったが、池田はいきなりこの男を殴りつけてしまったのである。白鳥は今が亡き池田の想いを代弁している。

「〔主役の〕本間優二が早朝、〔急坂の〕向こうから走ってくるというシーンだったから、これ一発しかチャンスがないんだとっていう純粋に真剣な気持ちなんですよね」(白鳥あかね『スクリプターはストリッパーではありません』)

池田はデビュー作を見る限りでは、ニューアクションに憧れ、その要素を自作に取り込むことを志向した監督だったように思われる。事実、池田は石原プロのバイトからキャリアを始めており、後年には尊敬する小澤啓一の『無頼　人斬り五郎』をVシネマでリメイクしている(ちなみに池田のカラオケの十八番は「人斬り五郎」の主題歌だった)。

しかし、プロとして専属契約している以上、二作目以降は好きな企画を選ぶことはできなかった。デビュー作をヒットさせた池田も例外でなく、続編『スケバンマフィア　恥辱《ちじょく》』は斉藤信幸が監督することになり、二作目はSMの『セックスハンター　性狩人』（一九八〇）、三作目は寺島まゆみを主演に起用したアイドルもの『ひと夏の経験　青い珊瑚礁』（一九八二）があてがわれた。ただ、いずれもしっかりとした完成度を持っているのだから、池田の才能の高さがわかる。

そして、ようやく四作目に名作の誉れ高い『天使のはらわた　赤い淫画』（一九八一）に巡り合うことができたのである。しかし、この『赤い淫画』が原因で池田は日活を辞することになってしまう。成田尚哉によれば、以下のような不幸な事件が起こった。

「劇中でビニール本（劇用ではなく当時市販されていたもの）が映っているカットが映倫で問題視されたのだ。〔池田〕監督は編集を拒否し続けたが時間切れになった。会社判断（結城〔良熙〕プロデューサーと私含めて）でその部分を編集カットしたのである。その事件をきっかけに池田は映画を捨てて郷里に帰っていった」（成田尚哉「天使のはらわた　赤い淫画解説」『天使のはらわた　赤い淫画』DVD）

その後、依怙地になった池田は約三年の沈黙を余儀なくされたが、根岸の必死の説得で映画界に戻ってきた。根岸が復活の舞台に用意したのは、ディレクターズ・カンパニー製作の『人魚伝説』（一九八四）だった。粘りに粘った池田の演出は冴えわたり、夫を殺された妻による復讐劇の傑作が生みだされた。ラストの斬り込みではヒロインが血みどろになりながら、敵を殺していくシークエンスが延々と続くが、今見てもド迫力である。

『人魚伝説』はヨコハマ映画祭で監督賞・主演女優賞を受賞し高く評価され、同年の『湯殿山麓呪い村』（角川映画）はヒットした（配収三億九〇〇〇万）。ただ、メジャー会社から池田に仕事の依頼が来にくくなった。池田の度を越えた粘りぶりが悪評として業界に知れ渡り、各社のスタッフ・キャストに敬遠されるようになったのである。ちなみに『人魚伝説』の現場に最後までいたスタッフは撮影の前田米造、スクリプターの白鳥あかね、スクリプター助手の女性という必要最小限のメンバーだけで、他のスタッフは全員逃げ出す始末だった（『スクリプターはストリッパーではありません』）。

池田は『人魚伝説』に強い愛着があったらしく、晩年この作品のロケ地である三重県志摩市に居を構えた。そして、この地で二〇一〇年十二月に逝去した。突然行方不明になり、二日後に志摩市大王埼灯台付近の海上で発見されたのである（享年五九歳）。ちなみに、池田が見つかった場所は『人魚伝説』のロケ地であると同時に、彼が当時準備していたハードアクション映画『魔女の笑窪』（大沢在昌原作）のロケ候補地でもあった（若杉正明「『秋深き』まで」『映画芸術』二〇一一年春号）。彼が最初から死ぬ目的で志摩に居を構えたとは限らない。志摩の地は彼の再生の地になっていたかもしれなかった。

池田の葬儀は内々で行われたが、親族以外からは根岸吉太郎と白鳥あかねだけが参列を許された。今、池田は故郷山形の土の中で眠っている。彼が母のために建てた黒御影石の墓である。白鳥あかねによれば、その墓碑には池田の字で「温」の一字が刻まれている。晩年の池田はうつ病に苦しんでいた。白鳥はその字を見て、「ああ、やっと安住の地を見つけたんだなあ」と思ったという（『スクリプターはストリッパーではありません』）。

新人たちの動向：根岸を倒すのは誰だ？

根岸・池田ら、日活の次代を担うホープのデビューを白鳥あかねとは全く違う角度で見ていたのが新人助監督の金子修介である。彼は七八年に入社したばかりで現場は根岸組で二本目。最初の『㊙肉体調教師』（白井伸明）は途中で離脱することになったため、根岸組が実質的なデビュー現場となった。金子の目にこの現場はどう映っていたのか、彼のウェブエッセイ「ロマンポルノ無能助監督日記」から抜粋要約しておこう。

高校から大学にかけて八ミリで自主映画を撮っていた金子は、監督経験者のつもりで緊張感なく初現場を踏んだ。当時の日記にはクランクイン前に初めて会った根岸監督の印象を「やる気があるのか無いのか疑いたくなってくる」などと書いていたらしく、いっぱしの監督気取りで根岸をライバル視としていたという。先の根岸の囲み取材を聞きながら「じゃあ、次に根岸さんを倒すのはオレか」と考えていたというから恐れ入る。

一九七〇年代後半は自主映画ブームであり、大森一樹や森田芳光、石井聰亙らがこの頃には頭角を現し始めていた。一九七五年には京都府立医科大に在学中の大森一樹が自主製作した『暗くなるまで待てない！』が『キネマ旬報』ベストテンの二一位に入る事態が起こっていたし、何より大森は一九七八年四月には自主映画からダイレクトに『オレンジロード急行』（松竹）でプロの監督になってしまった。素人が大胆にも往年の大スターである嵐寛寿郎と岡田嘉子を主演にした軽妙なコメディー映画を撮ったのである。金子も当然これを見て「ジリジリと嫉妬」していた。

東京では森田芳光が一九七八年五月に『ライブイン茅ヶ崎』を自主製作し、若者に人気のある漫画家・大友克洋にイラストを依頼したチラシを作って宣伝・公開し、目立った存在になっていた。しかも、『キネマ旬報』（一九七八年五月下旬号）に若者の間でカリスマ的人気があった片岡義男が森田を絶賛した批評が掲載された。金子がその記事を読み、森田にも嫉妬していた可能性は大いにある。

日大の石井聰亙が『高校大パニック』を一年生時の一九七六年に八ミリで自主製作し、翌年には同作をピンク映画館の上板東映で上映させることに成功したことも知っていた（七八年夏には日活でこの映画をリメイクすることになり、金子はその現場助監督につくことになった）。自主映画監督として、『ぴあ』の映画祭で賞をとった経験があった金子が「よし、俺も」と意気込むわけである。

山田耕大によれば、金子は入社当初から同期の山田のいる企画部に自作の脚本や企画を次々持ち込み、早く監督にしてくれとせっついていたというから（『昼下りの青春』）、すごい自信家だったことが伺える。もっとも、その行動は無駄ではなく、脚本のかける助監督として上層部に認知され、確実に彼の監督昇進を早める方向に作用した。

しかし、金子は根岸組初日のロケから大失敗をしてしまい、勘違いで高くなった鼻をボキボキにへし折られてしまう。

クランクイン前の準備で小道具係の小俣蔵之介と打ち合わせした後、セカンドの那須から「クラちゃんが、あいつ初めてじゃないだろって言ってたぜ」という言葉を聞いて、「俺は経験者だからな」とまた鼻を伸ばしてしまう。それが影響したわけでもないだろうが、ロケ当日に用意するはずだった「バイク用の風防グラス」（ゴーグル）を忘れたのである。周りを見渡してまずセカンドの那須に相談したところ、「自分でなんとかしろ」と突き放され、上垣チーフは恐そうなので、一見優しそうな根岸監督に報告したところ、何も返事がない。「これはマズい、怒っている」とさすがにわかり、素直に小道具のクラさんに相談に行ったら「買ってこい」と五〇〇〇円を渡され、渋谷中をめぐり「風防グラス」を探し回る羽目になったという。それでも、その日のバイク撮影（本篇では数秒のカット）は、車の牽引で撮るので助監督の出番はなかった。そのため、こんなミスをしたにも関わらず「助監督は案外暇だな」なんて思っていたというからなかなかの強心臓だったようだ。ところが、クランクアップ後、打ち上げをしていると根岸自身から彼が金子をぶん殴る寸前だったことを聞かされ、背筋がゾォーっとなる体験をしたという。

金子はこの後もカチンコがうまく打てずに叱責されるわ、女優・山口美也子に見とれて呆然としてしまいガウンをかける配慮もできず怒られるわ、ほぼ「童貞くん」だったために愛人とセックス中の山口が口にする「わたし…時々、また来ちゃうのよ」のセリフの意味がわからず困惑するわ、現場での動きが悪く、照明スタッフから「バカ」「バカ」と何度も言われキレてしまうわで、さんざんな初現場だったようだ。

ただ、こんな初々しい金子をセカンドの那須博之が撮休日に自宅へと招いてくれた。「お前はコドモだな」と可愛がってくれる那須（そして妻で脚本家の那須真知子）と親しくなれたこの日は、金子にとって「日活に入って、一番楽しい、と思った日」となった。最初の現場がこの根岸組だったことは彼の映画人生の幸運なスタートになったようだ。那須はセカンド助監督の仕事としてこの映画の予告編を作ったが、その作業場に金子を呼び、惹句の案を出す機会を与えてもくれた。採用された惹句は一つだけだったが、予告編の名手だった那須の技術を手取り足取り教えてもらえた。なお、『日活 1971 - 1988』に寄稿された金子のエッセイによれば、この優しいアニキとの「幸せな時間」は彼の日活時代の楽しい思い出の全てを占めることになったという。

残念ながら「日活最後の新人監督」となった根岸のデビュー作が興行的に成功したかどうかはわからない。ただ、一九七八年度の『キネマ旬報』ベストテンに入ることはなかった。対する師匠・藤田敏八の『帰らざる日々』は話題作『高校大パニック』（澤田幸弘・石井聰亙）との二本立てだったが一般作としては興行失敗に終わった（配収は一億八〇〇〇万円だったが、梅林敏彦によれば、その額は同年に曽根中生が撮ったロマン・ポルノ『女高生天使のはらわた』の配収より下だった［『シネマドランカー』北宋社］）。にもかかわらずキネマ旬報ベストテン五位の評価を受けたわけで、根岸が師匠を倒すことは叶わなかった。しかし、その新人らしからぬ完成度の高さは誰の目にも明らかであった。

これで、日活上層部は若手の採用に手ごたえを得たのだろう。一九七八年十月には新人第二弾にして「にっかつ最初の新人監督」となる斉藤信幸の『高校エマニエル　濡れた土曜日』(那須真知子・佐治乾のオリジナル脚本)が公開された。

斉藤は澤田幸弘に薫陶を受けており、デビュー作は文芸作を思わせる根岸のそれとは対照的なアクション・ポルノ(アイドル的ルックスの水島美奈子がライフル銃で武装する復讐劇)で、いい意味で「端正」には収まらない作品になった。鮮烈な色彩感覚を発揮し、「赤」のイメージを強く印象づける作風が斉藤作品の特徴だった。斉藤曰く、デビュー作は「赤のブルーバードが主役の映画」で「日常を切り裂いて赤いブルーバードが走ったから、少女と男の宿命的出会いがあった」という物語になるはずだった。しかし、彼自身は赤い車の使い方を失敗したと思ったようだ。次は「赤いポルシェ」を挟んで少女と少年が出会う物語『クライマックス・レイプ　剥《は》ぐ』を書いた。この脚本は藤井克彦の監督作として採用されたので、チーフ助監督として現場についたが、監督をてこずらせてしまったと反省の弁を述べている(斉藤信幸「雑記、赤い車と血と暴力」『シナリオ』一九八一年一月号)。

斉藤は一九八二年には倉吉朝子を主演にした傑作『黒い下着の女』をモノにする。勤め先で金を着服した倉吉とその彼氏との逃亡劇だが、清純派が似合うルックスの倉吉に関西弁のヤサグレ女をリアルに演じさせ演出手腕の確かさを見せた。

倉吉が成り行きで子供を誘拐して疑似家族を作り幸せを掴んだと思った瞬間に、指の間から砂がこぼれるように、幸せがこぼれていくという展開。そして、軽い風邪をひいていたと思っていた彼氏が突然死し、倉吉も子供から離れたとたん、警察に狙撃され死んでしまうという救いのないラスト。ここに日活ニューアクションの世界観を見事ロマン・ポルノに発展結実させた。特に倉吉の死の瞬間を超ロングショットで捉えたラストシーンは、師匠の澤田の『反逆のメロディー』(一九七〇)のラストに対する見事なオマージュとなっている。

ただ、根岸以上に会社上層部が想像するような「若手」らしさを見せたはずの斉藤は、根岸ほど企画に恵まれなかったように思える。会社からはアクションを好む彼向きの企画が主に与えられていたがいずれも「小品」のみで、「大作」と呼ばれる企画は一切与えられなかった。

斉藤は青木琴美主演のアイドル映画『未熟な下半身』(一九八四)にさえ、攻撃色であり血の色でもある「赤」を強く印象付ける、青木が「真っ赤」なルージュを塗り「白地に赤」の日の丸の旗列をバックにぎらついた表情をするワンカットを突然入れるこだわりを見せた。どの作品も力作で見応えがあっただけに大作を撮る機会がなかったことは実に惜しい。斉藤は八五年の『人妻暴行マンション』の後、八七年に斉藤水丸と名を変え『母娘監禁　牝〈めす〉』を買い取り作品(製作は日活から独立した山田耕大の経営する「メリエス」)として撮るまで、二年間ロマン・ポルノを監督する機会がなかった。そして、寡作ながらテレビドラマやVシネマへと主戦場を移すこととなる。

そこには、成田尚哉が看破していた「ポルノというともっと文芸的なところからヒントを得ようとしていた」企画部の上司や会社上層部の旧態依然とした体質が関係していたのかもしれない。

この体質は、「文芸」に近い根岸よりも「アクション」に近い斉藤を低く評価することに繋がったのではないか（ロマン・ポルノ前の日活には、稼ぎ頭のアクション映画を「子供向け」として軽視する価値観があった）。

アクション路線はロマン・ポルノ以前の日活を潤し、多くの若者を劇場に惹きつけたかつてのお家芸ではなかったのか。先述したように、一九七八年四月には日活出身の黒澤満が東映セントラルでアクション映画『最も危険な遊戯』を総製作費二八〇〇万で作った。日活でも、ロマン・ポルノの予算編成で斉藤のような若手にアクションの一般作を撮らせることは可能だったはずだ（澤田幸弘によれば一九七八年のロマン・ポルノの直接費は「一〇〇〇万円ちょい」だった［梅林敏彦編『シネマドランカー』］）。六一億円もの資金が生まれた一九七八年にそのような試みが一回もなされなかったことはとても残念である。

『桃尻娘』の成功：アイドル路線が始まる

一九七八年のゴールデンウィーク興行に、若者層をターゲットとした『桃尻娘　ピンク・ヒップ・ガール』（小原宏裕）が公開され大ヒットを記録した。企画者は成田尚哉。一九七六年に『感じるんです』（白鳥信一）で試み、一度は失敗に終わったアイドル・ポルノ路線が、二度目の試みでついに日活上層部にはびこる古臭い体質を突破したのである。『桃尻娘』では、どこにでもいそうな「普通」の女子高校生たちが「性」への興味をあけすけに語り、高校生にもなってまだヴァージンであることを恥じ、しまいには主人公二人が「どっちが先にヴァージンを捨てられるか」と競争の旅に出るというストーリーが、極めてポップに、極めてあっけらかんと描かれている。

当然、ヒット作はシリーズ化された。『桃尻娘』も例外ではない。ただ、『花の応援団』とは違い、大事に扱われたこのドル箱作は一年一本のペースで三部作が製作され、ヒロインのキャストが変わるようなこともなく、三本目の『桃尻娘　プロポーズ大作戦』（一九八〇）が一般映画（未成年・ファミリー層でも堂々と見られる）で公開されたことからわかるように、三部作の最後まで高配収が期待できるコンテンツの価値を維持した（ただ配収は一億六五〇〇万で一般作としては期待以下に終わった）。『日活100年史』によれば、「この成功を引き金とし、若者をターゲットに、アイドル女優をメインに据えたソフトな作品が増えていくことになった」という。何はともあれ、成田は勝利したのである。

この勝利の裏にどんな要素があったのか、一九七六年と何が違っていたのか。

一九七一年十一月のロマン・ポルノ第一弾番組『団地妻　昼下りの情事』『色暦　大奥秘話』は、女性が自ら「性」に流されていくさまをタブー意識とともに描いていた。『団地妻』は人妻の「売春」「不倫」を描いていたし、『大奥秘話』は将軍の側室が幼馴染と「密通」し、ともに大奥を出奔する筋だった。それに続く作品群でも、おおよそ「性」はどこか後ろ暗いもの、危険なものとして描かれ、だからこそ「秘密」を覗き見するようなスリルと「背徳」的興奮があると捉えられ支持されてきた。

また、裁判の影響もあって、ロマン・ポルノ自体、「わいせつ」

であり、つまりそれを見ること自体がタブーの侵犯（反体制＝カッコいい）というイメージが根付くことで、若者の支持を獲得したのである。七〇年代当時、各地の大学祭ではロマン・ポルノ評論家の斎藤正治や日活の関係者がひっぱりだこになった（斎藤『日活ポルノ裁判』風媒社）。

ところが、一九七六年頃にはそんな「性」のイメージはもはや古臭いものに成り果てようとしていた（藤木ＴＤＣ『アダルトビデオ革命史』幻冬舎新書）。一九七五年から篠山紀信が『ＧＯＲＯ』に連載しはじめた「激写」シリーズでは有名芸能人のグラビアに加え、素人女性のヌードが頻繁に登場し、しかも広く支持された。その成果が一冊の写真集としてまとめられるのは一九七九年一月の『激写・一三五人の女ともだち』（小学館）を待たねばならないが、これは七〇万部を超えるベストセラーとなった。すでに若い女性たちの「性」への興味は日常的なものへと変わりつつあったのである。

ロマン・ポルノの中にもその変化を垣間見ることはできる。一九七六年に伊藤亮爾がプロデュースし、長谷部安春が監督したバイオレンス・ポルノの『犯す！』は、貧しく孤独なトラックドライバー（蟹江敬三）が幸せそうな若い女性を狙ってレイプを繰り返すという六〇年代の若松孝二のピンク映画を思わせる古い筋のポルノだった。

しかし、そこには襲われることを待ち構えていた有閑マダム（谷ナオミ）が逆に蟹江に迫り、蟹江を恐れおののかせる場面が含まれていた。また、この映画のラストシーンは、蟹江にレイプされたことで「性」に目覚めたヒロイン（八城夏子）が必死になって蟹江を捜索し、もう一度「性」の興奮を味わおうと嫌がる蟹江をレイプする（そして失神あるいは死に追い込む）のである。そこには、「女はレイプされたがっている」「男はレイプしたがっている」という男の自分勝手な思い込み（レイプ神話）が含まれており、この映画自体、現代のモラルに照らし合わせれば、観客の拒絶反応を引き起こしかねないが、それでも「女にも性欲はある」ことをごく当たり前に描く時代は、一九七六年には到来していたし、その一端を描くロマン・ポルノも存在していたのである。もっとも、伊藤亮爾に聞いたところ、彼にも長谷部にもそんな意識はなかったという返事だった。作り手が意識しないところで作品に同時代の気分が取り込まれていたのだろう。

つまり、一九七六年の『感じるんです』はタイミング的に成功する可能性が大いにあった。では、なぜ実際のところ七六年には失敗し、逆に一九七八年の『桃尻娘』は成功したのか。そこには、およそ四つの要因が存在したと考える。

一つ目は、監督の違い。意欲作を失敗に終わらせたくない当時の上層部は手堅い作品を作るベテラン・白鳥信一を監督にした。それが今回はいい意味で「軽く」、こだわりなく、何でも撮れる通称ファンキーこと小原宏裕監督が選ばれた。そのことが企画意図を曲げずに「軽い＝ライト」な性を描く作品として結実することに繋がったのだろう。

二つ目は、原作の性質。橋本治の『桃尻娘』は、夕刊紙などに連載される「おじさん」向けポルノ小説ではなく、若者向けの青春小説であり、一九七七年に第二九回「小説現代」新人賞佳作を受賞し、幅広い社会的認知及び読者をすでに得ていた。これは大きな違いである。

三つ目は、女優の違い。泉じゅんは一本目の後、親バレしたことでこれ以上脱ぐことを拒否した。しかし、後述するように『桃尻娘』のヒロイン・竹田かほりは脱ぐことに対する拒絶反応はほとんどなく、相方役の亜湖もアングラ芝居出身で脱ぐことは朝飯前だった。すでに新人女優陣の「性」あるいは「脱ぐ」ことへの意識もこの二年で大きく変わってきていたのである。

四つ目は、前回にはなかった会社をあげてのサポートがあったことだった。一九七八年は「日活」から「にっかつ」へと転換するタイミングに当たり、『桃尻娘』というコンテンツは新生「にっかつ」のイメージのアピールにうってつけだったのである。

孤立無援の『花の応援団』とは違い、『桃尻娘』のあとには矢継ぎ早にアイドル的なルックスの新人女優の採用が進み、また明るいアイドル・ポルノ路線が並行して何本もシリーズ化される契機になった。『桃尻娘』は成功すべくして成功した作品なのである。しかも端境期の作品らしく、竹田と亜湖の明るい「性」に内田裕也と片桐夕子が演じるヒモ夫婦の貧しく哀しい「性」が対置されていたのも、旧来のファンまで取り込み、かつ新しい「性」のあり方に導く役割を担ったのではなかろうか。

日活は、四月二十九日公開の『桃尻娘』一作目のヒット以降、まずはピンク映画でアイドル的人気をすでに誇っていた原悦子を引き抜き、同年八月の『宇野鴻一郎の看護婦寮』(西村昭五郎)で「新人」としてロマン・ポルノデビューさせた。宇野の原作に特徴的な一人称の「わたし○○なんです」「わたし○○しちゃいました」という語り口はアイドル路線と相性がよく、この後多用されるようになった。原の出演作は十月の『女教師　秘密』(白鳥信一)、十一月の『トルコ110番　悶絶くらげ』(近藤幸彦)、十二月の『おんなの寝室　好きくらべ』(白鳥信一)と一九七八年の下半期だけで四本も製作され、特に『トルコ110番』は大ヒットを記録している。

ところが、皮肉なことに、前年リストラされたにも関わらずこの大ヒットに貢献した近藤監督はこれ以降日活で仕事する機会を失ってしまった。アイドル・ポルノはスターシステムの復活でもある。したがって、キャスティング至上主義、脚本・演出軽視にも繋がりかねない劇薬でもあった。そのあたりは後でも触れることにしよう。

「ファンキー」という仮面の表と裏

『桃尻娘』に助監督としてついた児玉高志によれば、躊躇なくハダカになれる新世代の女優たちを迎えた小原組の現場は「とにかく楽しい現場」だったという。

「竹田〔かほり〕さんは脱ぐシーンでも躊躇なくやってくれたので、こちらとしては非常に嬉しかったですね。〔…〕〝監督、これでいいですかぁ〟っていう感じでやってくれて助かりました。そこには、恐らく〔自然体の亜湖さんへの〕ライバル意識みたいなものもあったんでしょうね。〔…〕現場ではいつもキャッキャッしてましたね。それまでの現場にはなかったですね、ああいう雰囲気は。楽しい現場でしたね」(児玉高志「〝会社のリクエストにも応えつつ、一定のレベルの作品を撮る。それが俺の生き方だ〟と言っていましたね。」、PAUSE編集部編『愛の寓話　日活ロマン、映画と時代を拓いた恋人たちVol.1』東京学参）

児玉の観察からは、明るくポップに見える竹田もためらいがゼロだったわけではないことが垣間見られるが、亜湖とのコンビはいい意味でライバル関係となり、相乗効果で作品をよくしていったようだ。他方、小原監督は「ファンキー」の愛称（よくファンキーハットを被っていたから西河克己監督にそう呼ばれた）通り軽快そのもので、「要領よく撮っていました」と児玉が証言するように極めてスムーズに現場を進行させていった（同上）。その軽快な撮りぶりは現場に合わせた変幻自在なものだったらしく、盗み撮りも多用された。

「列車のトイレの中で内田裕也と片桐夕子がファックするシーンは、（直前のシーンで列車内の盗み撮りがうまくいったせいで）セットなのに非常に臨場感があり過ぎ、〝もしかしたら本当に列車でやったんじゃないか〟と評判になりましたね」（同上）

あらゆる要素がプラスに働いていた様子が伝わってくる。

この映画で不良のアンちゃん役として、ヒロインたちに絡んだのがベテランの清水国雄である。彼は楽しげにこの作品の思い出を語ってくれた。

「信州で撮った小原（宏裕）監督の『桃尻娘　ピンク・ヒップ・ガール』は俺にとって印象的だったな。俺の役は農協の人間なんだけど、背伸びしてカッコつけている男ね。俺の妄想シーンで、亜湖ちゃんとカッコつけたセックスをするんだよね。小原さんはほとんど俺任せで何も指示しなかったね。ジェームス・ディーンを意識した役作りも俺のアイディア。赤い皮ジャンを着るアイディアも任せてくれた。しかし、竹田かおりも亜湖ちゃんも可愛かったね」（清水国雄・影山英俊「日活時代はとにかく楽しかったね」『日活1971 - 1988』）

清水の言葉からはこの現場の楽しさが伝わってくる。それも、慣れている俳優にはあえてシーンの演出を任せてしまうというのは、小原監督らしく、いい意味での「軽さ」があり、それが作品のテイストにも合っており、うまく作用したことがわかる。

岡田裕曰く、彼の監督としての資質は「観念的な主義主張が大嫌いで文学的な思い入れが嫌いで俳優たちの地のままの動きをひたすらテンポよく切りきざんで撮る」ところにあった（「元祖サユリストだったファンキー」『映画芸術』二〇〇四年春号）。だから、あらゆるジャンルにわたる四九本ものロマン・ポルノを臨機応変に撮ることができたのだろう。

ただ、小原は元来決していいかげんなタイプの人間ではなかった。若き小原は青雲の志を持つ真面目な青年だったが、そうした資質を社会で生かすことができず挫折したのである。この挫折が残した翳りは「ファンキー」という仮面で巧みに隠された。

小原の本名は「宏裕（コウユウ）」ではなく「宏祐（コウスケ）」である。松島利行によれば、小原の母方の祖父は若い頃左翼演劇をしていた関係でのちに映画興行の仕事をするようになった「インテリやくざ」的人物だったようだ。彼の父はこの家で書生をしているうちに「インテリやくざ」の娘と一緒になり、一九三五年に宏祐が生まれた（松島利行「小原宏裕の不思議な情熱」『映画芸術』二〇〇四年春号）。

ちなみに、小原によれば父親は東京電力の技師だったそうなのでヤクザな稼業は継いでいない（『映画芸術』一九七二年十月号）。小原自身は慶応大学法学部政治学科に進学し、卒業する一九六〇年頃には、本人曰く同級生が自民党議員の石原幹市郎（六〇年安保当時の第二次岸内閣の自治相兼国家公安委員長で警察を指揮した。のちの福島県知事）の息子（石原健太郎）だったため、「政治家になろう」と思ってその秘書兼書生のようなことをしたという（同上。ただし具体的人名は引用者が補足した）。

小原の本名である「宏祐」は「宏＝広く」、「祐＝助ける、天の助け」という意味なので、彼は名前に込められた親たちの期待に応える形でいったんは政治の世界を目指したのだろう。事実、小原の盟友の小沼勝によれば「小原は三姉妹の間に生まれた男の子で、母親〔一九四六年に死去〕はこの一人息子に、軍人なら大将か政治家なら大臣になれと夢を託し、英才教育を施した」という（「青春のまま駆け抜けた68年」『映画芸術』二〇〇四年春号）。とすれば、「祐＝天祐の祐」の字を「裕＝石原裕次郎の裕」に替えたことは、小原が親の期待というくびきを断ち切り、カツドウ屋の「ファンキー」として生きて行くと決心するための象徴的行為だったのではないだろうか。

小原本人によれば、彼は政治家への道を歩んでいたが、パチンコ屋で日大芸術学部の友人に知り合ったことがきっかけで心変わりしたという（『映画芸術』一九七二年十月号）。そもそも小原は目移りする性格だったようで、大学の頃は劇団四季で役者をしたが大学三年の頃に辞め、自民党右派議員の秘書をしていた頃には六〇年安保闘争を率いた全学連委員長の唐牛健太郎と知り合い左翼運動に関心を持った。次は司法試験を受けたが落ち、映画界を志した際にも（推測するに大島渚らのヌーヴェルヴァーグに憧れて）まず松竹の試験を受けて落ちた。そして、第二志望の日活を受験し一九六一年春に日活の第七期助監督となった（前掲「小原宏裕の不思議な情熱」）。

小原がいつから「宏裕」を名乗ったかはわからないが、入社二年目に助監督室の雑誌『麦』に自作シナリオを寄稿した際にはすでに「小原裕宏」（「宏裕」の誤植の可能性あり）というペンネームを用いていた。その内容が先にも見たように米軍基地問題をテーマにしていたのは、彼の日活入社前の経歴を考えると必然的に思える。

小沼勝によれば、小原の最も尊敬する映画監督は大島渚だった（前掲「青春のまま駆け抜けた68年」）。家人の期待を受け慶大法学部政治学科に入ったものの、法律家にも政治家にもなれなかった小原コウスケ青年には、ならば大島渚みたいに映画で世の中にモノ申すぞという志があったのかもしれない。

しかし、大島の『日本の夜と霧』（一九六〇）のようなあからさまな政治映画を作ることは娯楽路線を重視していた日活では不可能だった。入社から十年が経ち、小原コウユウは日活のロマン・ポルノ転換に順応して立派なローテーション監督に変身し、そこからは若き日の高い志が消し飛ぶほど明るく軽妙に次々と大量の作品を撮り続けた。

ただ、彼の志は完全には消えなかったようだ。元ゴールデン・ハーフの高村ルナの半生記という触れ込みで撮られたロマン・ポルノ『ルナの告白　私に群がった男たち』（一九七六）では、横田の米軍住宅で育った日米ミックスの高村の性遍歴を「アメリカに占領された日本」の戦後史に重ね合わせて描写している。この映画は普通に見れば芸能界の内幕暴露といった感の変則的アイドル・ポルノに過ぎないが、小原の前歴を知った上で見ると彼の若き日の志が見え隠れしている映画であるように思える。

なお、盟友・小沼勝だけは「ファンキー」の仮面の裏に隠された映画監督・小原宏裕の本質を理解していた。

「小原が目標とする映画は、何よりも現在を描くことであり、社会の諸様相の影響を受けている人間たちのドラマで、根っからの社会派志向なのだ」（小沼勝『わが人生　わが日活ロマンポルノ』）

アイドル路線の発展と堕落

ロマン・ポルノの女優は、一九七九年になるとますますヴィジュアル重視のアイドル路線に傾斜していった。かつての大黒柱だった宮下順子、谷ナオミ、片桐夕子らはフェイドアウトしていき、一月にはアイドル作品には出なかったが宝塚音楽学校出身の水原ゆう紀、二月には日向明子、四月には森下愛子が加わった。

中でも日向明子は、八〇年に引退する山口百恵に少し似ていたので「ロマン・ポルノの百恵ちゃん」として売り出され、一九八〇年十月十五日の百恵引退の話題が冷めやらない一九八一年の正月番組として公開された『百恵の唇　愛獣』（加藤彰）の主演を務めた。

原悦子の人気はよほど高かったのか、一九七九年六月には彼女の旧作を再映する「原悦子祭り」が実施されるまでに至った（元の所属会社・大蔵映画の方でも原悦子特集は何度も組まれたらしい）。しかし、原は一九八〇年でロマン・ポルノを卒業し、ポルノとは無関係の仕事に転職した。ただ、原を失ってもこの路線は八〇年代にはさらに勢いを加速させ、寺島まゆみ（ロマン・ポルノの松田聖子）、太田あや子（ロマン・ポルノの中野良子）、北原里絵を登用し、この三人でアイドルグループ「スキャンティーズ」としても売り出された。

一九八二年一月には、前年に買い取り作品『制服処女の痛み』（渡辺護）でデビューした美保純が日活製作作品『宇能鴻一郎の濡れて騎《の》る』（鈴木潤一）に進出。同年二月には日活出演二本目の『看護婦日記　獣じみた午後』（黒沢直輔）で主演級となり、四月公開の三本目『セーラー服鑑別所』（川崎善広）で単独主演を獲得し、同年七月には日活四本目主演二作目で『ピンクのカーテン』（上垣保朗）という大ヒット（配収三億円）を生み出した。ビデオ業界も彼女の人気を放っておけず、八二年だけでも日本ビデオ映像から『狂った果実　狂熱の乱交』『ダンシングドール』『ダブル・ファンタジー』が発売された。さらに同年十月に『ピンクのカーテン2』、八三年三月に『3』とピンクのカーテン三部作を撮り終えた彼女は日活を離れ、八四年八月に公開された『男はつらいよ　夜霧にむせぶ寅次郎』（山田洋次）からはこの松竹のドル箱シリーズのレギュラーメンバーに加わり、メジャー女優へと羽ばたいていくのである。なお、美保の抜けた穴を埋めることは大変だったようで、日活の八三年の配収は前年比八六・五%の三三億八〇〇〇万に留まった。

その後のアイドル女優は挙げればきりがないほどである。一九八一年には朝比奈順子（宝塚出身）、森村陽子、一九八二年には岡本かおり、夏樹麗子（のちにある事件に関わっていたことが発覚する）、元アイドルの三東ルシア、小森みちこ、一九八三年には井上麻衣、浅見美那、高倉美貴、青木琴美、そして『セーラー服　百合族』（那須博之）のヒットに貢献した小田かおると山本奈津子が登場する。

一九八四年には風俗業界から進出が目立った。一九八一年に『白日夢』（武智鉄二）で本番プレイ（実際に劇中でセックスをする）をして話題となりアダルトビデオ（AV）女優に転じた愛染恭子が買い取り作品『未亡人下宿』シリーズ（山本晋也）に登場し、人気ストリッパーでAVにも出演していた美加マドカが神代辰巳の『指を濡らす女』（一九八四年四月）に主演、ノーパン喫茶の人気者・イヴも『イヴちゃんの花びら』（中原俊）で主演デビューした。一九八五年には少女隊をもじったアイドルユニット第二弾「聖女隊」（恵理・麻衣・亜美）が登場、一九八六年にはおニャン子クラブの新田恵利のそっくりAV女優・新田恵美を中心として「ロマン子クラブ」が結成され、主演映画『ロマン子クラブ　エッチがいっぱい』（廣木隆一）が雄プロ製作の買い取り作品ながら八七年の正月番組として公開されている。

一九八六年には前年発売の代々木忠のビデオ作品『セクシー4あのニャンニャンをもう一度』に出ていた森田水絵（元ミス駒大）が買い取り作品『愛奴人形　い・か・せ・て』（望月六郎）で、同じビデオに出ていた杉原光輪子が日活製作の『薄毛の19歳』（堀内靖博）で主演デビューした（森田と杉原と山口美和の三人はAVアイドルユニット「美光水（レイクス）」として歌手活動もしていた）。また、テレビの深夜番組の「てん・ぱい・ぽん・ちん体操」で注目を集めたタレントの水島裕子が『部長の愛人　ピンクのストッキング』（上垣保朗）でデビューしている。

一九八七年には一般作品ながら現役アイドルの伊藤麻衣子が『愛しのハーフ・ムーン』（滝田洋二郎）で裸体を披露し、美形ボディビルダーとして知られていた西脇美智子が『お嬢さん探偵ときめき連発！』（黒沢直輔）に出演した。AV女優として人気絶頂だった小林ひとみも同年十二月の『小林ひとみの　令嬢物語』（池田賢二）に主演。小林は一九八六年七月の『瓶詰め地獄』（川崎善広）で日活に出演して以来、買い取り作品を中心に何本か出ていたが、ようやく日活製作の主演作を勝ち取った。一九八六年頃からは、AV女優が自らの商品価値に箔をつける目的でロマン・ポルノに出演することが珍しくなくなっていた。小林の前後には、東千恵（堀ちえみ似が売りだった）、菊池エリ、中沢慶子、高樹陽子、冴島奈緒、河合奈保などが主に買い取り作品を中心に出演している。

ロマン・ポルノ最後の年になった一九八八年にもAV女優のかとうみゆきが抜擢され、ロマン・ポルノの終焉を暗示させる『ラスト・キャバレー』（金子修介）の主演を務めている。同じくAVで人気絶頂だった桂木麻也子は正月第二弾作品の『いけにえ天使』（藤井克彦）で主演デビュー。彼女は同年五月には『天使のはらわた　赤い眩暈』（石井隆）にも主演している。AV出身の彼女たちが最後のロマン・ポルノスターだった。ちなみに、八〇年代後半にはAV女優とロマン・ポルノ女優の境界線は曖昧になっていた。青木琴美や美保純、小田かおる、小川美那子、木築沙絵子、真咲乱など、ロマン・ポルノ出演の後でAV（やAV類似作）に出た女優も珍しくなかった。

アイドル路線が定番化したことは営業的には良いことに違いない。ただ、製作現場には暗い影を落とすことになった。古川石也や三浦朗、曽根中生が危惧したように、定番企画にしがみつくことは初期ロマン・ポルノの「無邪気さ」を忘れ、「慣れ」ていくことに繋がる。また、監督・スタッフ・キャストのモチベーションを下げ、作品の質を落とす結果になったのである。

この辺りの事情を、一九八四年三月に浅見美那を主演に迎えたアイドル・ポルノの『白衣物語　淫す！』を監督した伊藤秀裕の例で見てみよう。

伊藤は「［この映画は］つかこうへいの『蒲田行進曲』のパロディの要素も入れた喜劇です」と述べている。アイドル路線を使って、思い切り自由な実験を試した伊藤だったが、この作品が原因で日活を辞めることになってしまう。伊藤曰く、その理由は形式化した製作体制にずっと不満が溜っていたからだった。

「そのころ、何分に何回絡みを入れろといった方程式みたいなマニュアル化が進んでいたんです。ぼくは無視してやっていたんだけど、あるとき、カラミではなく映画のヘソになっている芝居が『余分だ、削れ』と言われて。『カットするなら監督を降ろさせてください』と。仕上げの途中だったんですが、『撮影が終わって仕上げをやらない監督は日活史上いない』と言うので、『じゃぼくが第一号ですね。あとはよろしくお願いします』と言い残して降板、助監督の渡邊孝好が仕上げをやった」（伊藤秀裕「冷たいようであったかい不思議な会社」『日活 1971 - 1988』）

現場体制の「慣れ」は創作者にとって大敵だった。形骸化したロマン・ポルノに伊藤は背を向け、日活を退社した。

一九八六年にアイドル的ルックスの杉原光輪子を主演に迎えて、『薄毛の19歳』を二作目の監督作として撮ったのが堀内靖博である。彼にも話を聞いてみた。この頃になると、日活の経営悪化が進み、撮影スケジュールや予算に余裕がなくなっていたという。

「これはいろいろあった作品です。でも、主演の杉原光輪子はいい子だったよね。次も主演で使えばスターになれた子だと思う。勿体ないですね。彼女はすごく真面目で演技も考えて来るんですよ。でも、自然体が彼女の魅力なんです。それを引き出したいと思った訳です。だから、終始一貫わたしが言い続けたのは、『ダメ、ダメ。光輪子。また芝居してるぞ』。これだけでしたね」

以上のように話してくれた堀内のエピソードは彼が新人ながらリアリズムを意識した演出方針を明確にもって作品を作ろうと努力していたことを伝えてくれる。しかし、不幸な事故が起こってしまう。

「撮影済のフィルムが入ったフィルム缶が破損して二日分がダメになってしまった。それで、伏線として撮ったシーンも使えなくなって、困りましたね」

日活にゆとりがあれば、撮り直しができたのだろうが、新人の彼にはその時間もフィルムも与えられなかった。しかも、ラストシーンのロケセットが当日使えなくなってしまう。

「チーフが道端に車を止めて、ここで撮影してくれと言われた。そこは畑の中に真っすぐ伸びた一本道だったんです。窮余の策でその道を走らせて、主役の少女の再出発という事にした」

こうして『薄毛の19歳』は、シナリオの三分の一弱の分量を撮れないままにクランクアップした。それでも堀内はくじけることなく前向きに作品を完成させている。

「正直、本当に困りました。母、姉、妹、三世代の女性の生き方がテーマでしたが、もうそうはならない。この時助けてくれたのが、編集の富田功君でした。この歯抜けのフィルムを力技で妹（杉原）の成長物語に仕立て上げてくれました。もう故人になっていますが、優れた編集マンでしたね」

この作品は今どんな人間が見ても爽やかな青春映画の秀作と感じる出来であり、杉原のファンは彼女の美しさ、キュートさを十二分に堪能できる。興行的にも失敗はしなかったと思われる。しかし、完成試写で堀内に下された経営陣の評定は厳しいもので、三作目を撮るまでに一年半の期間を空けられてしまった。

企画・製作を統括する武田靖は「ポルノ度」という言葉にこだわった。これはどれだけ「わいせつ」なものを含んでいるか（したがって、客に喜ばれるか）の指標を示す言葉だったが、曖昧かつ旧態依然な言葉の前に、多くの若手企画者・若手監督が希望を奪われていった。

武田は『シナリオ』に那波直司（宣伝部担当兼企画部長）との連名で次のような文を寄せている。

「シビアないい方をすれば、日活という会社の社員みんなが食えるためには、商売として当たらなきゃならない。商業ベースに乗せられるかどうかが僕ら企画担当の最大の任務で、作品製作上の基準は全てその一点にある」（武田靖・那波直司「日活映画の未来」『シナリオ』一九七六年八月号）

武田靖自身は会社の利益を守るためにあえて嫌われ者を買って出ていたつもりだったのだろう。武田は根本よりもロマン・ポルノに真摯に向き合っていた。ただ、彼の鑑識眼と時代のズレに彼自身が気付かなかったことは、彼にとっても「日活映画の未来」にとっても不幸なことだった。

『天使のはらわた』の映画化

『天使のはらわた』は、二十一世紀の今でもなお、日活ロマン・ポルノというコンテンツ中で稼ぎ頭の一つになっているシリーズである。この原作を発掘し日活ロマン・ポルノとしての映画化にこぎつけたのは、またしても成田尚哉だった。

企画のネタ探しのため、常に成人マンガをチェックしていた成田は、一九七七年から『ヤングコミック』に連載されていた石井隆の同名劇画に早くから目をつけていた（一九七八年頃には『漫画大快楽』『劇画アリス』『漫画エロジェニカ』の編集者たちが仕掛け人となった「三流劇画（＝成人劇画）」ブームが起こっていた）。しかし、もはやマンガに注目している企画者は成田だけではなかった。成田に話を聞いたところでは、彼が石井隆に連絡した際には、すでに東映から原作権買い取りの話が来ていたという。給料さえロクに払わない日活がこの若い企画者に東映以上の原作料を託してくれるはずなどない。それでも、石井の話を聞いているうちに入り込むスキが見えてきたという。

「東映は、舘ひろしのクールスを主演にして『天使のはらわた』のタイトルと設定だけもらって、脚本は田中陽造が書く予定だったんですよ。ここだと思いましたね。そこで、石井さんに『日活は原作の通り作りますから、お願いします』と懇願したんだ。これがよかったんだろうね。こっちに原作権をもらえることになった。実際、曽根（中生）監督が撮った第一作では、原作のコマのままに撮っている部分もあったんだよ」

ここから、成田が一九八五年に日活を離れた後も変わらず終生続いた石井隆と成田尚哉の盟友関係が始まった。日活では『天使のはらわた』シリーズは五本撮られたのみだったが、よく知られているように『天使のはらわた』の主人公である村木哲郎と土屋名美の物語は、石井が脚本を担当した『団鬼六　少女木馬責め』（加藤文彦、一九八二）から『赤い縄〜果てるまで〜』（すずきじゅんいち、一九八七）に至る『天使のはらわた』以外のロマン・ポルノ作品にまで展開された。

ロマン・ポルノ終了後も、村木と名美の物語は石井自身の手によって『月下の蘭』（一九九一）、『死んでもいい』（一九九二）や『ヌードの夜』（一九九三）、『天使のはらわた　赤い閃光』（一九九四）、『夜がまた来る』（一九九五）などとして製作されていくことになる。

ちなみに、成田が特に愛着があると語る『ヌードの夜』では、ホテルロビーのシーンで成田自身がエキストラとしてひそかに出演している。成田は晩年になっても『天使のはらわた』シリーズ新作の実現を模索していた様子で、取材の際には「今は、村木は何人か頭に浮かぶんだけど、名美がいないんだよね」とため息交じりに話してくれた。

シリーズ第一作は、ロマン・ポルノ定番の「女高生」シリーズの一本であるかのように客に思わせるためだろうか、『女高生天使のはらわた』と題されて製作された。ヒットメイカーの成田の企画とはいえ、日活上層部がこの時点で石井隆の価値に疑義を抱いていたことがどことなく伝わってくる。また、予算は一一〇〇万円、撮影日数はわずか十二日という通常のロマン・ポルノの制約内で製作することを強いられた（曽根中生「石井劇画の映画化の途中で」『別冊新評　石井隆の世界』新評社）。

監督は先に述べた通り、曽根中生。曽根は第二作『赤い教室』まで監督を担当している。『赤い教室』の公開に合わせて出版された『別冊新評』の石井隆特集号に曽根が寄稿した文によれば、一作目をやるに当たって、曽根は『天使のはらわた』ではなく短編集の『名美』をやるのだと思いこんでいたため、企画（成田）に「これは映画に出来ない」と一度は断ったという。また、桃井章がシナリオを第三稿まで書いたが、ロマン・ポルノの枠内に収めようと大幅に内容を改変してしまったため、降板させられる事態になったとしている（前掲「石井劇画の映画化の途中で」）。

その一方で、曽根は晩年のインタビューでは、劇団ミスタースリムカンパニーの深水龍作が書いた脚本を読んだだけで石井の原作は読んだこともないと語っている（曽根中生著・文遊社編集部編『曽根中生自伝　人は名のみの罪の深さよ』文遊社）。

成田は「曽根はウソつきだからさ」とつぶやいたが、この矛盾する証言のどっちかが本当なのか、どっちも全くのウソなのかはわからない。ただ、成田が石井に「原作の通り作る」ことを約束していたことを考えると、ウソあるいは思い違いが含まれている可能性はあるが、『別冊新評』での説明の方が実態に近いのだろう。

この第一作は、原作に忠実に撮る約束があったため、第二作以降と大きく性質が異なる。村木哲郎（この第一作だけは川島哲郎）と土屋名美が残酷な運命に引き裂かれるという定番の筋は含まれているが、原作は川島と弟分の梶間の「男同士の愛」にも見える愛憎劇を主軸にしていた。梶間の川島への反発は、女（名美）にうつつをぬかす兄貴分への「俺を見てくれよ」というラブコールのようでさえある。そのため、「原作の通り作る」ことを約束した手前、ロマン・ポルノなのに川島（深水三章）と梶間（河西健司）が中心のヤンキー映画風になってしまった。実際見ると、大谷麻知子が演じた初代名美の印象は二作目以降に比べるとだいぶ薄い。ほぼ脇役扱いである。

それでも、犯された名美が雨の中で自分の体を洗うさまを逆光で捉えたシーンに代表される水野尾信正の撮影には迫力があり、石井が劇画で得意としたモノクロ反転の場面を突然入れ込むショッキングな技法も取り入れられている。曽根中生によれば、当時の石井は作品の出来に満足し、この映画を現像所で特別に八ミリフィルムにコピーしてもらい手元に保存していたという（『曽根中生自伝』）。

しかし、成田が聞いていた石井の感想は曽根の印象とは少し異なるものだった。

「久しぶりに石井さんとこの第一作を一緒に見たときにも結構喜んでいたよ。自分以外が監督した『天使のはらわた』の中では一番気に入っていたんじゃないかな。原作そのまんまなんだからさ。ただ、石井さんが唯一気に入らなかったのは雰囲気だろうね。石井さん曰く、『僕の劇画はブルースなんだ。でも、曽根さんの映画はロックだね。乾いている』とのことだった」

抽象的で意味をつかみにくいかもしれないが、音楽にも造詣の深い石井ならではの独特の表現は、精確に的を射ている。主演の深水が所属していたミスタースリムがロックミュージカル劇団だったことを考えると「ロック」と評した石井の言葉はまさに正しい。第一作の脚本は桃井章が書いたものを一度リセットし、ミスタースリムの深水龍作が書いた脚本にチーフ助監督の池田敏春が手を加えたものが新たに作られた。ゆえに「乾いた」ロックになってしまうのは避けがたかったのである。

石井が「ブルース」である自らの世界観の「湿り気」を映画のスクリーンに定着させるためには、もはや石井自身が脚本に乗り出すほかなかった。その判断が一九七九年の正月番組として製作が決まった第二作『天使のはらわた　赤い教室』において、トラブルの種になるとは石井も成田も曽根もこの時点では気づいていなかった。

石井隆の「ブルース」:『天使のはらわた　赤い教室』

一九七九年一月公開の『天使のはらわた　赤い教室』は、曽根中生が監督を続投、撮影も水野尾が続投となったが、チーフ助監督は池田敏春から浅田真男に代わった（池田が曽根に外されたのではなく、池田が同時期に撮影されていた根岸吉太郎の『女生徒』のチーフについていたため、スケジュールが合わなかった）。

また、原作者の石井隆が脚本も執筆することになり、第一作とはガラリと雰囲気を変えたものになった。成田によれば、脚本を書いたことがなかった石井の第一稿は、わら半紙に殴り書きされたものだったが、完璧な出来だった。ただ、予算の都合で何シーンか削らざるを得なくなったことが残念だという（『日活1971 - 1988』）。

騙されてブルーフィルムに出演させられたために、それを見た男たちから体の関係を強要される「地獄」に堕ちていた名美の前に一筋の光明として村木が現われるが、「運命のいたずら」で二人の待ち合わせの約束は果たされず、数年後村木と再会した名美は「地獄のさらなる底」でシロクロショーを生業にする女としてうらびれていた…という筋は、名美という「運命の女」を軸にした石井隆の「ブルース」を余すことなく表現したものだった。

ここに、名美に相応しい翳り、憂い、湿り気と美貌をもった水原ゆう紀が加わった。ATG作品でも裸は決して見せなかった可憐な宝塚音楽学校出身女優が女子高生からシロクロショーを生業にする底辺の女まで次々に転落していく姿を披露する。これだけでも話題性は十分。第二作の成功は約束されたも同然だった。ただ、水原や石井、成田には辛い試練が待っていたのである。

水原は今東京を離れマイペースな生活をしているそうだが、電話での取材に応えてくれた。「お嬢さん」役が定着していた水原にとって、この作品への出演は決して大げさではなく、芸能人生を賭けた挑戦だったようだ。たまたま酒場で居合わせた曽根監督から出演を打診されるも躊躇が残ったままだったが、台本を読み終えたとき、「ここで女優生命が終わってもいい。これは死んでもいいからやってやろう」と決心して出演を許諾したという（同上)。ただ、その現場で彼女は壮絶な体験をする。

「村木に見捨てられたと誤解した名美が、ヤケになって、行きずりの男と関係を持ってしまうシーンがありますが、完成作では特殊なレンズで画面をゆがませていましたね。長回しだったのは、曽根監督の好みのようです。このシーンではまさに『憑依』状態だったのかもしれません。笑いながら男の人と絡んでいますが、これは演出ではなく、私の感情から自然に出てきたものでした」(水原ゆう紀「あの時の私には『名美』が憑依していたのかも……」『日活 1971 - 1988』)

水原は名美という役に全生命を集中し、「憑依」させ自ら名美になることでしか、この演技ができなかったようだ。さらに話の続きを聞こう。

「この後は、村木のパートが続き、数年後に再会のシーンとなります。再会以後はだいたい順撮りだったと思います。再会時の名美は、村木を見てももはや『遠くの他人』としか思えなくなっていたでしょうね。もちろん驚いたでしょうけど、『もう戻れない』という思いです。と話していると、まるで名美が実在の人物のようですが、この時の私は名美に同化していたのだと思います」(同上)

ちなみに、この同化の後遺症はひどく重いもので一年以上も名美が自分から抜けずに苦しんだと語ってくれた。

しかし、クランクイン前に問題がすでに起こっていたことを水原は知らない。曽根が石井の脚本に勝手に手を入れてしまったのである。曽根は、「石井隆のラストシーンはハッピーエンド」だったがそれを悲劇的なラストに変えたと後年主張している(『曽根中生自伝』)。成田は倉田剛『曽根中生　過激にして愛嬌あり』(ワイズ出版)の書評で、この主張を真っ向から否定している。「石井隆がハッピーエンド?」、そんなことは「ありえない」と。

成田が書いた真相はこうだ。曽根が加えたのは、村木の妻のたった一言に過ぎなかった。しかし、印刷台本に「脚本・石井隆／曽根中生」と書かれていたのを見た石井隆が激怒して「原作と脚本を引き上げます。この話はなかったことにしてください」と言ってきたのである。つまり、「自分だけの表現」という「純潔」が汚されたことに屈辱を覚えたのだろうと成田は感じ取った。

だが、正月番組の予定はもう決まっていて動かせない。誰が悪いかなんて考える時間もない。成田は、上司とともに石井に何度も謝罪し、発言の撤回をお願いした挙句、何度目かの面会で一人別室に呼び出され、「あなたに任せます」という承諾をどうにか得ることができたという(成田尚哉「『天使のはらわた　赤い教室』で何が起きたか?」『映画芸術』二〇一四年冬号)。

事実、先に挙げた『別冊新評』の石井隆特集には「石井の希望によって、「決定稿ではありませんが、もっともオリジナルなもの」として『赤い教室』の幻の第一稿が掲載されている。それを読むと、ラストで「やり直したい」と懇願する村木を、名美が「わずらわしいのよ」と切り捨て、彼に背を向けて表通りの方に去っていくさまが描かれている。「ハッピーエンド」にはほど遠い内容である。

『自伝』における曽根の主張が真っ赤なウソだったことがわかる。
ところで、名シーンの誉れ高い村木と名美の別れを描いたラストを、当の名美＝水原はどう演じ、どう感じていたのか。

「〔ラストシーンで〕名美は村木の方に行くのではなく、『あなたがこっちに来れば？』と示唆していますが、これはもちろん、初めから来ないと分かり切っているんです。その上での態度なんですよね。そして、ラストカットは、名美が水たまりに映った自分の姿に飛び込みます。これは、名美の『入水自殺』だと思うんですよ」（水原ゆう紀「あの時の私には『名美』が憑依していたのかも……」『日活1971 - 1988』）

成田にこのことを告げると、「しかしまあ、水原ゆう紀があれを入水自殺と考えているとは思わなかったな。いろんな解釈があっていいよね。それが映画だよ」と笑顔を浮かべた。その笑顔は、映画は一度作ってしまえば、フィルムだけが残り、そのフィルムに焼き付けられたものだけが真実なのである。そして、その真実はどこで誰がどう見るかで、いろいろ解釈が変わる。それでいいじゃないか、と語っているようだった。したがって、誰が本当のことを言っているかをこれ以上突き詰めて議論することは野暮である。

名美とはいったい誰だったのか？

いろんな関係者の思いをよそに、『赤い教室』は記録的な大ヒットを飛ばした。会社としては「第三弾をまた水原の名美で」と考えるのは当然のことだったし、水原ゆう紀には出演依頼がすぐに舞い込んだ。しかし、水原は『赤い教室』一本で憔悴しきってしまい、依頼を受けるどころか、他の仕事にも支障をきたす状態になっていた（『日活1971 - 1988』）。

それでも、企画は強行された。三作目の『天使のはらわた　名美』（一九七九）では、田中登が監督となり、名美にはすでに日活での主演作がある鹿沼えりが選ばれた。田中は自著で「『名美』をね、みんなちゃんと見てない」と憤った調子で語っているが（『映画監督　田中登の世界』ウルトラヴァイヴ）、石井や成田にとって、この三作目は大きな違和感が残ったようだ。事実、この三作目だけテイストがかなり違っていて、鹿沼は力演しているものの、その名美が病院でオバケのような女性看護師に襲われるシーンなどは照明の効果もあってホラー映画のように見える。成田は言葉少なに語ってくれた。

「これは田中さんじゃなかったのかもね。石井さんにしてもあまりイメージが違うように感じていたと思うよ。だって、ホラーみたいじゃない？　鹿沼えりはよかったけどね。会社が水原でいこうとしていたのは僕の知らないところだな。水原待望論はあったから、あり得る話だけど」

ただ、今見ると田中登と森勝カメラマンが作り上げた映像美の世界は、「石井隆の世界観」にこだわりさえしなければ、かなりの見応えがある。森はわたしの取材に「田中登作品の中で一番気に入っています。普段やらないような画作りの工夫ができましたし、広めの情景などが結構良く撮れたんですよ」と答えてくれた。

「名美が雨の中を走ってきてPOLA電光看板の前でひざまずくシーンは、雨降らしとカメラ位置のセッティングがかなり大変でしたが、狙った通りの画が撮れました。僕が気にいっているカットです。夕方の街を地井武男さん（村木役）が名美（鹿沼えり）のいる編集部に向かい、名美の妄想が乗り移ってゆくラストシーンでは、〔エンバーの〕フィルターを使用するのはあまり好きではないのですが、幻想性を強調するのに使用しました。それでも極力フィルターよりもライティングで色は調整するようにしていましたが」（森勝「ロマン・ポルノは、僕らの実験室だった」『日活 1971 - 1988』）

名カメラマンはどんな条件であろうとも、そこに費やす労力を惜しまず、最良のものを作り上げたのである。

石井隆が桂千穂のインタビューで語ったところによると、第四作となる『天使のはらわた　赤い淫画』（一九八一）のきっかけは、元は日活の正月映画として、石井の劇画『黒の天使』を東映の鈴木則文が監督する企画から始まったという（『にっぽん脚本家クロニクル』）。

しかし、この企画は女優が見つからず流れてしまった。そのピンチヒッターとして「石井のならやる」と曽根や田中登の『天使のはらわた』でチーフをしていた池田敏春が手を上げたため、石井が三日で書いた脚本が『赤い淫画』の元になったらしい。

なぜ、この無茶ぶりを石井が快諾したのか、それについて石井は照れくさそうに桂にこう答えている。

「池田さんとは、彼が助監督の頃からの付き合いだし、彼が僕の本当の初期の劇画とか読んでたりして、僕、ファンですって言われると恩義感じちゃうんですよ」（石井隆「劇画家からシナリオライター、そして監督へ」『にっぽん脚本家クロニクル』）

この映画の名美役は泉じゅん。大雨の中ジャングルジムで村木（阿部雅彦）に詰め寄られるシーンやコタツの中での村木との妄想セックスシーンなど彼女の体当たりの演技は、池田敏春の粘りの演出、前田米造の鋭敏なカメラワークと合わせて、『赤い淫画』をこのシリーズで一・二を争う人気作にする原動力となっている。泉がどういう経緯でキャスティングされたかは不明だが、石井は泉の大ファンだったらしく、弁当の差し入れという名目で現場挨拶にまで行っている。

しかし、泉にはプイッと顔を背けられ、「何でこんなヒドイこと書くの」とつれない態度を取られてしまったらしい。もっとも、しばらく後に泉の怒りも解け、石井が監督した第五作（一九八八）には泉じゅんのキャスティングを石井自ら「是非に」とお願いしたという（同上）。なお、泉は一九八九年に結婚し女優を引退している。

成田は、この第四作もヒットはしたし評価も高いが、苦労話があると話してくれた。

「『赤い淫画』（一九八一）の時は、ホン読みってあるでしょ。僕らプロデューサーが本部長（武田靖）とか重役の前で台本を最初から最後まで読み上げるんだけど、そこで石井（隆）さんの書いた脚本のラストが問題になった。あまりに暗すぎるんじゃないのって。ラストは村木（阿部雅彦）が死ぬことになっていたんだよね」

当然、成田には曽根との事件が頭をよぎったはずだ。プライドの高い石井が承知するはずはないと。しかし、成田の心配は杞憂に終わった。

「石井さんは『ああわかりました』となってあっさりしたものでね。（村木が死んだかどうかわからない）今のずっこけたようなラストになったんだ。見返すと、泉じゅんが村木を見つけて驚く顔なんてさ、劇画のままなんだ」

こうして無事にクランクインすることができた。

ただ、この独特の世界観をどうやってスクリーンに定着させるかは至難の業で、池田敏春監督を大いに苦しめたらしい。成田は、「池田といえば、あのコタツで泉じゅんがオナニーするシーンには困っていたな。このホンをどうやって撮ればいいんだってね」と気軽に述べてくれたが、実際池田に付き合わされた人間は大変な目に遭わされていた。最大の被害者は脚本も担当した原作者の石井隆である。山田耕大の『昼下りの青春』によれば、池田敏春は石井に「絵が浮かばねえんだよ。どう撮ったらいいの？」と再三電話をかけてきて、何度もコンテを考えさせたという。

この後、七年を経てロマン・ポルノ最後の名美は石井隆監督で撮られることになるのだが、その話は後回しにして、名美とはいったい誰だったのかを考えてみたい。

石井の劇画短編集『名美』（一九七七）には、権藤晋（高野慎三）と石井の対談が掲載されており、その話題への言及もある。石井は名美というキャラクター誕生の背景に、学生時代にスクリーンで見た佐久間良子や若尾文子の演じた陰のある女を根源に、東映スケバンものの常連女優・杉本美樹の姿が重なって、と語ったが、いざ権藤に「名美は奥さん自身がモデルですか？」と聞かれ、「女房以外の実在する女性の名ですよ。この位でカンベンしてください」と慌てて否定している。

残念ながら、わたしは石井隆には取材できなかったが、石井脚本の『夢犯』（黒沢直輔、一九八五）に主演した赤坂麗は、この映画の撮影中に石井隆が現場見学に来て、「これまで名美を演じた女優のなかで赤坂が一番名美に似ている」と言ったという証言を残している（赤坂麗「アカサカには愛がないんだ‼」、山崎浩治『ピンク映画の助監督になりたい』北国出版社）。

果たして、それは石井の本音だったのか、リップサービスだったのか。念のため言っておくが『夢犯』で赤坂が演じた役は「優」であり「名美」ではない。ただ、石井の中では名美のようなものだったようだ。

取材の際、成田尚哉に「名美さんとはいったい誰だったんですかね？」とそれとなく聞いてみた。成田は少し考えた後、こう答えてくれた。

「名美というのは、全部石井さんの亡くなった奥さんのことだね。幼稚園くらいからの付き合いで彼のファムファタールだよ。……彼女とは壮絶な物語があってね。そのエピソードの数々が織り込まれているんだ。彼はどんな画をかいても、どんどん奥さんの顔に似てきてしまうね」

成田は、これが成田自身の解釈なのか、石井の見解そのものなのかをはっきりとさせなかったが、これ以上追求するのは野暮というものである。

最大のドル箱企画「熟女路線」の発見

ここでいったん時間を一九七九年に戻そう。『天使のはらわた赤い教室』が大ヒットしている頃、日活本社でも大きな変化が起こる兆しが見え始めていた。同年四月には根本は増資の繰り返しで得た運転資金を、円高に乗じてアメリカの小さな製作会社「ヒーターセン・カンパニー」の買収につぎ込んだ。そして、これをロサンゼルス日活支社とし海外進出を狙った。しかし事業は暗礁に乗り上げ、同年十二月には、映像本部長だった武田靖が赴任し、テコ入れをすることになった。

この人事異動が日活に大きな利益をもたらす契機になるとは、この時点では誰も気付いていなかった。ともあれ、企画製作のトップが撮影所にいないのは重大な問題である。さっそく、日活ビデオフィルムズの社長だった板持隆が、その穴を埋めるべく企画製作担当取締役として本社に異動することとなった。また、彼を補佐する営業本部長取締役として関西支社長の丸山昇が異動してきた。板持はこの決定を聞いてひそかに「これは面白くなってきた」と思ったと素直に話してくれた（『日活 1971 - 1988』）。

板持から直接聞いた説明に基づいて、他の証言もはさみつつ、この後の目覚ましい成功談とその後日談を以下にまとめてみよう。板持は一九八〇年四月に初めての企画会議に出席したが、毎年若者をターゲットにして力を入れていたはずの夏休み興行が小澤啓一の『鉄騎兵、跳んだ』しか決まっておらず、併映作の企画がまだあがってきていなかったことに驚かされた。先にも述べたように、この夏休み興行は失敗しこの定例企画自体がここで終わりとなる。

この失敗に打ちひしがれる間もなく、腹心の部下・大畑信政（俳優部出身）から板持にビジネスチャンスがもたらされた。それは「カナダからの手紙」で大ヒットを飛ばしたのち、結婚して芸能界を引退していた畑中葉子の所属する第一プロが、彼女の再デビューの手段としてロマン・ポルノを検討しているという情報だった。早速、板持は第一プロに交渉し、九月には畑中葉子の主演第一弾『愛の白昼夢』（小原宏裕）を公開。現役の人気歌手の出演ということでマスコミに大きく引取り上げられ、ロマン・ポルノとしては異例の二億円の配給収入を生み出した。

他方、畑中自身はこれをどう思っていたのか、直接聞く機会を得た。彼女は成人映画の知識が乏しく何もわからずＯＫしてしまったという。現場でも濡れ場シーンの前に泣いてしまうありさまで、そのために風祭ゆきの濡れ場の撮影が先になった。

「最初のからみの撮影の時、どうしてもできなくて、撮る順番を変えてもらったんです。相手役の今井久さんは新人で緊張していましたから、申し訳ないことをしました。それで、風祭ゆきさんの濡れ場が先に撮影となったんですが、彼女はガウンをサッと脱いで、即座に撮って帰って行かれたんです。それを見て自分を恥じました。『これがプロなんだ。お仕事をいただいている以上、私もしっかりとしなければ』と思いましたね」（畑中葉子「日活映画に出たことは今の私の原点です」『日活1971-1988』）

畑中は、風祭が躊躇もせずにガウンを脱ぎ、濡れ場に臨む姿を見て自らのプロ意識の低さを恥じ、撮影に臨むことができたという。映画の筋では風祭は畑中に恨まれる敵役（義母役）だったが、現場では畑中の救世主だったのである。

そして、映画は大ヒット。畑中はこれでロマン・ポルノは終わりと決めていたが、打ち上げの席で思わぬ光景を目の当たりにして翻意したという。

「私はこの一作限りで終わりにするつもりだったんですが、映画の打ち上げの時に、小原監督を含むスタッフさんたちが若輩者の私に土下座してまで次回作の出演を依頼してくださったんです。その時に、みなさんの背中に生活がかかっているという真剣さやプロとしてのプライドが見えたんです。その心意気に及ばずながら応えたいと思いました」（同上）

畑中はこの映画は自分だけのわがままで「なし」にできるほど軽いものではないと感じた。畑中自身も二作目の『後から前から』のクランクインまでに少しは演技ができるようにと橋爪功が講師をしていた「円企画」に勉強に行ったという（同上）。

板持の話に戻ろう。畑中葉子の第二弾『後から前から』（小原宏裕）は、一九八〇年暮れに公開、一九八一年の正月興行をにぎわせた。ところが、併映作の日向明子主演『百恵の唇　愛獣』のタイトルがホリプロを激怒させ、責任者の板持が呼び出されるトラブルが起こった。ホリプロの主張は以下のようなものだった。

「山口百恵はホリプロの看板歌手であり看板女優でもある。しかも日活が貸しスタジオを始めた頃から百恵映画で何本もスタジオを使用している間柄。そのホリプロに対して最大の侮辱ではないか。何とか上映を回避してくれ」（板持隆「エロス大作誕生の頃」『日活1971-1988』）

実にごもっともという指摘に板持も同行した樋口弘美撮影所長も恐縮しきりだった。何しろ、会議室には三〇名のホリプロの重役が居並び、中央には二人の「被告席」まで用意されていた。平謝りして、どうにかホリプロの怒りを解くことができた。その帰り、怒っていたはずのホリプロ側の責任者・笹井英男（元日活プロデューサー）が板持にこう声をかけた。

「ご苦労さん。まあ、日活出身の俺としてはこう言わざるを得んのよ。こんなことを言ったって、封切を取り止めるわけはないわな。それにしても、『百恵の唇　愛獣』『後から前から』って、ようつけるな、こんな題名。でもな、悔しいけれど、俺の勘ではこのシャシン当たるぜ」（同上）

笹井の読み通り、この番組は大当たりし約四億円の配収を上げた。ロマン・ポルノの配収最高記録を塗り替える大ヒットとなった（もう一本の併映作は山本晋也の『未亡人下宿　初濡らし』）。

ヒット企画の模索はさらに続いていた。前年失敗に終わったお盆興行をどうすべきか、畑中葉子作品の大ヒットで、板持は大物女優を出演させる熟女路線に手ごたえを感じていた。では、次は誰に依頼すればいいのか。板持が相談を持ち掛けたのは、企画部の佐々木志郎である。佐々木は「今のところ、特にこれはという新しい企画はありません。『ラブレター』と『軽井沢夫人』という企画がありますが、何度提出してもその都度上に却下されるんです」という苦しい現状を板持に報告した（同上）。

ここで、板持は武田靖によって部下の意欲的企画がことごとく却下されていた事実を初めて目の当たりにしたのである。特に『ラブレター』は佐々木の情報では、東陽一監督が関根恵子を口説き落とし、あとはロマン・ポルノでの製作を嫌がっている原作者の説得さえできれば、実現できるとのことだった。板持は一晩考えて即決。ほどなくして佐々木が原作者を口説き落とすことに成功した（同上）。さっそく、夏休み興行として東陽一監督・関根恵子主演の『ラブレター』と畑中葉子主演第三弾『モア・セクシー獣のようにもう一度』（加藤彰）との二本立てが決定し、八月に公開された。

畑中もこの頃には現場になじみ、第二作『後から前から』では暴走族の少女、第三作『モア・セクシー』では悪徳政治家を倒す不良少女の役を等身大に近い役柄だったこともあって楽しんで演じたという。この三作目のテーマ曲は佐野元春のセカンドシングル「ガラスのジェネレーション」（一九八〇）。大ブレイク前夜の佐野の歌声が、畑中が自転車に乗って走り去るラストシーンを爽やかに彩った。また、畑中は大ファンだった関根恵子の主演作との併映に日活スタッフの心意気を感じ、いたく感動したそうだ（同上）。なお彼女は四本目の主演作『セクシー・ぷりん　癖になりそう』（加藤彰）を撮った後、ロマン・ポルノの現場から去った。

「革命」は終わった

『ラブレター』『モア・セクシー』の興行はロマン・ポルノ史上最高の六億円近くの配収を上げた（この記録は以降破られることはなかった）。まさにロマン・ポルノは十年にして絶頂を迎えたわけだが、それは崩壊の始まりでもあった。桂千穂は『ラブレター』を評して「複雑な気持ちだった」とした。『ラブレター』をめぐる業界内外の好反応は、同業者に蔑まれながらロマン・ポルノの脚本を書き続けてきた桂を憤慨させた。

「〔中村〕嘉葎雄や加賀まりこ、仲谷〔昇〕などのベテランが、堂々とファックシーンを演じる時代がきてしまったのだ。そして、いままでにっかつ映画を頑として見ようとしなかった女流批評家たちも〈上品なロマンポルノで、あたし、ああいうの好きです〉とか、〈ポルノも演出と演技者ひとつでこんな心情映画になるとは〉とか雑誌に無定見をさらけ出す始末。発足後十年にしてロマンポルノ、大〈体制〉に組みいれられてしまったのか」（桂千穂「『遠雷』『浪花の恋の寅次郎』ほか」『シナリオ』一九八一年十一月号）

「ガラスのジェネレーション、さよならレボリューション」と『モア・セクシー』のラストで佐野元春が歌ったように、わいせつ物＝危険な物＝反体制にして革命的映画であったはずの日活ロマン・ポルノは、一九八〇年の無罪判決で国家によって「わいせつ物」ではないと判定された。西村昭五郎がかつて看破したように「悪い映画というイメージが、若者を引きつける、一つの要素」だった（西村「現代の悪の華」『シナリオ』一九七六年八月号）。しかし、それは無罪判決で失われてしまった。革命の季節は終わったのである。

一九八一年夏、ロマン・ポルノがこの十年で試した性表現の多くは世間に受け入れられるようになっていた。一般映画ですらメジャー女優が脱ぐことは珍しいことではなくなった。そして、歴史の法則が示す通り、革命が終わった後には大粛清がやってくるものなのである（後述）。

熟女路線は高配収コンテンツとして定着し、一九八二年になっても継続された。同年四月には、五月みどりを主演に『マダム・スキャンダル　10秒死なせて』（西村昭五郎）がロスでのロケを含む大作として公開され、八月のお盆興行では東映で活躍した大信田礼子主演による『ジェラシー・ゲーム』（東陽一）、大映のかつてのお姫様女優だった高田美和を主演とする『軽井沢夫人』（小沼勝）の二本立てが日活創立七〇周年と銘打って公開され、いずれの企画も四億円近い配収を上げた。これらのヒットを受け、マスコミでは「熟女ブーム」が流行語となった。

一九八二年三月にはロマン・ポルノ全体が八一年度のブルーリボン賞の栄誉を受けるまでに至った。板持が代表としてトロフィーを受け取ったが、彼にとってこの瞬間はロマン・ポルノの末端に携わった一人として「唯一誇らしく思えた瞬間」だったという。そして、この瞬間は収入的な面と社会的評価からすればロマン・ポルノの最盛期だった（ということは、その直後から下り坂が始まっていた）。一九八一年の配収は前年から約四億円アップの約三八億七〇〇〇万円に上った。この隆盛ぶりを象徴するように、八一年七月に行われた第三回目の新人女優コンテストには前回を大きく上回る五七一人もの参加者が集まった（『前ばり文化は健在なり』）。

しかし、急転直下。この直後の八二年春にロサンゼルスの残務を片付けた武田靖が帰国したことによって、板持の立場は大きく変転してしまう。そして、翌八三年には映像本部が復活し、武田靖が映像本部長に、板持は副本部長兼興行担当となった。板持はこれ以降劇場回りが主な仕事となり、企画・製作に携わることができなくなった。再び武田靖の天下となったのである。

悪いことは続くもので、熟女路線がここまで連続して大ヒットを飛ばしてしまうと、さすがに各社も追随してより強力なキャストと企画をぶつけてくるようになっていた。この手法はもはや日活の専売特許ではなくなった。それでも八二年の配給収入は下降線気味の熟女路線を『ピンクのカーテン』(上垣保朗監督、美保純主演)の大ヒットが補い、約三九億円と前年からの好調ぶりを維持することができた。しかし、美保を失った八三年の配収は前年比八六・五%の約三三億八〇〇〇万円と暗雲が垂れ込めてきた。

その後の熟女路線は、一九八四年の正月興行として公開された早乙女愛主演、山城新伍監督の『女猫』の大ヒット(配収四億五〇〇〇万)を例外として、キャスト探しに追われるあまりどんどん低調になっていった。熟女路線は、大谷直子、天地真理、石田えり、高瀬春奈、春やすこ、松本ちえこ、五十嵐由紀、新藤恵美、伊藤咲子、小松みどり、奈美悦子、児島美ゆき、今陽子と、出演女優の話題性が小さくなっていくにつれ、配収も下がっていった。一概にこれを武田一人の責任と見なすことはできないが、板持と違い、彼にはリスクを冒して次なる優良株に賭けるギャンブラーの気質はなかったようだ。せっかくの熟女路線も株と同じように売り時を見失い損切りの判断を誤れば暴落していくほかない。暴落株にしがみつくことで、ロマン・ポルノ自体の価値まで落とし、客離れに拍車をかけてしまったのである。

板持は一九八五年に任期が終わるのを待って日活を退社した。その少し前に、佐々木志郎が板持に退職の挨拶に来たという。

「板さん、今僕は引導を渡されましたよ。フリーのプロデューサーになってくれだってさ」

佐々木は怒りをにじませながら静かに語った。武田にクビを切られたのである。佐々木は以前より誘われていたATGに移籍した(彼は一九八三年にATGで森田芳光の『家族ゲーム』を成功[キネマ旬報ベストテン一位]させており、その実績を買われた)。この八五年には、成田尚哉が岡田裕の経営するニュー・センチュリー・プロデューサーズへと移籍し、山田耕大は企画・製作会社「ブレーントラスト」を作って前年の八四年に独立していた。武田靖の現場復帰以降、次々とロマン・ポルノの頭脳たちが抜けてしまった。企画部は新人を厳しく育てる指導者がいなくなったことで極端に弱体化していった。

粛清が始まった：撮影所システムの解体

根本悌二は社長就任以降、重役を労組出身の社員で固めた。ただ、経営のスペシャリストがいなかったのが根本体制の大きな弱点だった。そのため、根本社長は一九八一年四月の取締役会で任期切れを理由に村上覚会長を退職させ、同時期の株主総会で大蔵省OBの根本守(一九一九年生まれの六二歳。根本悌二とは姻戚関係なし)を副社長として招き財務担当の管理本部長とした。加えて石油会社エッソの藤本明を専務として迎えた。

藤本は人事管理のスペシャリストだったようだが、注目すべきは根本守の経歴である。大蔵省OBという経歴はやはり見逃せない。根本守は証券取引を管轄する大蔵省証券局に太いパイプを持っていたはずで、日活にはいわゆるMOF担(MOFとは大蔵省のこと。大蔵官僚と懇意になって経済情報を聞き出す役割)として入社したと思われる。根本体制の日活は、自社株の発行による増資の繰り返しで資金を捻出し続けたわけで危うい橋を渡っていた。MOF担は必要不可欠だったのだろう。

とはいえ、根本守も藤本も映画会社の経営をした経験などない。当時企画製作担当重役だった板持隆には「両名とも経験を生かすにはあまりにも場違いな環境に当惑気味のように思われた」(『日活映画　興亡の80年』)。これに対し、松島利行の二人に関する評は根本の「マネーゲームの指南役でしかなかった」と痛烈である(『日活ロマンポルノ全史』)。

根本悌二が周りを新しい重役で囲むようになると、組合仲間や同期入社の社員でさえ、根本に容易に近づけなくなり、彼の顔色を窺うように行動するようになってしまった。

すでに七六年のクーデター後には「快活だった日活社内から笑い声が聞かれなくなりギスギスしたふん囲気」になっていたようだ(『週刊実話』一九七六年十月七日号)。また、ウルトラCで資金が生まれる見込みとなった七八年夏のボーナス交渉の席では村上覚社長(当時)が「原資があるなら、もっと出してやったら」と珍しく発言する場面があったが、根本は即座に村上の提案を却下した。資金を組合員に還元するより大型投資に向けることを優先したのだ(『現代の眼』一九七九年十一月号)。

経営に関しては根本のワンマン体制が確立し、根本の独断でせっかくの資金がさまざまな不動産や企業買収へと使われていくようになった。大京観光の不良資産になっていた中伊豆のレジャー施設を買収したり、大京観光から三重県志摩の五五〇〇〇坪の土地を買ったり、六本木のスポーツクラブ、鎌倉のハーフムーンビーチホテル、アメリカのプロダクション、香港の不動産などを買収した。松本平に対し、根本は「株をモノに変えただけだ」とうそぶいたというが、新株主に唆されたこれらの投資のほとんどは失敗に終わっている(『日活昭和青春記』)。

根本の最大の弱点は撮影現場の経験がほとんどなく、製作に口を出せないことであった。その代わり、根本の同期で組合運動の盟友である武田靖が一九七三年に製作部長として経営側に転じたのを機に、企画製作部門へも労組の影響力を強めた。ことに一九七七年三月に黒澤満が去った後の撮影所は武田の一強状態となり、武田の鶴のひと声に逆らうことが難しい状況になったようだ。

金子修介が前掲のエッセイ「ロマンポルノ無能助監督日記」で一九七九年頃の重役合評会の雰囲気を描写している。

「監督、プロデューサー、助監督らが被告席に座り、重役たちが裁判官席に座っているような感じで、シーンとしていると、最高権力者である武田靖常務が、わざと一番最後に遅れて入って来る。武田さんが何か言う前は、誰も何も言わないシキタリだ。武田さんが笑っているとOK、黙っていると何かあるサインで、不機嫌な場合は、『これは、ホンは誰だっけ?』と切り出す。そこからプロデューサーが弁護的に話し出して…長いからどこを切る、切らない、何分以内にしろ、という話に展開してゆくのである」

撮影所では誰もが武田の顔色をうかがうようになっていた。「ポルノ度が足りない」という言葉を振りかざし、若手の企画を潰し、完成試写やホン読みで作品をこきおろす武田本部長の姿は山田耕大の『日活ロマンポルノ外伝　昼下りの青春』に詳しい。

他方、劇場で働く人間にとって、売り上げを常に気にしてくれ、劇場を大事にしてくれる武田の存在はむしろ好印象だったようだ。一九八〇年入社で各地の日活直営劇場経営に携わってきた押見信二の話を聞く機会を得た。

「わたしの入社翌年の夏休み番組が関根恵子の『ラブレター』(一九八一)。これは入ったね。当時『名古屋駅前にっかつ』にいたんだけど、そこがパチンコ屋の二階にあって、その上から下まで、大通りまで人が並んでいたんだから。当時は客層が狭くなっていたけど、これは若い子から女性までやってきていた。うれしかったね。一番客が入るジャンルはセーラー服ものだよ。美保純はすごかったね。彼女は最初買い取り作品(『制服処女のいたみ』一九八一)に出ていたんだけど、『セーラー服鑑別所』(一九八二)のポスターを見たらピンときて、こっちをメインの番組に変えてもらったくらいですよ」

押見は興奮気味にロマン・ポルノの一番景気のいい時代を回想してくれた。劇場は何よりもまず客がいっぱい入ってくれるのがうれしいわけで、売れ線にあくまでもこだわる武田靖は劇場の理解者と捉えられていた。

押見の話をさらに聞こう。

「売れ線は、他にも『セーラー服百合族』(一九八三)。山本奈津子と小田かおる。他には寺島まゆみ『聖子の太股　女湯小町』(一九八二)、井上麻衣の『宇能鴻一郎の姉妹美容室』(一九八三)も入った。山城新伍監督の『女猫』(一九八三)も入った。主演は早乙女愛で八四年の正月番組。当時、『郡山にっかつ』にいたんだけど、周りの館主たちと売り上げについて意見交換していたんだ。平月に関しては日活が周りよりも強かったんだけど、正月や年末は松竹や東映が強い。でも、『女猫』に関しては正月に東映に勝ったんだもの。他に儲かったのは『縛り』ね。SM。谷ナオミだけで三本立てなんてやった回もあるよ。夏は海女もの。藤浦(敦)監督が定番だったね。八城夏子もよかった。グラマーでね」

日活で初めて仕事した際のプロデューサーが武田靖だったという脚本家の桂千穂も、武田に好印象を抱いていた。初めてということもあり、ロマン・ポルノの脚本のコツを親切にレクチャーしてくれたという(北里宇一郎・北川れい子編『多重映画脚本家桂千穂』ワイズ出版)。

一九八一年二月、根本悌二はのちの日活の運命を左右する重大な政策ミスを犯した。それは社員プロデューサーへの独立宣告である。板持隆によれば、根本は独特の持論を持っていた。

「年間製作本数を順番に分け与え、その上企画部員による会社企画なるものが存在するからプロデューサーは真剣に企画を考えようとしない。この悪循環を断ち切らぬ限り新しい活力ある企画は生まれて来ない」(板持隆『日活映画　興亡の80年』)

さらに「プロデューサーから企画がどんどん出るようになれば企画部もいらなくなる。会社側は一人のゼネラル・プロデューサー(G・P)と秘書がその中から面白いものだけを選択すればいい」とまで言い放ったという(同上)。製作部出身だった板持にとって、作品の不振やマンネリ化の全ての原因をプロデューサーのみに押し付けるのがナンセンスであることは明白だった。

そして、誰がどう見ても、これはリストラのための言いがかりでしかなかった。一九八〇年度の日活の決算(一九八一年三月)は、総収入の六五億三二三七万円に対し、総支出が八〇億八九〇〇万円。特別損失金を加えると二一億五四九九万五〇〇〇円の赤字を計上し、せっかく久々に復配した翌年には無配に転落してしまった。

しかし、その内実を見ると映画部門の収入は八九%を占めており、一九八〇年九月には畑中葉子主演の『愛の白昼夢』(小原宏裕)が配収二億円をあげる大ヒットを記録し、畑中主演第二弾で一九八一年の正月番組を飾った『後から前から』も四億円近い配収をあげていた。映画部門は急激に利益を伸ばしていた。一九八一年一月の配収だけを見ると前年に比べて三六・五%上昇の五億二〇〇〇万円を計上し、ロマン・ポルノの月間配収記録を樹立した(村井実『前ばり文化は健在なり』)。

プロデューサーたちに根本が言うような落ち度はどこにもなかった。要するに、彼らは根本らの投資失敗の穴埋めのために独立させられたのである。二度のウルトラCが生み出したあの六一億円はどこに消えてしまったのだろうか。

プロデューサー九人のうち、岡田裕が社長を務める「ニュー・センチュリー・プロデューサーズ」(NCP)には岡田を含む六人の主力プロデューサー(結城良熙・細越省吾・八巻晶彦・海野義幸・中川好久)が集い、資本金六〇〇万円で赤坂にオフィスを構えた。一匹狼の三浦朗は一人で「ニューミウラ企画」を名乗り、村井良雄はプロデューサーをやり始めたばかりの林功を代表とする「日本トップアート」に入ることになった。林功によれば、日本トップアートは日活の助監督室に一本の電話回線を引いただけの体裁で、会社でもなんでもなかった。しかも、あとで電話代を日活に請求されたという(『日活1971 - 1988』)。ニューミウラ企画も似たようなものだったと思われる。

加えて、一九八一年七月には監督たちの専属契約が一律に廃止された。表向きには全ての監督の毎月の専属料を一律カット、監督料のみを支払う体制にして人件費を節減した。それでも多くの監督は日活での仕事を続けたが、映画業界の限界を見据えていた白井伸明は自分で製作会社を作り、八一年から手掛け始めたAV製作にさらに力を入れるようになった。翌年には東洋レコーディングにAVを四カ月で二〇本納める契約を交わした(奥出哲雄「生撮りビデオ誕生」『ビデオ・ザ・ワールド』一九八七年一月号)。

専属契約の廃止はベテラン技術スタッフに対しても行われた。一本立ちしている監督や撮影技師、録音技師、照明技師、編集技師、スクリプターなどのギャラはそのキャリアや能力に応じて担当料が払われていたが、根本体制の経営陣は、人件費を少しでも節約するために安い担当料で使える若手中心に製作体制を切り替えていったわけである。今考えれば、後述する一九七八年以降の若手監督のデビューラッシュ（各部門での新人技師のデビューも重なる）はこの転換への伏線だったとわかる。

一九八一年には、「日活クリエイティブ」の社員として給与と仕事が保証されていた大部屋俳優（最後は二〇名ほどだったようだ）も一斉解雇となった。ここで俳優引退を決意した清水国雄もその一人である。清水は自身で清掃会社を設立し、社長業に転じた。彼の場合はクビになったというよりも、彼の方から日活を見限ったと言った方がいいだろう。この施策も経営合理化というもっともらしい理由がつけられたものの、それだけのことだったのかは大いに疑問である。

『日活労働組合　二〇年の闘争』では、この時期のリストラで二五六名が退職を余儀なくされたとしている（一九七五年の社員数が五七三名だったことを思えば、いかに大規模なリストラだったかがわかる）。日活は退職金の支払い条件に優遇措置をとってリストラの円滑化を図った。退職金の総額は約十億円に上った。今にして思えば、人事のスペシャリストであるエッソ出身の藤本明の専務起用はリストラのためだったのかもしれない。

この時期のリストラで、撮影所の優秀な人材が外部に大量に流出した。NCPのプロデューサーたちはロマン・ポルノも担当したが、彼らの主要な収入源はもっと大きな利益の上がる他社からの請負仕事であり、テレビ局の仕事である。そうした現場にNCPは日活出身の優秀なスタッフを投入していった。もっとも、そうなったのは日活のせいでもある。経費をケチってNCPにすらプロデュース依頼せず、現役監督やスタッフにプロデューサーをさせることがしばしば起こっていた（山田耕大『昼下りの青春』）。

ロマン・ポルノの新人監督ラッシュ

日活では、一九七八年六月に根岸吉太郎が二七歳で監督デビューして以降、三十歳前後の若い監督のデビューが相次いだ。七八年にはさらに斉藤信幸、日活外部の石井聰亙、七九年には伊藤秀裕、中川好久、八〇年には池田敏春、黒沢直輔、八一年には上垣保朗、菅野隆、鈴木潤一、川崎善広、八二年には児玉高志、加藤文彦、中原俊、那須博之が監督デビューした。

八三年にいったん内輪の新人デビューが途切れるが、テレビ出身の柴田敏行、フリー助監督で東映セントラルの仕事で日活撮影所によく出入りしていた崔洋一がロマン・ポルノに初登板し、八四年には再び内輪の金子修介、堀内靖博が、八五年には村上修、瀬川正仁が、八六年には池田賢一、北村武司が、八七年には日活の元契約助監督ですでに東映セントラルで監督デビューしていた浅尾政行が、八八年には原作・脚本をすでに多く手がけていた石井隆が、内輪の新人は後藤大輔、金澤克次の二人が監督デビューした。

一九七三年以降入社の新人監督には、一九八〇年半ばくらいまでは、新人監督のデビュー作では「ご祝儀」として、スタッフの選択や脚本の手直し、手間のかかる撮影などに対する監督の要望がほとんど受け入れられた。その代わり、二本目以降はよほどの事情がない限り、企画を監督が選ぶことは認められない、三本目を撮った後は社員（助監督待遇）を外れて、専属監督契約（社員待遇ではなくなる）に切り替えるというのが暗黙のルールとしてあてがわれた。しかし、経営悪化や過激路線への方針転換の影響で最初に「ご祝儀」をもらえるという決まりが徐々に曖昧になってゆき、一九八五年以降には完全に反故となってしまったようだ。さらに一本撮ったらすぐに専属契約を強いられるようになっていった。いくつかの例を挙げておこう。

一九七九年に『団地妻　肉欲の陶酔』で監督デビューした伊藤秀裕は幸運なデビューだったらしい。

「監督昇進の前振りはまったくなかった。その当時の撮影所長からある日いきなり、『おまえ、明日から監督だから』と言われて。監督になったご祝儀にスタッフが選べるので、撮影に安藤庄平さん、照明に熊谷秀夫さんというアカデミー賞の一流コンビを指名して。昨日まで呼び捨てだったのが、『監督』と呼ばれたときは、最初は誰のことかなと思った。天国と地獄とはこういうものかと。神と奴隷くらい違っていましたね（笑）」（伊藤秀裕「冷たいようであったかい不思議な会社」『日活 1971 - 1988』）

『肉欲の陶酔』は、鹿沼えり演じる人妻が夫の出世のために上司に体を売られてしまうところから始まる。夫への失望に苦しむ彼女は、不良少年（古尾谷雅人）のグループとの出逢いで狂乱のセックスを体験し、「抑圧された性」を解放するのである。不良少年たちについていき、天井から寝ている仲間にナイフを落とす危険な遊戯などを体験していくうちに鹿沼えりは変貌してゆく。やがて夫の元に戻り、彼女がジョン・レノンの「ＧＯＤ」や「ＬＯＶＥ」（一九七〇）の歌詞を思わせる「私は女。私は淫売。私は裸。私は私」という自己解放の言葉をつぶやきながら裸になり夫へと迫っていくラストシーンは、ロック世代である伊藤の若い感性がほとばしる秀作だった。脚本はニューアクション時代からの作家・中野顕彰が担当している。それも伊藤の要望だったのではないだろうか。

充実したデビュー作で世に出た伊藤は、二作目以降は日向明子のアイドルものや売れ線のＳＭ作品を中心にあてがわれることが多くなるが、若かった彼は攻めた撮影を断行し、「地獄の伊藤組」と異名が付くほどだったという（同上）。その最たる例が早朝の渋谷スクランブル交差点でゲリラ撮影された、麻吹淳子が日本刀を振り回す男に襲われるシーンである（『団鬼六　女美容師縄飼育』一九八一）。カメラマンの安藤庄平がビルの屋上から望遠で撮影しており、メインクルーも屋上に待機していたため、本当の事件と勘違いされ大騒ぎになったらしい（同上）。

実はこれは笑いごとでは済まない事態になった。騒動に驚いたおばあさんが軽傷を負い、現場にいたセカンド助監督の金澤克次が警察に捕まり（金子修介「ロマンポルノ無能助監督日記」）、伊藤自身も会社の懲罰委員会にかけられた。ちなみに、そのシーンは全カットとなり、地下道のようなところで目立たないように撮り直された。伊藤はその後二〇年ほど渋谷での撮影許可をもらえなくなったという。そんな気骨ある伊藤も、先に述べたように、『白衣物語　淫す！』（一九八四）で堪忍袋の緒が切れ、会社を去ることになった。

一九八〇年に『ズームイン　暴行団地』でデビューした黒沢直

輔にとっても、デビュー作は必死でほぼ覚えていないとしながら、幸福な体験だったようだ。鈴木清順に憧れ、ロマン・ポルノの初期に契約助監督として日活で働き始めた黒沢のデビュー作には、鈴木を意識したショッキングなシーンが散見される。黒沢の証言が残っている。

「ただ一つ、火を撮ろう、というのだけは覚えていますね。炎に拘って、大崎裕子さんの股間から火が吹くというのは、やりたいな、と。でも、最後に妊婦が燃えるっていうのは憶えていなかった。あれ凄いですよね。自分で言うのもおかしいけど。〔…〕日常生活で炎って隠さざるを得ないじゃないですか。それをどうしたら表出させられるかということだったんです。燃えれば幸せだと思うんですよ、人生は。でも燃えられない。普通は。だから、映画の中では燃えていいんじゃないかって」（黒沢直輔「ロマンポルノは〝異端〟の面白さ。もう、同じようにはできませんね。」、PAUSE編集部編『愛の寓話　日活ロマン、映画と時代を拓いた恋人たち Vol.2』東京学参）

郊外の団地を舞台に正体不明の黒づくめの男が次々とレイプ殺人を繰り返し、死体を焼いて自分の存在を誇示し続ける。十年前、団地は庶民の憧れだった。それが今や荒廃し何が起こるかわからない危険な空気を醸し出している。その在り様がまるで郊外地をていない危険な空気を舞台にした猟奇殺人が八〇年代末以降急増していくことを予言しているかのようである。このバイオレンス・ポルノも未だに価値を失わない傑作のひとつであろう。

もっとも、殺人犯として疑われる役を演じた志賀圭一郎に話を聞いたところ、現場ではちょっとしたトラブルがあったようだ。志賀の提案でこの役の「怪しさ」「エキセントリックさ」を強調するためにいきなり逆立ちをするなどの奇行ぶりを撮ったのだが、そのシーンが完成試写ではバッサリカットされてしまっていたのである。烈火のごとく怒った志賀は黒沢を責め、黒沢は泣いて詫びたらしい（『日活 1971 - 1988』）。

ただ、ロマン・ポルノには長くても七〇分という尺の制限があり、これを黒沢だけの責任とするのはかわいそうだったかもしれない。ちなみに、黒沢はインタビューではこの事件に触れていない。忘れているか、思い出したくもないのだろう。黒沢は二作目の『愛獣　襲る！』（一九八一）から八作目の『夢犯』（一九八五）くらいまでは、どの作品でもハードボイルドな世界観やヴィヴィッドな映像へのこだわりを発揮していたが、ここで二年の空白があり（一九八五年、八六年は二時間ドラマを一本ずつ撮っている）、一九八七年に映画に復帰した後は「定食」もこなす器用な監督になっていった。それでも、一九八八年のロッポニカ『ころがし涼太　激突！モンスターバス』では、アクション演出の健在ぶりを見せており、決して腕は鈍らせていなかった。日活退社後は多くのテレビドラマの演出を手掛けている（一九八七年から二〇一六年までに百本以上撮っている）。

上垣保朗のデビュー：遅咲きのヒットメイカー

一九八一年には、当時の助監督の中では最古参の上垣保朗が満を持して『レイプウーマン　淫らな日曜日』で監督デビューしている。この時点でチーフ助監督になってすでに九年目、加藤彰に十五本、藤田敏八に十一本ついており、遅すぎるデビューとなった。一時期病気で休養していたことが影響したようだ（山田『昼下りの青春』）。瀬川正仁によれば、藤田組『帰らざる日々』（一九七八）の撮影中、上垣は血尿を出し入院を余儀なくされた。これが終生続く腎臓病との戦いの始まりだった（瀬川正仁「ローアングルからの眼差し」『映画芸術』二〇一九年春号）。

このデビュー作について上垣に直接聞いたところでは、特に志願したわけではなかったという。

「デビューのとき、僕はパキさんの『スローなブギにしてくれ』（一九八一）の打ち合わせをしていたんだよ。本当はそっちでチーフをするつもりだったわけ。で、急に呼び出されてデビューが決まってしまった。堀内（靖博）なんかは怒っていたけどね」

急遽決まったデビューで企画の選択の余地はなかったようだ。ただ、プロットは上垣のオリジナルだった。

「女が男をレイプするという設定にしたのは意図的だよね。既存のロマン・ポルノと同じことをしても仕方ないと思っていたんだ。佐治（乾）さんとそういうことをいいながら脚本を作ったね」

そう語る上垣の言葉には、控えめながら野心を抱いてデビューしたことをうかがわせた。

藤田組の後輩だった堀内靖博は、上垣から指名されてセカンド助監督についた。日活がビスタサイズ（横縦比＝1.85：1）に切り替える最初の作品ということで緊張感のある現場だった。撮影技師の水野尾信正が堀内を呼び出し、シネスコサイズ＝横縦比（2.35：1）とは異なる演出の仕方や役者の配置の仕方を注意し、「いいか、上垣を盛り立ててやるんだぞ」と周囲に声をかけていたという。残業の多い上垣組はハードだったが、現場の雰囲気が険悪になることはなく常に良好だった。「ああ、上垣さんて、スタッフから愛されているんだな」と堀内はしみじみ感じたそうだ（堀内靖博「上垣さんの忘れられない五つの顔」『映画芸術』二〇一九年春号）。

上垣の二本目は三東ルシア主演の女教師もの『女教師　生徒の眼の前で』（一九八二）で、明らかに会社による企画とわかるが見事にヒットさせて期待に応えている。山田耕大に直接聞いた話では、上垣は積極的に自ら企画を持ち込むタイプで、なぜか会社企画の間に自主企画を撮ることが許される位置を確保していた。大ブレイクとなった三作目の『ピンクのカーテン』（一九八二）もあてがわれた企画ではなく、原作を気に入った上垣が自ら企画部に持ち込んだ。

『ピンクのカーテン』成功の立役者は美保純だった。美保が日活のスクリーンに登場したのは、一九八一年九月の買い取り作品『制服少女の痛み』（渡辺護）で、一九八二年一月には鈴木潤一の『宇能鴻一郎の　濡れて騎《の》る』で脇役ではあるが日活製作作品に進出し、三月には川崎善広の『セーラー服鑑別所』で主役の座をとっている。ただ、川崎はこの映画では美保のキャラを掴みかねたようだ。

「見た目が翔んでる女の子という感じがしたのでそういう作り方をしたんだけど、実際〔の美保純〕は違っていた。ホンは西岡琢也。意外な展開という感じで描いて、人間性を掘り下げる方向では描かなかったので、ちょっと悪いことしたかなと。それでも『セーラー服鑑別所』はけっこうヒットしたんだよ」(川崎善広「突出した映画群としてのロマン・ポルノの末席に」『日活1971 - 1988』)

無理もない。ディスコクイーン出身の美保は顔からファッションまで当時としては派手に見えただろうし、「翔んでる」キャラをあてがうのは当然の流れだった。

しかし、上垣はそう見てはいなかったようだ。勝負作『ピンクのカーテン』のヒロイン・野理子に相応しいユニセックスな魅力を美保に見出して、会社に彼女を主役にすることを直訴したという。しかし、上からは「ピンク出身はダメだ」という返事。そこで救いの手を差し伸べたのが、この作品のプロデューサー・三浦朗だった。「上垣が美保じゃないとやらないといっている」と訴えて上層部の判断を覆してくれたと上垣は語ってくれたが、その訴えが通るくらい、上垣は会社から高く評価されていたということだろう。

上垣は、師匠の藤田の『妹』にも似たジョージ秋山原作のマンガに惹かれたが、原作が主人公の「近親相姦」を描いていることを気にしていた。上垣は近親相姦だけは生理的に受け付けなかったと話してくれた。それを回避するためなのだろう、萩尾みどり演じる妹とその兄のドロドロした近親相姦関係を対置する仕掛けを設けている。

「性」に対してあけすけで自由奔放に振舞う美保純演じる妹に、阿部雅彦演じる兄が振り回され、それでいて厳しくも叱れずドキドキしてしまうし、つい甘やかしてしまう、恋のようなそうでないような微妙な関係(一線を越えてしまった萩尾兄妹の存在が阿部と美保が危うい方へ行くことを防ぐストッパーとしてうまく機能している)をスリリングに、またコミカルに描くことで、一九八〇年代の新しい男女像を見事に描きとった。

山田耕大によれば、『ピンクのカーテン』には上垣のもう一人の師である加藤彰の『果てしなき絶頂』(一九七八)を意識したところもあったようだ(山田耕大「上垣保朗を見つめる」『映画芸術』二〇一九年春号)。

美保純はまだ素人同然の若手だったが、臆せず自分の意見を積極的に出した。例えば、衣裳は従来撮影所の第一衣裳から貸し出されるが、それを美保は良しとせず、最終的には自分で決めたという。縦縞のショートパンツはディスコ大会に出た時に着た自前の衣裳だった。髪型まで当時はやっていたシャギーの入ったスタイルにしたいと主張したというから、なかなかの度胸だったようだ(美保純「上垣さんはアンナ・カリーナのように私を撮りたかったんだと思う」『映画芸術』二〇一九年春号)。

『ピンクのカーテン』は当然のように大ヒット(配収三億円)を記録し、一九八三年にかけて三部作として公開された。上垣によれば、一本目のオールラッシュの段階で公開もしていないのに続編が決まったというから、それだけ突出した作品だったのだろう。ちなみに、川崎が掴みかねたという美保を上垣がどう演出したかを聞いてみたら意外な答えが返ってきた。

「美保の場合は厳しく指導しても言うことをきかないだろうから、かえってのびのびさせてやったね。厳しくやったのは阿部（雅彦）の方だよ。池田（敏春）の『天使のはらわた　赤い淫画』を見てこいつが兄貴役だとピンと来てね。でも、あいつはポルノを辞めようとしていた。それを説得して徹底指導した」

なお、美保純は三部作を終えて早々に日活を去った。上垣によれば、『ピンクのカーテン4』は考えられなかったようだ。それは美保がロマン・ポルノ出演を嫌がったというわけではなく、上垣の方に問題があったという。

「『ピンクのカーテン』が3で終わっているのはネタ切れだからだよ。もう手がないという感じでね。あと興行成績もどんどん落ちて行ったからさ。寅さんを五〇作近く撮った山田洋次はすごいよね。僕は同じことをしたくないタイプだから真似できないな」

一九八四年にはその山田の下で美保純はさらなる飛躍を遂げることになるのである。しかし、美保は自分を世に送り出してくれた上垣への感謝をずっと忘れることはなかった。晩年の上垣の手掛けた芝居には必ずと言っていいほど足を運び、上垣の葬儀には忙しい生放送の仕事の合間を縫って参列した。美保の頬には涙がとめどなく流れていた。

新世代の風が吹く：児玉高志と中原俊のデビュー

一九八二年十一月に『受験慰安婦』で監督デビューしたのは、児玉高志である。鈴木潤一よりも一年遅れたとはいえ、遅くないデビューである。児玉に話を聞いた。

「僕は積極的に何か企画を提案するタイプというよりも、職人として、来た企画を期日通りにしっかり仕上げることが重要だと思っていたこともあって、デビューはだいぶ遅かった」

児玉は経歴を見ると助監督についた数がかなり多く、そのあたりも監督昇進のスピードと関係しているように思えた。最初から自分のやりたいことではなく「職人」を目指したという児玉にとって、プロデューサーと脚本家が意気込んで用意してきた話題性の強いデビュー企画はむしろ迷惑だったようだ。

「この映画は最初、山奥に受験生向けの慰安施設があるという風刺が入った異色作を斎藤猛がプロットとして書いてきた。でも、これじゃ、撮れないと僕は思ってしまってね。プロデューサーの八巻（晶彦）さんに相談して、脚本家を伴一彦に変更し、プロットから考えて直してもっと日常的なモチーフにしてもらったんだ。家庭教師がそのまま性のお世話もしてしまうみたいなね」

また、デビュー作のご祝儀でベテランスタッフである山崎善弘が撮影を担当したが、これも児玉にとっては合わなかったようだ。

「カメラマンに山崎善弘さんをはじめとしていいスタッフがついているでしょ。これは会社が新人を心配してつけたんだよね。こっちは山崎さんがカメラを横目にタバコを悠々フカしているのをみて、ドキドキしていたよ」

児玉の話を聞いていると、彼は映画監督という職業をあくまでも「演出」という一部分を担う「職人」、映画製作における分業者の一人として俯瞰で捉えている感があり、「俺の映画で社会を変えてやろう、自分の主義を主張してやろう」といった野心が見えない。いや、あえて見せないのかもしれない。

一九八一年に出版された白井佳夫の対談本『監督の椅子』(話の特集)の中で大島渚が興味深い発言をしている。一部抜粋引用しておく。

大島「自己主張をしない時代に、なっているんだなあ」

白井「だから、寅さん映画や『ヒポクラテスたち』(大森一樹・一九八〇)が受けるんだなあ」

大島「だからそこで白井さんが若者にディスカッションを求めても、ディスカッションは、成り立たないと思う。〔…〕そういう自分たちの時代に対して、カリカリ怒るヤツも広い日本にいるのかもしれないよ。でも、うちのガキなんかは、そういうふうにカリカリ怒ってもしようがない、と。これはこうと、そういう状況は受け入れていくしかしようがない、と思ってるみたいだねえ」

大島や白井の世代(ともに一九三二年生まれ)は「社会」「会社」「体制」に肉体ごとぶつかり、怒りを直接ぶつけてきた世代である(その結果、大島は松竹を、白井もキネマ旬報社を辞めることになった。彼らの辞任経緯にいずれも松竹の城戸四郎が関わった可能性があるのは興味深い)。

彼らの世代は八〇年代日活のベテランスタッフや経営陣と同世代に当たる(例えば根本悌二は三二年生まれ、西村昭五郎は三〇年生まれ)。彼らは初期ロマン・ポルノに携わり、野心や夢を抱いた経験をもつ革命世代だったこともあって、新人はもっと野心的な「作品」を追求し確固たる「思想」をもってギラギラと「自己主張」するべきだと思いこんでいたふしがある。それで「ご祝儀」制度が成り立っていたのだろうが、児玉はそうした上の世代の「新人」に対する思い込みに違和感を覚えていたのではないだろうか。児玉は上の世代が考えるよりずっと大人びた考えを持っていたようだ。

つまり、大島が「うちのガキ」と言った世代(大島の実の長男は六三年生まれだが、例に挙がっている大森一樹は五二年生まれで大島の二十歳下、五〇年生まれの根岸吉太郎や五一年生まれの中原俊・児玉高志の方に近い)の感覚、上の世代のように後先考えずに自分のやりたいことを貫き通すのではなく、いったん全体の状況を把握して自分に求められていることを理解した上で行動する（だから上の世代には「自己主張」がないように見えてしまう）。そんな感覚を児玉は持っていたように思われる。

私見では、同様の感覚は根岸吉太郎が先駆けで、上垣保朗、中原俊、金子修介、瀬川正仁などにも共有されていたように感じる。今考えれば、白鳥あかねの根岸のデビュー作から受けた違和感と池田敏春に対する共感は、この感覚の違いを彼女が無自覚に感じていたからこそ生じたことがわかる。

また、こうした新しい世代感覚を持つタイプでも根岸（や上垣、中原、金子）の場合は器用に周囲の期待に応えつつ自己主張を盛り込めるタイプだったが、児玉（や瀬川）はそうではなかったようだ。根岸らより社会人としての誠実さや責任感を持っていたという見方もできる。しかし、映画監督という人種は岡田裕の言うように「どこか狂える」ところがないとやっていけない。ズルさやワガママといった社会不適合的要素も監督に必要な資質なのである。

児玉によれば、「この作品は当たらなかったみたいだな」という。児玉は謙遜しているが、監督としての力量が劣っていたわけではない。

例えば、一九八六年の『制服ワイセツ犯　性魔』（斎藤猛脚本）はタイトルとはかけ離れた男性教師と女生徒の悲恋物語の良作である。「淫行」ということでクビになった教師はサラリーマンに転じるが、生徒は風俗嬢になってしまう。二人は三年後再会するが、教師が生徒に救いの手を伸ばすものの、彼女は教師のことを想ってわざと嫌われようとする…というすれ違いメロドラマになっていた。特にいったんは心が通じ合った二人が別れを決意し、晴れ着姿の新成人たちでにぎわう渋谷のスクランブル交差点でそれぞれ別々の人生に歩み出していくラストシーンはとても印象的だった（ゲリラ撮影だったそうだ）。

ところで、児玉のデビュー作はのちに思わぬところで反響が起こり、ビデオソフトとして日活に利益をもたらすことになった。この作品のヒロインの一人である夏樹麗子が、ある有名事件（検索すればわかることなのでここには記さない）に絡んだ容疑者の一人だったことが判明したからである。今やこの児玉のデビュー作は「慰安婦」をパロディーに使っていることや有名事件に絡むことがネックとなって再発売は絶望的だが、一九八五年当時発売されたビデオソフトのジャケットには、事件に関する新聞記事を背景に「あの夏樹麗子が男を襲う」という商魂たくましい惹句が踊っていた。これは今では絶対に許されない便乗商法だろう。いい意味でも悪い意味でもおおらかな時代だったのである。

この一九八二年には児玉の一年後輩の中原俊も『犯され志願』でデビューしている。こちらも、自ら企画を持ち込んだわけではなく、プロデューサーの秋山みよによる指名で監督昇進が決まったという。『犯され志願』という成田尚哉の企画は、女性プロデューサーでやるという話題性を意識したものだったようで、内容も有明祥子演じる商業デザイナー、つまりキャリアウーマンの性的自立を描くものだった。中原にも直接話を聞いた。

「僕が指名されたのは、秋山さんにとって僕が使いやすい助監督だったからでしょうね。これはタイトルから決められた企画なので、内容とタイトルは関係ないんだ。三井優がホンを書いてきたけど、『気に食わない』と秋山さんがなって、田辺聖子の本を渡されて『女もエロいこと考えるんだよ』と。ウーマンリブの時代だからね。元のホンを九九％直していますよ。金子修介にも直しに入ってもらったけど、いろいろ権利問題があるのでノークレジットでお願いしました。それより、僕が意識したのはお客さんですよ。八〇年代に入って、女性像が新しいというか、単純に言うと『エロス』の概念が変わりつつあった。その中で苦労していたのが小原宏裕、田中登、小沼勝、曽根中生といった主力監督たちでね。自分の感覚からすると、彼らが時代に合わせようとすると中途半端に見えた。今ターゲットにしているお客は俺らの世代でしょと考えていたんだ」（中原俊「ロマン・ポルノみたいな映画が、撮っていてもみていてもいちばん楽しいんだ」『日活 1971 - 1988』）

中原は上から来た企画とはいえ、そこに自分たちの世代でしかできない新しい風を吹かせようとしていたようだ。しかし、上層部およびベテランの意識はあまりにかけ離れていた。

「会社の方ではこっちで作ったホンを『ぬるい』とか言うんだ。『ここまで来たら、すぐにベッドでいいじゃない』とね。『そうじゃない、僕らの世代はハダカが見たいんじゃなくて、（女を）落とすまでを見たいんだよ』という主張だったんだ。セックスまでの過程こそが大事なんだ。その後は、ベテランスタッフに任せればある程度綺麗に見せられる。ねちょねちょとしたセックスはベテランがやればいいんじゃないと。見た瞬間ベッドインというのは、大事なところが描かれていないと不満に覚えていたんです」（同上）

実際、この映画を見ると有明祥子と夏麗子、風祭ゆきを軸に複数の男が絡む性的関係をめぐるかけひきが展開される筋が大半を占めている。もちろん、濡れ場はあるが「ポルノ度」に中原の興味はなかった。

「ラストシーン直前の有明さんと事務所社長の島公一（鬼丸善光）とのセックスシーン。これは彼との別れを意味する象徴的シーンですけどね。最後夜が明けたとホンではなっています。明け方のセックス。二人のお芝居の演出に集中していると、後ろに前田米造のクレーンとレールが来ていてね。『どうするの？どう割る？　割るの？』とカット割りを聞いてくる。すると、前田さんが『できるよね』と照明に合図したんだ。前田さんのアイディアで長回しとどんどん光量を上げて夜が明けていく様子を見せるという撮り方が決まり、気づくとその準備が整えられていた。こっちが『ワンカット？』と言うと、『ウン』と前田さん。そもそも日活では監督が演出に集中して、カット割りはカメラマンに任せるというのは伝統的にあったんです。まして新人だったから助けてくれたんですね」（同上）

そんな中原が濡れ場よりも描きたかったのは、ラストシーンだったという。

「ラストで、目覚まし時計が鳴るでしょ。それは有明祥子が関係した男たちからのプレゼントなのだけど、そのアラームが止まった後で自分の時計が鳴る。これで『自分の時間が始まる』という。時計が自分の心。これから自分の気持ちに沿った感じで生きていくという決意だね」（同上）

中原は師匠と仰ぐ西村昭五郎に「何の映画撮るんだ？」と聞かれ、「時計の映画を撮ります」と答えたという。それで、試写を見た後の西村に「時計の映画にはなっていなかったよ。時計は出ていたけど」と言われたようだ。

「まあ、試写を見ていただいてうれしかったですけどね。女性の想いを主体的に表現するロマン・ポルノがあまりなかったように思っていたし、僕自身、男性よりも女性に感覚が近いと思っていたから、うまく表現できたと思うよ」（同上）

中原は照れ隠しをするように笑って答えてくれた。

なお、この作品はヨコハマ映画祭で新人賞を撮るなど高い評価を受け、中原は順風満帆な監督人生をスタートさせた。ただ、会社は意欲的に八〇年代の新しい女性像を捉え、しかも外部から高い評価を受けた中原にも、義務として二作目にはＳＭの企画をあてがった。中原にその時の心境を聞いた。

「これは結城良熙さんからの指令です。日活では基本的には一本目は好きにやっていい。で、二本目は会社企画をやれと。『これは試練です。やりなさい』と言われました。でも、僕は文学としてＳＭが好きでしたから」（同上）

中原はＳＭを彼なりに楽しんで撮ったようだ。「脚本がベテランの掛札（昌裕）さんなので、ホンは『そのままで撮れ』と言われて、それで苦しい部分もあった」けども、「試験問題を解いている感じでしたかね。まあまあ、及第点だったかな」と答える中原はさすが新世代というべきか、どの監督も嫌がるＳＭをゲーム感覚でクリアしてしまった（同上）。

中原は三本目『聖子の太股　女湯小町』（寺島まゆみ主演、一九八二）から八本目『初夜の海』（小田かおる主演、一九八四）までアイドル・ポルノを手堅く監督し、しかもそれぞれの作品で自分なりのテーマや工夫、遊びを織り込みつつ、安定したヒットを飛ばすエース監督へと成長した。

「『聖子の太股　女湯小町』（一九八二）は寺島まゆみ主演。〔…〕寺島さんはハードな変態シーンを嫌がっていたので、純愛系にして。歌いたいというのでそれをどこに入れようか考えるのが楽しかった。風呂屋でロックコンサートなんてシーンもある。〔…〕あと、当時風呂屋の廃業が多くなっていたことでロケ地にしやすかったね。ハダカには抵抗ない場所だから許可もおりやすいし、裸の女の人を自然に出せるし、広くてスタジオみたいだし、いいことづくめ。ラストに『卒業』（一九六七）のパ

ロディーも入れて、割合、一番楽しんだ作品かもしれない」(同上)

そして、中原は小泉今日子主演の『ボクの彼女に手を出すな』(東映配給、一九八六)で日活の外の世界へ羽ばたいてゆく。しかし、この頃の中原はひそかにロマン・ポルノの限界を感じていたという(同上)。彼を悩ませていたのはアダルトビデオの台頭であった。

ポップ化が進むロマン・ポルノ

ところで、これら新人監督のロマン・ポルノを見ていくと、一九八一年から八二年の間に若者向けを強く意識したポップ化が急速に進んだことがわかる。

その変化をよく表している例として、上垣保朗のデビュー作『レイプウーマン　淫らな日曜日』(一九八一)と三作目『ピンクのカーテン』(一九八二)のポスターの違いを挙げておこう。比較してみれば明らかなように後者では「彩度」が上がっており、「暗いイメージ」が払拭されているのである。

また、一九八二年以降のロマン・ポルノの宣伝ポスターを見ると、例外もあるが全般的に八二年以前と比べ概ね明るくなっていることがわかる。したがって、作品の傾向も「明るさ」へと傾斜していくが、すべて明るい作品になったわけではない。主役の倉吉朝子が射殺されるという凄惨なラストを描いた斉藤信幸の『黒い下着の女』(一九八二)でさえ、ポスターだけは若者にアピールするようにポップな明るい色彩でデザインされた。

一九八二年五月に那須博之の監督デビュー作となった『ワイセツ家族　母と娘』は、製作部長の若松正雄から企画営業部の佐々木志郎と山田耕大に課されたロマン・ポルノ一本分の予算でテレビ部が残した家のセットを使い二本作れという難題から誕生した作品だった。

山田によれば、当時の一本の予算は二八〇〇万円。一本目は二三〇〇万円で藤井克彦監督にSMモノの『肉奴隷　悲しき玩具』を撮ってもらうことにして、問題は二本目である。五〇〇万円だけで一本撮れるのか、しかも五日間しかスケジュールはもらえない。この難題を誰でやろうか思案していた山田に、「那須は知ってるか？　あいつはゴジ(長谷川和彦)みたいに目がギラッとして、狂気をはらんでいる感じがするんだよ」とヒントを与えたのは佐々木志郎だった。そこに賭けた山田は那須博之に監督を依頼し、妻の那須真知子に脚本を書いてもらったという(『昼下りの青春』)。

ちなみに、『ワイセツ家族』はエネルギッシュで面白いが、藤井の『悲しき玩具』(佐伯俊道脚本)も見応えがある。予算不足は俳優を五人に限定することでクリアし、主人(江角英・江崎和代)、奴隷(松川ナミ)、奴隷に調教される男(隈本吉成)、両親を憎みナミを愛する娘(伊藤京子)の五角関係が錯綜する六八分の人間ドラマが見事に描写されている。花火責めや水責めなどが派手に展開するが、単なるSMに終わらせていないのはいかにも藤井作品らしい。

山田によれば、那須真知子はテレビ部が残したセットだけで大部分が撮れるように、老人の屋敷を乗っ取ろうとする母と娘、それを阻止してホテル建設を目論む老人の甥とその妻の肉弾「ワイセツ」合戦という筋をまとめた。撮影では、那須監督が大いに暴れまわり、モヒカン男が鶏を追いかける狂騒ぶりで幾日も徹夜が続き、雨で一日ロケ日程が延び一〇〇万円の予算オーバーをしたが、勢いのあるブラックジョークポルノが完成した。しかし、完成試写ではあまりの下品さに、山田に武田靖本部長の雷が落ちた。

「プロデューサーは誰だ。お前は那須を殺すに等しいことをしたんだ」。

山田は散々けなされたという。一方、那須監督は涙を浮かべる妻の真知子を横に、黙って本部長に腐された部分を自ら編集し直して完成にこぎつけた（『昼下りの青春』）。

なお、金子修介によれば、この話にはさらなる後日談があった。那須はデビュー作を武田靖にめちゃくちゃにされたことに腹を立ててバイクで長い一人旅に出てしまった。フェリーで韓国まで渡ったようだ。この時の那須はまだ助監督身分であり、この行動は無断欠勤に当たる。そのため、彼は武田によって懲罰委員会にかけられてしまった。

「〔那須さんは〕『これは、自衛隊なら反逆罪に相当する、ってな、言われたんだよー』と、なにか嬉しそうだった。それで、那須さんは辞表を書いた」（金子修介「ロマンポルノ無能助監督日記」）

那須監督の大ピンチ。と思いきや、ラッキーな逆転劇が待っていたそうだ。

「根本悌二社長が、たまたま地方で『ワイセツ家族』を見て、『面白いじゃないか』と言って、社長室に呼び、辞表を那須さんに返した。『ということで、首が皮一枚で繋がったんだよー』と、〔那須さんは〕やっぱり面白がっていた」（同上）

一方、大事なデビュー作で那須に大迷惑をかけてしまった山田耕大は、那須の監督起用を嫌がる武田靖の反対を押し切って、那須のための新企画を斎藤博（脚本家）と作り出した。それは、現代の女子高校生たちのレズなのかそうでないのか、あやふやで屈託のない性のあり方を描いた「百合族」ものという新ジャンルだった。そして、那須はこの脚本で『セーラー服　百合族』（一九八三年六月）を撮り上げた。山田の心意気に応えた那須の演出は冴えわたり、作品は大ヒット。那須は一転、武田本部長のお気に入りになった。那須は続く『セーラー服　百合族2』（同年十月）もヒットさせ、どんなジャンルも柔軟にこなし、ヒットさせることのできる高い技量を示した。もっとも、彼の本当の資質はバイオレンス・アクションの才能だった。それが十分に発揮されるには、日活を退社した年の暮れに監督した『ビー・バップ・ハイスクール』（東映セントラル、一九八五年十二月）まで待たねばならない。

一九八二年頃の日活では、もはや那須ほどの才能がある人間ですら、デビュー作で「ご祝儀」をなかなか受けられなくなっていた。かつて、「十分に一度エロティックなシーンがあれば、あとは何をやってもいい」と言った黒澤満はすでに日活におらず、「売れ線企画＝定食」の護持にこだわる武田靖が君臨していた。現場から創造の自由やモチベーションが急速に失われていく一方だった。それでも、監督・スタッフ・キャストは与えられた場で最上のものを目指して、一九八八年までロマン・ポルノを撮り続けたのである。

那須の弟分で一九八四年に監督デビューした金子修介は、入社当初から自信満々でデビューを訴えてきただけあって、会社が持ってきた定食企画を鵜呑みにするふりをして、したたかに自分の映画にしてしまう離れ業を見せた。デビュー作は『宇能鴻一郎の 濡れて打つ』。もとは西村昭五郎が監督する予定だったが、「これじゃ撮れない」とバッサリ断られ宙に浮いた企画である。企画部では「さて困った」となったが、そこですかさず山田耕大が同期入社の金子を推し、急遽デビューが決まった（山田『昼下りの青春』）。しかも金子がライバル視していた根本吉太郎と同じ二十代での監督デビューとなった。

後年、金子はデビュー時のことを回想している。金子のエッセイ「ロマンポルノ無能助監督日記」によれば、五月みどり主演の正月映画『ファイナル・スキャンダル　奥様はお固いのがお好き』（小沼勝）でチーフ助監督をしていた八三年十一月九日の撮休日に若松正雄常務に呼び出されたという。撮影所長室に向かう途中で若松が「いい話ですよ」と言ってきたので、監督デビューの話とわかったという。

「樋口〔弘美〕所長に『年内撮影で来年二月番組、山本奈津子主演で『宇能鴻一郎の濡れて打つ』なんですが、予算は五〇〇万、尺は五五分で監督やってもらえますか？』と言われた。もしかしたら『やって下さいますか』という言葉使いだったかも知れない。横綱昇進の内示みたいだな、と思った。『はい』と答えた。『よろしくお願いします』とか『がんばります』とか、言ったかなぁ……自分の方の言葉は覚えてない。部屋を出る時、ニヤニヤしていた、と思う」（金子修介「ロマンポルノ無能助監督日記」）

監督昇進は助監督の誰もが目標とするところで、金子も例外ではなかった。「日活に入って、それまでで一番幸福な感情の中にいた」という（同上）。ただ、先にも見たようにこの原作はやっかいなものだった。

「宇能鴻一郎の原作は十数回分しかなくて〔…〕何かストーリーを考えなければならない。〝じゃあ、高校のテニス部の話なんだから『エースをねらえ!』をイタダこう〟と思って」（金子修介「とにかく〝映画〟が撮りたくて、僕は日活に入りました」『愛の寓話』Vol.1）

金子は映研の先輩である押井守のコネクションで、すでにテレビアニメ「うる星やつら」の脚本を手掛けた経験があった（しかもかなり原作を改変したオリジナル回もやった）。その経験を生かして、自分が得意なフィールドに使い古された「定食」の宇能鴻一郎ものを合体させ、リニューアルしてしまった。こう書いてしまうと簡単なようだが、企業の中でこれを実行してしまう度胸は並外れた強心臓と言えよう。また、著作権にうるさくなかった時代のおおらかさが彼の危険な行為を可能にした。ただ、金子が「現場は結構大変でした」と回想するようにスムーズにコトが運んだわけではなかった。

「〔主役の山本奈津子は那須監督に『百合族』で厳しく指導されていたので〕いきなりエレベーターの中で犯されて、それで感じちゃう、というのが凄くイヤなんです。〝何故?どうしてそうなるの?〟って、現場でそれをなだめるのが結構大変だった。こっちは当然、リアリズムでやる気持ちはないんだけど、奈津子は〝芝居は気持ちでやるものだ〟と信じているから、それで絵コンテを描いて説明したり。〔…〕漫画のイメージ通りのキャラ〔お蝶夫人のパロディー〕を演じた林亜里沙も本当にその気になってくれて。〝全体的に可愛らしい感じを出したいな〟と、思ったのを覚えています」(同上)

ただ、金子は「ご祝儀」がなくとも「自由」に好き放題できたおかげで、苦労も楽しんで現場をこなしたようだ。それに彼は主義や主張、脈絡をここに持ち込まなかった。「面白ければ理屈なんてなくてもいいじゃないか」という感性も一九八四年の日活においては革新的だったのではないだろうか。金子はこの年にさらに『OL百合族19歳』『イヴちゃんの姫』を撮り、八五年には八四年度のヨコハマ映画祭新人監督賞を受賞し、会社に一般作『みんなあげちゃう♡』を任されるまでになった。

他方、苦しめられたのは周りのスタッフである。実写でアニメをやるというのはヘタをすれば、見られたものではなくなってしまう。特に録音部・効果部によるポストプロダクションには大きな負担がかかった。この作品で録音技師に昇格した中山義廣に話を聞いてみた。やはり、苦労は絶えなかったようだ。

「これは僕が録音技師に昇格した作品。効果の斉藤マサやん(昌利)と一緒に一週間徹夜して、効果音はライブラリーから使わずにイチから作ろうと言ってね。『濡れて打つ』はもうマンガだから、現実音のままではできない。女の子がストーカーの男の子の『アレ』が意外と大きかったことに気づいた時の驚きの音なんて、どんな音がするの?そんなこと誰にも正解が分からないという世界だった」

アニメは現実には起こらない出来事、現実には聞こえない効果音が当たり前の世界である。中山技師は頭を切り替えて、この録音ブースにあるあらゆるものを使い、「ドカン」「バン」「カン」といった現実にはないマンガの書き文字擬音をどうにかして作り続けた。ちなみに、「アレ」の巨大さに気づいた「ビヨーン」というマンガにしかないような擬音は、「シタールの音にエフェクターをかけて作った」そうだ。当時の撮影に許された期間は少しオーバーして、それでも八日間。「そこからアフレコやって一週間後にはもうゼロ号試写ですから。効果音を入れる時間なんてほとんどない」状態だった。

モノラル音声だった当時は、録音機器も古く一本のテープに収録できるトラックの数も限られており、音数が多すぎるため、一度に大量の音を鳴らし、まとめて一つのトラックに入れ、ダビングを繰り返すしか方法がなかった。

「一人じゃできないから、助手さんにナマで衣擦れをしてもらって、別の助手さんにはテープで効果音をポン出ししてもらうって感じ。その時の自分を客観的に見たとしたら、『あんな暗いところで何やってんだろう』って滑稽に見えたでしょうね」

中山はもはや笑い話となった過去の苦労を快く語ってくれた。しかも、こんな苦労をしている中山技師にスタジオで指示を出しながら、金子監督は最後まで妥協しなかったようだ。「最後のダビングは二パターン作った気がする。監督が選べないというからさ」と中山は言う。与えられた企画を自分流に改変して楽しみつつ、スタッフをこんなにも必死になるほど協力させてしまう。そんな要素も監督の資質なのかもしれない。

ちなみに、中山技師によれば、相米慎二監督は金子監督以上のひとたらしだった。中山は相米組の『セーラー服と機関銃』(一九八一)の過酷な現場をマイクマン(録音助手)として駆けずり回った。二つのセットをまたぐ長回し撮影では、複数のマイクマンがマイクをリレーして先のセットに予め設置してあるジャック(差し込み口)に接続し、さらにリレーすることを繰り返しどうにか対応した。また、有名シーンの裏話も教えてくれた。

「夜、薬師丸ひろ子が林家しん平とバイクで走るシーンで、二人の会話に独特のエコーがかかるでしょ。僕がNHK放出のエコーマシーンを改造して作ったんだ」

中山にとって当時の苦労も今は全て楽しい思い出だそうだ。

薬師丸ショック!:ビデオ時代の到来

八〇年代ロマン・ポルノにおける重大な変化として見逃してはならないのは、一九八一年十一月公開の『レイプウーマン　淫らな日曜日』(上垣保朗)、『情婦《イロ》はセーラー服』(西村昭五郎)以降、ロマン・ポルノのスクリーンサイズが長年親しまれてきた「シネマスコープ」から「ビスタサイズ」へと全面的に切り替えられたことである(ただし、一九七三年に澤田幸弘の『濡れた荒野を走れ』、白井伸明の『外人妻』、小原宏裕の『怨歌情死考　傷だらけの花弁』の三本立て興行で一度だけビスタサイズが試されたことがあった)。

ここには、ビデオソフト化を前提した営業戦略が隠されていたと思われる。一九八〇年十二月十日にはライバル他社の先手を打って、『日刊ゲンダイ』に一面広告を出し、日活ロマン・ポルノ三〇分短縮版(一万八〇〇〇円)および六〇分編集版(三万五〇〇〇円)のビデオソフト四五作品の発売を大々的に宣伝した(コノシート編著『ビデオソフト研究　Vol.4』[さんぽプロ]によれば、のちに五五作になる)。中年男性会社員向けの夕刊紙で『夕刊フジ』と対極にある反体制的論調を特色とする『日刊ゲンダイ』をあえて選んだところに、根本体制下の日活らしさを感じさせるが、同紙読者とビデオの購買層が重なるという営業部の計算もあったのだろう。

家庭用ビデオデッキは、一九八〇年においても一%程度の普及率だった。実家暮らしだった金子修介が一九七八年夏に給料をためて三〇万円（現在の四三万ほど）でベータのビデオデッキを買い、周りの先輩たちを驚かせたというエピソード（「ロマンポルノ無能助監督日記」）があるような時代である。しかし、ビデオデッキ普及率は八一年にはいきなり十%ほどに増え、その後急速に普及していく予兆を見せていた。八一年にはこれまで横ばいだったソフト売り上げが倍増の流れに急上昇し始めた（中村朗『検証　日本ビデオソフト史』映像新聞社）。

ビデオソフトの売上高をさらに押し上げた要因の一つは八二年一月九日のフジテレビで薬師丸ひろ子主演映画『翔んだカップル』（相米慎二）がオンエアされたことだった。

「〔フジテレビは番組中に〕『三十名様にビデオ・プレゼント』の十五秒テロップを一回だけ流した。その応募ハガキが何と二十一万二千通、これにはフジテレビが驚いた。ポニー〔フジテレビと同じフジサンケイグループ系列のレコード・ビデオ会社〕では映画の未公開部分十一分を加えて再編集し、三月一日の発売を前に全国のレコード店を通して予約販売を行った。〔…〕レコード店に予約に来るヤング〔若者〕の中には、VTRを所有せず、ベータとVHSの区別も知らないものが少なくなかった」（中村朗『検証　日本ビデオソフト史』）

テレビ画面にテロップが流れた瞬間、高額なために中高年以上が購買層の中心だったビデオが若者に広く認知された。一本一万九〇〇〇円もするビデオソフトが若者中心に半年で五〇〇〇本も売れてしまったのである（同上）。

角川春樹はこのビジネスチャンスに乗じて、六月にはポニーから薬師丸主演の『翔んだカップル』『セーラー服と機関銃』『ねらわれた学園』のビデオソフトを発売、定価一万九八〇〇円のソフトが合計一万五〇〇〇本も売れた。これだけで二億九七〇〇万円の売り上げである。『翔んだカップル』は製作費が九八〇〇万円だったので半年分のビデオ売り上げ（九五〇〇万円）だけでほぼ元が取れてしまった。

ビデオソフトの値段はビデオデッキが普及するにつれて安くなっていった。つまり、デッキを持つ若者向けのソフトを若者でも頑張れば手の届くような値段にして市場を急拡大させたのである。七七年には三〇分で一万九〇〇〇円、映画全編で六万円もしたソフトの平均価格は、八三年には三〇分で七八〇〇円、映画本篇は一万七八〇〇円（薬師丸ひろ子の出ている売れ線ソフトはさすがに平均より二〇〇〇円高くしてあった）と約三分の一になり、それに呼応してソフト販売の総売上高は七七年には約十八億円だったものが八三年は約二二三億三五〇〇万円と十倍以上に急上昇した（同上）。

加えて一九八二年あたりから一本一万円以上する高額なビデオソフトを売るのではなく、若者向けに一泊二日一〇〇〇円程度（回転が速いのであっという間に原価償却できてしまう）でレンタルする新ビジネスが確立していった。一九八六年頃には全国に大小一万軒のレンタルビデオショップが乱立することになる（オレンジ通信特別編集『アダルトビデオ10年史　過激なアイドル965人』東京三世社）。

当時の有力なビデオ規格は松下電器などが推すＶＨＳ方式とソニーが推すベータ方式と二種類存在していたが、この八二年あたりには家庭用に限っていえばＶＨＳのシェアがベータを圧倒するようになった（ベータは業務用の高性能機にしぼってセールスする方針に転換していった）。

その裏には八二年に広く流通した裏ビデオ『洗濯屋ケンちゃん』（監督は元東宝助監督の藤井智憲）の貢献が大きかったようだ。このビデオはわずか五〇〇本しか製作されなかったが、不正ダビングを繰り返され十三万本販売され、九カ月で十二億円を売り上げたらしい（『アダルトビデオ10年史』）。ＶＨＳがベータに勝利したのは、ＶＨＳのセールスマンの方が積極的にこうした裏ビデオやロマン・ポルノのビデオを付録として付けていたからだった。

これは都市伝説ではない。事実、日活には松下電器（ＶＨＳを開発した日本ビクターの親会社）からロマン・ポルノのＶＨＳ版ソフトの大量発注があった（松本平『日活昭和青春記』）。東映ビデオにもベータのソニーとＶＨＳの松下から販促用として何千本単位で成人向けソフトの発注があったという（奥出哲雄「ビデ倫誕生、そしてＡＶシーンの幕開け」『ビデオ・ザ・ワールド』一九八六年五月号）。

日活はこうしたビジネスチャンスをいち早く察知していたらしく、一九七八年八月には、日活ビデオ室（一九七〇年創設）を前身とするビデオ部と営業本部第三営業部とを合わせて「日活ビデオフィルムズ株式会社」として独立させた（『日活100年史』）。当初は家庭用のビジネスでは成立せず、一九七二年に摘発されたビデオのような業務用のポルノビデオをホテルなどの有料テレビ用に販売・貸出するビジネスを主に行っていた。

そして、まだほとんど家庭用ビデオデッキが普及しないうちからベータとＶＨＳの規格の家庭用ビデオソフトを発売した。もっとも経費をケチったのか、ロマン・ポルノの作品性を軽視していたのか、一九七八年～八二年頃のロマン・ポルノソフトは濡れ場やハダカのシーンばかりで構成された三〇分の短縮版（一万八〇〇〇円）と中途半端な六〇分の編集版（三万五〇〇〇円、八一年頃に二万五〇〇〇円に値下げ）の二種類のみを売っていた。

しかし、戦前の日活映画のソフトは七九年頃からノーカット版が売られていた。こちらの価格は三万三〇〇〇円だった。戦後のアクション映画や青春映画のソフトは七五分短縮版（おそらく一九七七年～八三年のビデ倫審査料が三〇分あたり会員は二万五〇〇〇円、非会員は四万円という設定だったため、計算の利便性を考え七五分にしたのだろう）で八〇年代初めには発売されていたが、こちらは当初五万円もした。ちなみに、高額な価格設定は他社も同様で日活ビデオだけが特別高額だったわけではない（コノシート編著『ビデオソフト研究　Vol.4』）。この値段でないと利益が出ないほど買う人間が限られていた。

八二年頃になると、ようやくロマン・ポルノでも定価一万八〇〇〇円でノーカット版（ただし画面サイズはテレビ画面に合わせて、スタンダードサイズにトリミングされた）のソフトが発売されるようになった。日活映画は従来シネスコサイズだっただめ、画面の端と端に人物がいる場合、スタンダードサイズにトリミングするとどちらかの人物が消えてしまう。しかし、もともとビスタサイズで撮っていればスタンダードにトリミングしてもそこまでの影響は出ない。八一年十一月から本篇のサイズをビスタに切り替えたのは、翌年からビデオソフトを大々的に売り出すことを前提にした対処だったと考えられる。

さらに日活は、旧作の再発だけではコンテンツが足らなくなり、一九八一年四月から「生撮りシリーズ」と題した一万円ジャストのオリジナルポルノビデオ（スタンダードサイズ、三十分）を製作し始めた。初回こそ代々木忠に外注したが、六作目からは日活の監督にも撮らせるようになった。同年十一月には新宿歌舞伎町に直営のビデオソフト販売店「シネマトークVAM」を開業、直営の映画館にもビデオ販売店「ビデオトップ」を併設した。一九八四年からはレンタルビジネスに参入した（『日活100年史』）。一九八二年にビデオ事業の売り上げが映画の配収に並び、これ以降、映画配収を凌駕する勢いになっていく。

一九八〇年代半ばには、伸び盛りのビデオ事業の利益がロマン・ポルノの不振（一九八五年配収は前年比八七・七％の二六億九六〇〇万円に大幅下落）で生じた赤字を埋め合わせ、九三年の倒産まで日活の経営を支えた。この頃から邦画業界は配収一〇〇億円時代となり、東宝の八五年の配収は一三八億円以上に及んだ。邦画大手の三位である松竹でさえ不振の年だったのにも関わらず配収は五三億円以上あった。四位の日活の倍である。一九八五年の日活はもはや邦画大手と本業で勝負できる状態ではなくなっていたのである。

しかし、主戦場をレンタルビデオ業界に移してしまうとAVがライバルになる。この状況は、当然「AVに負けないポルノ度」を現場に要求することに繋がり、ロマン・ポルノの創造性の幅を狭めることになってしまった。商売に徹した武田靖がポルノ度の強化にしがみつくのはやむを得なかったように思える。ただ、不幸なことにポルノ度に生き残りを賭ける戦略をとるには、一九八五年というタイミングはあまりに間が悪すぎた（後述）。

そして、ビデオ化されたロマン・ポルノ作品はもちろん、ドラマAVとほぼ変わらない生撮りシリーズやビデオフィーチャーシリーズはレンタルビデオ業界でAVに急速に太刀打ちできなくなっていった。

日活が自ら生み出したアダルトビデオという敵

日本で初めて合法的に市販されたアダルトビデオ（AV）は、一九八一年五月に日本ビデオ映像が発売した『ビニ本の女　秘奥覗き』『OLワレメ白書　熟した秘園』であるというのが定説だが（藤木TDC『アダルトビデオ革命史』）、この説は厳密にいえば間違いである。

なお、『ビニ本の女』『OLワレメ白書』の監督は稲尾実と誤記されることが多いが（『アダルトビデオ10年史』）、実際は日活出身の白井伸明がノンクレジットを条件に八万円のギャラで監督した（前掲、奥出「生撮りビデオ誕生」）。そのため、白井がAV監督第一号と言われる説もあるが、それも誤っている。

一九八七年の奥出哲雄による白井伸明と日本ビデオ映像の元製

作部長・升水惟雄のインタビューによれば、とある事情で二番手に発売されるはずだった白井の作品が先に世に出たのだという。インタビューで述べられた事情をかいつまんで説明すると、一九八〇年に九州の某スポンサーから委託を受けて東音スタジオ（ピンク映画の編集スタジオ）が製作した『女子大生　契約結婚』（稲尾実）他一本が完パケのビデオテープの状態で日本ビデオ映像に持ち込まれたが、そのテープが業務用Uマチック規格（四分の三インチ）だったため、家庭用のVHSやベータのテープ（二分の一インチ）で再納入するようにお願いしたところ、発売が遅れてしまったのだそうだ（同上）。

最初期のアダルトビデオの現場を体験した白井の話を聞いてみよう。とにかく驚きの連続だったという。

「あまりに〔スタッフの〕人数が少ないんで驚いちゃって。それにハードスケジュールなのにはびっくりしたことがありますよ。〔…〕撮ってみて、面白いと思ったのは、ビデオはすぐに再生して見れるということだね。〔…〕セットもマンションとかアパートとか、いわゆるオールロケーションで撮ってね。僕はセットで撮影することが多かったから、とにかくそれでびっくりしたよね。〔…〕当時は、映画と同じようにやったと思うね。カットもきちんと割って撮りましたからね。〔…〕ただ、撮った後が困りましたね。ビデオの場合、編集マンがいないってことだよね。映画だとキチンといるでしょ。ビデオは、監督兼編集マンみたいな感じで、こりゃ面倒な事だなあって思って……（笑）」（奥出哲雄「生撮りビデオ誕生」『ビデオ・ザ・ワールド』一九八七年一月号）

ところで、狭い意味でのAVを藤木TDCにならって「ビデオカメラによって撮られたポルノシーンを中心とする映像作品で家庭用映像メディアソフトとして合法的に発売・レンタルされることを前提に製作されたもの」と定義するならば、初めて世に出たAVは白井の作品ではない。一九八一年四月に日活から発売されたオリジナルポルノビデオ「生撮りシリーズ」の第一作『豪田路世留・青野梨魔の縛り・SEX調教師』（代々木忠）ということになる（藤木によれば、非合法の裏ビデオは七九年頃から出回っていたらしい）。藤木TDCの『アダルトビデオ革命史』はこのシリーズの発売時期をなぜか七月としているが、日活ホームページには四月発売と明記されている。

事実は定説とは異なり、狭義のAVを初めて市販したのは日活ビデオフィルムズということになる。もっとも、日活をはじめとする大手映画会社のビデオ部門がオリジナルポルノビデオを撮り始めた理由は、急速にビデオソフト市場が拡大する中で、東映と日活とジャパン・ビコッテがビデオ用に売れそうな旧作のポルノ映画やピンク映画を買い占めてしまって（初期のロマン・ポルノのビデオにはかなりマニアックな作品までラインナップに含まれており、藤井克彦『国際線スチュワーデス　官能飛行』［一九七六］をはじめ四〇年近く再販売されていないものもある）、市場のニーズがあるのに売るコンテンツのストックがなくなってきたためであって、先行するAVに対抗するためではなかった（前掲、奥出哲雄「ビデ倫誕生、そしてAVシーンの幕開け」）。

ビデ倫の審査番号を参考にどれが第一号AVかを検証してみよう。稲尾実の『女子大生　契約結婚』は80102で一九八〇年にビデ倫のタイトル審査を受けたことがわかる（発売は白井のビデオの後。ちなみに同時に稲尾が撮った『団地妻　真昼の快楽』の審査番号は81217で白井のものより遅い。こちらだけ発売時に審査を受けたのだろう）。四月発売の代々木の『縛り・SEX調教師』は81134で、五月発売の白井の『ビニ本の女』の81148よりわずかに早い。よって、暫定的ではあるが第一号AV監督は稲尾実で、第一号市販AVソフトは代々木忠の日活ビデオ、第二号市販AVソフトは白井伸明のビデオという結論となる。

なお、ビデ倫では映像に対する本審査前にタイトルだけ審査し、その際に番号をつけたので、ビデ倫番号は必ずしも本審査順・発売順を反映していないが目安にはなる。例えば、映画作品をそのままビデオした場合は、映倫審査の段階でタイトル審査を受けている扱いとなるので、ビデ倫番号がビデ倫本審査時よりもだいぶ前につくことが多い。映画を改題してビデオ化するとタイトル審査を受け直すことになる。するとビデ倫番号が製作時より遅れる。だから、ビデ倫番号だけの考察では製作順・発売順は暫定的にしか導き出せない。

ただ、先に挙げた奥出の記事「生撮りビデオ誕生」で、升水が「一万円台で日活がビデオソフトを売るというのでうちは九八〇〇円にした」という趣旨の発言をしているので、日本ビデオ映像の白井作品の販売が日活の代々木作品より後発だったことは十分推測できる。

そして、奇しくもこの三本の最初期AVの全てが日活に関連がある。というのも、幻の第一号AVを販売した日本ビデオ映像は一九八〇年創業の製作会社だが、創業メンバーは全て日活出身だった。前出の「生撮りビデオ誕生」によれば、同社は元々大蔵映画などの六〇分尺ピンク映画を三〇分のUマチックテープに再編集し、業務用商品としてラブホテルなどに納入していた。八〇年六月に日活の装飾係にいた升水惟雄が製作部長として入社し、本格的なオリジナル作の製作を始めたようだ。

なお、升水は一九八四年五月にジャパンホームビデオを創設して独立し、初期は「JHV」名義で一般作品をリリースしていたが、一九八六年四月にアダルト作を扱う「アリスジャパン」レーベル（現存するAVレーベル）を新たに創設した。

藤木TDCが指摘するように狭義のAVの登場のタイミングが一九八一年前半だったのには、ビデオ機材の国内での技術革新も関係している（『アダルトビデオ革命史』）。業務用に耐える高画質のポータブルビデオシステムは、一九七七年にソニーが高画質1インチテープを発売し、一九七九年にソニーが1インチ対応のポータブルビデオデッキBVH－500Aを六八〇万円で発売（一時間収録用のMリールを装備可能）したことでテレビ局を中心に普及し始めた。このデッキは二〇キロの重量があったが、デッキを受け持つVE（ビデオエンジニア）とカメラマンの分業体制でドラマの外ロケや自在な手持ち撮影を高画質ビデオで行えるようになった。

創成期のAVの撮影を経験した代々木忠、白井伸明は共通して1インチのテープを使ったと証言している。恐らくデッキはBVH－500A等を使い、予算に応じてカメラはプロ用か民生用のどちらかを選択していたと考えられる。

ちなみに、日活はテレビ局のニーズに合わせて、東通（テレビ技術会社）と協力の上、一九七〇年代末までには第十三ステージをマルチカメラ対応に改造していたので（『日活100年史』によれば、「見ごろ！食べごろ！笑いごろ!!」などのバラエティー番組の収録で使われていた）、テレビ番組並みのビデオ撮影をすることもできた。しかし、ポルノビデオの撮影でここを使うことはなかったようだ。日活ビデオフィルムズと日活撮影所は分社化されていたので、日活ビデオフィルムズがこのステージを借りると高額なレンタル料を払わなければならない。当時の映画関係者はビデオを「安く」見ていたので、「ビデオごとき」にそんな製作費はかけられなかったのだろう。

ＡＶに「ビデオ」というメディアの特性を生かした特有の表現が生まれるまでには多少の時間を必要とした。初期のＡＶは、現代のわたしたちが想像するものとはあまりにもかけ離れていた。ビデ倫が本番行為を許さなかったため、濡れ場が多めのちゃちなピンク映画のようなものしかなかった。映画と差別化できるような特質は、ビデオ撮りであるという点くらいだった。その背景には、ビデ倫が一九七九年の「日活ビデオ裁判」の敗訴を受けて審査を厳しくしたことが影響している。ビデ倫は警察の摘発を避けるために、性行為のみを描いたシーンは連続三分まで（一九八六年頃には六分まで延びたようだが、やがて有名無実化した）と規制をかけていた。したがって、初期ＡＶにはセックスシーンとセックスシーンの間を埋めるドラマ部分やインタビュー部分を入れる必要があった（藤木『アダルトビデオ革命史』）。

そのため、初期のＡＶ現場では、ドラマの演出ができるピンク映画やロマン・ポルノの監督経験者に協力を求めることが頻繁に起こった。ただし、映画関係者はＡＶを「大人のおもちゃ＝オナニーグッズ」のようなものとして蔑んでいたし、出演者もピンク女優が出ていればまだ上等な方で、大体は演技経験のないビニール本モデルしか出てくれなかったため、演出も演技もおざなりで「作品」としてのクオリティは低かったようだ。中村正平は一九八一年頃のＡＶソフトを「〝刑事くん〟モドキのお手軽ポルノドラマが全てだった」と揶揄している（『ビデオ・ザ・ワールド』一九八五年四月号）。

なお、八〇年代には、白井以外にも何人かの日活出身の監督・助監督が、本名あるいは変名でＡＶを監督している。

また、日本ビデオ映像、ジャパンホームビデオ、白井伸明のＶ企画、日活の元製作部長が起業した現映社など、初期のＡＶ業界を支えた製作会社には、日活出身者が設立した会社がずらりと並ぶ。ＡＶ業界と日活の縁は浅くない。

もっとも、ＡＶ業界と映画業界の境界線は八〇年代前半頃では曖昧だったし、両者には人的交流も盛んにあった。例えば、一九八一年秋に創設されたＡＶメーカーのＶＩＰエンタープライズは、ビニ本出版社の群雄社社主・明石賢生とシネマプラセット社長・荒戸源次郎（鈴木清順の映画『ツィゴイネルワイゼン』などを製作）とが作った会社である。

このＶＩＰは、相米慎二が『魚影の群れ』（松竹、一九八三）の撮影延期で窮状に陥っているのを聞きつけ、彼とスタッフに『岩崎優子　禁じられたララバイ』『水野きみこ　こわいけど、ヴァージン』『早坂あきよ　追って、愛』というビデオ作品を撮影させている（近藤十四郎「ポルノでユニークな作品を作り続ける『VIPエンタープライズ』」『ビデオ・ザ・ワールド』一九八五年五月号）。相米が武蔵野大門の変名を用いて監督した『禁じられたララバイ』だけがアダルト作品で、他の二本はイメージビデオのようだ。

一九八二年：AVがロマン・ポルノを凌駕するとき

日活は一九八一年四月から「生撮りシリーズ」を売り出し、結果的にAV業界に一番名乗りを上げることになった。生撮りビデオは、当初フィルムとは異なる生々しいビデオの画や音の「質感」が商品としての売りとされていた。

やがて、泉じゅんや松川ナミ、志麻いづみ、渡辺良子、小川亜佐美、小田かおるなど主演女優のクオリティで他社との差別化を図るようになる。初期のAV業界は映倫の影響下にあるビデ倫の規制があったため、まずはピンク映画関係者や日活・東映などのポルノ映画関係者が設立した製作会社が業界をリードし、脱げる女性モデルを多く抱えたビニール本会社が続けて次々と参入していった。

後者の代表格は、ビニール本業者のハミング社が映像部門として一九八一年に立ち上げた「宇宙企画」（現存するAVレーベル）である。同社は一九八四年一月には『ミス本番　裕美子19歳』を発売。ビデ倫の規制を無視して「美少女本番路線」を打ち出し業界を席巻する存在となり、ロマン・ポルノを脅かす大敵に急成長する。当時のモザイクは分厚く、本番を謳った作品であっても実際に本番をしているかどうかを判断することは不可能だった。したがってビデ倫審査をクリアすることができたし、摘発されることもなかったのだろう。ちなみに、ハミング社は鈴木潤一のデビュー作『婦人科病棟　やさしくもんで』（一九八一年八月）で、朝比奈順子が演じる主人公の彼氏（信実一徳）の職場として登場しているが、鈴木にこの件を尋ねたところ、ハミング社でロケしたことを全く覚えていなかった。一九八一年時点で、まさかわずか三年後にこのような驚異的存在になるとは、日活の中の誰が想像できただろうか。

宇宙企画は、一九八一年十二月からAV作品を発売し始めたが、ドラマ演出のできるプロがいなかったために一本目はピンク映画を数多く監督した中村幻児に演出を依頼している。しかし、翌年に発売された『女子高生素人生撮りシリーズNo.2　美知子の恥じらいノート』は新入社員の小路谷秀樹に担当させた。彼は専門学校（イメージフォーラム）を卒業したばかりの二二歳で、宇宙企画入社前にホームビデオで結婚式を撮る仕事をしていてビデオ操作に慣れていたものの、ドラマ演出の経験はほとんどなかった。ところがそれが却ってよかった。小路谷は自らの経験のなさを逆手にとって、それを斬新な手法へと反転させた。

小路谷はライターの高杉弾との対談で、初期のAVは「ピンク映画の焼き直し」だったと小馬鹿にしている。高杉も他社は巧いし職人みたいにセオリーができあがっているから「逆にスケベさが出てこない」と彼に同調している。

高杉「〔…〕こっちが油断しちゃうとさ、きまりパターンだなあってところにいつのまにか行っちゃうのかもしれないし。やっぱりそういうのヤダなあって思います?」
小路谷「うん。だから、なんでSEXを撮らなきゃならないんだろうって思う」
高杉「そうそう。本番をやらなきゃならないみたいなところってあるでしょ? 別にポルノビデオだからってさ、本番やらなくたっていいと思うんだよね。僕は」
(高杉弾・小路谷秀樹「ポルノ・ビデオにおいてリアルであるということはパターンを壊し続けていくことなんだ」『月刊ボディプレス』一九八五年九月号)

パターン化してつまらなくなったAVはどうすれば面白くなるか。小路谷が考えた打開策が「じゃあ映画じゃないものを作ろう」だった(同上)。

ろくに台詞を話せない素人出演者、演出セオリーがわからない素人監督、この最悪の組み合わせが「映画=作り物」じゃないリアルを追求するという発想の転換に繋がった。それが「素人生撮り」と名付けられた手法である。

この手法では台本をほとんど作らず、ビデオの生々しい質感を利用したドキュメントタッチで、その場の偶然やハプニングを利用しながら、AVモデルの「生」の言葉や反応を記録した。また一時間の連続撮影を可能にしたビデオの特性を利用し、モデルの放尿行為や自慰行為を長回しで撮り、「ホンモノ」の性行為が目の前で行われているかのように生々しく収録して業界を騒然とさせた。

小路谷の成功を受け、宇宙企画は望月六郎などの社員ディレクターに演出を担当させるようになった。二人とも急速に力をつけ、一九八六年には小路谷は『ザ・本番　女子大生篇』、望月は『愛奴人形　い・か・せ・て』でロマン・ポルノの監督を依頼されるまでになった。

一九八二年八月には、あるベテラン監督が小路谷らの生み出した新しいスタイルを一早く自作に取り入れ、長回しを駆使して生々しい性行為を切り取った『ドキュメント　ザ・オナニー』全七作を矢継ぎ早に日本ビデオ映像から発売。記録的なロングヒットを達成した。この監督こそは日活に下請けとしてさんざん煮え湯を飲まされてきた代々木忠だった。

代々木は、八二年十一月には『ザ・オナニー』シリーズの一部を再編集・キネコ(ビデオ画像を映画フィルムに焼き付ける)処理を施して映画化し、ミリオンフィルムの配給でピンク映画として上映した。『THE　ONANIE』と題されたこの作品は大ヒットを記録し、AVが興行的にもポルノ度的にもロマン・ポルノに対抗しうることを証明した。なお、日活はこの作品に「女子高生」として出演していた西川小百合を西川瀬里奈と改名させ、このヒットにあやかるように、早速同年十二月には加藤文彦の監督作『団鬼六　少女木馬責め』に主演させた。

二階堂卓也によれば、代々木のAVのキネコ映画は『華麗なる愛の遍歴　愛染恭子』(一九八二)から始まったという。この作品は一億一〇〇〇万円の配収を上げた。続けて『THE　ONANIE』(一九八二)、『愛染恭子　華麗なる追憶』(一九八三)、『O

NANIE2　ザ・クライマックス』（一九八三）が劇場公開され、これら四本分の総配収は三億四〇〇〇万円に上った（『ピンク映画史』彩流社）。なお、この数字は八万本を売り上げたビデオ版『ザ・オナニー』第一作の利益の三億一三六〇万円とほぼ変わらない。

一九八八年頃まで、代々木のAVはキネコ化され劇場公開された。それ以降の劇場公開がない理由は新風営法施行（八五年）に伴う映倫のキネコ本番モノ排除の動きが少なからず影響したようだ。映倫の規制を無視し続けると新風営法によって映画館が「風俗業」指定され、深夜上映ができなくなるという当局の脅しに全興連が屈服した形である（藤波紫浪「映画館サイドから見た実体験的な80年代以降成人映画」『銀星倶楽部19』ペヨトル工房）。

一九八二年十二月、AVというメディアが生まれて二年も経たないうちに、日活はAVがロマン・ポルノを凌駕する力量を持った敵であることを認めざるを得なくなってしまった。しかも、その敵はほぼ日活が育てたようなものだった。日本ビデオ映像は日活退社組が作った会社だったし、代々木忠はもともと日活の下請け監督だったのだから。

ロマン・ポルノの監督たちにも『ザ・オナニー』の大ヒットとその表現は大きなショックを与えたようだ。中原俊はこう語ってくれた。

「代々木忠の『ザ・オナニー』は僕も見た。『ホンモノ』を撮っているのには、もはやかなわないなと。『プロセス』も何もなく『結論』しかない世界。ロマン・ポルノはもう限界のように思った。一九八四年の『初夜の海』は一応僕なりのロマン・ポルノの総決算をしておこうという意味があった」（中原俊「ロマン・ポルノみたいな映画が、撮っていてもみていてもいちばん楽しいんだ」『日活1971 - 1988』）

しかし、AV業界の変化は思いのほか早く、映画関係者がAVの表現から学ぼうとしている間に次の展開を迎えていた。絶頂だったはずの日本ビデオ映像は一九八五年四月に九億の負債を抱え倒産し、早くもこの業界から脱落してしまった。藤木TDCがいうには「宇宙企画やKUKIなどが製作する斬新なAVと比べて同社作品はあまりに古色蒼然で、ユーザー離れも仕方なかった」し、この倒産は「撮影所世代の映画製作者がポルノを作っていた時代の終焉を告げる印象的事件」となった（『アダルトビデオ革命史』）。中村朗によれば、同社の凋落の裏には、ビデオブームで群小プロが乱立し過剰供給が起こってしまったことや、レンタルシステムの普及でビデオソフト販売事業がひどいダメージを受けたことにあった。同社のビデオ売上額は八三年の二三億から八四年には十六億円に激減したのである（中村朗『検証　日本ビデオソフト史』）。

AVファンは映画ファンと違い「抜けるビデオ」が欲しいのであって、作家性やストーリーを必要としていなかった（だから、濡れ場ばかりを集めたロマン・ポルノ短縮版ビデオが商品として成立した）。よほどのマニアでない限り一万円を超える高額なソフトを買うことはなかったし、レンタルできるのだから買う必要もなかった。AVファンにとって重要なことは女優のヴィジュアルやプレイの内容、コストパフォーマンスであって、誰が脚本家で誰が監督かなんてことにはほとんど注目していなかったのである。もっとも、AV全盛期の八〇年代後半~九〇年代には個性的な作家性を持つ監督が続出し、小路谷秀樹、豊田薫、村西とおる、カンパニー松尾、バクシーシ山下、平野勝之、長崎みなみ、溜池ゴローなどの監督名を頼りにビデオを探すファンが増えた。

新風営法がロマン・ポルノに与えた影響

武田靖もまた急成長するAVには衝撃を受けたようだ。企画部の山田耕大は、アメリカから帰国した（一九八二年春）頃の武田に「本番をやるだよ」と命じられたという（『日活ロマンポルノ外伝　昼下りの青春』）。おそらくはアメリカでハードコアポルノを見たか、本番AVを見た影響だろう。「お縄になってもいいんですね」と山田は迫ったが、武田は譲らなかった。

しかし、山田が意地になって桂千穂に脚本を依頼し、キャスティングでゴタゴタしているうちに、武田はその命令を撤回してしまった。それほど武田は新しいものに手を出すには慎重すぎた。それがある日突然こんなことを言い出した。

「もうロマンポルノにストーリーなんかいらん。これからは『ザ・オナニー』のようなV撮りキネコ起こしのセミドキュメントを番組の主眼にせよ」（山田耕大『日活ロマンポルノ外伝　昼下りの青春』）

武田のこの言を聞いてもう堪えられなくなった山田は、一九八四年夏に辞表を書き日活を退社した。

後年になって、山田は日活退社後の武田とあるパーティーで再会し、武田が笑顔に涙を浮かべながら「おまえさんも頑張っているんだなぁ」と声をかけられた。ここで初めて自分が日活を辞めたことを実感したそうだ（『昼下りの青春』）。一九二九年生まれの武田は八九年頃にテレビ・ビデオ部門に配転されたのち、九二年に日活を退社していたので、山田と再会した頃には七〇歳を越えていた。日活を離れても懸命に映画を作り続ける山田の姿を見て、もはや映画を作れる立場ではなくなったわが身と比べ、思わず励ましの言葉をかけたくなったのだろう。

話を一九八四年に戻す。逡巡しながらも、武田靖が「本番」に魅力を感じたのは無理もないことだった。日本初の本番プレイを描いた大島渚『愛のコリーダ』（一九七六）は強烈なインパクトだったし、武智鉄二が一九八一年に『白日夢』をリメイクした際に、劇中で本番をした愛染恭子は「本番女優」の異名がつき大人気となった。しかも、『愛のコリーダ』で本番をした藤竜也は元日活俳優であり、愛染恭子も旧芸名の青山涼子時代に日活製作の長谷部安春の『暴《や》る!』（一九七八）のほか、山本晋也の『ドキュメント・ポルノ　淫絶㊙白書』（一九七六）など五本の買い取りロマン・ポルノに出ていたのだから、武田は悔しがったはずである。

愛染の所属プロダクション「アクトレス」の社長でもあった代々木忠は、彼女の主演で『愛染恭子の本番生撮り』と題した五本のビデオシリーズを一九八一年十一月に日本ビデオ映像から発売した（東良美季『代々木忠　虚実皮膜　AVドキュメンタリーの映像世界』［キネマ旬報社］によれば「本番生撮り」というタイトルは日本ビデオ映像の尾崎徹による提案で付けたもので実際は擬似本番だった)。

ちなみに、ビデオ生撮り作品で本番プレイを行った最初は一九八二年八月の伊藤ルミ主演『ザ・ファナック』(日本ビデオ映像)のようだ。八二年頃のAVのギャラは女優で五万円、男優が五〇〇〇円程度で、伊藤のギャラは本番を行ったにもかかわらずたったの七万円だった(『アダルトビデオ10年史』)。

一九八七年のインタビューによれば、まず代々木は付き合いのある日活ビデオに企画を持っていったが、他社からも引き合いがあると素直に話したら担当者に「そんなふうに他に話をしている奴なら、ウチは使わないよ」と脅されたため頭に来て断った。ヘラルドポニーはとてもいい条件を提示してきたが「ウチと組まないと、あなたはこの業界では食っていけないよ」とプレッシャーをかけてきた。「俺はとってもつきあいきれないや、あんな会社怖くて」と代々木は思い、結果的に「初めは一〇〇〇本から様子を見るけども一本売れるごとに定価の四割のロイヤリティーをバックするから」という誠実さを見せた中小業者の日本ビデオ映像を選んだという(奥出哲雄「アダルトビデオ黄金期を駆けぬけた日本ビデオ映像」『ビデオ・ザ・ワールド』一九八七年三月号)。ちなみに同社の尾崎徹は元日活ビデオ事業部係長で代々木とはビデオ裁判の戦友だった。これが大きな要素だったろう。

レンタルシステムがない一九八一年に発売された定価一万四八〇〇円のビデオソフトは、予想に反して一週間で二〇〇〇本が売り切れた(同上)。結局、一作につき数万単位で爆発的に売れたようだ(東良『代々木忠　虚実皮膜』)。一万本売り上げるたびに手元に四掛けの五九二〇万円が入ってくる効率のいい商売だった。

この成功は日活の身近なところで起こっていたわけで、武田が手を出したくなる気持ちもわからないではない。ちなみに、藤木TDCの『アダルトビデオ革命史』によれば、一九八二年の『ザ・オナニー』シリーズ(日本ビデオ映像)は一本目が八万本、二~七本目が平均四万本売れたという。定価九八〇〇円だったので、パート1だけで三億一三六〇万円、七本合わせて十二億五四四〇万円が代々木の手元に入ったことになる。この数字はロマン・ポルノの最高配収六億円の倍以上である。しかも、ビデオは映画よりも安価・短期間・少人数で製作できた。労せずして儲けることに溺れ始めた根本の喜びそうなコンテンツである。

武田靖がようやく動いたのは一九八五年になってからだった。ビデオ撮りでAV並みのエロを追求したロマンX路線を推進したのである。山田耕大に退社の決意をさせた夏の日からすでに一年が経っていた。

武田が決心したタイミングは最悪だった。一九八四年八月の風営法改定(新風営法)の後だったのである。日活にとってこの改定は「改悪」と呼ぶべきものだった。改定後は条文が八か条から五一か条に増え、具体的な規制措置が明記された。これに対し、映画業界は法改定に先立つ八四年四月に映倫の規制を自主的に強化し、摘発の増加を防ごうとした(桑原稲敏『切られた猥褻　映倫カット史』読売新聞社)。例えば、成人映画のタイトルへの規制だけでも以下のように厳しく定められた。

「(一)成人映画題名
(1)未成年者(女高生、セーラー服など)、教職者(女教師など)は使用しない
(2)みだらな字句・動詞(犯す、やる、なめる、入れる、握って、姦、淫、獣色、股間など)は使用しない。
(3)性表現に暴力表現を加重するもの(暴行やレイプに処女、人妻などを併記して犯罪性、刺激性を強調したものなど)は使用しない」

さらに、映倫は映画各社に劇場外のポスターやスチール、プレスシートに全裸・乳房・腰部・からみの絵柄を使うことの禁止を求め、街頭に捨て看板を設置しないこと、新聞や週刊誌の広告も以上の注意点に留意することを求めた(同上)。これに伴い、日活はロマン・ポルノの宣材配布・新聞広告を自粛せざるを得ない状況になった。

日活は神代辰巳の約二年半ぶりのロマン・ポルノ『美加マドカ指を濡らす女』を一九八四年四月二十日に公開する予定だったため、最悪のタイミングで映倫の方針転換の影響を被ってしまった。宣伝ポスターは劇場内用のヌードと外用の着衣の二バージョンを急遽作らねばならなくなったし、従来は主演女優のヌードが躍っていたスピードポスターは文字のみになってしまった(後にヌードではないが主演女優の写真を入れた改版も出ている)。

「セーラー服」「女教師」という定食モノのタイトルの禁止で、八五年三月に公開された「セーラー服百合族」の新シリーズは『制服百合族　悪い遊び』(小原宏裕)となり、八五年五月の『制服肉奴隷』(すずきじゅんいち)も「セーラー服」が使えない影響でこの題となった。女教師モノは映倫の規制強化後には『赤いキャンパス　狂った放課後』(小原宏裕、八四年六月)といった不自然なタイトルをつけねばならなくなった。

新風営法の影響は業績ダウンに直結し、一九八四年の総配収は三〇億七五〇〇万円で前年比九一%となった。強力なテコ入れが必要なことは誰の目にも明らかだった。いや、もはや遅きに失した感があった。

日活はロマンXでAVなみの過激な性表現を取り入れて一発逆転を目指したが、「AVといえば本番」をイメージするところからAVの捉え方が古すぎた。それは非合法の「裏ビデオ」や八〇年代初頭の「ブラックパック」などのビデ倫無審査のSM・本番・スカトロといった違法スレスレAVのイメージであって、もはや八五年のAVのトレンドではなかった。もっとも、八四年初頭に宇宙企画がヒットさせた『ミス本番　裕美子19歳』は「美少女本番モノ」という新ジャンルを開拓したが、『月刊ボディプレス』編集長の上坂幸が指摘したように、このヒットは本番ブームを牽引する以上に「アダルトソフトは女のコの質で売り上げが左右される」という認識を業界人に強く植え付けた。この成功例にしたがって、AV業界のスカウト合戦は熾烈を極めた(『月刊ボディプレス』一九八五年九月号)。AV業界は「擬似本番」でもいいからと、とにかく「美少女」を求めて西へ東へ狂奔した。

そうなると、マスメディアがAVアイドルを起用することが増えた。八四年頃には週刊誌のグラビアや、「オールナイトフジ」(フジテレビ)、「TV海賊チャンネル」(日本テレビ)、「ミッドナイ

トイン六本木」（テレビ朝日）のような若者向けお色気深夜番組にAV女優が頻繁に出演する状況が生じていた（『アダルトビデオ10年史』）。

　AV表現のソフト化には新風営法の影響もある。八五年にはレンタルビデオビジネスが急成長し、そこに参入を目指すAV業者が急増したが、レンタル業者は新風営法（八五年二月施行）による摘発のリスクを避けるため、AV各社にビデ倫による審査を義務付けた。レンタル業者に自社ビデオを扱ってもらうため、AV大手は本番のような過激路線をビデ倫加入の障害として敬遠し出した（新興会社の参入を妨害する意味もあったのではないか）。ビデ倫の規定には「本番行為によって製作した作品は、審査の対象にしない」と明記されていたのである（八五年当時は本番禁止を厳命したメーカーもあったようだが、ロマン・ポルノが終焉する八〇年代末頃にはこの項目は有名無実化してしまう）。

　日活がロマンXで念頭に置いた本番・SMなどの過激路線は、八五年頃にはAV大手の扱う商品の中の傍流でしかなくなっていた。それらは村西とおる（クリスタル映像）などの新規AV参入業者が既成市場に割り込むために扱うキワモノの類というダーティーなイメージがついていた。

　警察も本番路線の違法性を注視しており、一九八六年末頃から本番作品を次々ヒットさせ、女優の黒木香とともに時代の寵児となった村西は特に敵視された（八八年九月に村西は未成年をAVに出演させた容疑で逮捕され、ビデ倫によって一時的にAV業界から追放されてしまう）。

　売れっ子AV女優の認識もトレンドの変化に応じてメジャー志向が強まり、「AVアイドル」として人気を博した単体女優たち（秋元ともみ、杉原光輪子、森田水絵、中沢慶子、小林ひとみなど）は芸能界の舞台へステップアップしていくために、キャリアの汚点になりかねない本番行為を拒絶した（藤木『アダルトビデオ革命史』）。

　ただ、そのような夢を実現できたAV女優は八〇年代では見世物的に各メディアで消費された黒木香を例外としてほぼいない。雨宮時空子はAV引退後に本名名義で八八年に大河ドラマに出た後、九二年に新藤兼人に見出され墨田ユキと改名して映画女優の道を歩き出したが、そのキャリアは短く終わった。他の女優たちは映画に出られたとしてもほとんどが「脱ぎ要員」止まりに終わった。九〇年代から現在までを見わたしても、一時でも芸能界でタレントとしての地位を築けた元AV女優は、飯島愛、及川奈央、みひろ、明日花キララ、文筆業でも頭角を現した紗倉まな、中国で大人気の蒼井そらくらいしかいない。

　映画やテレビで活躍する夢を抱いていた彼女たちにとって本番プレイは売れない企画女優のやる汚れ仕事でしかなかった。例えば、八〇年代後半の出演料ナンバーワン女優だった小林ひとみは、人気絶頂時のインタビューで「本番してないもん」「全部〔本番は〕してないですよ。事務所の方針でもあるし」と擬似本番であることをあっさり暴露している。それは彼女の意向だったし、「ハードなことはやめてください」というファンの意向でもあった。ちなみに彼女のギャラは一本当たり一五〇万円だった（『ビデオ・ザ・ワールド』一九八七年一月号）。もっともここから数年後には村西とおるがギャラを吊り上げて本番OKのアイドル女優を専属として囲い込み（ギャラは一本五〇〇万円～八〇〇万円程に高騰したようだ）、本番モノを擬似本番モノと拮抗する勢力にまで成長させるが、それはロマン・ポルノが終焉した後の一九八九年～九〇年頃の話である（藤木『アダルトビデオ革命史』）。

日活はAVのトレンドを完全にリサーチできていなかった（ただ、AVアイドルを起用した作品は八五年頃から主に買い取り作の枠で製作されるようになる）。しかも、映倫がある限り、ロマン・ポルノで本番は不可能だった。ロマンX路線は、当時のメジャーAVのトレンドからズレた「本番」を売りにしろという上からの命令に応えるそぶりをしながら、実際には擬似本番をやるしかなかった。これでは成功するはずがなかった。

ロマン・ポルノの「あだ花」：ロマンXの立ち上げ

武田靖から投げられた時代遅れで的外れなアイディアを、「ロマンX」という商品として成り立たせたのは、宣伝部から企画部に異動したばかりの新人プロデューサー・半沢浩である。ちなみに、半沢と入れ替わりで企画部から宣伝部に異動したのが彼と同期で親友の成田尚哉だった。

半沢が『日活 1971 - 1988』に寄稿したエッセイによれば、ビデオ撮影ということで彼が特にこだわったのは画質ではなく、本番でもなく、同時収録される音の生々しさだった。

「『ロマンポルノをどうにかしろ』と言われているようで〔…〕企画部への配属は大変なプレッシャーでした。しかし私にはこれは変えなくちゃ、と思っていたことがあった。それは音です。ロマンポルノはほとんどが完全アフレコでした。〔…〕勿論濡れ場も。ラブシーンの臨場感の無さはナマ音ではないがゆえに一番もの足りなく感じておりました。〔…〕すべてが作りもののようにしか聞こえないのが残念でしょうがなかったのです」（半沢浩「あだ花〝ロマンX〟」『日活 1971 - 1988』）

ビデオはフィルムのような走行音がほとんどないので同時録音に向いている。録音技師・効果技師は頑張ってくれているが、アフレコで作った音ではどうしても渇いてしまう。でも、生音だったら「濡れた音」をそのまま収録することができる。そうすれば、ロマン・ポルノが「作りもの」から「リアルなもの」に変わるのではないか。これが半沢の狙いだった。

彼の考えるロマンXは「よりハードに、より生々しく、それでいてドラマ性のあるポルノ映画」であって、のちにロマンXの代名詞となった「本番」「ドキュメント」は彼が本来目指したものではなかった。

一九八二年にはソニーがベータカムBVW - 1を発売した。これはVTRが内蔵された業務用カメラだったのでカメラマン一人でビデオ撮影ができるようになり、カメラも軽量（約七キロ）で扱いやすくなった。広く普及したモデルなので機材は容易にレンタルできたし、民生用のベータのビデオテープが使えるので、フィルムよりもだいぶ製作費を抑えられるはずだった。フィルムよりも長時間の連続撮影（高画質録画の場合一二〇分テープで二〇分ほどの録画となる）が容易にできたのも魅力だった。

半沢はビデオのボカシ修正にもこだわった。映倫の審査をパスするためには本番はできない。しかし、本番であるかのように見せなければ売れない。そこでビデオ・フォーカス社に依頼し「ギリギリまで見せる」モザイク処理の限界に挑んだ。その結果、八二分の映画の画像処理に三〇時間もかかってしまったという（「前張りなしで挿入も！〝本物演技〟に踏み切ったにっかつロマンＸへの期待度」『週刊宝石』一九八五年九月二十日号）。

同記事の武智鉄二（本番映画の元祖）の話によれば、画面一分間にボカシを入れるのに六〇万ほどかかり、本番映画を撮るとボカシ代だけで一千万、二千万になることもあるらしい（同上）。つまり、ちゃんと「本番」らしく見せようとすればするほど却って高くつく企画だった。

なお、ロマンＸの開始が一九八二年ではなく一九八五年になったのは、武田が優柔不断だったことも関係しているだろうが、東通（テレビ技術会社）のラボがアメリカの最新キネコ機器を八五年に購入し、今までロスのラボでしかできなかった高性能のキネコを国内でもできるようにしたことも影響したと思われる。ただ、技術面をクリアしても、当時のスタッフや俳優にはビデオ生撮り＝ＡＶ＝本番＝違法スレスレというぬぐい難い偏見が根強くあったため、説得は困難を極めたようだ。すでに何本もＡＶを撮った経験のあった白井伸明ですらロマンＸには否定的だった。

「ドラマ性のないもの、作品としての価値のないもの、生撮りの本番物〔…〕僕は否定しますね。たとえば、ロマンＸ。冗談じゃないっていう気持ちです。〔…〕ただ、金のためだけで、そういうものに手を染めるんだったら、おやめなさいって監督に言いたい」（奥出哲雄「生撮りビデオ誕生」『ビデオ・ザ・ワールド』一九八七年一月号）

白井は確かにロマンＸを撮らなかったが、日活の生撮りビデオは何本も撮っていた。素人目にはロマンＸよりも生撮りビデオの方が、ストーリー性が希薄でエロに特化しているように思えるのだが、当事者はそう思っていなかったようだ。

岡田真澄・松尾嘉代主演・木俣堯喬監督で本番映画の『鍵』（一九八三、東映）をプロデュースした経験がある若松孝二ですら、日活がロマンＸで本番モノに走ることに苦言を呈した。

「〔本番映画は〕ストーリー性が欠如しているものだから、あとは〔客が〕サッパリ来なくなってしまう。〔…〕それより、〔日活には〕ストーリーのしっかりした本当の映画らしい映画を撮ってほしい」（『週刊宝石』一九八五年九月二十日号）

そんな逆風の中、半沢はどうにかスタッフの説得に成功し、ロマンＸ第一弾は一九八五年九月公開の『箱の中の女　処女いけにえ』（小沼勝）、『タブーＸ　倒錯』（那須博之）と決まった。小沼組には半沢自らプロデューサーにつき、那須組の企画も半沢が担当した。小沼はフィルム撮りに固執したが、半沢の粘りに折れた（ビデオ撮影はピンク映画出身の遠藤政史が担当）。その代わり、撮影で小沼が粘ったために安く上がるはずのロマンＸで通常のロマン・ポルノより五〇〇万も高い三三〇〇万円もの製作費がかかってしまった（小沼勝×ガイラ「映画って絶対『作り』であるべきだ」『映画前夜1』渡企画）。

ロマンXの「X」とはアメリカ映画で使用される「X－RATED」の略で「成人向け」の意である。もとよりロマン・ポルノは「成人映画」なのだから、同じことを英語で言っただけなのだが、英語に弱い日本の客にインパクトを与えられると思ったのか、このXをつけた安易なネーミングは過激な新路線を打ち出すたびに用いられ、一九八八年まで次々と登場することになる。スキャンダルX（タブー狙い）、エレクトX（ピンク映画のキネコ版）、キネコX（AVの映画化）、ダブルXX（惹句で生本番を匂わせたが実際は擬似だった模様）という具合である。もっとも現在の日活ホームページのデータベースではこれらはロマンXシリーズという扱いになっている。つまり、さほど違いはないと理解していいということだろう。

ロマンXはコンセプトを「ビデオカメラでAVのように生々しく撮影・録音し、キネコ起こしで上映すること」と定めていたが、第一弾でそれを行ったのは小沼作品のみで、那須作品はタブーXという別シリーズのように扱われ、森勝によるフィルム撮りになった（半沢がこだわった音だけは同時録音）。

小沼勝はAVのように「ナマ」に向かうこと、モザイクを小さくしていくことといったエロの単純な過激化には批判的だった。当時の対談記事で小沼は次のように語った。

「全部ボカシが取れてさ、簡単に言えば、面接する時あのチンポコとこれを一緒にさあ、とか言いながら映画監督やりたいと思わないよ。俺が役者に対して頑張れたのは、〔セックスを〕やっていないのをやっているように見せるという、大変な役目をしょわされているからだよね」（小沼勝×ガイラ「映画って絶対『作り』であるべきだ」『映画前夜1』）

だから、「本当の人〔AV俳優〕が演じるよりも〔表現の質で〕勝てるだろうと思っている」というのが小沼のプライドだった。彼は演出者としての誇りを賭け、ロマンX＝AV的な「ナマ」に「作り」（映画的なフィクションの力）で勝負を挑んでいた。

一方、那須組はどうだったか。小沼組のサード助監督についた中田秀夫（一九八五年入社）によれば、彼が垣間見た那須組も壮絶な現場だったようで、那須の『タブーX』は実際に起こった人肉喰い事件をテーマにしていた。また、萎えてしまった男優のモノを立たせるために、スタッフが外国人女優に生フェラチオを要求し、その女優が契約にない行為の強要に反発する騒動が起こっていた（中田秀夫「にっかつロマンポルノの末裔として」『小沼勝の華麗なる映像世界』キネマ旬報社）。

ところで、ロマンXは宣伝で性表現の過激さをアピールし過ぎたことが災いして、映画史どころか日活史の中でもほとんど評価の外に置かれている。

板持隆の『日活映画　興亡の80年』は「恥じも外聞もかなぐり捨てて刺激効果のみを追求する洋ピン」以下の作品群と腐しているし、『日活100年史』はあえて個々の作品評価を避け、「よりハードな表現を前面に出した新シリーズ」とし、このロマンXの成績低調を「これらの施策も、入場者数減少の歯止めにならなかった」とのみ記している。こちらも無視に等しい扱いである。事実、一九八五年の配収は前年の八七・七％の二七億円弱に終わった。個々の作品単位で見れば、末次富士子主演の『ザ・折檻』（二月公開だが日活のデータベースではロマンXに入れられている）などヒットしたものもあったようだが、年間配収を見る限り、ロマンXによるテコ入れは失敗したと言わざるを得ない。

なお、末次富士子によれば、彼女は八四年にAVの『好奇心』（アテナ映像）でデビューして注目され、日活からの出演オファーを受けた。デビューが台本のないドキュメントAVだったため、『ザ・折檻』に台本があり、「ここで絡んで、ここでいい顔して」という指示が書いてあったことに違和感を覚えたようだ。ロマンXが「芝居」ということは末次にとっても織り込み済だったが、彼女はその「芝居」を台本通りというより台本を超えたものにしたいと思い、例えば針を体に刺したシーンでもナマのリアクションをするのではなく、それを演じた。「苦痛は苦痛としてある」が「それとは別にもっと本物っぽい苦痛を表現しなくっちゃいけない」と考えていたという（「末次富士子インタビュー」『ビデオ・ザ・ワールド』一九八六年四月号）。谷ナオミの精神的SMの世界とは遠く離れているが、末次は肉体的SMにおける優れた演技者だったのである。

ちなみに、ロマンXのプロトタイプである『ザ・折檻』の監督は伊集院剛。この名義は雄プロの複数の監督が使ったものだが、同作の伊集院の正体は廣木隆一だった。佐々木敦によるインタビュー（一九九四年）で、廣木は同作がドキュメント仕立ての「やらせ」だったことをバラしているが、女優にビー玉を詰めて浣腸をするとバーッとはじけ飛ぶというシーンは本当にやらせていた。映像に捉えられた本物の迫力に「人間ってすっげぇ」と高揚した廣木はその光景を余さずカメラマンに撮らせたそうだが、同時に女優にやらせることがだんだんエスカレートしていくにつれ、それが平気になっていく自分（伊集院剛という別人格）が「怖かった」ともいう（廣木隆一「FLEXIBLE SWIMMER」『銀星倶楽部19』）。『ザ・折檻』では、他にも電車内での公然緊縛シーンや繁華街の真ん中で女優に小便をさせる「非道」演出が目立った。

廣木は「やらせ」と表現したが、台本があったという意味だろう。しかし、目の前で繰り広げられるパフォーマンスには台本があろうが実際に行われた「本物」も含まれる。「やらせ」とは一体何だろうか。その定義がわからなくなってくる。

成田尚哉はこの『ザ・折檻』を見て監督の伊集院（廣木）に興味を持ち、すぐに会う手はずをつけたそうだ（廣木隆一「正しい先輩」『映画芸術』二〇一一年冬号）。もっとも、本格的に二人がタッグを組むのは、一九九三年の日活ビデオ『魔王街　サディスティックシティ』まで待たねばならない。これは『夢魔』（九四）、『君といつまでも』（九五）と続く田口トモロヲ主演の三部作の一作目となった。成田は企画部から宣伝部へ異動した八五年の夏前に日活を辞めたので、ロマンXに携わることはなかったが、辞める寸前まで自分の担当ではない作品の試写も全て真剣に見ていたようだ。その結果が廣木という才能との出逢いに繋がったわけである。成田は取材の際「廣木は僕にとって重要な監督の一人」と語っていた。

日活退社後も多くの傑作をプロデュースした成田だが、まさに名プロデューサーへの道は一日にしてならず。あらゆる分野に目を配り、優れた才能や企画を常に探求した彼のあくなき努力のたまものだった。『映画芸術』（二〇二一年冬号）の「成田尚哉を送る」と題された特集記事を読むと、成田がプロデューサーに止まらない多面的才能を持ち、交友関係が広く、多くの人々に深く愛されていたことがよくわかる。

成田は二〇二〇年九月十一日に逝去した。しかし、その最期のその瞬間までさまざまな企画を抱えていた。わたしが取材した二〇一八年二月には「廣木隆一監督で一本撮るので脚本を作っている。なかなか上がらないんだけどね」と語っていた。『映画芸術』に寄稿された廣木の原稿を読み、成田が話していた企画が山本直樹の短編漫画集『夕方のおともだち』の映画化と知った。廣木監督による『夕方のおともだち』（キャストは菜葉菜、村上淳など）は二〇一九年にクランクインし、二〇二一年以降に公開される見込みのようだ。病を抱えながら、あの山本直樹の映画化を進めていたあたり、さすがと言わざるを得ない。

ロマンX再考：評価の外に置かれてきた作品群

ところで、ロマンXはなかなか内容面の評価がなされないが、これもロマン・ポルノである。実際に見てみると、映画としての見応えがある作品が確かに存在する。半沢は自らがプロデュースした『箱の中の女　処女いけにえ』と川崎善広の『マダム・サド牝地獄』（一九八六）、藤浦敦が変名（三河周）で監督した『い・ん・び』（一九八七）に手応えを感じたという（『日活 1971 - 1988』）。

ロマンXの中でも例外的に認知度・人気度が高いのは『箱の中の女』である。小沼勝の意気込みは強く、その甲斐あって今見てもアメリカで起こった実際の監禁事件を元にしたこのサスペンス・ポルノは、決して「刺激」のみのAVもどきにはなっていない。もちろん、冒頭のマジックミラーで覆われたライトバンを新宿駅前に駐車し、そのバンの中で白昼堂々行われるセックスシーンを始め、刺激満点の描写の連続である。

ただ、SMを単なる拷問や変態行為として突き放して表現するのではなく、彼なりに普通とは違った「愛」の形があるのではないかと理解を試みながら描いてきた小沼ならではのラストシーン（いったん解放された娘は、犯人たちとどこかで心が通じあい、彼女自身の判断で犯人の元に戻ってくる）は、この仕事が会社の要求に応えつつ、小沼印のついた作品としてしっかり作り上げた、プロの仕事であったことを証明する。もっとも、小沼の作品への飽くなきこだわりや粘りは、俳優・助監督・スタッフたちを大いに苦しめることになった。

小沼組の助監督だった中田秀夫が『日活 1971 - 1988』のインタビューで苦労話を披露している。中田の証言を以下に抜粋しておこう。

『箱の中の女　処女いけにえ』（一九八五）は真夏の撮影。冒頭の新宿ロケは温度計をみたらなんと四一度。〔…〕真っ昼間の新宿駅東口前に車を停めて、マジックミラーで隠して往来の中で濡れ場を撮るんですが、車内で照明を焚くんでうっすら裸の輪郭が出るんですね」（中田秀夫「撮影所で育った最終期の助監督として」『日活1971 - 1988』)

松島利行の『日活ロマンポルノ全史』によれば、この後がさらに大変だったという。車の中に空気を入れて窒息しないようにした配慮が裏目に出て、女優の蔡令子は過呼吸になり、その後現場を逃亡。失踪してしまったのである。スタッフは彼女の行きそうな場所を探し、どうにか彼氏にも説得の手伝いをしてもらってコトなきを得たという。さらに過酷な現場は、本物の下水道での撮影だった。犯人のアジトとして地下を想定した結果、ヒロインの木築紗絵子が逃げ出すシーンを下水道で撮ることになった。

先の中田のインタビューによれば、「ヒロインの木築紗絵子さんがアジトから逃げ出し、あと一歩のところで捕まる場面は千葉の西船橋の住宅地にある下水道。いまでは絶対に許されないゲリラ撮影」だった。ただ、ここまで必死になってスタッフが準備し、木築が猛烈な臭いはもちろん、ウジ虫が近くで沢山蠢くのを我慢していたというのに、小沼監督は残酷だった。ロケハンの時間がなくこの時初めて現場を見た小沼は、マンホールの蓋を開け「こんなさらさら流れてるんじゃだめだ」と言い出したのである。仕方なく中田たちスタッフは「下水に汚物の溜まりを作った」という(『日活1971 - 1988』)。しかし、苦労の甲斐はあった。半沢曰く『箱の中の女』『タブーX』は通常のロマン・ポルノより二割~三割増しの興行成績を上げた(同上)。

『箱の中の女』や同じく小沼が監督したサイコホラー的なティスト(当時テレビでの刑事役が板についてきた中西良太が猟奇殺人鬼を演じた)を持つ最後のロマンX『箱の中の女2』(一九八八年二月)は監督のネームバリューがあるため、他のロマンXとは違って見られる機会が多く、評価も高い。ただ、リアルタイムでロマン・ポルノに接した世代ではないわたしが見ることができたロマンX作品の数は少ないが、どの作品にも監督・スタッフ・俳優たちのプロとしての矜持が刻まれていた。わたしが見ていないロマンXの作品群の中に、まだ見ぬ傑作が隠されていないとも限らない。

例えば、一九八六年のスキャンダルXと銘打った小沼勝『いんこう』、川崎善広『瓶詰め地獄』の併映は、ロマンXの石川均『(生)テレクラ　握りたがる人妻たち』だった。

山崎浩治によれば、この作品はテレクラで出逢った男女の恋の駆け引きをコミカルに描いたもので、ウディ・アレンの『アニー・ホール』(一九七七)をパクり、男女の裏の声を字幕スーパーで流す演出をしていて笑わせるが、やがて男女の関係はこんなものという哀しい諦観が浮き上がってくる良作だという(『ピンク映画の助監督になりたい』)。実に興味をそそる内容だが、あのタイトルでこの内容を想像できる人間などいない。エロ=ズリネタではなく映画を見たいと考える普通の映画ファンはタイトルだけで見る気が失せてしまう。動画などで独立したソフトとして見ることのできる現代の方が、偏見なく楽しむことができそうだ。

ロマンXの失敗の最たる原因は、作品の内容よりも『ザ・本番』シリーズに代表されるように、マニア以外には見る気を失せさせる「刺激重視」の安易なタイトルやおどろおどろしい色彩のポスター、煽情的惹句をつけてしまったことだと思われる。

半沢浩が企画した菅野隆の『マゾヒスト』(一九八五)を例に

とって考えてみよう。この作品のポスターには、半裸で拘束されたナースのイラストとともに「泣け　叫べ　しゃぶれ　おまえは犬だ!!」といった煽情的な惹句がつけられている。そして、「ドクターR」と名乗る人物が撮った『ザ・本番　夫婦生活篇』というAVのキネコ版と同時公開された。これで引き寄せられるのは少数のマニアしかいない。正確にいえば、このジャンルを楽しむマニアはそれなりにいただろう。しかし、その多くは家のビデオでこっそり楽しむのであって、映画館に見に来るのは家でビデオを見ることができない中高年世代のAV好きか、よほどの物好きくらいに限定される。AV、ロマン・ポルノ、ビニ本に限らず性的メディアを見ている己の姿を知り合いの誰かに見られるのは恥ずかしい。だから、できるならば誰にもバレないようにしたいのが人情である。

しかも、一九八五年は若者でも買える「定価十万円ジャスト」を宣伝文句にしたビデオデッキが松下電器から発売され、ビデオの普及率が爆発的に上昇した時期だった。したがって、この路線は連発しても少数の客しか呼べず、逆に熟女路線やアイドル路線の配収を支えてくれた幅広い観客層を映画館から遠のけてしまう一方だったのだ。

ピンク映画を多く手がけ、一九八七年には日活配給の『痴漢テレクラ』を監督した渡邊元嗣（石井聰亙の日大時代の同級生でもある）は、ロマンXを自ら手掛けることはなかったが、立場上ピンク映画の仲間たちが懸命に作っていたロマンXの現場を身近で見ていた一人である。彼は八七年のインタビューで、AVに追随するだけのキネコ映画で十代～三十代の若い客が「映画館から遠ざかった」と看破していた。

「キネコに象徴される、ワイセツだけじゃ、ヤバイと思うんだ。映画を撮らなきゃ。それもプログラム・ピクチュアを」（渡辺元嗣「ピンク映画は女優のアイドル映画」『ピンク映画の助監督になりたい』）

『朝日新聞』（一九八八年四月十五日）の記事には、当時の「新宿にっかつ」（現在の新宿マルイ本館の地にあった旧新宿日活とは別の映画館。新宿駅東南口に近い好立地だった）支配人の野原功の言として、一九七一年～七四年頃は連日満員で学割を使う人が三割もいたが、近頃の客層は「学生はほとんど見かけず四、五十代が中心」で「ネクタイにスーツのセールスマンがほとんどのようです。家でビデオを見ることができない人たちでしょう」という談話が掲載されている。渡邊の危惧は当たっていたのである。

日活ホームページのデータベースによれば、一九八五年から八八年までに製作されたロマンXシリーズは全部で四三本。現在では『箱の中の女』以前に公開された『ザ・折檻』『ザ・折檻2』もカウントされているので四五本。そのうち、ロマンXシリーズを撮った日活の監督はわずか七人、日活製作作品は九本のみである（菅野隆のロマンX『マゾヒスト』だけは外部会社の製作だった）。その他はほぼ全て独立系・ピンク系の製作会社かAVの製作会社に丸投げされた。半沢浩によれば、日活内部の監督やスタッフの反発が強く外注せざるを得なかったという（『日活1971 -

1988』)。立場上、ロマンX製作の実情を日活の人間よりも遥かに知っていた渡邊は、初志を忘れて「ワイセツ」のみを強調するようになっていったロマンX路線の完全なる失敗を実感していた。

もっとも、実際に『マゾヒスト』を見てみると、決して捨てたものではない。というよりも、ピンク映画の監督作が多い磯村一路の脚本を得た菅野隆の手腕は冴えている。冒頭いきなり、小川美那子が裸でベッドに死んだように横たわり、ベッド脇には男がうずくまる謎めいたシーンから始まる。これが何を意味しているのか、答えはラストになって明らかにされる。王道のサスペンス手法である。明らかにされた真相は、医師の男(野上祐二)に調教され奴隷にされたナース(小川)が性欲におぼれる自らに怯え姿を消してしまう。しばらく経って小川は男と再会し、再び「責め」を求める。男はいい気になって久しぶりの奴隷プレイを楽しむが、彼女の勢いに押され始め、意地になってプレイをエスカレートさせてゆく。

そして、小川が要求するように首に手をかけ思い切り絞めていくが、男は小川が抵抗しないことに怖気づき、力を緩めてしまう。「先生はお優しいですね」という言葉を背中で聞きながら、興ざめした男はシャワーを浴びにいく。しかし、男が戻ると…。これで冒頭の場面に繋がる。男が目を離した間に小川は死んでいたのである。

菅野は「刺激」的な表現という上からの要求を満たしつつ、男と女の愛憎が交錯する、エロスとタナトス(性と死)のラブストーリーを描いた。つまり、支配される側だったはずの女(マゾヒスト)が、いつの間にか男(サディスト)を支配し、フロイトが「快感原則の彼岸」で述べた「究極の快感としての死」への旅路を手伝わせ、彼には殺人者の汚名を着せ社会的死に追い込むという心中劇があざやかな手腕で示されていた。

一九八一年に『ズーム・アップ　ビニール本の女』でデビューした菅野隆は、この『マゾヒスト』を最後に映画界から姿を消してしまった。監督作はわずか五本。最後の映画となったこの作品は日活ではなくビックバン(早大全共闘出身の異色実業家・静間順二が設立した製作会社)で製作された。その後はAVなどを数本撮ったようだ。

菅野は才能ある監督の一人だったと思うが、日活は彼を生かせなかった。児玉高志から提供された歴代助監督リストには、菅野の名の横に赤字で「故」という注記があった。すでに亡くなっているということだろう。

わたしが見ることのできたロマンXの中では、瀬川正仁の『スペシャルONANIE』(一九八七年十月)も力作だった。

しかし、この作品は内容をきちんと見ようとしてくれる観客に届けられたのだろうか。このタイトルや「体の奥で何かが始まる。濡れ光る皮膚の間で妖しく蠢く灼熱の指使い!!」なる惹句ゆえ、客層が自宅でAVを見られない層か、マニアックなAVファンのみに極端に限定され、エロのみの期待で見られてしまったとすれば大変不幸なことである。ただ、ロマンXという商品である限り、そのように見られるのが当時の営業的な正解だったことは忘れてはならない。「抜きどころ」を設けない作品主義に走ることはプロとして許されなかった。

瀬川は金子修介や山田耕大と同期の一九七八年入社で、

一九八五年十二月の団鬼六モノの『美教師　地獄責め』で監督デビューしている。ヒロインの真咲乱を高倉美貴に代わる新たなSMスターとして売り出す企画で、瀬川自身は満足いかなかったようだ。

「初めての作品で準備の時間が足りず、自分の中で作品を消化しきれないまま現場に入ることになり、悔いが残った」

それでも本作は、撮影の水野尾信正と組み映像美を全編に展開させ、ヒロインが剣道の達人であるという設定を生かして半裸に剣道着姿で不良少年と対決する珍妙なサービスショットを入れ込む遊びまで行い、彼の手腕の確かさを証明している。しかし、瀬川に聞いたところ、試写での会社上層部の評判は芳しくなかったという。

瀬川は、自分は映像美を追究するタイプで、イメージショットを追撮して作ったロッポニカの実相寺昭雄作品『悪徳の栄え』（一九八八）の予告編などはうまくできたと語った。実際、この予告編は前衛的短編映画のように見えるほど完成度が高い。

二作目となったロマンX『スペシャルONANIE』は、タイトルから想像できないかもしれないが、瀬川の映像派としての才能の一端が示されている。

筋としては、ショーウィンドの飾りつけを仕事とするヒロイン（叶みづき）にストーカーが迫るところから始まるが、ストーカーが仕掛けた罠によって痴漢にレイプされた彼女を「覗き部屋」で働いている女性が救いだす。そして、成り行きで「覗き部屋」に勤めることになったヒロインが、ラストではストーカーに「見られる」側だった立場を、ストーカーに自らのセクシーな姿を「見せつける」立場（あるいはショーウィンドを飾る側から覗き部屋で飾られる側）へと逆転させ、彼を部屋の中にいざないセックスで彼を凌駕するというものだった。

また、映像美を追求するタイプだけあって、目を見張る場面も少なくない。例えば、主人公が痴漢にレイプされる画面では透明ガラスの電話ボックスの中で襲われる彼女を下からのアングルで捉え、その彼女を遠くからじっと視姦するストーカーの主観ショットと繋ぎ、観客をストーカーの視界に巻き込んでいる。

覗き部屋で働く女性に主人公が助けられ、ともに街を歩くシーンではその背後一面にネオンサインを配し、かつて森勝が『天使のはらわた　名美』で行ったPOLAの電光看板をバックにしたショットのような目覚ましい視覚効果を上げている（ビデオ撮影は米田実）。

それに加え、美術の金田克美の協力によって、ヒロインの部屋には瀬川が好きなヨーロッパ映画のポスターが貼られ、キッチン直結の場所に半透明のバスタブを配し、バスタブに仕掛けられた緑色の照明で彼女の裸体をファンタジックに見せるという前衛的なインテリアデザインが取り入れられた。覗き部屋はシナハンせずに想像で作ったというが、透明な檻の中に女が飾られ、オナニーを見せたり電話で客と会話をしたりするという構図はまるで近未来の風俗を見せられているような非現実感を醸し出している。

瀬川曰く、二作目はオリジナル企画でやっていいということで、大林宣彦の弟子・内藤忠司が脚本を担当し、「顔がそっくりだけど対照的な生活をする二人の女の子がある事件で接点を持ち、運命が変わってゆくという人間ドラマ」にする予定だった。しかし、その企画は会社から「地味すぎてエッチじゃない」と却下され、ロマンXにするのでエロを強調しろと別の脚本につくり替えられた。瀬川はそのこともあってか、この『スペシャルONANIE』も肯定的に語れない様子だったが、この話を聞いた上で作品を見直すと、「単なるロマンXにしてたまるものか」という彼の静かな抵抗が、数々の映像的・脚本的工夫として現われていることがわかる。

ただ、上層部から干されていたわけではなかったようだ。瀬川によれば、当時、「監督作品が三本ないと一人前ではない」という風潮があり、ロマン・ポルノが終焉を迎えようとしていた一九八八年、撮影所長の若松正雄の計らいで、第三作『冴島奈緒アクメ記念日』を監督する機会を与えられた。しかし、急遽穴が空いた正月番組の代替だったため封切日が決まっていた。正月映画ということで、当時人気絶頂だったAV女優を主役に迎え、沖縄ロケもするというロマン・ポルノとしては大がかりな作品だったにもかかわらず、封切日に間に合わせるために準備期間がトータルで二週間ほどしか取れなかった。シナリオができあがる前にロケハンをするという最悪の状況に陥り、桂千穂のお弟子さん（若月ユウ陽）が無理して脚本を書き上げてくれたものの、不本意な作品になってしまった。

瀬川が本当にやりたい仕事に巡り逢ったのは日活退社後のことだった。先輩の堀内靖博監督の紹介でテレビ東京のドキュメンタリー番組の仕事をやったのをきっかけに、八〇年代後半から当時黎明期だった深夜のドキュメンタリー番組をいくつか任された。

「一九九〇年、湾岸戦争勃発直前のイスラエルへ行ったときだった。低予算番組だったのでイスラエル政府観光局に顎足（交通費・食費など）を持ってもらいユダヤ人の文化を紹介する番組だったけど、エルサレムで撮影中、突然、銃撃が始まり、パレスチナ住民が虐殺される場面を撮影してしまった。その夜、危険だと反対するスタッフを押し切ってパレスチナ人居住区に行くと、殺された少年の通夜が営まれていた。『こんな時に撮影するなんてどうかしている』と通訳までも帰ってしまったため、自らの稚拙な英語で殺された少年の父親にインタビューをさせてもらった。罪悪感もあったがインタビュー後、父親がいきなり抱きついてきて、『今日はありがとう。この惨状をぜひ世界に伝えてくれ』と涙ぐんだ。そのとき、自分にどこまでできるかわからないが、これからも世界の真の姿を人々に伝える仕事を続けてゆきたいと心に決めた」

今も瀬川はドキュメンタリー作家として活躍している。

時代に寄り添った上垣保朗、時流に乗れなかった赤坂麗

一九八〇年代半ば以降にデビューした日活内部の新人監督の多くは思い通りの映画を作ることがなかなかできず、苦労したようだ。それに比べると上垣保朗は山田耕大の指摘した通り、会社企画とともに好きな企画を撮っていた数少ない監督だった。

例えば、上垣が「僕の最後の青春映画」と称する『少女暴行事件　赤い靴』（佐伯俊道・望月六郎脚本、一九八三）はソフトが廃盤になって久しいし、なかなか上映される機会がないと思われるが、必見の秀作である。両親とうまくいっていない少女（井上麻衣）が主人公で彼女は母の都合で田舎から東京に引っ越す。しかし、東京になじめないので何度も田舎に戻っては昔の仲間とつるもうとする。田舎は田舎で時間が流れていて、彼女はだんだん仲間との「時差」を感じ出す。パン工場に勤める彼女の親友（小泉ゆか）は井上に嫉妬して、彼女の男（中根徹）に手を出してしまうし、無邪気だったはずの仲間たちは、戯れに少女を襲ってレイプするようなことに手を染めている。

久々に田舎に戻り、中根を寝取られたことを知った井上は小泉を問い詰めるが、どこか人なつっこい小泉を憎みきれない。流れるように二人は東京に向かい、いつの間にか仲直りして、ハゲ親父をホテルに連れ込み援助交際で金を稼いで、その金でディスコに行ってムシャクシャを発散させようとする。心のやり場、身の置き場のない思春期少女の漂泊する有様をバブル前夜の東京の喧噪と田舎の空洞化を背景にして、巧みにスケッチしている。

この映画は東京に舞台を移したところから大きく変転する。真夜中になっても母親のところに帰りたくない井上は、小泉を連れて終夜営業のゲームセンターに向かう。このシーンの直前に「中学生殺しの通り魔」への注意喚起を訴えるビラがちらりと映る。ゲームをやる二人だが睡魔に勝てず眠くなってしまう。そこにゆらりと一人の男が近づいてくる。どこかで見たような特徴のある男。ロマン・ポルノファンならばおなじみの『天使のはらわた赤い淫画』（一九八一）、『ピンクのカーテン』（一九八二）でお人よしの男を演じた阿部雅彦である。そして、今スクリーンに映ったビラに描かれている男でもある。ゲーム画面の光が井上の顔を青く照らしている。

阿部がついに彼女らに声を掛ける。「ここは空気が汚いから、海に行こうよ」。彼の車に乗って、井上と小泉は海の方へ向かう。青春映画らしく、三人は波と戯れる。小泉は疲れて一人草むらで眠ってしまう。遠くで二人の嬌声が聞こえる…。そして、朝になって小泉が目を覚ますと男も井上もいない。「ちぇっ」。二人でどこかにしけこんだのかと小泉は考える。しかし、カメラは二人を探す小泉から離れて、全く別のところをクローズアップする。砂浜と草むらの間に脱ぎ捨てられた井上の赤い靴。そこからズームアウトしていくと、そこにいたのは…という展開である。

上垣に話を聞くと、これは実際の殺人事件（歌舞伎町で遊んでいた少女が千葉の海岸で殺害された）を元にした映画だったという。佐伯俊道によれば、ホン作りは難航し脚本家の望月六郎がプロットを作ったところで、望月と上垣、日活側の意見がかみ合わずストップしていた。そこで上垣から佐伯に「助けてくれないか」と電話がかかってきたようだ。事態は切迫しており、一週間で決定稿を作らないと番組に穴が開いてしまうところまで来ていた。佐伯は望月とともに京王多摩川の安旅館にこもり、脚本を一気に書き上げた（佐伯俊道「帰らざる日々～bye　bye　bye　上垣保朗～」『シナリオ』二〇一九年三月号）。なおその後、佐伯は上垣作品の常連脚本家となる。

上垣にさらに詳しく聞いた。

「『赤い靴』までが僕にとっての青春映画だな。これは歌舞伎町で起こった実際の事件をモデルにしてるんだけど、あとでモデルの少女の父親が日活にやってきて『モデル料よこせ』とうるさかったのを覚えている。そのままを映画にしたんじゃないんだけどね。とにかく、この映画は『少女の死』というラストは決定事項なんで、そこまで彼女が必死に若い命を燃やしたということをしっかり描きたかったんだ。僕のこだわったところは、阿部演じる殺人鬼がゲーセンにくるところ。井上の顔が青くなるでしょ。これは照明部にお願いして作ってもらったんだ。死の予兆を表しているんだ。この映画はラストの井上の死をいかに衝撃的に見せるか、このためだけに作っているね」

フリとオチとの落差に大いに驚かされるこの巧い仕組みを解説している上垣は特に楽しそうだった。わたし自身は、フリの部分の少女・少年たちの空しい生活を描いた箇所にも魅力を感じた。まさにヤンキーブームだった八〇年代初期の少女・少年の心のひだや空しさを切り取っているように感じた。

この作品に出演した小泉ゆかはのちに上垣と結婚し二人の子供をもうけている。上垣の次の作品『残酷！少女タレント』（一九八四）では主演（名義は加来見由佳）を務めた。この映画についても尋ねてみたが照れくさいのか、上垣は「いろいろやっているんだな」と述べたのみで多くを語らなかった。

上垣には、男女雇用機会均等法時代の新しい女性像を模索したように見える作品もある。新人女優・赤坂麗主演の『オフィス・ラブ　真昼の禁猟区』（佐伯俊道脚本、一九八五）である。上垣によれば、『真昼の禁猟区』は「特に子供を持ったキャリアウーマンを描きたくって」作った映画だという。

「赤坂（麗）がこういう役をやったことはないでしょ。この映画はラストに愛人稼業にケリをつけるべく男との（セックス）勝負を終えて、彼女が子供に電話をして母親の顔に戻る瞬間。これを描きたくて撮っていたようなものだな」

監督の上垣や脚本家の佐伯、そのほかの現場スタッフ、俳優たちがどこまで「均等法」以降の新しい女性像を意識していたかはわからないが、男に仕事で負けない「キャリアウーマン」のヒロインを描き、彼女が夜は最終的にセックスでも男を負かすという筋には「均等法」的なものを感じないわけではない。ただ、その強さの根源に「母であること」を求めるあたりが団塊世代の「男」の想像力の限界を呈しているように見える。

とはいえ、この時代としては十分先進的な女性像だった。少なくとも、企画部か宣伝部がつけたポスターの惹句にある「私は肉欲のけだもの!!」という女性蔑視的な描き方はしていない。この作品で描かれた赤坂の姿は、男に決して媚びることなく、仕事でもセックスでも堂々とした振る舞いを見せていた。

山崎浩治によるインタビューに垣間見られる赤坂の個性は、従来の「女らしさ」「男らしさ」の枠組みからはみ出たものだった。石井隆に「今まで名美を演じた女優の中で一番名美に似ている」と言われたと嬉々として語る一面がある一方、「昔から拳銃って好きだったんだ。本物の拳銃だって〔ハワイで〕撃ったことあるしね」と公言して、山崎に「拳銃好きだなんて、まるで男のコだ」と水を向けられるとこう答えている。

「だって、カッコいいものはカッコいいもん。ドスをもつとキマる人と拳銃をもつとキマる人っているじゃない。赤坂はどっちかというと拳銃をもってキメるタイプになりたい」（赤坂麗「アカサカには愛がないんだ!!」『ピンク映画の助監督になりたい』）

銃が好きで「男のコ」みたいと言われても特に否定せず、かといって自分の「女ぶりの良さ」を褒められれば満更でもない。そして、「わたし」という女性にありがちな一人称も使うが主に「アカサカ」という一人称を使うタイプ。それが赤坂の個性だった（当時、一人称に名字を使う人間は矢沢永吉か小泉今日子くらいしかいなかったのではないか）。

しかし、当時の日活の体制では、彼女がバイセクシュアルの殺し屋役を演じた一九八五年十一月公開の『夢犯　MUHAN』（黒沢直輔監督、石井隆脚本）を唯一の例外として、彼女の独特な個性を充分に生かせなかった。『夢犯』は東映Vシネマを先取りしたようなスタイリッシュなアクション映画で、一九九五年には日活ビデオでリメイクされている（金澤克次監督、小林政広・金澤克次脚本、片岡礼子主演『キリングエンジェル　夢犯』）。赤坂を生かすことができたのはVシネマのような世界だったかもしれないが、東映がVシネマをスタートさせるのはロマン・ポルノ終焉よりもさらに後の一九八九年三月のことである。その頃には赤坂はもう俳優業を辞めていた。

赤坂にはロマン・ポルノに関する持論があった。

「前のことはよく知らないけど。私ね、ロマンポルノの〝ロマン〟を違う解釈してるの。ロマンチストのロマン、夢を追うロマンじゃないかって。男と女の関係を描くのが、そりゃあ本来のロマンポルノだろうけど、夢を追ったり作ったりするロマンポルノだってあってもいいと思うのよ」（赤坂麗「アカサカには愛がないんだ!!」『ピンク映画の助監督になりたい』）

彼女が他社のスター女優であれば、このような意見が通る余地があったかもしれない。しかし、彼女の舞台はロマン・ポルノにしかなかった。それが彼女の不幸だった。デビューした一九八五年だけで六本の主演作を撮り、順調にキャリアを重ねていた赤坂は、一九八六年一月に公開された七本目の主演作『美姉妹肉奴隷』（藤井克彦）を最後に突然スクリーンから姿を消した。赤坂の表向きの引退理由は結婚だったが、彼女はロマンXへの出演を断固拒否していた（同上）。それが引退の決意に影響を与えたのかもしれない。

インタビューの最後に彼女は「今年〔一九八五年〕は無我夢中で映画やってきたから、来年は勉強の年にするつもり。色々やりたいことがあるから、土台を固めなきゃね」と希望に満ちた抱負を語っている（同上）。しかし、残念ながら彼女の「やりたいこと」は叶えられなかった。まさか、このインタビューのわずか数カ月後に引退するなんて、赤坂自身思ってもいなかっただろう。

ロマン・ポルノに第二のヌーヴェルヴァーグは起こったか？

日活では、一九七八年六月に根岸吉太郎が二七歳で監督デビューして以降、三十歳前後の若い監督のデビューが相次いだ。六〇年代初めの松竹が若手監督のデビューラッシュを仕掛け「ヌーヴェルヴァーグ」を巻き起こしたようなことを日活も狙っていたのかもしれない。ただ、八〇年代は「ヌーヴェルヴァーグ」ではなく「ニューウェーブ」（同じく「新しい波」の意）の時代だった。また、松竹の場合がそうだったように、「ヌーヴェルヴァーグ」は偶発的に発生したムーブメントをマスコミがそう名付けることで初めて会社がそこに乗っかることができるものであって、狙って生みだされるものではない。その上、松竹は大島渚をはじめとする荒ぶる若手監督たちを扱いかね、ブームを短期間で潰した。

日活の場合はどうだったか。もちろん、若手の作品の中には既成のロマン・ポルノの枠組みを打ち破るような意欲作も少なくなかった。しかし、日活は戦後の製作再開からまだ歴史が浅かったために、五〇年代の太陽族映画から六〇年代末のニューアクション、七〇年代のロマン・ポルノと、常に既成の枠を打ち破る「新しい波」を起こして生き残ってきたわけで、八〇年代に入る頃には新らたな手が払底しつつあった。一見、衝撃的に感じる作品でもどこかに過去の日活映画の「新しい波」の影響が大なり小なり透けて見えることは避けられなかった。映画文化は胎動期、全盛期をとっくに終え、衰退期前の爛熟期にあったが、日活も例外ではなかった。短期間に大量生産されたロマン・ポルノは十年も経たずして実験段階を過ぎ、早くも爛熟期を迎え、手詰まり状態に陥っていた。アニメと宇能鴻一郎モノを合体させた金子修介の痛快作『宇能鴻一郎の　濡れて打つ』（一九八四）、ガラス瓶の中に女優を入れて大海原に浮かべるという前代未聞の撮影を敢行した川崎善広の『瓶詰め地獄』（一九八六）、マジックミラー張りの車を新宿駅前に停めてカーセックスを撮影することで、車内の「異常な世界」と車外の「正常な世界」の境界線を可視化させた小沼勝の『箱の中の女』（一九八五）などの例外があったとはいえ単発的だった。「ニューウェーブ」の名にふさわしい大波を生み出す余地があったのは、日活内部の現場よりも日活に下請け業者としか見られていなかったピンク映画や七〇年代末にはまだ生まれていなかったAVの現場の方だった。

典型的なのは、ピンク映画出身の佐藤寿保が撮った買い取り枠のロマン・ポルノ『人妻コレクター』（一九八五、獅子プロ製作）である。同作は、タクシードライバー（野仲功）が女性客を次々とレイプしては家庭用ビデオカメラで撮影しコレクションしていくという筋だった。佐藤は、従来の映画では主観ショットでない限り「透明で客観的な記録者」とされがちなカメラは本質的には「現実世界」をレイプする男根状の「犯罪装置」であり、どんなものを撮っていようと「現実世界」の一部を切り裂き「虚構世界」に取り込む「暴力装置」であることを暴露し、既成の映画常識に真っ向から反抗した。なお、佐藤は買い取り作品の『ロリータ・バイブ責め』（一九八七）でも、快楽殺人にとりつかれた男（伊藤猛）がターゲットを監禁するコンテナを過去の犠牲者たちの写真コラージュで埋め尽くすさまを描くことで、同様の試みをしている。ちなみに、『人妻コレクター』のドライバーのタクシー車内では、暗黒大陸じゃがたらの「タンゴ」やフリクションの「ＡＧＡＳ」「オートマチック・フラ」など、「パンク／ニューウェーブ」以降のバンドの曲が爆音でかかっていた。こうした点も「ニューウェーブ」と呼ぶにふさわしい。

外注されたロマン・ポルノでは、片岡修二の『地下鉄連続レイプ』四部作（一九八五〜八八、獅子プロ製作）も実際に運行する地下鉄の中でレイプシーンを撮り、現実（世界）と虚構（映画）の境界線を乗り越え、撮影クルーの持ち込んだ虚構で現実を切り裂くような表現を行っている点が「ニューウェーブ」的である。佐藤寿保の『人妻コレクター』（脚本：片岡修二）でも、裸にした女優を実際の高速道路に放置したり、ツイスト族が踊る原宿の歩行者天国になだれこみ小川美那子と野仲功によるレイプシーンを撮影したり、虚構（芝居）を突然現実に持ち込むことによって世界を切り裂こうとする表現が見られた。

もっとも、これは劇団天井桟敷やはみだし劇場などの街頭劇の手法とよく似ている。ただ、人類の歴史とともにある劇の歴史（神楽も劇とするならば）を考えれば、古今東西のどんな劇とも全く被らない作品などは存在し得ない。映画にしても一〇〇年以上の歴史があるのだから、いくらでも「元ネタ」探しはできるだろう。しかし、仮に何かの真似だと指摘しても、「真似る」は「学ぶ」に通じるわけでその作品の価値を貶めはしない。逆に作り手の努力を証明してくれる。

こうした作品群を日活が「ムーブメント」として意欲的に後押しすることは管見の限り一切なかったし、マスコミもそのような取り上げ方をすることはなかった。ここに挙げた作例も、題材・企画と監督個人の作風とのたまたまの組み合わせによって、偶発的に生まれたものとしか扱われなかった。したがって、日活ロマン・ポルノに第二の「ヌーヴェルヴァーグ」が起こったかという問いには、「否」と答えざるを得ない（のちに福間健二が「ピンク四天王」と呼ばれた佐藤寿保、サトウトシキ、瀬々敬久、佐野和宏の作品群を「ピンク・ヌーヴェルヴァーグ」と評価したが、福間が『ピンク・ヌーヴェルヴァーグ』［ワイズ出版］を刊行したのは一九九六年のことである）。

念のために一言しておくが、ここに挙げた例は当時でも今でもほぼアウトなレベルのゲリラ撮影によって行われている。八〇年代のピンク映画／ロマン・ポルノの業界にはこうした危険な行為を許容するユルさがまだわずかに残っていた。現代にあって、ここに挙げた作品群を手放しで称揚することは、現代社会のモラルに反するし、誰もが楽しめる内容でもない。それどころか、これらの映画を見た人間がストーリー全般に「女性蔑視」や「人権蹂躙」といった否定的感想を抱いたり、血みどろの殺人シーンに吐き気や嫌悪感をもよおしたりしてもおかしくはない。ここに挙げた作品を特にお薦めはしない（もちろん、どのように感じるかは個人差があるので楽しんで見られる人もいるだろうが）。

ただ、映画はそもそも高尚文化ではない。もとは悪所（盛り場）で公開される「いかがわしい見世物」だった。エジソンが発明したキネトスコープは「覗きからくり」同様の装置で、観客の注目を集めるためにアクロバットなどの目を引く映像が積極的に撮られた（岩本憲児「映画の渡来　エジソン映画と日本」『日本映画の誕生』森話社）。エジソンの初期作品にはポルノ映画の原型とされるキスを繰り返す男女の映像（「M・アーウィンとJ・C・ライスの接吻」一八九六）があり、しっかり警察に摘発されている。映画の本質は、出自からしてモラルを説くことよりも刺激や娯楽を提供することにある。背徳的な快楽欲求を刺激するものである。ロマン・ポルノの本質も「芸術」などという綺麗なものではなく、西村昭五郎に言わせれば「現代の悪の華」だった（『シナリオ』一九七六年八月号）。案外、これらの「ニューウェーブ」の本質とは新奇でショッキングな表現ではなく、映画の出自である「見世物」（モラルに反する「悪の華」を衆目に晒す。人の背徳心を刺激する）への原点回帰だったのかもしれない。

八〇年代から九〇年代のピンク映画では、高橋伴明、黒沢清、滝田洋二郎、周防正行、廣木隆一、和泉誠治、佐藤寿保、水谷俊之、石川均、渡邊元嗣、サトウトシキ、瀬々敬久、佐野和宏などがDIY精神に富んだ実験的作品を次々に生み出し、ここに挙げた中では黒沢、周防、サトウ、瀬々、佐野以外はロマン・ポルノの監督に挑戦し、その後もっとバジェットの大きな一般映画やテレビの業界へと進出していった。

ちなみに、黒沢ら五人もロマン・ポルノに縁があった。黒沢は一九八四年に『女子大生　恥ずかしゼミナール』をロマン・ポルノ用に監督したが、同作の企画担当の山田耕大によれば、オールラッシュの際に武田靖の「まかりならん！」の一喝で日活での配給が立ち消えになった（山田『昼下りの青春』）。当時の山田は、R指定（十七歳未満は親か大人同伴で視聴可能）になろうともロマン・ポルノ＋アルファがある映画を作らないと日活はジリ貧になってしまうという想いがあった。そして、黒沢はその想いに十分に応え、山田も黒沢が撮った「当人同士がセックスをしないエロチシズム」が「面白い」と感じた。しかし、やはりロマン・ポルノにセックスシーンが足りないのは大問題だったのである（「ロマンポルノ的なるものの復権に向けて」『映画前夜1』渡企画）。

結局、この映画は一般映画用に濡れ場を減らした上で『ドレミファ娘の血は騒ぐ』（一九八五）と改題し、黒沢が所属するディレクターズ・カンパニーで自主配給されヒットした（キネ旬ベストテンでは二八位）。日活はまたしても才能を逃してしまった。

なお、周防は水谷俊之の『スキャンティドール　脱ぎたての香り』（一九八四）に脚本と助監督で参加した。サトウは「佐藤俊喜」名義で日活発売のポルノビデオ『赤い報告書』シリーズ（一九八八）を二本撮った。瀬々は一九八六年に滝田洋二郎の『痴漢宅急便』（獅子プロ製作）や佐藤寿保の『制服処女　ザ・えじき』（獅子プロ製作）の助監督として買い取りロマン・ポルノの現場を経験した。佐野は俳優として買い取りロマン・ポルノの廣木隆一『白衣調教』（一九八六、雄プロ製作）、石川均『若奥様のナマ下着』（一九八七、雄プロ製作）に出演している。

女子大生的感性の登用：「カワイイ」ロマン・ポルノの試み

根本悌二は一九八七年のインタビューで「もう映画はビジネスにならない」「儲けようとすることはまったく度外視してやらざるを得ない」と述べ、近い将来にロマン・ポルノを打ち切り、自らがゼネラル・プロデューサーとなって年に二〜三本の大作を作る体制にすると宣言している（根本悌二「にっかつは再び本格映画作りの先頭に立つ」『DESIDE＝決断』一九八七年六月号）。

当時の根本はロマン・ポルノへの意欲を失っており、現場を統括する武田靖ら映像本部もポルノ度満点の過激なAVモドキを自社の監督が満足に作れないならば、外部の会社に任せれば製作費も手間も節約になると思ってしまったのだろう。ロマン・ポルノは外部製作ばかりになっていった。悪い業者が丸投げの状況を悪用した事件まで起こった。

例えば、一九八六年六月に日活は裏ビデオ『終冬』（一九八四）をヒットさせ名を上げていた瀬川栄一にロマンXの『ザ・破廉恥』を監督させた。しかし、翌七月には『ザ・破廉恥』の無修正版が裏ビデオとして売り出され、しかも警察に摘発されてしまい、日活の伝統ある看板にベットリとドロを塗られた（『アダルトビデオ10年史』）。

それだけではない。この事件は映倫の態度を硬化させ、八月には邦画各社に「本番生撮りなど性行為の描写だけを目的とする作品は審査の対象としない」という主旨の通達が二度にわたって出された（『映倫50年のあゆみ』映画倫理委員会）。当時映倫審査員だった渡邊達人（元東映）によれば、この通達は「『本番生撮りキネコ作品』の締め出し」にあった（同上）。はっきり言えば、ロマンXの締め出しである。日活はロマンXの看板を最後まで下ろさなかったが、「売り」である「本番生撮りキネコ」が禁じられた状況ではもうロマンXをやる意味がなくなってしまった。そのためか、ロマンX路線の丸投げが常態化した。もうロマンXで実験や挑戦ができないのならば、優秀なAV製作会社（グラフィス、ビデオマガジンなど）やピンク映画製作会社（雄プロや獅子プロなど）に丸ごと任せてしまえばいいし安く早く上がる。一九八六年には、従来の日活製作二本・買い取り一本の体制ではなく、買い取り二本・日活製作一本の体制が当たり前となり、買い取りのみの三本立てすら出てくるようになった。

ただ、この時期の撮影現場に明るい材料がなかったわけではない。ロマンX路線と前後して、ピンク映画やAVの関係者と日活スタッフとの交流が行われるようになっていた。例えば、鈴木潤一改めすずきじゅんいち監督の『制服肉奴隷』（一九八五）では主人公の望月真美を除く主要キャストは下元史朗、山本あゆみ、泉ユリとピンクの常連俳優で固められた。この頃には、下元や大杉漣、山路和弘、麻生うさぎ、よしのまことなどピンク出身の俳優がロマン・ポルノに変化と深みを与えるキャストとして活躍するようになっていた。AV業界からもすでに述べたように女優の進出は盛んだったし、AV監督の島村雪彦がロマンXで『夢どれい』（一九八七）を撮り、作品の素材を芳友社発売のAV『団鬼六　夢どれい』として転用するという形の交流も起こっていた。ピンクの監督が日活製作のロマン・ポルノを撮り、逆に日活監督がピンク映画の体制で買い取り作品を撮ることもしばしば生じた。そうした企画の全てが成功したわけではないが、中には良い出逢いも見られた。

前者の例は、一九八四年の日活とNCPの共同製作『スキャンティドール　脱ぎたての香り』（監督：水谷俊之、脚本：周防正行、撮影：長田勇市）や一九八六年の日活製作『タイム・アバン

チュール　絶頂5秒前』（監督：滝田洋二郎、撮影：志賀葉一）、一九八八年の日活製作・ローリング21製作協力の『聖熟女』（監督：廣木隆一、撮影：藤石修）などである。ただ、ピンクと日活との関係は下請けと発注主であり、両者の交わりに少なからぬ緊張感があったことは否めない。これらの監督がカメラマンだけはピンクのスタッフを連れてくる傾向にあったのは警戒感の現われだろうし、そうでなくては主導権を握ることができないと考えたのだろう。

ただ、こうした企画に起用された監督やスタッフはいずれもやがて日本映画界で脚光を浴びることになるのだから、日活の企画部には才能を見抜く力があった。しかし、なぜそれを日活内部の監督に対して生かせなかったのかという疑問も門外漢からすれば湧き上がってしまう。

ピンク出身の監督を起用した企画の中で、一九八四年に栗原いそみが企画した『スキャンティドール　脱ぎたての香り』は異色作である。栗原は、早大在学中の一九八一年秋にアルバイトで日活に出入りしていた際、撮影所長の若松正雄らにスカウトされ、日活企画部で仕事をすることになったという。山田耕大曰く、彼女は「超青田買い」入社の異色社員だった。

近年のインタビューで、彼女は山田からはバイト二日目に「明日までにタイトルを百個考えて来い」という宿題を与えられ、翌日それを見た成田からは「これは直接的すぎてピンクのタイトルだから、ロマンポルノはこういうタイトルではないから」と指導される英才教育を受けながら勤務することになったと話している（早稲田大学演劇博物館『「戦後日本映画における撮影所システムの変遷とその実態――日活ロマンポルノを中心とした実証的研究」チーム成果報告書』）。

恐らく、日活は一九七九年の秋に『週刊朝日』が仕掛けた「篠山紀信が撮る！週刊朝日〝キャンパスの春〟」コンテスト（グランプリは『週刊朝日』一九八〇年一月二十五日号表紙を飾った宮崎美子）あたりをきっかけに一九八〇年頃からトレンド・アイコンとして女子大生が注目されてきたことや、川島なお美ら現役女子大生をタレント代わりに起用した八一年放送開始のミスＤＪリクエストアワー（文化放送）でさらに勢いを増した女子大生ブームに乗るべく、現役女子大生の感性を必要としていたのだろう。

一九八〇年には脚本・主演を和歌山大学の現役女子大生が務めた『女子大生の告白　赤い誘惑者』（加藤彰）が製作された。プロデュースを務めた山田耕大によれば、主演の女性は寺山修司の天井桟敷の関係者で自ら売り込んできたという。山田は寺山が脚本をノークレジットで手直しすることを条件にこの企画を引き受けた（『昼下りの青春』）。

他にも女子大生ブランドを利用した企画は、小原宏裕の『女子大生の基礎知識　ＡＮＯ・ＡＮＯ』（一九八一）がある。ＪＩＣ出版（のちの宝島社）が刊行した女子大生の手記を原作にしたロマン・ポルノだった。もちろん、日活でも『女子大生　ＳＥＸ方程式』（一九七三）などの女子大生シリーズが古くからある。しかし、それは大人の男が想像する女子大生であって、女子大生自身の考える女子大生像ではなかった。それが今や女子大生自身が原作や脚本で関わる。時代は変わった。

一九八二年には主要スタッフのほとんどを現役女子大生で賄っ

たという触れ込みの楠田恵子監督、木村佳子プロデュース、小宮三和・松本貴子脚本作品『女子大生の下半身　な〜んも知らん親』という企画まで登場した。

話を『スキャンティドール　脱ぎたての香り』に戻す。これは、日活が新人に一〇〇〇万円を出してある程度自由に撮らせるという企画をピンクの人間にもやらせてみようという実験だったが、完成作を見る限り、その試みは成功している。低予算（ピンク映画としては高い予算）を逆手にとって手作り感たっぷりに作られており、学生の自主映画のような独特の雰囲気がいい意味で「若々しく」「青臭く」作用したコメディーの秀作に仕上がっている。それもそのはずで、監督は水谷俊之、脚本・助監督は周防正行なのである。

これが興行的な成功を遂げたかどうかはわからないが、作品からはピンク側と日活側が敵対することもなく互いに和気藹々とした雰囲気で作られたことが伝わってくる。企画者の栗原も先のインタビューによれば、ピンクの役者やスタッフからかわいがられたようだ。

ところで、この作品は楽しいコメディーではあるが、日活側はピンクの人間にはもっと直接的で「どギツいエロ」を期待していたはずだ。しかし、ピンクには山本晋也や滝田洋二郎が得意としたコメディーの系譜もあり、この映画はむしろそちら側の系譜に属する作品となっている。江戸時代から続く伝統ある下着職人の父（大杉漣）とその娘（小田かおる）を中心とする何ともほのぼのしたコメディーなのである。ポルノ度がないとケチをつけるものはいなかったのかとこっちが心配になってしまうほどに。

ただ、企画の栗原の感性が、父・大杉の古臭い考えに逆らってランジェリー喫茶を経営する主人公・小田かおるや喫茶店のバイトをしながら枕営業を繰りかえす刹那的な女子大生のセリフ回しに影響したことは想像に難くない。また、大杉がバイト面接で、地味な木綿のパンツをはいたメガネっ子（麻生うさぎ）をあえて選び、亡き妻の面影を重ねて惚れてしまうというかわいらしさ。あるいは、究極の下着を求めて泥棒を繰り返す謎の男・村松（上田耕一）を変態としてではなく、小田かおるにカワイイと思わせてしまう展開。こういった「オジサン＝カワイイ」という視点は、まさに八〇年代の女子大生目線ならではであり、ロマン・ポルノに新しい風を確実に吹かせている。

圧巻はラストシーン。村松が下着泥棒の現行犯で警察に捕まり、小田が村松にあげるために持ってきた下着を川に投げ捨てると、下着がなぜかアドバルーンになって空高く飛んでいくのである。なぜこんなことに？　なんてことを考えているうちはまだまだ頭が古いオジサンなのだ。「カワイイ」への感性が最後までストーリーや映像を引っ張っていく稀有なロマン・ポルノに仕上がった。

管見の限りでは、経験豊富な女性が年長の男性を「カワイイ」と呼ぶシーンは、谷ナオミの『花と蛇』（一九七四）のラストシーンを始めとして、ロマン・ポルノの中にいくらでも例を挙げることができるが、若い女性が年長の男性に対して「カワイイ」と言うシーンの登場は、日活映画の中ではロマン・ポルノではないが、『鉄騎兵、跳んだ』（一九八〇）の熊谷美由紀あたりが最初ではないかと思われる。同作の監督・小澤啓一によれば、これは熊谷の感性を生かした演出だったという（小澤啓一著、千葉慶編『リア

ルの追求　映画監督小澤啓一』ワイズ出版）。

ちなみに、栗原と熊谷は一九六〇年前後生まれの「新人類世代」に当たる。しかし、『スキャンティドール』は同時上映が『下半身症候群』（中村幻児）、『団地妻　サラ金地獄』（白井伸明）だった。この番組に果たして「カワイイ」を期待する若者客が来たのだろうか、大いに疑問である。むしろ、「エロ」を求めてやってきた客がこの優れた映画の価値も分からず、共感もできず、不満を覚えたケースの方が多かったのではないか。

先のインタビューによれば、栗原が自らの若い感性をロマン・ポルノの場で生かすことができたのは、一九八二年の正式入社から四年ほどの期間だけだったようだ。というのは、一九八六年以降、ロマンX路線が中心になっていくため、「さすがに女性で企画者は厳しいだろう」と判断した上司が、彼女を一般映画の下調べなどをする武田本部長直属の部署に異動させたからである。もっとも、当の本人は特に強い嫌悪を覚えてはいなかったようだ。彼女が最後に企画したロマン・ポルノは上垣保朗が監督した『凌辱めす市場　監禁』で、惹句まで担当している。その惹句が「鞭の音を聞け、床に這いつくばれ！　そして女たちよ、従順な牝豚となれ!!」だったため、映倫審査の際に審査員から「女性がこんな女性蔑視の惹句をつけるなんて」と怒られたというから恐れ入る。

栗原からすれば、「女はそんなにか弱くないのよ、なめんなよ」という心境だっただろう。半端なフェミニストが期待するほど、ロマン・ポルノに携わった女性たちは、白鳥あかね（スクリプター）も菊川芳江（美術デザイナー）も栗原も「女ならではの目線・立場」に固執していない。もちろんその要素もあるだろうが、こだわりがあったとすればそれは「女として」というよりは「己」の個性からのこだわりだったのではないか。「女ならではの視点」を売りにするポルノには仕掛け人の男の思惑が透けて見えるわけで、その「女」のイメージは「男」のファンタジーでしかなく、「女」へのリスペクトどころか、「女」を定型的かつ安易に捉えバカにしているように感じる。

相米慎二が帰ってきた：『ラブホテル』の現場

一九八五年には、かつて日活を放逐された相米慎二の一度きりのロマン・ポルノ登板が実現した。成田尚哉によれば、「いいホンはないの？」と企画部に助監督を連れてふらりとやって来た相米からの提案だったという。

ただ、「相米はニューレフト（新左翼）だからダメだ」と見なす重役たちの偏見が未だ解けていなかったため、この企画を成立させるには相米が所属するディレクターズ・カンパニー製作の買い取り作品という扱いにし、撮影期間は八日間（間に撮休日が一日あったので延べ九日間。撮休日もラッシュを見なければならなかったので休みにはならなかった）というところまで条件を下げなければならなかったと話してくれた。ところがここからが成田の本当の苦労の始まりだった。

「これからが大変だったね。八日間はずっと徹夜だよ。夜のシーンが多くて〔注：熊谷秀夫によれば、リハーサルが長すぎて実際には夜のシーンのはずだったのに、本番が早朝になることが多かったようだ」、組合でも問題になった。それは相米のやつがなかなかOKを出さないから。なんで粘っていたかというと、芝居になっていないっていうんだね。速水はデビュー作でしょ。ヤツのアパートに呼んでいろいろ指導していたよ。演技以外のこともね。速水はすっかりあいつに惚れてしまったんじゃないかな。もてるヤツだった。速水もNGをたくさんだしてしごかれるなかでやられてしまったんだろうね。この映画で温厚な熊谷(秀夫)さんが怒ったんだよね。ラストの階段のシーンでは、さすがにあれだけNGが出てくると我慢ならないのかライトの電源を切ったんだ。ラストの桜吹雪のところ、これは何回もやったな。夜が明けてきてしまってね。ちょうちょが飛んできているでしょ。これは偶然なんだ」

成田はこのように苦労譚を話してくれたが、顔は少し笑っているようだった。苦労の甲斐はあったのだろうし、それだけ相米がひとたらしだったことを伺わせる。ただ、相米は「お前は脚本も読めないのか」とプロデューサーの成田に毒づくこともあったようだから、「お世話」が大変な人物だった(成田尚哉「解けない魔法」『映画芸術』二〇〇二年夏・秋合併号)。

現場スタッフは撮影期間の八日間はほぼ寝られない状態で付き合わねばならなかった。相米がどんなシーンでもクレーンを用い、狭い部屋の中に持ち込んでまで長回しにこだわったため、クレーン操作を担当した特機の長谷川忠治は特に苦行を強いられたという。

「ほとんど徹夜。現場で急に指示が変わることも多くて、港で寺田農さんと速水(典子)さんがデートするシーンがあるけど、これも、危ないところに木を渡して急遽足場を作った上にクレーンを置いている。ラストの階段シーンは、テストをやりすぎて桜吹雪がなくなった。ドバっと出ているのはやけくそのように見えて来るね」

長谷川も笑顔で苦労話をしてくれた。ただ、ここからが最大のピンチだった。部屋の中でクレーンを使った長回し撮影をしていた時のことである。

「速水さんと寺田さんのアパートのシーンを長回しで撮っている時、徹夜続きだからこっちも睡魔に襲われてしまって、目を開けているので精いっぱいで、コックリ、コックリしていたと思う」

長谷川はそれでもクレーンを見事に操作し撮影は無事終了させた。ただ危機一髪だった。こんな苦労をあらゆるセクションのスタッフが味わいながら、ギスギスすることなく、「監督のためならやろうじゃないか」と各々結束していた現場だったようだ。

相米は俳優陣にも人気があった。『ラブホテル』では映画界から疎遠になっていた中川梨絵が十一年ぶりにロマン・ポルノ復帰を果たし、相米映画にかつて出演した尾美としのりや佐藤浩市がロマン・ポルノに登華を添えた。名脇役・益富信孝も三年ぶりにロマン・ポルノに登板した。益富は相米のロマン・ポルノの二度目の現場『色情姉妹』（曽根中生）に出演していたので付き合いが長かったのだろう。

カッドウ屋の矜持：ロマンX以降のロマン・ポルノ

話題を先に触れた栗原いそみ企画の『凌辱めす市場　監禁』（一九八六）に戻す。これを監督した上垣保朗は、これは「あくまでもアクション映画として撮った」と教えてくれた。もちろん、上垣が惹句通りの内容の映画を撮るはずはない。

これは、麻生かおり演じる主人公を含む若い女性たちが謎の集団に拉致され、SMショーを強制されるという筋だったが、上垣はこの筋を麻生や小川美那子たちによる脱出アクションとして展開させている。結局、脱出に成功したのは麻生だけだが、逃走シーンで上垣は通常運行している地下鉄内でのゲリラ撮影を敢行した。これは、当時の買い取り作品『地下鉄連続レイプ』シリーズ（片岡修二）を意識したものだろう。ピンク出身の片岡の試みが上垣の創作欲を刺激したのである。

ただ、片岡のように実際の地下鉄の車両の中でレイプシーンを撮ることまではしていない。その代わり、上垣は営業終了後の地下鉄トンネルの入り口に侵入し、ゲリラ撮影をしている。もはや時効だと思うがこちらの方がもっと危険な行為である。こういうゲリラ撮影をメジャー会社でやってしまうことは現在では考えられない。大らかな時代だった。

ちなみに、地下鉄車内での逃走シーンでは最小限のスタッフで動く必要があったため、追走する敵の手下役は内トラで行われた。その手下役は当時フリーの助監督で後に『ミナミの帝王』シリーズをメガヒットさせる萩庭貞明だったという。

また、この作品のラストは忽然と消えた謎の集団のアジトをヘリから空撮したカットだったが、末期のロマン・ポルノにそんな予算はない。そこで考えた上垣は前もってロケ地である倉庫をヘリポートの近くに選定したという。これだと十五分ほどで撮り終わり、ヘリも元に戻せる。ヘリのチャーター料は分単位の時間制だったため、「こうすれば少ない予算でも空撮ができるんだよ」と語る上垣は誇らしげであった。

同じ一九八六年に製作されたスキャンダルX（なぜかビスタサイズのフィルム作品だった。キネコ映画の締め出しを宣言した映倫への配慮だろうか）では、川崎善広が夢野久作原作の『瓶詰め地獄』を撮っている。原作は、離れ小島にたどり着いた兄と妹が自分たちの近親相姦の関係を手紙にしたため瓶詰めの中に入れて海に流す。その手紙を作者が読み上げる形式で物語が出来上がっていた。

川崎はこれを翻案して、兄の恋人（小川美那子）を妹が憎しみのあまり、巨大なビン（美術費の五十万円のほぼすべてをつぎ込んで作った）に詰めて太平洋に流してしまうという大胆な展開にしてしまった。川崎がインタビューで語ったのは撮影現場で起こった地獄絵図であった。

「新島に撮影に行ったんだけど、ラストシーンで人間が入る巨大なガラス瓶を作った。ちょっと大きすぎたんだけどね、危険だからそうしたというのもあるけど。それに裸の小川美那子を入れて、太平洋の大海原に浮かべたんです。一番怖い思いをしたのはもちろん女優さんですが、こっちも怖い。沈んだらどうしようって胃の痛くなる現場だった。それでフィルムをガラガラ回すわけだけど、助監督の金澤克次が『いつまで回すんだ』と怒る。でもカメラマン（鈴木耕一）はいい画を撮りたくて粘るわけ。照明は加藤松作さんだったけど、彼もちょっと顔が暗いと言い出してレフを当てようとする。これに金澤が怒って船を寄せて撮影を止めてしまった。『こっちが腹をくくってやらないといけない時もあるんだよ』と言いたかったんだけど。〔…〕あの画を撮れただけでもよしとしているんだ。たぶん誰も見たことのない画でしょうから」（川崎善広「突出した映画群としてのロマン・ポルノの末席に」『日活1971 - 1988』）

これは、何もまず狙った画が撮れるかどうかの方に興味がついて走ってしまうカツドウ屋という人種の恐ろしさが露わになった瞬間である。あるいは、映画の「魔」に憑かれた瞬間だったといった方がわかりやすいだろうか。だからこそ、素晴らしいシーンが撮れたわけだが。なお、この船に一人冷静な（魔に憑かれていない）若手スタッフがいたために大事に至らなかったとはいえ、今ではこんな撮影は絶対に不可能だろう。

スキャンダルXは『瓶詰め地獄』と同時上映の小沼勝『いんこう』（OLの少年愛を描いた）のみで終わった。熟女もののエロス大作が定番だった夏休み興行（七月二十六日公開）に選ばれた企画で、ヒットが期待されていたと思われるがこれだけで打ち止めとなった理由は不明である。まさか『瓶詰め地獄』の危険な撮影が原因ということはあるまい。

もっとも、小川美那子にある会合でたまたま同席した際に「このビンの入り心地はどうでしたか」と何気なく聞いたところ、「暖かくてゆらゆらして気持ちよかった。眠くなってしまうくらい」と平然と答えてくれた。彼女をビンに詰めるスタッフが「魔」に憑かれていたならば、平気で詰められる女優も「魔」に憑かれていたのかもしれない。

ちなみに、この次の番組である八月九日からの興行もロマンXの三本立てだった。しかも、鬼頭光の『ザ・絶頂感《アクメ》』（アテナ映像）、高槻彰の『ザ・本番　湘南のお嬢さま』（ビデオマガジン）、佐藤寿保の『制服処女　ザ・えじき』（獅子プロ、エレクトX）の三本は全て外部への丸投げ。勝負の夏休み興行はすっかり従来の日活ロマン・ポルノのイメージとはがらりと変わった番組構成になっていた。

ところで、先にも述べたように、ロマン・ポルノ末期には、日活の監督がピンク映画の製作体制で監督することもしばしば見られた。例えば、一九八七年のフィルム・キッズ製作『看護女子寮　凌された天使』（監督：堀内靖博、撮影：志賀葉一）、同年のフィルム・キッズ製作『スケバン肉奴隷』（監督：川崎善広、撮影：長田勇市）などである。

フィルム・キッズは日活製作部出身の鶴英次と千葉好二がピンク出身監督の廣木隆一と創設した製作会社で、一九八六年の創設当初からピンクのスタッフとともに日活買い取り作品を主に製作していた。一九八七年に撮られた林功『曽根崎情死行　赤いしたたり』は林自身の日本トップアート製作でピンクの体制でやる必要はなさそうだが、撮影はピンク映画を多く撮った志村敏雄、アフレコはピンク映画でよく使われた銀座サウンドで行われた。予算が相当に切り詰められていたことが伺える。林は「AVの中沢慶子が出ていたんだな。あの子、顔はいいんだけど芝居がまるでダメだった」と言っていたがこの作品の苦労は覚えていない様子だった。

堀内靖博によれば、末期のロマン・ポルノ作りは苦労の連続だったようだ。

「ロマン・ポルノの入場者数が右肩上がりになってから、十分に一回はポルノシーンを入れろとか、撮影日数を少なくしろとかといった制約が多くなった。中でも『ポルノ度』というものが評価の大きな部分を占める様にもなった。それで干されることになった」

しかし、彼は決して孤立無援ではなかった。

「会社からポルノ度が低いと言われて、デビュー作から二作目までは一年、二作目を撮ってからも一年半ほど何も仕事がなかったんです。やっと回って来た三作目の『看護女子寮　淩された天使』（一九八七）は、外部（フィルム・キッズ）製作。いわゆる買い取り作でした。予算も三分の一、撮影日数も三日間だと言われた。そんな短期間で撮るノウハウはないし、カットを細かく割る方だから困りました。その時助けてくれたのはカメラマンの志賀葉一さんでした。滝田（洋二郎）さんとコンビを組んで、様々なピンクの名作を作っていた人です。豊富なアイディアを持っている人で、最初の打ち合わせの時に驚かされました。脚本を見ながら、ナイターのシーンを『ここは雨にしましょう』とか、『ここは移動撮影が良いんじゃない』とか、照明技師の金沢（正夫）さんと話しながら提案して来る。こっちは、どうやったら早く撮れるかと、その事ばかり考えているのに逆に時間のかかるアイディアを出して来るんです。でも、話を聞きながら、わたしは次第に落ち着いていきました。志賀さんたちは限られた条件の中でも少しでも面白くしようと考えている。きちんと物作りに向き合っている。それが分かると、わたしは恥ずかしくなりました。やれるだけやってみよう。そう思いました。問題の雨のシーンは驚くべきことにカメラ前でジョウロでの雨降らしなんです。ラッシュを見ると見事に美しい雨のシーンになっていました。志賀マジックですね」

そう語ってくれた堀内は、良い出逢いに恵まれたようだ。彼によれば、志賀葉一は彼の課題だった「ポルノ度」についての相談にも快く乗ってくれ、ピンク映画特有の技術を丁寧に教えてくれたという。

そして、完成試写後の合評会。判決とも言うべき経営陣からの評価は上々で、堀内は「お褒めの言葉」をもらった。その言葉は彼の神経を逆なでした。

「『お前もようやくポルノが分かって来たな』と撮影所長に言われたんですけど、『何言ってるんだ』と思いました。フェラチオをシルエットにして壁に映してみたりといったテクニックが評価されたんだけど、本当のエロスってこんな事じゃないでしょうという思いがあって、このままじゃ、ロマン・ポルノも駄目になって行くなあと思いました。しかし、この年（一九八七年）には、あれだけ干されていたわたしが立て続けに四作目・五作目と二本撮らせてもらったんです。でも何か釈然としない気分は残りました」

堀内が五作目を撮って間もなく、日活はロマン・ポルノの製作を止めてしまった。そのため、彼には六作目のロマン・ポルノを撮る機会は回ってこなかった。堀内は、幼い頃から吉永小百合映画に親しみ、裕次郎主演のアクション映画をきっかけに日活が好きになったという。彼は日活を退社後、オリジナルビデオ（ＯＶ）を主戦場としたが、彼が本来好きだったアクション映画を監督することができたのは一九九二年のことである。『ごろつき〈悪友〉』と題された作品には師匠・藤田敏八が主人公の父親役として特出し、弟子の一般映画初演出に華を添えた。堀内が日活を去ってすでに四年の歳月が流れていた。

一九八七年二月には山田耕大が、自らが経営する製作会社・メリエスの第一作として『母娘監禁　牝〈めす〉』を斉藤水丸（＝斉藤信幸）監督、荒井晴彦脚本、前川麻子主演で製作した。

撮影所長の若松正雄はこの作品を日活で配給する代わりに、普通のロマン・ポルノの予算が二八〇〇万円のところ、二三〇〇万円で買い取ると提案してきた。日活の懐事情が厳しかったのだろう。若松自身は山田の独立の際には心配してくれたし、翌年のロッポニカ路線では山田に『噛む女』（神代辰巳）のプロデュースを依頼してくれた。同作が予算オーバーした際も渋々ながら認めてくれたという。

低予算は仕方がない。それよりも山田が哀しく感じたのは、企画部が全く機能していないように見えたことだった。

「当時はロマン・ポルノも末期でしょ。この頃には僕らとか企画のできる人間はみんな日活を離れてしまったあとなんだ。だから、企画は丸投げだった」

かつての山田は、新人であっても企画者とは神代辰巳や荒井晴彦、佐治乾という老獪な猛者と四つに組んで作品に関わるものと教育された。しかし、この作品にはプロデューサーの半沢浩や監督の斉藤水丸、脚本の荒井晴彦に食らいついてくるようなタイプの日活側の企画者が付かなかった。それを山田は「丸投げ」「もう末期だな」と感じていたようだ。

完成した作品は封切時から高く評価された。第九回ヨコハマ映画祭（八七年度）の助演男優賞（河原さぶ）、最優秀新人賞（前川麻子）を受賞している。今でも傑作の誉れ高い作品だが、山田によれば、当時はさほど当たらなかったという。

「この映画は出来た時『やった！』と思ったね。『どうだ、日活の中の人間ではこれは作れないだろう』とね」

そのように完成時の気持ちの高ぶりを伝えてくれた山田だった

が、「でも、客は入らなかったな」と今でも悔しさをにじませていた。封切当時のインタビューによれば、山田はストーリー性を軽視しているロマンX路線に対抗して、かつてのロマン・ポルノのように「ストーリーで客を興奮させること」を目指したという（山田耕大「ロマンポルノ的なるものの復権に向けて」）。

この作品は前川麻子演じる女子高校生が主人公。彼女は思春期特有の「わたしって何だろう」「何のために生きているのかな」と考える毎日。ある日、「死んじゃおっか」と冗談交じりで話した友人の一人が本当に飛び降り自殺する姿を目撃してしまう。

「死んでたのよ、私たち。あんたも私も本当はいま生きてないのよ。死んでたのよ、あまりなのよ」（劇中の前川麻子の台詞）

死に損ねた彼女は生きているのか死んでいるのか、自分は何者なのかと迷い、家出をする。そこで加藤善博演じるヒモ男に出逢ってしまったのが運の尽きで、彼に見捨てられたくないために、加藤の兄貴分の河原さぶの命令を聞いてオヤジに体を売るような暮らしに嵌っていってしまう。ラスト直前には、母が救出に来るが、母が男たちにレイプされ、身の置き場がなくなってしまった前川は冷蔵庫の中に立てこもるのである。

映画の中で主題歌のように流されるのは荒井由実の「ひこうき雲」。もちろん、使用権を取る予算はないので歌手の卵を紹介してもらってそっくりに歌ってもらったという。早世した友人のことを歌ったこの曲も寂寥とした水戸の田舎風景も海辺も、まるで前川演じる少女の思春期特有の寄る辺なさ、不安定さ、淋しさを象徴しているかのように思えてくる。青春映画の傑作である。

この映画の肝となる冷蔵庫のシーンのアイディアは、撮影に入ってもなかなか浮かばなかったという。このアイディアを出したのはヒロインである前川だった。山田に話を聞いた。

「ラス前、ヒロインが冷蔵庫に立てこもるシーンがあるよね。これは斉藤（水丸）監督もどうすればいいのか、最後まで悩んでアイディアが出なかったんだ。それで、ヒロインの前川（麻子）が冷蔵庫のアイディアを出したんだと思う。急遽、大きな冷蔵庫の作り物を作ってね」

その語調からは低予算ではあっても、みんなの力を合わせた共同作業で現場が充実していた様子を伺うことができた。

ちなみに、低予算のためスタッフはフリーの人間を使うことになったが、撮影だけはしっかりしたものにしたいと思ったのか、日活出身の鈴木耕一を起用している。山田は指摘されるまで、このことをすっかり忘れていたようだったが、「そうか、確か三週間もかけて撮ったのに……拘束分のギャラをかなりまけてもらったんじゃないかな」と温かく迎えてくれた鈴木の心遣いに改めて感謝していた。なお、この映画の実現に一番骨を折った山田のギャラはゼロだったそうだ。

カツドウ屋の意地：最後の正月番組『待ち濡れた女』

一九八八年四月十五日、『朝日新聞』の紙面にデカデカと「さようならにっかつロマンポルノ」の文字が躍った。前日に東京プリンスホテルで行われた日活経営陣の会見を報じた記事である。

「あの『にっかつロマンポルノ』シリーズに終止符が打たれる。映画界の低迷を背景に、大手五社のひとつ『にっかつ』が、背に腹はかえられないと〔昭和〕四十六年、ポルノ路線に切り替えて以来、多くのスター女優、名監督を生み、一つの時代を作ってきた。しかし、数年前からビデオデッキやレンタルビデオ店の普及による配給収入の減少が響いた。十四日記者会見した『にっかつ』は七月以降、大作のほか青春ものや時代劇など一般映画を主流にし、ポルノは自社製作しない方針。ロマンポルノの商品名も『ロッポニカ』にする。なぜロマンポルノは人びとの共感を失ったのか。新路線の展望はあるのか」

記事の内容には少し混乱が見られるが、要するに六月の興行でロマン・ポルノを終了とし、その後にはロッポニカと題した一般映画路線に戻るという会見だった（その後、ロマン・ポルノの上映館維持のために新日本映像という別会社を新設し、エクセス・ポルノとして新作を製作・配給する体制になった。その体制は現在でも続いている）。ロマン・ポルノの配収は一九八二年の約三九億円のピークから下る一方で、ロマンXによるテコ入れも焼け石に水だった。八七年の配収は二二億七〇一〇万円、八八年は十六億一六〇〇万円に終わった。わずか六年で配収がピーク時の半分以下になってしまった…。

ロマン・ポルノの終了は、一九八七年七月にすでに決定していた（寺脇研『ロマンポルノの時代』）。日活の経営は決して楽観できる状況にはなかったのである。一九八八年最後の正月作品に選ばれたのは、一九八七年十二月十九日から公開された上垣保朗の『待ち濡れた女』。池田賢一『小林ひとみの　令嬢物語』との二本立てだった。

特に上垣作品には、日活の持てる力と才能を全てかけるような意気込みが感じられた。製作費は不明だが、上垣曰く製作期間はこの時期のロマン・ポルノとしては異例の二十日ほどかけた（当時は通常で七日、ひどい場合は三日だった）。しかもロケ地に俳優・スタッフが合宿する形式で撮られた（『日活 1971 - 1988』）。

この番組は熟女路線としては低調とはいえ、大規模な宣伝が打てない逆境にありながら、一九八八年の日活でもっとも高い一億五〇〇〇万円の配収（全体の約10％に相当する）を上げ、ロマン・ポルノの最後の意地を見せた（もちろん、人気絶頂のＡＶ女優・小林ひとみが主演した併映の池田作品も配収増に少なからず貢献している）。

上垣はこの『待ち濡れた女』に特に強い思い入れを持っており、インタビューでも多くの時間を割いてくれた。

「この映画はなんといっても雨。雨で湿ったような画を撮ってくれるのは安藤（庄平）さんしかいないとなってお願いした。安藤さんは事前にフィルムテストをやってくれて。このような画が撮れたわけね。安藤さんに画をお任せして、雨がどういう風に降るかなんてことを全部決めてもらったくらいだった。この映画は、ずっと雨で最後だけ晴れるんだけど、実際には初日だけ雨でずっとピーカン。だから、撮影はいつも夕方あたりから始めていたんだよね。雨漏りを使って中村（晃子）の心理を表すというのは狙いだね。ちゃんとできたと思うよ」

ここに書き起こしただけで、上垣の興奮した口ぶりが伝わってくるようだ。

この映画は、台風で田舎の実家に閉じ込められた元夫婦の、浮気性の元夫はよりを戻そうとほのめかし、元妻はそんな気持ちに乗りそうでやはり乗れない、そんな心のすれ違いとちょっとしたはずみで起こってしまった二人のセックスが軸に置かれ、そこに若いカップルやスナックのマダムが絡むという展開になっており、荒井晴彦の脚本は若者には若いカップルの視点で、歳をある程度重ねた人間には主人公たち（中村晃子・高橋長英）の視点で、見る年齢によって違って見えるような奥行きを持っている。

それは監督の上垣自身も感じたところだったという。二〇一七年に日活撮影所で彼の個人上映会が開かれた際、『待ち濡れた女』も上映作品に含まれていたが、「いま見直しても発見がある」という感慨を抱いたそうだ。

上垣にとって、この映画は戦いの連続だった。彼が「雨の映画」と言ったように、この映画では「雨」がキーになっており気象との戦いは避けられなかった。ヒロイン・中村晃子の実家の雨漏りが彼女の心理表現とリンクしていると上垣は説明してくれた。上垣の話はまだ続く。

「本当はこの映画、原作にあった鉄砲水のシーンが撮りたくてやろうと思ったんだ。鉄砲水なんてすごいスペクタクルはロマン・ポルノになかったからね。でも無理だった」

鉄砲水を待ち受けるために川の近くの民家をロケセットにし、ずいぶん粘ったというが、実際には初日にしか雨が降らず、撮影は毎日夕方からスタートで特機の南好哲らに雨を降らせてもらう体制を採った。もしも、鉄砲水が噴出したら、それは大変な撮影になっただろうが、上垣が鉄砲水に相応しいようにこの映画の筋を変えて、さらに大変なことになったかもしれない。

鉄砲水の代わりに、上垣が用意したのは庭先から遠くの橋を中村が眺めていて、老夫婦になった自分たちを想像しそうなシチュエーションになったところで、「老人がこけそうになってアッとなるシーン」だった。これで中村の目が覚めたわけである。ここからが中村と上垣の戦いになった。上垣は演出上、このシーンの意味をあえて中村に伝えなかったらしい。中村晃子に話を聞いてみた。

「雨上がりに私が庭の方に出て行って、目線の先で老夫婦がよろけるのを見て、『あっ！』と声を上げるシーンなんですが、その『あっ！』が監督の想定する『あっ！』と違うらしく、なかなかうまくいかなくて」（中村晃子「『待ち濡れた女』は私にとって誇れる仕事です」『日活 1971 - 1988』）

中村は未だに申し訳なさそうにしていた。

結局、同じシーンを相当繰り返してOKになったわけだが、何が正解だったかは中村にはわからなかっただろう。正解は上垣の中にしかないからである。しかし、それを言葉で説明して演技されてしまうと、たちまちウソになってしまう。神代辰巳や藤田敏八の演出術を身近で学んでいた上垣は、中村の「ナマ」の本心からの「あっ！」がハプニング的に出るまで待ち続けようと現場で思っていたのかもしれない。

もう一つの戦いは、脚本の荒井晴彦との戦いだった。

「荒井（晴彦）の脚本って、セリフが長いんだ。だから、そのまま撮るとだれるし変えると怒る。だから、結構そのまま撮っているんだけど、だれないようにする。まるであいつが僕に挑戦状をたたきつけているような感じがしていたな」

そう語る上垣は楽しそうだった。こちらの勝負には勝ったと上垣は思っていたようだ。

佐伯俊道によれば、上垣は『待ち濡れた女』が評価され、一九八八年には二時間ドラマ「狙われた女　恐怖の殺人・脅迫に痴漢の影」（九月二十六日、テレビ東京）を手掛けた。その後も監督業の依頼は次々とやってきたが、不運なことに次の新天地を見つけた矢先、腎臓透析をしなければならない重病に冒されてしまった（前掲「帰らざる日々～bye　bye　bye　上垣保朗～」）。

監督業の依頼があり、本人にも意欲があるのに体調がそれを許さない。上垣の晩年は心身ともに厳しい状況に置かれた。それでも九〇年代にはVシネマを主戦場とし、自作『ピンクのカーテン』や『ピンクのストッキング』のVシネマ版を監督した。二〇〇六年には劇団・染地組を旗揚げし舞台演出にも挑戦した。

一回目・二回目の公演には主に「太陽にほえろ！」などのテレビドラマで活躍し日活ではロマン大作『暗室』（浦山桐郎）でヒロインの一人を務めた木村理恵が出演した。木村は上垣の監督した映画に出演する機会がなかったものの、この出演を機に上垣との親交が始まりその関係は終生続いた。一回目・二回目の公演には小林麻子（上垣と縁深い荒井晴彦の初監督作『身も心も』などに出演）も出演し上垣の薫陶を受けた。二〇一二年の第三回公演「六人のイカレる女」には、ロマン・ポルノのスター女優の水島裕子や志水季里子、風祭ゆき、三東ルシアが全公演で共演を果たした。

二〇一二年・一三年の上垣は、むさし野地域の街起こしイベント「映画製作競技会　ムービンピック」を盛り上げるため、あえて若者の中に交じって二四時間で映画を完成させるハードな競技に参戦している。参加者の若者たちは「打倒！上垣」を合言葉に挑戦したようだ。

上垣は二〇一二年には短編映画『Some　Day　ある日』で金賞を受賞し、翌年にも『Dog　Day　盲導犬に優しい街』を作り上げ特別賞を受賞した。三年目からは審査員を務めている。二〇一九年には、上垣の追悼上映会がムービンピック主催団体によって武蔵野芸能劇場で開催された。なお、『上垣監督ドキュメンタリー』が今もムービンピックのホームページやYou Tubeに残っている。

二〇一五年には俳優として短編『キッチンの神様』（中根克）に出演している。二〇一七年十一月には古巣の日活撮影所試写室を貸し切って、個人上映会を行った。この上映会の実現には当時現役社員の栗山修司（前田米造の弟子筋で『ポストマン・ブルース』［一九九七］などの撮影技師）らのサポートがあったようだ。また、上垣ファンの一般客のほかに上垣の家族（小泉ゆか［現：東谷由香］、娘の上垣弥子）、上垣を慕う後輩（演出部の堀内靖博、瀬川正仁、村上修、工藤雅典、企画部の山田耕大など）やベテランスタッフ（撮影部の鈴木耕一、米田実、効果部の佐々木英世など）が何人も出席していた。

上垣は二〇一九年一月に逝去したが、二月の葬儀には根岸吉太郎、中田秀夫、堀内靖博、瀬川正仁などの監督仲間とともに、上垣に関係の深い美保純、水島裕子、小川美那子、志水季里子、三東ルシア、片桐夕子、木村理恵、寺島まゆみ、阿部雅彦などの俳優陣が参列し、葬儀を華やかに彩った。片桐夕子とは上垣が助監督を務めた藤田組の頃からの付き合いだが（上垣が最も愛した藤田作品『妹』にも出演している）、東谷由香によれば、晩年は片桐が上垣を誘って先輩監督のお見舞いによく出かけていたという。上垣はそれを心から楽しんでいたようで、東谷に嬉々として報告していたらしい。

没後の同年四月に新宿中村屋で開催された「お別れ会」は彼を愛した家族・スタッフ・俳優・脚本家など（東谷由香、上垣弥子、佐々木志郎、中川好久、中原俊、伊藤秀裕、堀内靖博、瀬川正仁、金子修介、谷口公浩、大林丈史、白川和子、片桐夕子、風祭ゆき、志水季里子、水島裕子、太田あや子、小林麻子、山田耕大、荒井晴彦…と書ききれないほどである）が大勢駆けつけ、会場に収まり切れないほどだった。最期の最期まで映画を愛し、映画仲間に愛された人生だった。

東谷由香は上垣と離婚した後も本業の仕事と並行して彼の舞台や映画製作をサポートし続けた。東谷本人は「大変だった」と言いつつも「一緒にできたことによって、最後まで夢を聞かせて貰えて幸せな事でした」と回想している。なお、彼女によれば、上垣は亡くなるまで「中村晃子のドキュメント映画」の構想を練っていた。「表情だけを追う」と上垣は言っていたそうだ。上垣を見送った東谷は「上垣が前向きな姿勢を崩さずに人生を終えたことがせめてもの救いです」と現在の想いを書き記してくれた。

長いお別れ：一九八八年のロマン・ポルノ

一九八八年一月からのロマン・ポルノには「お別れ」「終焉」「死」をイメージさせる作品が次々と現れるようになった。

例えば、一月九日公開で藤井克彦の最後のロマン・ポルノとなった『いけにえ天使』は、AV女優の桂木麻也子を主演に迎えた作品だった。その筋は、自分に惚れた男を「死」に追いやってしまう呪われた女の話。ラストシーンでは、彼女の恋人が無残に轢き殺されるが、その車中にいた桂木が運転していた男に甘くささやきかける。その言葉は「フランスパンを買いたいわ」というたわいもない買い物の話でしかないのだが、暗に「お前もトリコにして殺してやる」という想いが込められているのである。

なお、同時上映となった小沼勝の『輪舞』は、ジミー原田&オールドボーイズのジャズをBGMに、老いも若きもさまざまなSEXに興じるさまをちりばめたオムニバス的作品である。ベテランの南利明ら三人組の老人が少女と乱交をし、小川美那子はセックスレスの欲求不満をオナニーにぶつける。麻生かおりはSM好きのCM監督・中丸新将に捕まって、SMプレイに耽り、中丸が「ビバ、SM！」と叫ぶ。赤い革のジャンプスーツを着込んだバイク少女の前川麻子まで登場する。そして、最後は出演陣が揃ってオールドジャズをバックにダンスパーティーに興じるにぎやかな終わり方になった。

四月公開の『ラスト・キャバレー』では、『いたずらロリータ後ろからバージン』（一九八六）以来二年ぶりのロマン・ポルノ登板となった金子修介が、かとうみゆきを主演に抜擢し、一軒の寂れたキャバレーの閉店に、ロマン・ポルノの終わりを重ね合わせた。お別れのパーティーでは、往年の常連女優の何人か（風祭ゆき、岡本麗、江崎和代、橘雪子）が久々のゲストとして華を添えた。ただ、誰もがあっと驚くようなキャスティングができなかったことが悔やまれる。

桂木麻也子を主演にロマン・ポルノ最後の『天使のはらわた』シリーズとして公開されたのが、五月公開の『天使のはらわた赤い眩暈』である。これは最後の一つ前のプログラムに滑り込む形で実現した石井隆の初監督作品でもある。

石井隆によれば、すでに日活からNCPに移籍していた成田尚哉が会社を三年がかりで口説き落とし実現にこぎつけたという（石井隆「その日、僕は成田君の最後の写真を撮った」『キネマ旬報』二〇二〇年十二月上旬号）。村木役は竹中直人にオファーされたが、竹中の事務所の人間が勝手に台本を捨ててしまい、あとでそれを知った竹中が慌てて台本をゴミ箱から拾い上げ自ら出演を志願したというエピソードは有名な話である。

簡単に筋を説明しておこう。破滅した証券マン・村木（竹中直人）が夜勤帰りのナース・名美（桂木麻也子）を誤って車で轢いてしまう。そのまま逃げようとした村木だったが、彼女が生きていることがわかると必死に謝ってしだいに心を通わせる。ただ、二人はカップルになりそうでならない。突然の「運命のいたずら」が村木を死に追いやるからである。村木はガソリンスタンドでガソリンを買って名美の元へ戻ろうとしたところで、ヤク中のヤクザ（柄本明）に殺されてしまう…。

ところが、ここからがこの映画の見もので、死んだ村木は魂となって名美のもとに飛んでいくのである。名美はやはりまた男に裏切られた、でも慣れっこだと言わんばかりに「ま、いっか」とつぶやき強がってみせる。そして、壊れかけたカセットレコーダーから流れる「テネシーワルツ」を聞きながら一人踊る。そこでストップモーション。エンドロールが流れる。

観客は、永遠の一瞬に閉じ込められた踊る名美の姿を村木の魂の視点からずっと見送る形になる。桂木が演じる名美が自分を鼓舞するセリフ「ガンバ！」ではないが、俺たちは死にゆくが若い君たちは生きろというエールのようなラストシーンであった。

多分に漏れずこの作品も予算は安かった。それで石井がやりたくてもやれないシーンもあったようだ。例えば、『天使のはらわた』シリーズではつきものの雨降らしの予算がなかった。そのあたりの事情を成田尚哉はのちにエッセイで書いている。

「予算がないから『雨降らしはダメですよ』と〔成田が〕言うと『はい、水道の水でも何でもいいです、水ならば』と〔石井が〕言い『魂の滑空』は深夜の設定なのに夜が明けてしまったが恬淡とした風情に見えた。撮影条件は悪くてもそれを逆手に取る才能こそが石井隆なのだろう」（成田尚哉「私の映画史ロマンポルノ」『映画芸術』二〇一六年秋号）

余談ではあるが、名美のセリフにある「ガンバ！」とは石井隆に似合わないと思って成田に聞いたところ、石井は明るい性格で冗談も好きなのだそうだ。

「石井さんはね、酔ったときには志村けんのモノマネなんてするんだよ」

こんな話をしている時にふと思い出したように成田が言った。

「あ、そういえば、石井さんの『ヌードの夜』（一九九三）の冒頭に葬式のシーンがあるよね。この撮影をしている時にまさに日活倒産の報道を聞いたんだ。偶然だけど」

ハハハと渇いた笑い声がわたしと成田しかいない日暮れ時の「アルチンボルド」の事務所に響いた。

末期ロマン・ポルノで異彩を放った加藤文彦

『赤い眩暈』の併映作は、加藤文彦の九本目の監督作『団鬼六妖艶能面地獄』である。加藤文彦は一九八二年に石井隆の脚本を得て撮った『団鬼六　少女木馬責め』でデビューして以来、独特の美的センスが光る作品を連発した監督だった。

『木馬責め』は、元は代々木の『ＴＨＥ ＯＮＡＮＩＥ』の人気にあやかった企画だったろうが、石井脚本によって西川瀬里奈演じるヒロインがマゾヒストの女子高生・土屋名美に改変されたことで傑作となった。名美は不良少女が教師・村木（下元史朗）をレイプ犯の濡れ衣を着せようとした現場を目撃しながらウソの証言をし、村木を失職に追い込んでしまう。それは魔が差して思わず言ってしまったウソだった。「悪い子」である自分が村木先生に折檻される夢と現実がごっちゃになってしまったのである。クビになった村木は大人のおもちゃのセールスマンに落ちぶれ、職場仲間を誘って名美を襲い復讐しようとするが、教師としての良心が残っていたのか、ためらってしまう。二年後、この一件で服役し出所した村木は万引き犯になっていた。名美は彼を見つけて飲みに誘う。名美は泥酔した村木を背負いラブホテルに連れ込む。そこで名美はようやく村木に「責めて欲しい」「いじめて欲しい」という本心を口に出して伝える。村木はうっぷんを晴らすように彼女を縄で縛り上げ、さまざまな器具で責め立てる。二日に及ぶプレイの中で二人に愛が芽生えるが、急に村木の持病の心臓発作が起こってしまう。しかし、薬を飲む水がない。そこで名美は村木に向けて小水を差し出す…。小水を飲ませるため村木にまたがった（SとMの立場が入れ替わった）名美は残酷な表情で「先生、これも夢よね…」と呟く。

このラストのために各シーンが緻密に組み上げられた傑作だった。現実と夢、妄想と実際のシーンが何度も往還し、境界線を曖昧にさせていく構成にも才気を感じさせた。

加藤の美的センスは構成を担当したアンソロジー『団鬼六監修SM大全集』（一九八四）であっても発揮された。廃映画館の少女のシークエンスを加え、単なる名場面集に終わらせなかった。特にフィルムが少女に絡みつくラストシーンは鮮烈な印象を残した。

そして、この『妖艶能面地獄』でもライトアップされた桜の大木にヒロインの柏木よしみが吊るされるクライマックスに向かって、近親相姦の美しくも哀しい恋物語がワンカットごとに画面の構図に工夫を交え、時にはアンバー（赤褐色）系の凝ったライティングをし、あるいは逆光を取り入れる、という具合に表現にこだわりながら丁寧に描かれていた。助監督としてこの作品についた中田秀夫は次のように語っている。


「撮影の長田勇市さんと照明の長田達也さんは〔…〕すでに有名なフリーの息の合ったコンビ。それまでのにっかつにない画づくりがすごく新鮮でした。全篇桜の樹づくしで、ロケ地は群馬県。ヒロインの柏木よしみさんが吊るされる桜の樹は古墳の上にあるんです。〔…〕ライトの数から全然違う。撮影も画がバシッと決まっているんですよね。〔…〕その幻想的な光景のなかを長襦袢の彼女から赤ん坊が生み出されるという場面を撮って。それもまた反社会的というか、ロマン・ポルノの現場じゃなきゃ味わえない、いびつな興奮がありました」（中田秀夫「撮影所で育った最終期の助監督として」『日活1971 - 1988』）

撮影と照明の長田コンビはピンク映画の世界で修行した腕利きである。明らかに普段よりも高額な費用がかかっていることがわかるライティングの裏には製作担当（角田豊・奥村幸士）がおそらく予算を遥かにオーバーしたであろう費用を会社と交渉し捻出したことが伺える。日活出身ではない長田コンビも、加藤の咲かせようとする最後のひと花に最大限の協力を惜しむことはなかった。そこにはピンクだとか日活だとか、そんな差別はまるで消えてしまい、少しでもいい映画を作ろうとする者たちの固い結束だけがあった。

ところが、この作品で加藤に出逢った脚本家の掛札昌裕が「もっと早く出ていたらと思わせる逸材」（『日活1971 - 1988』）と惜しんだように、その後の加藤は彼の才能を存分に発揮する場に恵まれなかったようだ。日本映画監督協会のホームページには、加藤が一九八九年にNYで上映された『彫刻の光と影』を監督した記録が残されているが詳細は不明である。この作品は、ひょっとすると彼独特の美学が発揮された数少ない作品だったのかもしれない。

加藤の最後の本篇作品は、『箱の中の女』に主演した木築紗絵子を迎えて監督したエクセス（旧日活系）配給のピンク映画『三十路色情飼育　し・た・た・り』（二〇〇二）だった。

他人の性体験を自分の意志とは無関係に体感してしまう憑依体質をもった女性を主人公とする不思議なテイストの作品だった。最初はコメディーのようだが、だんだん木築の憑依体質が強くなってきてサスペンスめいてくる筋である。見るからにスケジュールと予算が極端に少なかったことが伝わってくるものの、木築が赤い空間の中で妄想にのめり込んでいくうちに妄想と現実の境目がどんどんわからなくなっていく表現には、『天使のはらわた　名美』(一九七九)で田中登と森勝が作り出した、名美(鹿沼えり)が真っ赤な世界の中で幻想と現実の境を見失っていくラストシーンを彷彿とさせるものがあった。限定された条件の中でも彼の美的センスが最後までさび付いていなかったことがわかる。

低予算のピンク映画だが、日活出身のカメラマン・佐藤徹を起用した撮影監督システムで撮られているのも、他をどれだけ切り詰めても画作りの手間をケチることだけはすまいという彼の美学を感じた。しかし、残念なことに加藤にはそれから十年以上も映画本篇を撮る機会が訪れることはなかった。

加藤と三六年連れそった「相方」の加藤千恵(脚本家)によれば、加藤はオーディオマニアだったらしく、しばしばクラシックのCDを大音量で聴きながら、「マエストロ気分」で指揮をしていた。作品からは想像できないユーモラスな一面もあったようだ。晩年、病を得た加藤は病院で死ぬことは己の美学が許さないとして、自宅での最期を選んだ。享年六三歳。あまりに早すぎる死だった。加藤文彦は千恵に「なんの悔いもない。いい人生だった。あとは任せた」という言葉を残したという(加藤千恵「加藤のこと」『映画芸術』二〇一四年春号)。

加藤は六十代で早世したが、最後の映画のチーフ助監督には、のちに映画やVシネマの売れっ子監督として活躍することになる城定秀夫がついていた。彼のこだわりの姿勢が次世代へと受け渡されたと信じたい。まるで、神代辰巳の最後のVシネマ『インモラル　淫らな関係』(一九九五)のチーフ助監督に後年ピンク映画界を牽引することになる今岡信治(いまおかしんじ)がついていたのと同様の奇縁を感じる。

ロマン・ポルノの終焉：二つの死

一九八八年五月二十八日公開となった最後の新作ロマン・ポルノは、いずれも新人監督のデビュー作だった。会社の一大事という場面であっても「ご祝儀」を出してあげようという心意気があるのが、日活という会社のよいところなのだろう。

一九八二年入社の後藤大輔が『ベッド・パートナー』を撮り、一九七九年入社の金澤克次が『ラブ・ゲームは終わらない』を撮って、ロマン・ポルノの掉尾を飾った。興味深いのは、この二作に関しては「終わり」ではなく、手痛い失敗を乗り越えて「再スタート」することがテーマになっていたことである。企画の段階から若手を送り出してやろうという会社の意向があったのだろう。それに、企画部がつけたと思われる金澤作品のタイトルには、日活社員たちの意地が感じられる。「俺たちは終わりじゃない、これから始まるんじゃないか」と。事実、二〇二一年現在でも金澤(映画、テレビ、Vシネマを股にかけて活躍)と後藤(ピンク大賞受賞)は転じ、『喪服の女　崩れる』で二〇一二年にピンク映画に現役で作品を撮り続けている。

時を同じくして、もう一つの終わりがひそかに起こっていた。

同年六月八日、元日活社長の堀雅彦が遺体で発見されたのである。死後十日を経ていた。つまり、ロマン・ポルノ誕生時の日活社長がロマン・ポルノ最後の新作の封切日翌日（五月二十九日）にその生涯を終えたわけだ。

『FOCUS』（一九八八年六月二十四日号）によれば、堀は妻・由紀子と一九八三年に離婚した後、職を当たったがどこにも就職できず、千代田区一番町にあった自宅マンションの家賃二五万が払えなくなり、一九八五年十月には葛飾区のマンション（家賃九万円）へと転居することになった。その世話をしたのはかつて彼を追放した日活だった。職も金もない彼は、資産家である別れた妻の実家に頼ることができず、恥を忍んで日活にすがった。日活は彼のためにマンションを紹介し、非常勤職員として月三〇万円の給与を保証したという。しかし、日活を辞した後にかなりの借金をしていたらしく、月末になると友人に金を無心する状況に陥り、徐々に酒浸りの生活になっていったようだ。そして、肝硬変になって孤独死した。享年五七歳。栄華を誇った堀王朝のプリンスの最後はあまりに淋しいものだった。

ロマン・ポルノの本当のラストプログラムになったのが、六月十一日公開の児玉高志監督による名作アンソロジー『ザッツ・ロマンポルノ　女神たちの微笑み』である。

児玉に聞いたところでは、『ザッツ・ロマンポルノ』は同年三月に撮影所長の若松正雄の依頼を受けて作り始めた。児玉が監督に選ばれた理由は、彼が石原裕次郎追悼のビデオアンソロジー『裕次郎よ永遠に！　アゲイン・ユー』（一九八七年九月）の構成を担当し成功させたためだったという。

作る上でネックとなったのはどれを「名作」としてピックアップするかであった。児玉のような若手（一九七五年入社）が選ぶのではベテランから反発が起こるリスクが予想された。児玉によれば、そのリスクを回避するために最終的に七八本となった作品の選定は基本的にベテランプロデューサーの三浦朗（一九五六年入社）に任せたという。もっとも、児玉によれば多少のもめ事は起こったというが、オフレコということだったので殊更に書くことはしない。

ただ、児玉にも譲れないこだわりがあった。それはこの映画を単なる「全盛期」回顧に終わらせないということである。実際、三浦が選んだ作品は七〇年代に偏る形になったが、児玉はそれ以降の作品にこだわった。

「ロマン・ポルノは終わるけど一般映画は続くわけだから、若手のためになるものを作るということで、根岸（吉太郎）さん以降にデビューした監督のものはとにかく全部入れるということは最初に決めた」

そして、もう一つのこだわりは今まさにデビューしようとしている金澤の『ラブ・ゲームは終わらない』のメイキングを付け加えることだった。児玉にとってこの作品には「若手を応援する意味があった」からである。しかし、併映の後藤大輔作品のメイキングは入っていない。その理由を聞くと「撮影のスケジュールに合わなかったからなんだ」という答えが返ってきた。仕方ないこととはいえとても残念である。

日活はロマン・ポルノの終焉と同時に一般映画路線「ロッポニカ」の開始をマスコミ向けに発表したが、予告された企画の多くは幻に終わり、わずか十本を製作したところで中止となった。

一九八九年には根本悌二が会長に退き（二〇〇〇年死去。享年六八歳）、副社長の若松正雄が社長に就任した。また、同じ頃には企画・製作のトップに長年君臨していた武田靖が映画部門からビデオ・テレビ部門へと異動し、日活ビデオフィルムズ相談役を最後のキャリアとして一九九二年に退職した。その後、二〇〇三年に死去した（享年七四歳）。

一九九〇年代初頭のバブル崩壊は借金経済の日活に致命的ダメージを与えた。唯一の大型資金獲得の手立てだった天城カントリー倶楽部の会員権販売も三十億円の投資空しく不調に終わった（『日活映画　興亡の80年』）。一九九三年一月決算では二三億円の営業損失、全体の収支で六九億円の損失が計上された（『日活100年史』）。そして同年七月一日、日活は資本金一四五億円の三倍以上となる約四九七億円（公式発表額）の負債を抱え、会社更生法を申請し事実上「倒産」した（『日本経済新聞』一九九三年七月二日）。

別れの作法：一九七一年と一九八八年

ところで、一九八八年に「お別れ」「終焉」「死」を象徴する作品が続出したことは、一九七一年に日活の「死」「終わり」を象徴する作品が何本も現われたこととよく似ている。

ただし、一九七一年の際には、小澤啓一が『関東破門状』で、廃墟となった新宿日活での格闘とその前の路上での惨殺劇で旧日活の死を直接的に表現した。その盟友・澤田幸弘は『関東幹部会』で、親友の「死骸」を背負いながら「太陽」の沈みゆく砂浜を歩く渡哲也の姿に旧日活の終わりを象徴させた。蔵原惟二は『不良少女　魔子』で、夏純子演じるヒロインが裏切り者を刺し殺すシーンをラストに置くことで、旧い日活の「死」と哀しみを乗り越えて次のステップに向かう日活の新世代の人生の「始まり」を描き出した。

一方、ロマン・ポルノの終わりはどうだっただろうか。金子修介が『ラスト・キャバレー』で、往年のスター女優を招き、つつましやかにお別れのパーティーを開いた。藤井克彦は『いけにえ天使』で関わると「死」をもたらす不吉な女を描き、まもなく起こるロマン・ポルノの死を予兆させた。小沼勝は『輪舞』で老いも若きもさまざまなSEXに興じるさまをちりばめ、オールドジャズでラストダンスを飾った。石井隆は『天使のはらわた　赤い眩暈』で死者の視点から次代を担う若い娘の幸せを願った。そして、児玉高志が『ザッツ・ロマンポルノ』でかつての傑作をたたえ、次世代の新人たちにエールを送った。

旧日活の終わり方が若さゆえに破壊的暴れぶりを見せたのに比べ、ロマン・ポルノの終わり方は良くも悪くもスマートで老成していた。若手スタッフ中心の体制へと移行していたにも関わらず、十七年という年数分だけ日活は確実に年老いていたのである。

おわりに

ロマン・ポルノは終わっていない

ロマン・ポルノは一九八八年六月、その歴史に終止符が打たれました。一九七一年から十七年間で一一三〇本以上の作品がロマン・ポルノの名のもとに配給公開されました。日活は一九九三年に倒産しますが会社再生法によって復活し、二〇一〇年にはロマン・ポルノリターンズプロジェクトで、『団地妻　昼下りの情事』『後から前から』がリメイクされました。二〇一六年にはロマン・ポルノリブートプロジェクトで五本のオリジナル新作が製作されました。二〇二一年はロマン・ポルノ創始から五〇年目となります。ビデオやＤＶＤ、ＢＤの発売、あるいは名画座やピンク映画館での再上映、関連書籍によって、その魅力は十分に伝えられているとはいえ、実際に多くの作品を拝見し、実際に当事者にお話をうかがうと、従来の評価とは違った魅力が少し見えてくるところがあります。その魅力の一端を本書が伝えられたのならば幸いです。

ひょっとすると、『官能のプログラム・ピクチュア　ロマン・ポルノ 1971 - 1982　全映画』（フィルムアート社）や映画『ザッツ・ロマンポルノ』での評価が、これからロマン・ポルノに触れようとする人たちに、「名作」のガイドラインを提供してしまっていることで、ロマン・ポルノ作品のある一面ばかりに注意を引き付けてしまい、約一一三〇本の中に存在する幾多もの面白い（かもしれない）作品から目を背けさせているかもしれません。本書では定番からマイナーな作品までできるだけ多くの作品に言及したつもりですが、それでも一〇〇本程度。まだ、一〇〇〇本以上言及していないロマン・ポルノは眠っています。幸い、今はソフト化されていなくとも配信動画で見られる作品もたくさんあります。みなさんも隠れた傑作を探してみてはいかがでしょうか。

ここで、わたしが取材の段階で知った隠れた名作を試しにいくつか挙げたいと思います。例えば、のちに有名監督になった方々のデビュー作を見ることは、いきなり「名作」を見るよりもオススメです。

世にデビュー作には作家の全てが詰まっていると言いますが、曽根中生監督『色暦女浮世絵師』（一九七一）、加藤彰監督のロマン・ポルノデビュー作『恋狂い』（一九七一）、神代辰巳監督のロマン・ポルノデビュー作『濡れた唇』（一九七二）、根岸吉太郎監督の『オリオンの殺意より　情事の方程式』（一九七八）、池田敏春監督の『スケバンマフィア　肉刑《リンチ》』（一九八〇）、中原俊監督の『犯され志願』（一九八二）、石井隆監督の『天使のはらわた　赤い眩暈』（一九八八）などはまさにその典型です。初々しさもあるのですが、すでにスタイルがほぼ完成されています。小原宏裕監督のデビュー作『情炎お七恋唄』（一九七二）は八百屋お七事件をモチーフにしたもので親の決めた結婚に抵抗し付け火までするお七の姿からは、のちに小原監督が封印した若き日の反逆精神がダイレクトに伝わってきます。オススメです。

　ロマン・ポルノ最多登板の西村昭五郎監督の『団地妻　昼下りの情事』（一九七一）は今更薦めるまでもなく、名作とされていますが、注目したいのはその前作で成人指定された『残酷おんな情死』（一九七〇）の方です。西村監督自身は気に入っていないようですが、今見るとニューアクションとロマン・ポルノの良いところ取りをしたような快作です。セリフが妙に観念的なのも今見ると逆に時代の空気を感じられて新鮮。主演の真理アンヌさんも可憐です。

　ロマン・ポルノ初期から活躍したベテラン監督の作品にも、まだ評価されていないものがあります。例えば、藤井克彦監督が残した唯一のコメディーポルノ『必殺色仕掛け』（高田純脚本、一九七三）、澤田幸弘監督のアクション・ポルノでアッと驚くどんでん返し的ラストが見られる『暴行！』（佐治乾・斉藤信幸脚本、一九七六）。『暴行！』では、憂歌団のブルースが流れ続ける神代辰巳監督の『赫い髪の女』（荒井晴彦脚本、一九七九）並みに巧みな澤田監督のＢＧＭの使い方を堪能できます。深夜ラジオから流れ続ける山崎ハコの「綱渡り」や松田優作の「ある子供の話」などの曲が元妻（梢ひとみ）への愛憎のはざまで苦しむ主人公（益富信孝）の心もようの変化と見事にシンクロしています。ラスト、悪夢のような殺戮の夜が明ける頃にラジオ番組が終わり、主人公が陽の光を浴びたところでこの凄惨な愛憎劇は幕を閉じます。

　藤井克彦監督の『必殺色仕掛け』は昭和初期を舞台にした半時代劇で、戦前日活の無声時代劇の形式を借りた『緋牡丹博徒　お竜参上』（加藤泰）のパロディーから始まり、『男はつらいよ』から黒澤明監督の『用心棒』、浄瑠璃の曽根崎心中、舛田利雄監督の『闘牛に賭ける男』などのパロディーネタ満載でありながら、女衒の女郎引き抜き合戦をコミカルに描き（昭和初期の設定なのにＢＧＭは野坂昭如の「マリリン・モンロー・ノーリターン」！）、全体をアダムとイヴのラブストーリーでまとめているという快作です。一見の価値があります。

今でも人気が高い曽根中生監督の作品の中でも、『性談　牡丹灯籠』（一九七二）や『くノ一淫法　百花卍がらみ』（一九七四）のような小品は注目されることはないが是非見て欲しい作品です。前者は文字通り「牡丹灯籠」のパロディーなのでストーリーに関しては特徴があるわけではありませんが、予算節約の関係で名匠・高村倉太郎カメラマンが古典的テクニックを駆使して、小川節子さん演じる幽霊を計算通りの場所に美しく浮き上がらせるシーンは感動ものです。これは「ジカダブリ」と呼ばれる手法で、一度撮影したフィルムを巻き戻し別のカットを撮り、カメラ内で二重露光させているのです。この手法の究極例は若き日の宮川一夫カメラマンが『無法松の一生』（大映、一九四三）でやった回想シーンですが、なかなかどうして日活の高村カメラマンも負けていません。後者は東映の『くノ一忍法』（中島貞夫、一九六四）のパロディー。忍者モノということでトリッキーな忍法を撮るために古典的な特撮が駆使されています。これもまた見ながらギミックの手法を想像するだけで楽しめます。森勝カメラマンと熊谷秀夫照明技師のコンビが曽根中生監督の思い付きを見事に具現化させていて、予算の少なさを感じさせない日活の技術力の高さに圧倒されます。

時代劇ポルノですと、近藤幸彦監督の『新・色暦大奥秘話　花吹雪おんな事始め』（一九七三）は隠れた名作。やはりこの監督にはもっと撮って欲しかった。このタイトルから想像できない大奥モノ＋忍者アクションという異色の組み合わせで、二條朱美さんがラメ入りの忍者装束で登場し、御庭番と激しく格闘するという意外な展開。さらに「由井正雪の乱」を絡めて、主人公（小川節子）が父をはめた仇敵の御庭番を討つスリリングな復讐劇に仕立てています。近藤監督はさすが日活無国籍アクションの旗手・斎藤武市監督のお弟子さんです。カメラも斎藤監督の盟友・高村倉太郎さんが担当しています。ブルーレイで見たいものです。

他にもプロデューサーとして活躍した中川好久さんの唯一の監督作『むちむちネオン街　私たべごろ』（大工原正泰脚本、一九七九）もオススメです。根岸吉太郎監督のヒット作『キャバレー日記』（一九八二）に先駆けるキャバレーを舞台にした泣き笑いの物語。力作が目立つ武田一成監督の作品からは、もうすでに一部では大人の鑑賞に堪えるドラマ性の高さが再評価されている『私の中の娼婦』（西岡琢也脚本、一九八四）あたりを挙げておきます。この作品の事実上の主演・大林丈史さんの言を借りるならば、「武田監督の最高傑作」です。妻への未練を抱えた中年男の哀しい妄想の物語。ラスト、小舟に乗って海に消えていく大林さんの姿の向こうに黄泉の国が見えてくるようです。

買い取り作品にも見逃せないものは多くあります。八〇年代に特に力作が目立ちます。片岡修二監督の『地下鉄連続レイプ』シリーズはハードでスピード感たっぷりのアクション・ポルノでどの作品も力作ぞろい。個人的には『地下鉄連続レイプ　制服狩り』（一九八七）は、妹をレイプした犯人を追い詰めていく姉（速水舞）の復讐譚で見応えがありました。このシリーズ常連の大杉漣さんが演じるヤクザの野沢の存在が映画に重みを与えています。ヒロインのピンチに逆光の中から野沢が登場するシーンは思わず「待ってました！」と拍手したくなる千両役者ぶり。劇中、野沢が速水に銃の撃ち方を指南するシーンがありますが、このあたりは往年の日活映画『紅の拳銃』（牛原陽一監督、一九六一。垂水悟郎が赤木圭一郎を殺し屋として特訓するシーンがある）を意識しているのでしょう。低予算を逆手にとって映画愛に満ちた自由な工夫をしているさまが垣間見える一作。

今や世界的な監督となった滝田洋二郎監督も買い取り作品を経験しています。山本晋也監督の助監督を長らく務めただけあって、コメディーに定評があり、買い取り作品にも『桃色身体検査』（一九八五）などのドタバタ劇が何作もあります。この作品では滝田作品常連の大杉漣さんや蛍雪次朗さんがやっかいな患者役で看護師の滝川真子さんを大いに困らせます。ただ、同時期の滝田作品は日活買い取り作品よりもピンク映画の傑作サスペンス『連続暴姦』（新東宝、一九八三）や若き日の竹中直人さんが全編松本清張のモノマネで老人役を演じ切るコメディー『痴漢電車　下着検札』（新東宝、一九八四）、初の一般映画『コミック雑誌なんていらない！』（ＮＣＰ製作、日活配給、一九八六）の方が優れているように思いますが。

同時期の佐藤寿保監督による買い取り作品にも第三章で触れた『人妻コレクター』（一九八五）や『ロリータ・バイブ責め』（一九八七）など見逃せない作品がたくさん。佐藤監督の『制服処女　ザ・えじき』（渡剛敏脚本、一九八六）はキネコ映画で、ストーリーこそ六〇年代の若松孝二監督作品のような「モテない男子学生がルサンチマンを女性にぶつける」式の古臭さがありますが、ビデオ（スタンダードサイズ）を用い、レイパーの主人公にもビデオカメラを常に持たせることでカメラアイをまるで日常を切り裂くナイフ（＝男根）のように扱うさまが八〇年代のニューメディアに対応し、かつ日活育ちの監督にはなかなか出せない迫力を生み出していました。女性教師を吊し上げて辱めた後に「仰げば尊し」をＢＧＭに流したり、同級生カップルを縛り上げ小便をかけるシーンで「結婚行進曲」を流したりするといった主人公の非道ぶり（と皮肉ぶり）が際立つ一作で、ポルノというよりショック映画の趣。今見ると、ここまで女性の身体や他人の幸せを憎悪する必要があるのかという素朴な疑問は出て来てしまいますが、佐藤監督には映画館にこっそりポルノを見に来る淋しい観客の代わりにこの主人公を暴れさせているという意識があったのかもしれません。日活の一九八〇年代の若手作品にも注目されていないが面白い作品はまだつきません。例えば、澤田幸弘監督・小澤啓一監督・長谷部安春監督のアクション・ポルノの影響が濃い斉藤信幸監督の『スケバンマフィア　恥辱《ちじょく》』（高橋正康・斉藤信幸脚本、一九八〇）や黒沢直輔監督のハードボイルド・アクション『愛獣　襲る！』（高橋芳朗・黒沢直輔脚本、一九八一）や『夢犯　ＭＵＨＡＮ』（石井隆脚本、一九八五）などは、日活ニューアクションの系譜を受け継ぐカッコいいシーンが満載。他にも、「ロマン・ポルノにおけるレイプとは何か」を問う知的パズルのような『令嬢肉奴隷』（三井優・阿木深志［すずきじゅんいち］脚本、一九八五）をはじめとする意味深な作品の数々を作ったすずきじゅんいち監督の作品や耽美的な感覚に優れていた加藤文彦監督の作品などは現代でも受けそうです。まだまだ鉱脈はつきません。

中でも、斉藤信幸監督の三作目となった『スケバンマフィア　恥辱《ちじょく》』は、妙な味があって忘れがたい一作。というのも、一匹狼のスケバン（倉吉朝子）が「スケバンマフィア」という組織と対決するという展開までは、まさに劇画らしい筋ですが、ボス（山乃興子）を倒した後、大勢の敵に囲まれた時の対処がアンチクライマックスで、どんな映画でも見たことのない意外な展開をとります。車内にボスを閉じ込めリンチし車から追い出した後、倉吉さんは車のドアをロックし、敵が疲れて帰るまで立てこもってしまう。そんなバカなという展開に驚くべき才と遊び心のセンスを感じ取ることができます。

すずきじゅんいち監督の作品も注目すべきものはたくさんあります。どこまで意図的に作っているのか、謎めいた作品群が。例えば、『制服肉奴隷』（矢沢恵美子・夏淳志［すずきじゅんいち］脚本、一九八五）。これは一見ＳＭのようでありながら、「残酷メルヘン」と惹句のついたシンデレラのパロディーになっています。ママハハのヒモ（下元史朗）のいじめに耐えるレズヒロイン（望月真美）が主人公ですが、学校でもいじめられ監禁されてしまう。夜、彼女が想いを寄せる教師（麻生かおり）が落とし物を取りに戻ってくるとそこで監禁された主人公に気付く。ここがチャンスと助けられた主人公は教師に想いのたけを告白するが「変態」扱いされてふられてしまい、逃げるように去る。すると、砂場に彼女の靴が片方落ちる。このシーンのバックにはシンデレラの寓話がモノローグとして流れている。そして、ヤケになった彼女はヒモをセックスで支配し、ママハハを追い出し、新しい女王になるというすごい展開で終わります。すずき監督に話を聞いたところ、わたしの感想はあっさり否定されてしまいましたが、それは韜晦（はぐらかし）だったのかもしれません。

当事者たちが今語る「ロマン・ポルノとは何か」

最後に、「ロマン・ポルノとは何か」という問いに対する当事者の返答をいくつか紹介して、本書の終わりの言葉に代えさせていただきたく存じます。

第一号監督の林功さんはこう答えてくれました。

「結局、映画っていうのはサービスだぜ。だって、売り物だからね。日活は基本的にはいい会社だったけど、映画会社はひどいもので、客が入らなかったら、監督がけちょんけちょんに言われるんだ。実際には会社のお偉いさんのせいでも、最終的には監督のせいにされる。上は責任をおくびにも出さないよ。ロマン・ポルノは楽しいというよりも仕事だった。それこそ、来る企画を全部ハイハイと言ってやっていた。ロマン・ポルノをいっぱいやっている頃、先輩助監督だった江崎実生がテレビの仕事で日活撮影所にやってきて、『製作部のボードを覗くといつも西さんと林が仕事しているね』と言っていたのを覚えている」（林功「結局、映画っていうのはサービスだぜ」『日活1971 - 1988』）

ロマン・ポルノ前期のエース級プロデューサーとしてヒット作を次々打ち出しつつ、自らのハードボイルドのセンスに共鳴する長谷部安春監督と組んで『暴行切り裂きジャック』（一九七六）などを世に出した伊藤亮爾さんはこのように述べています。

「僕はあまりポルノを作っているという意識はなかった。むしろ、ロマン・ポルノのロマンっていう部分を利用して、映画を作ってるつもりでしたね。どんな映画でも、でき得るという喜びがあった。〔…〕でもね、今振り返ると、もう少し感慨は複雑なようです。〔…〕確かにロマン・ポルノは面白かったものの、どこかポルノの部分を目をつぶって見てたところがある。〔…〕そう言われれば、あの作品のあのセックス・シーンが良かったという評価は、少なかったんじゃないかっていう気はしますね。そういう意味の評価のされ方が、何か屈折した形でこっちにも残っているのか、いまいち映画としてすべてを備えていたのかどうかという思いがありますね。何というか……もう一つエピソードが足りなかったんじゃないかとか、あと二〇分語る部分が欲しかったとか……。そういう、満たされない気持ちっていうのは残ってます。それなりの作品をプロデュースした自負はあるんだけど……」(伊藤亮爾「レイプ三部作について語る」『暴行切り裂きジャック』ワイズ出版)

ロマンの部分があったからどんな「映画」でも作ることができる喜びがあったともいえるが、ポルノの部分にもっと真剣に向き合えなかったのか、会社の定めた制限ともっと戦えなかったのかといろいろ考えると、ロマン・ポルノを「映画」としてもっと完成したものにできたのではないかと、映画を愛するがゆえの複雑な心境がうかがえるコメントです。

もう一人のエース級プロデューサーの岡田裕さんはこのように答えてくれました。

「ロマン・ポルノを七一年から始めて十年くらいたった頃には一時の勢いが無くなっていきました。ロマン・ポルノはやはり一瞬のあだ花という感じですね。黒澤満さんを中心にしたグループが一九七七年に去って、いよいよ勢いを失くしていった。〔…〕でも、こうした状況に別に感慨はなかったですね。僕らは一九八一年にニュー・センチュリー・プロデューサーズを作って、日活をもう辞めていましたから。しかも僕はかなり出向していましたからね。〔…〕ロマン・ポルノとして残った日活は、ロマン・ポルノ転換後に入社した新しい連中、金子修介や上垣保朗たちが支えていました。その中でだんだん力が落ちていった。このあたりでロマン・ポルノ以前の系譜は一人も残らなくなっちゃうんですよね。日活は八〇年代の初め頃に、プロデューサーを独立させていったんです。それは社長になった根本悌二さんがプロデューサーは野に置くべきだという哲学を持っていたためでしてね。そこで旧体制〔ロマン・ポルノ以前〕は、ほぼ終わったんじゃないですか。それでもロマン・ポルノという中身は引き継いで、ずっと続いていく。だけど、撮影所文化がそこで終わってしまったとも言えるかもしれませんね」（岡田裕「もっと自由でいいじゃないか——僕のプロデューサー奮闘時代」『日活 1971 - 1988』）

八〇年代ロマン・ポルノを牽引したエース監督の中原俊さんはこう説明してくれました。

「八〇年代から始まったビデオによって性表現は限界点を超えてしまって、単純な性的興味だけでは客は引っ張れなくなっていると思う。むずむず系の別の性的ロマンを作らないといけなくなっている。日本は性的刺激のメディアが溢れすぎだよ。もういらないでしょ。みんな、食傷しているんじゃないの？　ちょうど、六〇年代から七〇年代にかけて、僕が思春期にさしかかるあたりから、成長に伴って、文化の中で性表現が解放されてきた。で、〔僕が好きだった〕ピンクの敵だと思っていた日活に入るわけだけど、結果入ってよかった。楽しく過ごさせてもらったね。性的表現が際限なく拡張していくとこうなるだろうなという予測は最初からあったよ。でも、自分はそこまで付き合っていけるわけではなかった。ロマン・ポルノみたいな映画が、自分としてはやっていても見ていても一番楽しいんだ。僕はジャンル分けされない、新しいエンターテイメントを作りたかったんだけど、どうにもうまくいかなかった。それがまだ見つかっていない。そんな感じに思っている」（中原俊「ロマン・ポルノみたいな映画が、撮っていてもみていてもいちばん楽しいんだ」『日活 1971 - 1988』）

一九五六年入社のベテランにして、日活アクションの全盛期からロマン・ポルノへの転換、そしてその終焉までを見つめ、労組幹部を経て撮影所長としてそのキャリアを終えた美術デザイナーの土屋伊豆夫さんはこうまとめてくれました。

「日活ロマン・ポルノは足掛け十七年にわたって製作されました。私が現場で美術監督をしていたのは、最初の五年半ほどで、その後美術部門を統括する立場となったのですが、新しい人材を定期的に採用し、映画の灯を途絶えさせないように奮闘した日々でもありました。ロマン・ポルノ製作は従来の映画作りの延長上にありました。その底辺に流れるものは一緒だったんです。また、ここで採用された若き才能たちがロマン・ポルノで修行して、その終焉後に映画復興の先駆けとなって各所で活躍していくことになるんですよね。これは特筆に値することだと思います。コンスタントに製作が続いていったことで、現場が常に脈打ち、真に生き続けていました。まさしく、継続は力なりだったんです」（土屋伊豆夫「継続は力なり 私にとってのロマン・ポルノ」『日活 1971 - 1988』）

「ロマン・ポルノとは何だったのか」という問いに五人の当事者の五つの視点から五つの答えが返ってきました。どれかが正しく、どれかが誤っているわけではありません。わたしにとってはこの五つの回答がどれもしっくり来ました。

第一号監督は、あくまでもそれは仕事でしかなく、「サービス」に過ぎないとつきはなし、元エースプロデューサーは、ロマン・ポルノの「ロマン」の部分をつきつめればどんな映画だってできるという当時の意識が「ポルノ」の部分の軽視になっていたのではないか、それがロマン・ポルノを映画として不完全なものにしていたのではないかと、作り手側の複雑な思いを吐露していました。独立して製作会社を自ら起こした現役プロデューサーは、俯瞰的な視点でもはや「歴史」となったロマン・ポルノの時代を「撮影所システムの終焉」と冷静にまとめ、若手のエース監督の一人としてデビューし、今や日本映画大学教授となった監督は、即物的なポルノばかりになってしまった現代こそ「ロマン」のあるポルノが必要だと訴えました。美術助手から始まり、労働組合幹部を経て、撮影所長としてキャリアを終えた元取締役は、倒産の危機に常にさらされながら、新人採用を怠らず、映画の灯を消さなかったロマン・ポルノ時代の日活の企業ポリシーをたたえていました。この多面性がロマン・ポルノの可能性そのものなのです。

あなたにとって、ロマン・ポルノとは何でしょうか？　その答えは見る人の数だけあるように思います。是非、ロマン・ポルノに触れて考えてみてください。

今回の出版にあたり、取材に応じてくださった五〇人以上の元日活のスタッフ・俳優のみなさま、残念ながらご他界されてしまった方の未発表インタビューの掲載に快く了承くださったご家族のみなさまに改めて感謝申し上げます。

取材の際に元スタッフの方へのご仲介・ご便宜を快く引き受けてくださり、さまざまなご配慮をしてくださった日活の谷口公浩さんにも心より感謝申し上げます。

元日活取締役の松本平さんにも改めて感謝申し上げます。思えば、元日活の方々へのインタビュー取材は松本さんに岡田裕さんや澤田幸弘さん、現役日活社員の谷口公浩さんをご紹介いただいたところから始まりました。

ワイズ出版の岡田博社長、田中ひろこさんには何から何までお世話になりました。感謝申し上げます。ご恩に相当する感謝の言葉も見つからないほどです。本当にありがとうございました。

これまでの取材や執筆でお世話になった方々の中にはすでに故人になった方もたくさんおります。この完成した原稿を是非とも披露したかったのですが、今や叶いません。大変申し訳なく思います。

何よりも、この本の出版を「これは売れないよなあ。でも千葉さんにはこれからも頑張ってほしいから」と困った顔をしながら快諾してくださったワイズ出版の岡田博社長に完成品をお読みいただくことができなかったことは残念至極です。

二〇二一年八月二十七日に逝去された岡田社長には入院先から何回も叱咤激励のお電話をいただきました。人間、四十歳を過ぎるとなかなか新しい師に巡り合うことはないものですが、岡田社長は出版界のイロハもわからないわたしの無知ぶりにあきれながらも、時には叱ってくれ、時にはとくとくと教えてくださった師匠でした。あまりにも早いお別れになってしまったことは慚愧の念に堪えません。非力なわたしは岡田社長からいただいた大恩を少しもお返しできなかった。これからの活動で少しずつお返しできればと考えております。

二〇二一年十月

千葉　慶

著者　千葉 慶（ちば・けい）

1976年、千葉県生まれ。

千葉大学社会文化科学研究科で博士号（文学）を取得後、現在は明治大学・武蔵野美術大学・大妻女子大学・千葉大学などで非常勤講師として勤める。

美術史研究者・歴史学研究者（近現代日本）。主な著書に『アマテラスと天皇』（吉川弘文館 2011）、共編著に『日活 1971 − 1988　撮影所が育んだ才能たち』（ワイズ出版 2017）、『リアルの追求　映画監督小澤啓一』（ワイズ出版 2019）がある。

日活ロマン・ポルノ入門

発行日　2021年12月25日 第1刷

著　者　千葉慶
発行者　吉田聰
監　修　岡田博
造　本　田中ひろこ
協　力　日活株式会社　谷口公浩　阿部陽子
写真©　日活株式会社

発行所　ワイズ出版
東京都新宿区西新宿7-7-23-7F
電話　03-3369-9218　ファックス　03-3369-1436
メール　widespublishing@gmail.com

印刷・製本　モリモト印刷株式会社